项目管理工程硕士规划教材

项目管理案例

何清华　主　编
李永奎　乐　云　罗　晟　副主编
陈建国　主　审

中国建筑工业出版社

图书在版编目(CIP)数据

项目管理案例/何清华主编. —北京：中国建筑工业出版社，2008
(项目管理工程硕士规划教材)
ISBN 978-7-112-10019-4

Ⅰ.项… Ⅱ.何… Ⅲ.基本建设项目-项目管理-案例-研究生-教材 Ⅳ.F284

中国版本图书馆CIP数据核字(2008)第045742号

项目管理是实践性非常强的一门学科，本书的核心内容是结合具体案例，分析项目管理基本理论和基本方法在各种不同项目中的应用。

本书在编写时既考虑了理论体系的完整性，又突出了其中的重点和难点，还兼顾了工程项目管理的最新发展和前沿知识的应用。全书共分8章，遴选了国内外不同类型、不同规模、不同时期的众多项目，分别从项目策划、项目组织、设计管理、目标控制、采购管理、项目文化和项目信息化等角度剖析了项目管理理论在各项目中的应用。全书数据翔实，分析透彻，可为读者学习掌握项目管理理论在工程实践中的应用提供有益的借鉴。

本书可作为项目管理领域工程硕士案例课程教材，也可供建设工程领域广大管理人员与技术人员学习参考。

* * *

责任编辑：牛 松 张 晶
责任设计：董建平
责任校对：梁珊珊 王 爽

项目管理工程硕士规划教材
项目管理案例
何清华 主 编
李永奎 乐 云 罗 晟 副主编
陈建国 主 审

*

中国建筑工业出版社出版、发行(北京西郊百万庄)
各地新华书店、建筑书店经销
北京天成排版公司制版
北京市密东印刷有限公司印刷

*

开本：787×1092毫米 1/16 印张：26¾ 字数：663千字
2008年11月第一版 2017年8月第三次印刷
定价：49.00元
ISBN 978-7-112-10019-4
(16822)

版权所有 翻印必究
如有印装质量问题，可寄本社退换
(邮政编码 100037)

项目管理工程硕士规划教材编审委员会

主　任：
　　李京文　中国工程院院士
　　　　　　中国社会科学院学部委员、学部主席团成员
　　何继善　中国工程院院士　中南大学教授

副主任：
　　丁士昭　全国高校工程管理专业评估委员会主任
　　　　　　同济大学教授
　　王守清　全国项目管理领域工程硕士教育协作组组长
　　　　　　清华大学教授
　　任　宏　全国高校工程管理专业指导委员会主任
　　　　　　重庆大学教授

委　员：（按姓氏笔画排序）

丁烈云	华中师范大学教授	王孟钧	中南大学教授
王要武	哈尔滨工业大学教授	王雪青	天津大学教授
乐　云	同济大学教授	田金信	哈尔滨工业大学教授
成　虎	东南大学教授	刘长滨	北京建筑工程学院教授
刘伊生	北京交通大学教授	刘贵文	重庆大学副教授
刘晓君	西安建筑科技大学教授	李启明	东南大学教授
何佰洲	北京建筑工程学院教授	何清华	同济大学副教授
张仕廉	重庆大学教授	张连营	天津大学教授
陈　健	哈尔滨工业大学副教授	陈建国	同济大学教授
陈起俊	山东建筑大学教授	赵世强	北京建筑工程学院教授
骆汉宾	华中科技大学副教授	陶　萍	哈尔滨工业大学副教授
黄梯云	哈尔滨工业大学教授	曹吉鸣	同济大学教授
蒋国瑞	北京工业大学教授		

序一

近年来，随着经济的快速发展和新型工业化进程的加快，我国各级各类建设项目迅速增加，建设项目资金投入不断增长，近几年我国年固定资产投资额已均在10万亿以上。但在建设行业蓬勃发展的今天，由于种种原因，有些项目并不成功，在质量、成本或进度上不能完全实现建设目标，造成了一定的资源浪费和经济损失。据调查，造成项目失败的主要原因之一是管理工作跟不上形势要求，特别是项目管理工作不到位。为了提高管理水平，建设领域迫切需要大量既精通专业知识又具备管理能力的项目管理人才。因此，为建设行业培养一大批专业基础扎实、专业技能强、综合素质高、具备现代项目管理能力的复合型、创新型、开拓型人才是高等院校和企业培训部门所面临的艰巨且迫切的任务。

为满足社会对项目管理人才的需求，从2003年开始，我国相继有100多所高校开设了项目管理工程硕士专业学位教育。该项目主要培养对象是具有某一领域的工程技术背景且在实践中从事项目管理工作的工程人员，期望他们通过对项目管理知识的系统学习、结合自身的工作经验，针对工程项目管理中存在的重大问题、重点问题或热点问题作为自己的毕业设计进行研究，这不仅可以很好地提高学员的项目管理能力，也为有效解决工程项目实际中的问题奠定了基础，因此受到了社会的广泛欢迎。本专业学位教育的快速发展，为工程领域培养高层次项目管理人才拓宽了有效的途径。

项目管理工程硕士教育作为一个新兴的领域，开展的时间比较短，各方面经验不足，因此，到目前为止，国内还没有一套能很好满足教学需要的教材。大家知道，项目本身是一个内涵十分广泛的概念，不同类型的项目不仅技术背景截然不同，其管理的内外环境也有很大差异，因此试图满足所有类型项目管理教学需要的教材往往达不到预期效果。同时有些教材在编写的过程中忽视了工程硕士教育的工程背景及实践特征，常常重理论、轻实践，案例针对性差、内容更新缓慢，用于实际教学，效果往往不尽如人意。

鉴于此，中国建筑工业出版社在充分调研的基础上，组织了国内高校及企业界数十位从事项目管理教学、研究及实际工作的专家，历时近两年，编写了这套项目管理工程硕士规划教材。在教材规划及编写过程中，既强调了项目管理知识的系统性，又特别考虑了教材本身的建设工程背景。同时针对工程硕士教育的特点，教材在保持理论体系完整的同时，结合工程项目管理成功案例，增加国内外项目管理前沿发展信息、最新项目管理的思想与理念，着重加大实践及案例讨论的内容。相信这套教材的出版会为本领域的人才培养工作提供有力的支撑。

我国正处在加速实现信息化、工业化和城市化的进程之中，今后相当长一段时期内，国家的各项建设事业仍将维持高速发展。真诚希望这套规划教材的出版，能够为项目管理工程硕士培养质量的提高，为越来越多的创新型项目管理人才的培养，为国家和社会的进步与发展作出应有的贡献。

同时，真诚欢迎各位专家、领导和广大读者对这套教材提出修改补充与更新完善的意见。

李敬

2008.10.6.

序二

工程科学技术在推动人类文明的进步中一直起着发动机的作用，是经济发展和社会进步的强大动力。自20世纪下半叶以来，工程科技以前所未有的速度和规模迅速发展，其重要作用日益突显，并越来越受到人们的重视。

当前，我国正处于经济建设快速发展时期，全国各地都在进行类型多样的工程建设，特别是大量的重大工程的建设，标志着我国已经进入工程时代，更凸显了工程科学技术的重要地位和工程管理的巨大作用。

在这一大背景下，2007年4月6日，首届中国工程管理论坛在广州召开。这次论坛是由中国工程院发起和组织的第一次全国性工程管理论坛，是我国工程管理界的盛大聚会，吸引了20余位院士、350余名代表齐聚广州。论坛以"我国工程管理发展现状及关键问题"为主题，共同探讨了我国工程管理的现状、成就和未来，提高了工程管理的社会认知度和影响力，促进了我国工程管理学科的发展。

一次大会就像播种机，播撒下的种子会默默地发芽、成长，会取得令人意想不到的收获。让人欣慰的是，中国建筑工业出版社以这次会议为契机，组织部分与会专家和代表编写了一套培养"项目管理工程硕士"的教材。这套教材融会了项目管理领域学者们的最新研究和教学成果，它的出版为高水平工程项目管理人才的培养提供了有力保障；对项目管理模式在工程建设领域的普及会产生积极的推动作用。

在人类文明的进程中，在中国经济发展和社会进步的潮涌中，需要具有创新思想的人才，需要掌握工程科学技术和先进项目管理思想的人才。日月之行，若出其中；星汉灿烂，若出其里。愿志存高远的青年朋友们，沉志于心、博览群书、勇于实践，以真才实学报效国家和民族，不负时代的期望。

何建善 识
2008.9.18.

序三

2007年初,当中国建筑工业出版社提出要规划出版一套项目管理工程硕士教材而向我征求意见时,我当即表示支持,并借2007年4月参加"工程管理论坛"之际参加了出版社在广州组织召开的教材编写工作会议,会上确立了强化工程背景的编写特色,教材编写工作正式启动。如今,在10余所高校数十位专家及中国建筑工业出版社的共同努力下,"项目管理工程硕士规划教材"终于面世了,这套教材的出版,必将进一步丰富我国项目管理工程硕士的特色教育资源,对提高我国项目管理工程硕士教育质量也将起到积极的促进作用。

现代项目管理学科起源于20世纪50年代,我国的项目管理则源于华罗庚教授在1965年开始从事的统筹法和优选法的研究和推广工作,而具有里程碑意义的项目管理在我国工程中的应用则始于20世纪80年代的鲁布革水电站引水隧洞工程。国家有关部门1987年总结了"鲁布革经验",在工程建设领域提出了"项目法"施工的改革思路,推动了建筑业生产方式的改革和建筑企业组织结构的调整。考虑到社会对项目管理人才培养的迫切需求,有关行业协会制定了项目经理职业培训和资格认证体制,开展了数十万项目经理的职业培训和资格认证,培养了一支职业化、专业化的现代项目经理队伍。但随着经济的发展和竞争的加剧,各行业领域越来越需要以项目为单元进行精细的管理,而项目管理的国际化、信息化和集成化趋势日益明显,对高层次项目管理人才的需求越来越大。在这种情况下,我国的项目管理工程硕士教育一经推出就受到广泛欢迎并得到了迅猛的发展。

我国的项目管理工程硕士教育于2003年启动,经过近几年的发展,目前具有项目管理工程硕士学位授予权的高校已达到103所,项目管理工程硕士的报名人数及招生人数自2005年起一直居40个工程硕士领域之首。为促进工程硕士教育与国际接轨,在全国项目管理领域工程硕士教育协作组的积极努力下,促成了项目管理工程硕士与国际两大权威专业团体(IPMA和PMI)的实质性合作。与项目管理工程硕士教育的快速发展相比,适用于项目管理工程硕士培养的教材尤其是具有鲜明工程背景的特色教材还十分匮乏,制约了项目管理工程硕士教育的发展和质量的提高。因此,"项目管理工程硕士规划教材"的出版,是非常必要和及时的。

这套教材在确定各分册内容时充分考虑了项目管理知识体系的完整性和相对独立性,各分册自成体系又相互依托,力求全面覆盖项目管理工程硕士的培养要求。在编写过程中始终强调理论联系实际,强调培养学生的实际操作能力和解决问题的能力,全面满足项目管理工程硕士教学的需要。

这套教材最大的特点是具有鲜明的工程背景,这与全国工程硕士专业学位教育指导委员会一贯倡导的工程硕士教育要强调工程特性的指导思想完全一致。出版社在作者遴选阶段、编写启动阶段及编写过程中，都很好地落实了这一思想，全套教材以土木工程、水利工程、交通工程、电力工程及石油石化工程等为背景，做到了管理科学体系和工程科学体系的紧密结合。另外值得一提的是，这套教材的编写秉承了中国建筑工业出版社50余年来的严谨作风，实行了教材主审制度，每个分册书稿完成后都有一名业内专家进行审阅，进一步保证了本套教材的工程性和权威性。

这套教材除适用于高等学校项目管理工程硕士教育外，也可供管理类及技术类相关专业工程硕士、硕士、博士及工程管理本科生使用，还可作为社会相关专业人员的参考资料。

我衷心祝贺本套教材的出版，也衷心希望我国的项目管理工程硕士教育事业能够健康持续地发展！

（王守清）

清华大学建设管理系　教授

全国项目管理领域工程硕士教育协作组　组长

PMI全球项目管理认证中心　理事

2008年7月16日

前言 Preface

  项目管理是实践性非常强的一门学科，因此在学习理论知识的同时，还应了解并掌握这些理论是如何具体应用的。但另一方面，在不同特点和不同类型的项目中，工程项目管理的难点和重点又有所不同，解决问题的思想、方法和手段也不尽相同。因此，如何结合具体案例，分析工程项目管理基本理论和基本方法的应用，以及如何针对具体问题，通过实际案例阐释某一类问题的最佳解决方案，就成了本书的核心内容。

  本书在编写时既考虑了理论体系的完整性，又突出了其中的重点和难点，还兼顾了工程项目管理的最新发展和前沿知识的应用。全书共分8章，覆盖了项目策划、项目组织、设计管理、目标控制、采购管理、项目文化和项目信息化等核心知识，同时这些也是工程项目管理实践的重点和难点。

  为了使读者能将理论与实践充分结合，本书在每一章的开始用尽量短小的篇幅浓缩了该章内容的核心知识，并介绍所选取案例的重要内容，使读者能根据自身需要进行选择性阅读。在介绍案例时，首先介绍案例的背景，用设问的方式提出该案例所解决的关键问题；然后将案例中的具体做法进行了详述，力求做到由一个问题的解决上升到一类问题的解决、由一个项目的具体做法上升到一类项目的通用做法，并尽可能为其他类型的项目提供借鉴，案例的描述不求面面俱到，而尽量将其中的精彩内容阐述全面、深入；案例最后进行了小结，点评案例的关键内容，并给读者以启发。为了便于检查理解和掌握的情况，案例后设置了有针对性的思考题。

  为了兼顾不同领域的工程类型，本书案例的选取以同济大学经济与管理学院建设管理与房地产系近20年的工程项目管理实践为背景，同时遴选了国内外具有典型性和代表性的工程项目。项目类型包括超大规模群体工程、成片土地开发项目、基础设施（机场、港口、轨道交通、道路、桥梁和河道等）、公共建筑（会展中心和医院等）、工业建筑（能源项目和厂房等）、商业建筑、办公建筑和房地产项目等。项目规模既包括国家重点建设的超大型群体项目，如2010年上海世博会、2008年北京奥运会和长江三峡水利枢纽工程等，也包括体量较大的单体工程，如上海金茂大厦等，还包括具有典型代表意义的一般项目，如办公楼项目等。在时间跨度上，既有我国较早开展项目管理的工程项目，也有正在进行的工程项目。同时，还选取了国外较为经典的工程项目案例，以了解国外工程项目管理的先进做法。

  本书由同济大学经济与管理学院建设管理与房地产系何清华副教授主编，李永奎博士、乐云教授、罗晟博士担任副主编。本书由陈建国教授主审。马亮、陈训、蒋卫平、王盛文、佘志鹏、黄旭阳、崔政、许鹏、胡毅、樊晔等参与了本书的编写工作，张菁、许慧璇、刘哲、魏辉等参与了本书的图表处理工作。上海科瑞建设项目管理有限公司为本书提供了大量的案例支持，上海科瑞信息技术有限公司的彭勇博士、上海普华科技有限公司的周双海先生为本书提供了部分案例支持。

由于水平有限，书中难免有错误和不准确之处，敬请读者不吝指正。

目录 Contents

第1章　项目前期策划

1.1　环境调查与分析 …… 3
案例1　某软件园 …… 3
案例2　总部园区 …… 7
案例3　中外合资营利性医院 …… 16

1.2　产业策划 …… 21
案例1　科技创业社区 …… 21
案例2　科技商务区 …… 28

1.3　项目定义 …… 37
案例1　科技商务区 …… 37
案例2　某国际商贸城 …… 39
案例3　软件园 …… 48

1.4　开发策略 …… 53
案例1　科技商务区 …… 53
案例2　总部园区 …… 56

1.5　组织管理策划 …… 62
案例1　科技商务区 …… 62

1.6　项目经济评估 …… 68
案例1　总部园区 …… 68
案例2　中外合资营利性医院 …… 75

1.7　设计任务书的编制 …… 83
案例1　科技创业社区 …… 83
案例2　某办公大楼 …… 85

1.8　综合案例　城市道路综合改造与开发 …… 91

第2章　项目实施策划

2.1　项目管理实施大纲 …… 104

　　　　案例1　上海世博国际村 …………………………………………………… 104

2.2　项目管理实施规划 ……………………………………………………………… 111
　　　　案例1　香港会议展览中心扩建工程 ………………………………………… 111
　　　　案例2　某地铁3号线 ………………………………………………………… 118

2.3　项目管理实施手册 ……………………………………………………………… 123
　　　　案例1　2010年上海世博国际村 …………………………………………… 123
　　　　案例2　梅赛德斯·奔驰3S店项目 ………………………………………… 134

2.4　综合案例　长沙卷烟厂联合工房一期工程 …………………………………… 141

第3章　项目管理的组织

3.1　组织诊断 ………………………………………………………………………… 155
　　　　案例1　某超高层大厦 ………………………………………………………… 155

3.2　组织结构设计 …………………………………………………………………… 161
　　　　案例1　南京帝斯曼东方化工有限公司 …………………………………… 161
　　　　案例2　某轨道交通1号线 ………………………………………………… 165

3.3　组织分工 ………………………………………………………………………… 168
　　　　案例1　某房地产开发项目 ………………………………………………… 168
　　　　案例2　瑞士苏黎世机场 …………………………………………………… 171
　　　　案例3　上海金茂大厦 ……………………………………………………… 173

3.4　工作流程组织 …………………………………………………………………… 177
　　　　案例1　某房地产开发项目 ………………………………………………… 177

3.5　组织协调 ………………………………………………………………………… 183
　　　　案例1　某房地产开发项目 ………………………………………………… 183
　　　　案例2　某国际机场迁建工程航站楼 ……………………………………… 189

3.6　项目报告系统 …………………………………………………………………… 192
　　　　案例1　德国统一铁路 ……………………………………………………… 192
　　　　案例2　厦门国际会展中心 ………………………………………………… 197

3.7　综合案例　上海世博土地控股有限公司项目群管理组织模式 ………… 206

第4章　项目设计管理

4.1　设计委托及合同管理 …………………………………………………………… 220
　　　　案例1　某软件园 …………………………………………………………… 220

4.2　设计过程管理 …………………………………………………………………… 225
　　　　案例1　2010年上海世博国际村 …………………………………………… 225

4.3　价值工程的应用 ………………………………………………………………… 234

		案例 1　某软件园综合大楼 ……………………………………… 234
		案例 2　南宁国际会议展览中心 …………………………………… 240
4.4	综合案例　交银金融大厦 …………………………………………… 248

第5章　项目目标控制

5.1	进度控制 ……………………………………………………………… 258
	案例 1　某国际机场迁建工程 …………………………………… 258
5.2	投资控制 ……………………………………………………………… 265
	案例 1　长沙卷烟厂联合工房一期工程 ………………………… 265
5.3	质量控制 ……………………………………………………………… 272
	案例 1　长沙卷烟厂联合工房一期工程 ………………………… 272
5.4	安全管理 ……………………………………………………………… 279
	案例 1　东海大桥工程 …………………………………………… 279
5.5	环境保护管理 ………………………………………………………… 283
	案例 1　青藏铁路 ………………………………………………… 283
	案例 2　洋山深水港一期工程 …………………………………… 287
5.6	综合案例　香港迪斯尼乐园 ………………………………………… 291

第6章　项目采购管理

6.1	施工总承包管理 ……………………………………………………… 307
	案例 1　上海浦东机场二期航站楼工程 ………………………… 307
6.2	CM 模式 ……………………………………………………………… 312
	案例 1　上海证券大厦 …………………………………………… 312
6.3	EPC 模式 ……………………………………………………………… 322
	案例 1　WEPEC "十五" 二期项目 ……………………………… 322
6.4	Partnering 模式 ……………………………………………………… 326
	案例 1　岭澳核电站 ……………………………………………… 326
6.5	物资采购 ……………………………………………………………… 331
	案例 1　沧州引大入港输水工程 ………………………………… 331
	案例 2　长江三峡水利枢纽工程 ………………………………… 334
6.6	综合案例　2010年上海世博国际村 ………………………………… 339

第7章　项目文化

7.1	项目文化核心理念的形成 …………………………………………… 346
	案例 1　长沙卷烟厂联合工房一期工程 ………………………… 346

7.2　项目文化的营造 ······ 352
　　案例1　洋山深水港一期工程 ······ 352
7.3　项目文化的价值 ······ 354
　　案例1　本田斯文顿新工厂建设项目 ······ 354
7.4　综合案例　2010年上海世博会浦江世博家园 ······ 360

第8章　项目管理软件系统及应用

8.1　项目管理软件的应用 ······ 374
　　案例1　长沙卷烟厂联合工房一期工程 ······ 374
　　案例2　苏通大桥 ······ 381
8.2　基于网络平台的项目管理系统 ······ 387
　　案例1　烟台万华集团MDI(聚氨酯)工程 ······ 387
　　案例2　北京奥运工程建设管理信息平台 ······ 390
8.3　综合案例　长江口深水航道治理工程 ······ 400

参考文献

第1章 项目前期策划

如果要使我们的项目成功，我们的前期策划必须是这样的。

项目策划包括项目前期策划和项目实施策划，通俗地讲，前者解决"能否上马"或"上什么"的问题，后者则解决"如何上马"的问题。项目策划可以针对一个阶段进行策划，也可以针对某个问题进行策划，旨在为建设项目的决策和实施增值。这种增值主要体现在对生活和工作环境的保护、建设环境的营造、项目使用功能的合理分配和建设质量的提高、建设成本和运营成本的节约和平衡、建设周期的缩短、建设过程的有效组织和协调以及提高社会效益和经济效益等方面。

项目前期策划的主要任务是定义（指的是严格地确定）项目开发或建设的任务和意义，是将建设意图更加明确化的过程。针对不同的项目类型和策划目的，策划的内容和工作程序也有所不同，但大体类似。以房地产项目为例，其主要内容和工作程序如图1-1所示。

为了阐述每个阶段解决什么问题、如何解决、策划成果是什么以及针对不同的项目类型有什么侧重点等，本章选取了10个不同类型的项目，涵盖科技园区、商务区、河道及道路整治与开发、医院和单体建筑等，详述每个阶段策划的内容、策划的方法和策划的成果，案例的选取及侧重点如表1-1所示。

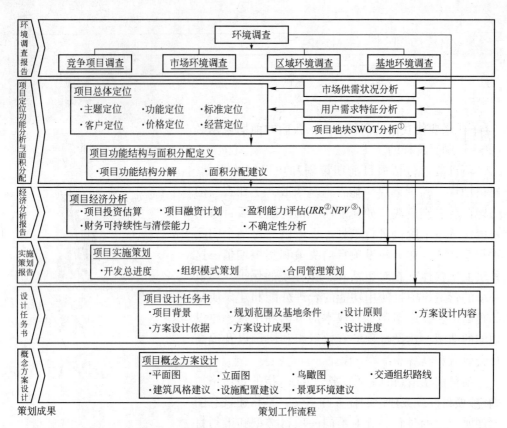

图 1-1 项目前期策划的主要内容和工作程序

① SWOT 分析法：优势(Strength)、劣势(Weakness)、机会(Opportunity)、威胁(Threat)，用于战略管理，又称态势分析法。
② IRR：工程经济学中的内部收益率。
③ NPV：工程经济学中的现金流量现值。

本章案例的选取及侧重点　　　　　　　　　　　　　　　表 1-1

章节	策划工作内容	案例类型	案例主要内容
1.1	环境调查与分析	软件园	如何借鉴同类项目的经验
		总部基地	如何调查影响项目开发建设的宏观和微观环境
		医院	如何对具有特殊功能的建设项目进行环境调查与分析
1.2	产业策划	创业社区	如何对新建园区类项目进行产业策划
		科技商务区	如何对科技商务区类项目产业进行提升
1.3	项目定义	科技商务区	如何从功能分区角度进行项目定义
		国际商贸城	如何从需求角度进行功能定义
		软件园	如何从需求角度进行功能细分和面积分配
1.4	开发策略	科技商务区	商务区类成片土地开发的开发策略如何制定 总进度和总投资如何确定
		总部基地	如何融资、如何招商 运营管理的体制、机制和法制

续表

章节	策划工作内容	案例类型	案例主要内容
1.5	组织管理策划	科技商务区	如何确定大型科技商务区项目实施的组织架构和组织分工
1.6	项目经济评估	科技总部基地	如何进行财务评价
		医院	如何进行财务评价
1.7	规划设计任务书的编制	科技创业社区	如何编制成片土地开发的规划设计任务书
		办公大楼	如何编制单体建筑的方案竞赛(设计)任务书
1.8	综合案例	城市道路综合改造与开发	如何系统地进行项目前期策划,包括环境调查与分析、项目定义、组织管理策划和项目经济评估等

1.1 环境调查与分析

案例1 某软件园

项目背景

软件园位于某市开发区新区范围内的南部地块,总用地面积约为 $6.2km^2$,约占新区用地面积的 1/3,于 1997 年 3 月被国家科学技术委员会批准为首批"国家火炬计划软件产业基地"之一。

为保证项目具有充分的可行性,本软件园项目在 2001 年 6 月至 12 月进行了详细前期策划。前期策划的第一步就是环境调查与分析。通过环境调查,可以获得大量的信息,进而进行整理和分析,为项目的前期策划提供依据。在软件园项目的环境调查中,对同类项目的经验借鉴,将有助于项目的功能定位和面积分配,而这正是软件园项目前期策划的重点内容之一。

环境调查与分析

(1) 项目建设现状

软件园项目在实施初期,没有进行系统的前期策划,开发建设带有较大的随意性。园内先期建设了一条道路,就像用一把剪刀把原本美丽的图案从中间剪了一刀,而道路端头又建造了软件园大厦,如图 1-2 所示。

当时,陆陆续续有部分项目被批准建设、正在建设或已经建成,造成整个软件园的开发建设杂乱无章,同时给后续的建设和使用带来诸多问题。因此,经策划方与建设单位多次沟通后,开展了软件园项目前期策划工作。

(2) 同类项目调查分析

为了搞清楚软件园是做什么的,以及它能够提供什么功能,必须首先对成熟的软件园进行充分了解，总结其特点、成功的经验和教训。为此，策划小组首先进行了项目的环境调查与分析，采用现场实地考察和网上信息搜集等多种方式对如表1-2所示的国内外已经或正在建设的一系列软件园进行了广泛的调查和分析。

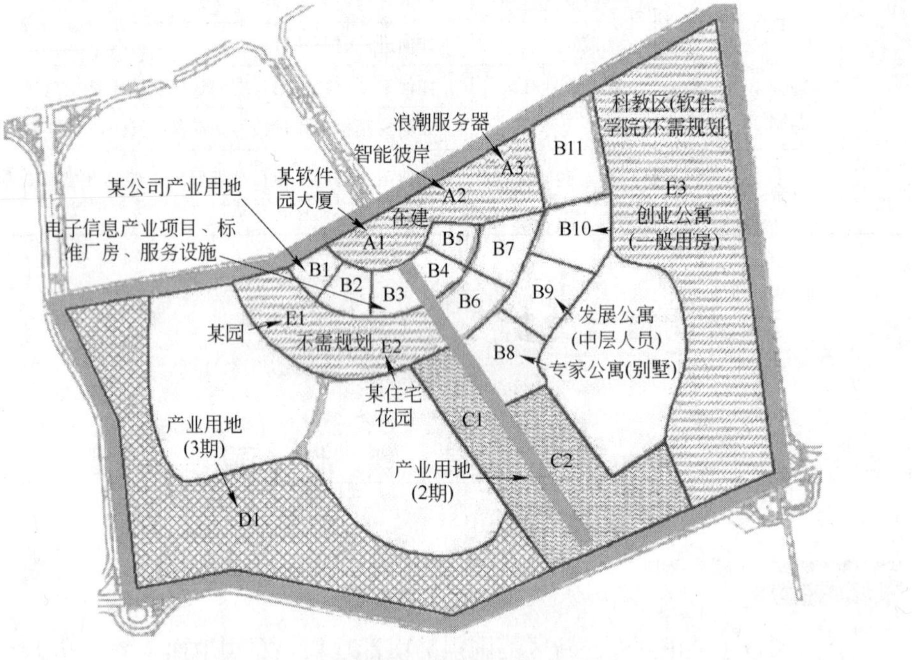

图1-2 软件园前期策划前的建设现状

所调查的国内外部分软件园列表　　　　　　　　　　表1-2

国内外部分软件园	
国　内　部　分	国　外　部　分
• 东大软件园　• 福州软件园 • 南方软件园　• 天津软件园 • 金庐软件园　• 昆明软件园 • 西安软件园　• 北京软件基地 • 广州软件园　• 北京软件园 • 西部软件园　• 杭州软件园 • 大连软件园　• 创智软件园 • 上海浦东软件园 • 深圳赛韦博尔软件产业园 • 台湾 NANKANG 软件园 • 台湾新竹科技园	• Tri Valley 科技园(美国) • 新加坡科技园(新加坡) • Solartown 科技园(美国) • Heidelberg 科技园(德国) • Access 工业园(奥地利) • Shimane's 软件园(日本) • Scott Six 工业园(美国) • Berlin adlershof 科技园(德国)

在广泛而深入的环境调查基础上，策划小组重点选取了国内几个比较成功的软件园进行对比分析，列出了国内各大软件园区的功能比较表(表1-3)，从而理清了软件园应具备的核心功能和各功能之间的内在关系。

项目前期策划

表 1-3　国内各大软件园区功能比较表

			东北大学软件园	天津华苑软件园	西安软件园(1期)	西部软件园	杭州软件园	大连软件园(1期)	创智软件园	福州软件园	金庐软件园	北京软件基地	北大青鸟软件园	上地软件园	昆明高新软件园	广州软件园	上海浦东软件园	深圳赛博韦尔软件产业园	南方软件园(东区)	北京软件园	平均值
总占地面积(万m²)			53.3	33.3	2.8	26.7	53.3	164	1	66.6	56.9		1.5	180	6.7	200	15	36	8		
总建筑面积(万m²)					4.2	13		5	2				1.8	50			3	50	3		
容积率					1.5	0.49		0.03	2.0				1.2	0.28			0.2	1.4	0.37		
绿化率						31%															
建筑密度										50%以上	50%以上	50%以上									
软件研发功能区	软件研发	占地面积(万m²)	✓	✓	✓	✓	✓	✓	✓	✓	✓	✓					✓			✓	
		建筑面积(万m²)			✓	✓	✓	✓	✓	✓	✓						✓	✓	✓		
	软件加工生产	占地面积(万m²)			✓		✓	✓		✓	✓	✓					✓			✓	
		建筑面积(万m²)															✓				
	软件测试	占地面积(万m²)			✓		✓	✓	✓		✓						✓				
		建筑面积(万m²)															✓				
硬件生产功能区	硬件生产	占地面积(万m²)	✓		✓	✓	✓	✓		✓	✓										
		建筑面积(万m²)																			
分能分区	公共印制品	占地面积(万m²)			✓	✓	✓	✓	✓	✓	✓					✓	✓		✓		
		建筑面积(万m²)																			
软件展销功能区	软件展销	占地面积(万m²)			✓	✓	✓	✓	✓	✓	✓					✓	✓	✓	✓		
		建筑面积(万m²)																			
	会展中心	占地面积(万m²)	✓	✓	✓	✓	✓	✓	✓	✓	✓					✓	✓		✓		
		建筑面积(万m²)																			
	培训中心	占地面积(万m²)			✓	✓	✓	✓	✓	✓	✓				✓	✓	✓	✓	✓		
		建筑面积(万m²)																			

续表

功能分区			东北大学软件园	天津华苑软件园	西安软件园(1期)	西部软件园	杭州软件园	大连软件园(1期)	创智软件园	福州软件园	金庐软件园	北京软件基地	北大青鸟软件园	上地软件园	昆明高新软件园	广州软件园	上海浦东软件园	深圳赛博韦尔软件产业园	南方软件园(东区)	北京软件园	平均值
园区管理功能区	园区管理	占地面积(万 m²)	√	√	√	√	√	√	√	√	√	√				√	√	√	√	√	%
		建筑面积(万 m²)		√	√	√	√	√	√	√	√					√	√	√	√	√	%
	图书资料中心	占地面积(万 m²)			√		√	√			√										%
		建筑面积(万 m²)			√		√	√			√							√	√		%
	网络通信	占地面积(万 m²)		√	√		√	√	√	√	√	√						√	√	√	%
		建筑面积(万 m²)	√		√	√		√			√	√						√	√	√	%
生活功能区	普通公寓	占地面积(万 m²)				√		√			√										%
		建筑面积(万 m²)			√			√			√	√									%
	高级公寓	建筑面积(万 m²)																			%
	宾馆	建筑面积(万 m²)	√	√	√	√	√	√	√	√		√							√	√	%
	休闲娱乐区	建筑面积(万 m²)	√	√	√	√	√	√	√	√	√	√						√	√	√	%
公共空间	室外空间	占地面积(万 m²)	√	√	√	√	√	√	√	√	√				√	√		√	√	√	%
		建筑面积(万 m²)	√	√	√		√	√	√	√					√	√		√	√	√	%
	公共设施	占地面积(万 m²)	√	√	√			√	√	√						√		√	√	√	%
		建筑面积(万 m²)	√	√	√			√	√	√						√		√	√	√	%

在表 1-3 中，对每一软件园的占地面积、总建筑面积、容积率和绿化率等都进行了统计和分析，特别是对软件园需要具备哪些功能进行了详细的调查和分析。经分析得出，软件园的第一个功能是进行软件的研发；其次，还要有软件的加工、生产和测试等功能，这是一般软件园所共有的。同时，调查发现有些软件园还拥有精密硬件生产功能，而且由于高科技汇集的软件园更新换代很快，需要有展览展示以及会议和培训等功能。

> 通过对同类项目的调查分析，改变了策划人员对软件园原有的一些错误或片面认识。
>
> 在本项目策划初期，策划人员认为软件园的布局要遵循动静分离的原则，但通过对同类软件园项目的调查研究发现，软件研发人员的生活和工作习惯有很大的随意性，并且有很多人员喜欢住所与工作室紧挨，以方便他们彻夜工作，白天休息。这要求在空间布局上应尽可能迎合他们的工作、生活方式。

环境调查与分析是项目前期策划的第一步，接下来还需要进行项目的定义和论证，最主要的是要进行功能分析和面积分配，然后是组织策划、管理策划、合同策划、经济策划、技术策划，以及风险分析等，这些内容将在本章的后续案例中作详细介绍。

小　　结

该软件园在项目前期策划的环境调查与分析中，十分重视同类软件园项目经验和教训的分析和总结。通过对国内外知名软件园的调查、分析和借鉴，不仅可以避免同类错误的再度发生，准确定位项目的功能和规模，还有助于拓宽策划人员的视野，减少对策划对象的错误或片面认识，为前期策划成果的获得奠定坚实的基础，切实提高项目的经济效益和使用价值。

但对同类项目的经验借鉴应不仅限于功能分析上，还应该包括产业的定位，产业发展的战略、政策措施、开发策略以及组织管理机构设置等方面。如何充分借鉴这些经验，少走弯路，少犯同类型的错误，是项目策划人员必须面对和思考的问题。

思考题

1. 在前期策划阶段，为什么要十分重视对同类项目的调查与分析？
2. 对同类项目除了进行功能上的调查与分析以外，还有没有其他的方面可以进行调研，为项目的策划提供借鉴和参考？

案例 2　总 部 园 区

项目背景

2003 年公布的《2003—2007 年上海城市建设规划》中，上海市提出建设三大新城：松江新城、临港新城和嘉定新城，其中嘉定新城的规划面积约 20km²。

基于上海地区发展总部经济的大背景，上海嘉定新城提出了利用嘉定优势资源建设总部园区的设想。嘉定总部园区占地 190 万 m²，位于嘉定新城核心区，紧邻 F1 上海赛车场。但该项目建设总部园区、发展总部经济的基础条件如何？国内外同类项目有哪些经验可以借鉴？所有这些问题都需要掌握全面的信息才能给予较好的回答。本案例将对项目策划中环境调查的工作内容、工作方法和工作成果进行系统阐述。

环境调查与分析

2005 年 6 月，总部园区前期策划课题组采用了从宏观到微观的调查方法详细调查了项目及周边环境，取得了大量翔实的资料并进行了专题研究分析。《环境调查分析报告》包括相关专题研究分析和基础资料研究分析，该报告为后续策划工作奠定了坚实的基础。

(1) 环境调查的工作内容

该项目环境调查的工作内容如图 1-3 所示。

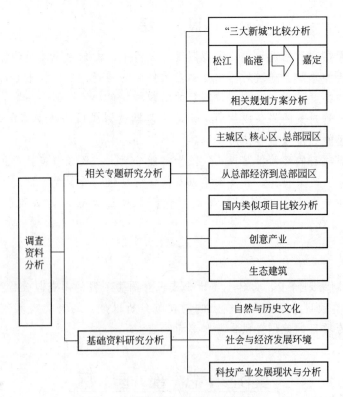

图 1-3 总部园区环境调查工作内容

1) 总部经济的载体分析

总部经济是借助一定的载体实现的，从国内外发展总部经济的实践情况来看，总部经济的载体主要有四种形式：CBD[①]、微型总部园、总部园区和总部小镇。它们之间是一个逐渐过渡和发展的关系，如图 1-4 所示。

图 1-4　总部经济载体发展演示图

总部园区是商务花园和总部经济的结合体，一般坐落在交通便利的城郊结合部，具有优美的园林景观和低密度的建筑。总部小镇则利用郊区的成本优势，形成总部园区和居住小区良性运转的近郊小镇。总部园区在营造办公环境上，具有 CBD 无可比拟的优势，将是未来总部经济载体的主流。在开展本项目前期策划当时，国内外已建成和正在建设的总部基地或总部园区包括：硅谷商务花园、新加坡商务花园、丰台园二期总部基地、虹桥国际商务花园、上海国际总部之都、BDA 国际企业大道、张江集电港科技领袖之都等。在大量调研的基础上，课题组从背景、概况、产业定位、项目区位、项目内容组成、政策等方面对其中的 5 个主要园区进行了汇总和比较分析，如表 1-4 所示。那么该总部园区应该选择利用什么载体来发展总部经济？应在环境调查分析的基础上进行分析总结。

综合以上类似园区的经验，对于嘉定项目的建设有以下启示：

- 项目选址一般在交通便利、环境优美、地价较低的城郊；
- 项目应贯彻商务花园的理念，建设低密度、低容积率、高绿化率的低层办公楼群，周围环绕优美的园林环境；
- 办公楼独栋出售或租售土地供企业自建，彰显企业的个性，打造企业的家；
- 软件平台和硬件设施并重，搭建完整的金融、信息、中介、商务、会展服务体系，促进信息传递和资源共享，真正实现总部集聚效应；
- 目标定位为企业总部，结合已有产业集聚的优势吸收相关产业的行政、研发、销售总部等。

开发以政府引导为主，但政府作为宏观调控部门应退居背后，通过企业市场化运作，政府与企业的良好配合进行开发。

2）上海三大新城的比较分析

上海三大新城不仅在规划中各具特色，而且在建设发展中也有不同的特点：松江新城作为上海市示范建设新城有很多成功经验，临港新城作为上海市重要战略规划的"新城"，在规划建设中也有自己的特点，这些对于嘉定新城的建设都是颇有借鉴意义的。课题组从区位优势、历史文化、总体定位、新城规划、优势产业、发展机制等六大方面对三大新城进行比较，以便为嘉定新城以及嘉定新城总部园区的建设发展提供借鉴。

[①]　全称 Central Business District——中央商务区。

表 1-4 国内 5 个总部园区汇总分析表

	背景	规划指标	目标客户	开发模式	基地区位	项目内容
丰台园二期总部基地	丰台园优势产业：生物医药、电子信息、先进制造业与新材料。规模：国际级高新区，现有入驻企业2700余家，科技工贸收入500万元以上企业442家	总占地面积65万m²，总建筑面积130万m²，容积率约1.59，平均绿化率50%左右，总投资约45亿元人民币，建设周期3~5年	跨国企业的地区总部、高新技术企业总部、外地进入北京的管理总部和结算总部及其他高附加值企业	政府和企业合资开发，一级土地开发采用银行贷款，统一规划、统一建设	东临京开一路、京津塘高速公路，南苑机场，毗邻京良等重要公路干线，北有京西站，丰台站，丰台西站，距北京西站、丰台站500m	总部办公楼700栋，总部会所，酒店，总部公寓，总部广场，总部运营管理中心，银行，超市，邮局
虹桥国际花园	虹桥临空园优势产业：信息服务业、现代物流业、服装服饰业及其他高新技术产业。规模：长宁三大经济组团之一，截至2003年5月，落户企业已累计达1328家	总占地面积140万m²，总建筑面积130万m²，建筑密度不超过30%，容积率低于1，绿化率高于50%，建筑限高24m	成熟型、大型企业总部目前产地税60万元人民币以上、产业区无污染	政府和企业合资开发，租售土地，办公楼企业自建，土地使用年限50年	位于外环线内侧，地处"虹桥国际机场"，沪杭、沪嘉高速公路和318国道的连接处，毗邻地铁2号线	商务酒店，河滨公园，商业一条街，银行，超市，邮局
上海国际总部之都	松江科技园优势产业：高科技IT产业。规模：吸引了IT高科技等一批电电项目和正泰电器等大批知名企业	总占地面积23.3万m²，总建筑面积约27万m²，投资6.7亿元人民币，建设周期5年	国内有发展潜力的中小型企业，国外企业（有意借助上海的平台）	海沁园春投资管理有限公司投资开发、统一开发、统一建设	东邻松江大学城、北临余山度假区，距沪三高速1.5km，距沪宁高速1.5km，距松江新城快3km，距铁路松江站5km，距虹桥机场15km，浦东机场40km	公共配套设施、产品展示厅、专家公寓、复式公寓设计、研发办公楼
BDA国际企业大道	北京经济技术开发区优势产业：电子信息、光机电一体化、生物医药、新材料新能源、软件制造。规模：国家级经济技术开发区，有500强企业38家，跨国企业80余家	总占地面积12万m²，总建筑面积约11万m²，绿地率41%，分为3期开发，于2005年全部竣工	电子信息、光机电一体化、生物技术与新医药、新材料与新能源、软件制造的五大产业链的上下游及相关企业		距首都国际机场25km，距京津塘高速公路1km，距铁路货运站7km，距国际物流主枢纽5km，距国际机场货运中心1km	低层办公楼、休闲餐吧、咖啡吧、员工食堂、小型超市、健身中心、小型商务配套、享北京经济技术开发区的完善商务配套
张江集电港二期	张江集电港优势产业：80栋商务别墅产业。规模：计容纳100多家企业，集聚各类人才近万	总占地面积35.72万m²，总建筑面积超过20万m²，容积率为0.59，绿地率39%，建筑密度21%，规划为低层独立式商务办公楼，单体3~4层			南依科依路，西靠申江路，北侧龙东大道是连接内环线和浦东国际机场的交通要道，申江路段有地铁站	5个组团，共80套商务别墅，世纪乐园观光塔，借用了集电港内的商务中心、会展中心，商务酒店式公寓

第1章　项目前期策划　11

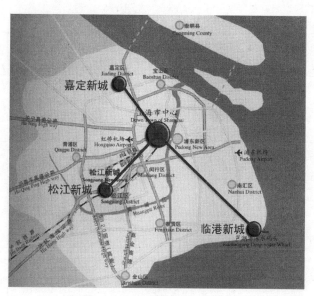

图 1-5　上海三大新城区位图

策划和规划是互动和互补的关系，并不是互相否定。

　　课题组参与总部园区项目策划之前，总部园区已进行过概念方案征集。总部园区概念方案征集是针对嘉金高速公路与F1赛车场之间的地带进行的。参与方案设计的单位有同济建筑设计研究院等4家单位。这4个方案在项目功能定位、建筑容量规划上都有所不同。课题组比较如表1-5所示。但总体来说，这些规划方案仍以形态设计为主，对项目研究不够深入，特别是在项目定位上缺乏有力的依据，导致4个规划方案各行其是，缺乏统一的目标和原则。课题组吸收各方案的优点，在对这些方案进行分析的基础上提出总部园区的规划设计要求。因此，策划和规划是互动和互补的关系，并不是互相否定。

3）嘉定新城主城区、核心区、总部园区的规划方案分析

　　策划中的总部园区位于嘉定新城核心区内，其发展既要符合区域总体规划、主城区总体规划和核心区控制性详细规划的要求，又要符合项目的具体要求，准确定位，合理建设。因此，需要对已有的规划依据和针对总部园区的各规划方案进行分析。

总部园区（创业园区）规划方案比较　　　　　　　表 1-5

方案名称		方案一	方案二	方案三	方案四
	方案名称	创业园区	总部创业园区	创业园区	创意园总部基地
前期分析	背景分析	经济与科技发展、区位条件、嘉定特点	项目发展条件、总部经济	汽车文化及其在嘉定的发展条件	产业转移、嘉定特点
	案例分析、比较分析	—	新加坡商务花园、北京中关村、浦东陆家嘴等		

续表

方案名称	方案一 创业园区	方案二 总部创业园区	方案三 创业园区	方案四 创意园总部基地
前期分析	目标客户	—	国际企业总部、国内企业总部、现代服务业等	与汽车相关的文化艺术等	创意产业企业、汽车零件企业等
规划内容	主要功能	创业基地、休闲、展示、娱乐	商务办公、展示及其他配套功能	展示、设计等	办公、酒店式公寓、配套公共建筑
	产业定位	以汽车业为主并有选择地组织其他行业	重点发展汽车及相关产业链	汽车艺术家创业与展示、汽车文化中心等	汽车产业中的二、三次零件创意产业
	规划概念阐述	—	东方商务岛	汽车文化园	创意园总部、企业使馆
	规划结构要点	纵向绿轴划分功能区	以一组"岛屿"形成仿细胞结构的功能分区	三个相互融合的结构构成	按生活、创业、娱乐等功能进行分区
	其他概念	模块发展、LOFT概念	院落式总部办公区、建筑生态	—	建筑智能化设计
	开发运营设想	分3期建设	分3期建设,以标志性建筑启动	—	先造景,后分期开发

4) 自然环境和历史人文环境分析

从以上分析可以看出,嘉定总部园区应符合总部经济发展载体的要求。除此以外,嘉定总部园区项目前期策划还应了解该地区的自然、历史和文化环境、社会经济发展现状以及产业发展现状等。总部园区策划的环境调查主要包含以下内容:自然环境(地理位置、交通条件、气象条件、水文地质条件和河流水系等)、人文历史环境(人文环境、历史环境、古城风貌和历史文化变迁等)、社会环境和科技发展环境等。

(2) 环境调查的工作方法

1) 现场实地考察

通过实地调查了解以下内容:园区内外市政基础设施情况、项目基地现状、项目基地对外交通情况、周边建筑风格等,要尽可能地了解影响项目策划工作的每一个细节,因为文字资料上往往省却细节信息,或者在访问时,对方可能出于自己主观判断而遗漏重要信息,这些信息对策划可能产生很大影响。项目实地考查时可借助拍照、录像等手段辅助工作,以掌握更翔实、具体的信息。

2) 相关部门走访

相关部门是项目宏观、中观和微观背景资料的主要来源。从这些部门获取的资料具有相当的权威性和及时性，有时候甚至是尚未正式发布的草案，对了解宏观背景的发展趋势具有极大的帮助作用。通过这种方式进行收集资料时应该注意两点准备事项：一是要提前进行联系，告知对方调研的意图、目的、时间和行程安排以及所需要的资料等；二是制定调查表格。调查表格的内容包括调查的目的、内容、受访人、调查参与人、调查的问题和资料需求等，表 1-6 为总部园区的环境调查表格。其中调查的问题和资料需求尽量明确，使受访人能清楚地理解并提供准确的信息，调查完毕后应由调查人完成调查报告，根据受访人的意见和建议分析对项目策划的影响。

嘉定总部园区环境调查表格 表 1-6

项目名称：嘉定总部园区前期策划	文件编号：
调查目的：编制嘉定总部园区前期策划环境调查报告	调查部门：区规划局
调查内容：了解嘉定总部园区总体规划情况	接待人：局长
调查的问题：	备注
1. 城市总体规划、总部园区有关的分区规划、专项规划、详细规划等文件以及基础设施与市政配套现状与规划情况（供电、供水、电信、雨污水和燃气等）； 2. 嘉定区城市空间发展战略； 3. 嘉定区交通规划情况； 4. 嘉定区建筑环境，如建筑风格、建筑主色调等。	
调查的资料编号及名称：	备注
1. 嘉定区规划建设方案； 2. 嘉定新城主城区总体规划； 3. 嘉定新城主城区核心区控制性详细规划。	
调查人：	调查日期： 年 月 日

3）其他资料及信息查询

比如文献调查与研究、问卷调查等方法。随着文献的数字化程度越来越高，文献调查越来越方便。文献的来源包括：网上信息资源、档案馆、图书馆等。问卷调查则可以针对项目策划的某一部分，如项目定位、功能布局、面积分配等，征求相关人员的意见，进一步完善策划成果。

(3) 环境调查的工作成果

环境调查的最终目的是为项目策划服务，因此环境调查的分析至关重要。分析是对大量的资料与信息进行提炼的过程，没有经过整理与分析的资料不仅对策划没有帮助，反倒会成为大量的信息垃圾，大大降低信息的价值，因此应充分关注环境调查资料整理与分析。环境调查的主要工作成果包括环境调查分析报告如图 1-6 所示。

上海嘉定新城园区前期策划系列报告之一

环境调查分析报告

目　录

上篇：项目相关专题研究分析

1. 上海三大新城比较：松江新城、临港新城对嘉定新城的启迪
2. 嘉定新城主城区、核心区、总部园区：规划方案分析
3. 从“总部经济”到总部园区：国内类似项目比较分析
4. 创意产业：产业发展的又一个契机
5. 生态建筑：理论与实践案例分析

下篇：项目基础资料研究分析

6. 自然与历史文化环境
7. 社会与经济发展环境
8. 科技产业发展现状与分析

图 1-6　环境调查分析报告

小　结

总部园区的建设属于成片土地开发，涉及的因素非常多，需要涵盖的内容也非常多，比如商务花园理论与实践、生态建筑的理论与实践等。此外，在总部园区的产业定位方面，还需要和产业发展趋势、产业发展内外部环境和产业经济发展的诸多要求等紧密联系起来。因此，对项目的专题研究应随着策划的深入不断调整和深化。

附件：环境调查分析报告详细目录

上篇：相关专题研究

1. 上海三大新城比较：松江、临港给嘉定的启迪

1.1　“三大新城”的背景

1.2　上海三大新城比较

2. 嘉定新城主城区、核心区、总部园区：规划方案分析

2.1　规划概况

2.2　总体规划与控制性详细规划分析

2.3　总部园区的规划设计前提

2.4　总部园区的规划方案比较

3. 从“总部经济”到总部园区：国内类似项目比较分析

3.1　什么是总部经济

3.2 为什么要发展总部经济
3.3 发展总部经济应具备什么条件
3.4 总部经济的企业集聚模式
3.5 总部经济的载体分析
3.6 国内现有总部园区比较分析
4. 创意产业：嘉定产业发展的又一个契机
4.1 什么是创意产业
4.2 创意产业包含哪些内容
4.3 全球创意产业发展现状及展望
4.4 我国创意产业发展现状及展望
4.5 我国主要城市创意产业发展现状
4.6 小结
5. 生态建筑：理论与实践案例分析
5.1 什么是生态建筑
5.2 生态建筑要素
5.3 生态建筑评估指标
5.4 生态建筑的典型案例分析

下篇：项目基础资料研究分析

6. 自然与人文历史环境分析
6.1 自然环境
6.2 人文历史环境
7. 社会与经济发展环境
7.1 社会环境
7.2 经济发展环境
8. 科技产业发展现状与分析
8.1 嘉定科技产业综述
8.2 科研院所情况
8.3 民营企业情况
8.4 科技园区情况
8.5 嘉定科技发展"十五"规划分析

思考题

1. 对新建项目的项目前期策划，需要进行多方面的环境调查，主要包括哪些方面？

2. 环境调查与分析有多种方法，应针对不同的对象、不同的信息采取不同的方法，请进行归类分析。

案例 3　中外合资营利性医院

项目背景

该医院项目位于上海，拟与德国合作，建造一所中外合资的营利性医院。项目定位为：严格按照德国标准，建设一所凸显现代医学特色，全方位满足多层次医疗和保健需求，信息化、数字化、开放式的世界级医疗中心。该项目的建设规模为 1000 张床位。项目一次规划，分两期建设。一期工程 400 张床位，建筑面积为 $65000m^2$。

和软件园相比，医院项目更具有针对性，专业性也更强，环境调查的范围和对象也更具特殊性。国家根据承担任务和功能的不同，将医院分为营利性医院和非营利性医院两类进行管理，制定不同的投资、价格、税收政策。该医院属于营利性医院，从项目建设的可行性角度出发，环境调查应回答如下一些问题：影响医院经营的社会、经济发展环境如何；当地医疗卫生设施如何；当地医疗服务市场的供求如何；以及国家对中外合资营利性医院的相关政策如何。

环境调查与分析

策划小组从前期策划的基本方法出发，综合考虑医院项目自身专业化的特点，同时结合本项目的特殊性，从四个方面对该医院项目进行了环境调查与分析，如图 1-7 所示。

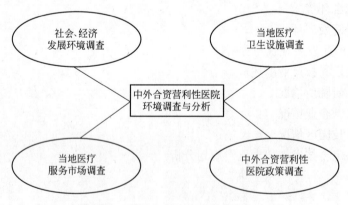

图 1-7　项目环境调查与分析的内容

(1) 社会、经济发展环境调查

医院项目的建设，是依托于一定的社会、人群而存在的，一般医院提供的服务是直接面向当地人口，而不像工业产品生产项目，可以通过运输把产品销售到远距离的区域。因此项目所在地的社会、经济发展情况和医疗卫生设施建设的现状和规划对项目是否应该建设具有非常重要的指导意义。策划小组从当地社会、经济发展环境方面，重点了解了以下内容：①城市人口；②国民生产总值、人均国民生产总值、当年的增长速度；③医疗费用占国内生产总值的比例；④人均收入；⑤高收入人群数量；⑥外籍人士数量、增长速度等。

(2) 当地医疗卫生设施建设的现状调查

政府部门对当地的医疗卫生设施建设有严格的控制和规划，而新建医院势必要打破当地卫生设施的格局，影响现有医院的营业水平，因此必须注意到项目所在地的医疗卫生设施的现状，以便策划工作的顺利和有效开展。

1) 总体情况

通过调查了解到，上海市目前中心城区高等级医院已经趋向于饱和，而郊区医疗市场高端供应比较缺乏。从上海市高端市场的总体情况而言，正如上海市卫生事业发展"十五"规划指出的那样，与目前亚洲一流的医疗中心城市如中国香港、新加坡等地相比，上海尚无一所与其现在及将来经济和国际地位相称的现代化医院，其整体医疗水平与上海市希望成为亚洲医疗中心目标还有较大的差距，特别是缺乏与国际接轨的标志性医院。

2) 详细调查

在进行区域卫生现状调查时，策划小组对上海各区以及郊县与周边地区的医疗卫生设施现状进行了详细的调查，如表1-7所示。

各区、县医疗机构基本情况(2002年)　　　表1-7

地　　区	床位数(张)	医疗技术人员数(人)	其　　中	
			医生(人)	护士(人)
总　　计	83459	101563	43792	37115
浦东新区	7056	8710	4187	
黄浦区	5102	7937	3293	
卢湾区	3377	5784	2312	
徐汇区	10357	12678		
……				
嘉定区	2172	2877		
金山区	2677	3177		
松江区	3303			
青浦区	1740			
南汇区	3971			
奉贤区	4008			
崇明县	3039			

(3) 当地医疗服务市场调查

对当地医疗服务市场进行调查，目的在于掌握市场的实际情况和发展动向，发现市场的切入点。策划小组对医疗市场的调查主要包括基本情况、需求情况和供给情况等三个方面。

1) 基本情况

经调研，上海市各类卫生机构、床位及人员数如表1-8所示。

上海各类卫生机构、床位及人员数（2002年）　　　　表1-8

机构类别	机构数	床位数	人员数	卫生技术人员数	医生人数	护士人数
总计	2422	84502	133386	101563	43797	37115
医疗机构合计	2342	83459	126642	97566	41728	36882
医院	192	61784	91055	69048	25744	29805
综合医院	121	41787	69012	53010	20180	22814
中医医院	18	3588	6246	4828	1940	
中西医结合医院	4	1405	2574	1963	756	
专科医院	49	15004	13223	9247		
疗养院	3	462	276	108		
护理院	11	1650	585	355		
社区卫生服务中心	10	6909	12694			
乡镇卫生院	128	11199	10225			
门诊部、所	66	65	1			
诊所、卫生所、医务室、护理站	1785		5332			
妇幼保健院（所、站）	22	1208	3103			
专科疾病防治院（所、站）	22	182				
急救中心（站）	11					
其他医疗机构	1					
疾病预防控制中心	23					
卫生监督所	21					
医学科学研究机构	12					
其他卫生机构	24					

2) 需求情况调查

① 医疗机构诊疗、入院人数调研（表1-9）

医疗机构诊疗人次和入院人数（2002年）　　　　表1-9

机构类别	诊疗人数（万人次）	门急诊（万人次）	入院人数（万人）	每百诊次的入院人数
总计	8783.29	8617.31	135.76	1.55
卫生部门	8382.38	8219.85	128.19	
医院	5059.31	4995.53	92.59	
综合医院	3693.42	3649.26		
中医医院	743.35	738.29		
……				

续表

机构类别	诊疗人数（万人次）	门急诊（万人次）	入院人数（万人）	每百诊次的入院人数
其他医疗机构	149.96	146.13		
社区卫生中心	2419.09			
乡镇卫生院	738.76			
工业及其他部门	400.91			

② 在沪境外人士调研

最近3年来，外国人在上海就业的人数以每年10%的速度增长。按照国际公认的观点，作为一个国际性的大都市，外籍工作人员占总人口的比例一般要求在5%以上。按照上海现有的人口计算，外籍人口应在70万左右，目前的数量显然还太少，尚有很大的增长空间。

③ 境外旅游者调查

2002年上海入境的境外旅游者达到272.53万人次，其中来自德国的旅游者达10.23万人次。平均每天来沪旅游的人数达7466，平均逗留时间为3.61天。入境境外旅游者呈逐年递增的趋势，而且增长十分迅速。上海作为境外入境主要通道，在未来几年内必将发挥更显著的作用，这也将极大地拉动上海市外籍人士的就医需求。

④ 需求情况调查小结

根据对医疗服务市场的调查，综合以上数据，策划小组作出如下分析：

- 上海作为一个国际化的大都市，正越来越吸引着外国人前来工作、旅游、定居，但是他们的就医需求还不能在当地得到满足，医疗保障问题也越来越成为外国企业在上海遇到的难题之一；
- 上海市高收入人群非常密集，他们具有潜在的高级医疗保障服务的需求；
- 该医院项目具有十分广阔的前景。

3) 供给情况

① 高端市场情况调研

考虑到该医院主要针对高端市场，在市场调查中，供给情况的主要调查对象为上海市的三级综合性医院和特需服务的情况。经调查，当时上海市共有三级综合性医院18所，其中三级甲等医院16所，三级乙等医院2所。选取其中的10所医院经济指标进行统计，结果如表1-10所示。

上海市10所综合医院2001年主要经济指标　　　　表1-10

	单位	市一	市六	……	仁济	九院	龙华	曙光
收入总计	万元	51508.8	47593		59334.5	35058.6	22460.8	22624.3
其中：门诊收入	万元	9751.5	10322		13324.3	10176	2879	2956.7
住院收入	万元	11794.7	12592		13247.5	9084		
药品收入	万元	26162.5	19557		26798.9	13078		

续表

	单位	市一	市六	……	仁济	九院	龙华	曙光
支出总计	万元	47193.2	44416		57849.2			
其中：人员费用	万元	13062.4	11984		1322			
职工人数	人	2255	2308		2273			
核定床位	张	1080	1010		886			
实际开放床位	张	1304	1148		886			
累计实际占用床日	万日	43.02	45.92					
床位使用率	%	90	109.6					
累计出院人数	人次	23625	22437					
平均住院天数	天	18	19.2					
累计门急诊人次	万次	133.5						
每住院床日费用	元	447.16						
每门急诊人次费用	元	213.22						
其中：药品	元	140.19						

根据上海市三级综合性医院的现状，策划小组进行了分析，得出一些重要结论，例如非营利性三级甲等医院服务对象基本上是普通市民，人满为患，平均住院天数较高，收费水平基本可以接受，但部分市民抱怨药价太高等。

总体而言，上海最高水平的医院与亚洲中心城市的标志性医院的差距还比较大，上海尚需建设高水平、多元化投资的现代综合性医院，以满足高端市场的需求。

② 特需服务的特点分析

随着人们生活水平的提高，病人对医院特需服务需求的不断增加，上海各医院为满足这种需求，纷纷开设了特需服务。策划小组对上海市几家提供特需服务的主要医院进行了调查，发现目前上海市高等级医院特需服务具有以下特点：

- 科室不齐全，如华山医院特需服务部当时服务范围主要是神经内科、神经外科、皮肤科等科室疑难杂症；
- 规模较小，如中山医院下属的逸仙医院只有46个床位，仁济医院的宾馆式特需床位也只有96个（调研时统计数字）；
- 大部分是中国医生看病，没有或较少有外籍医生坐诊；
- 硬件设施有改善，但医院管理模式、看病流程、对病人的服务理念基本没有改变。

综观上海市各家医院，目前还没有真正能够接待大量外宾病人、能够让外籍人士放心的综合性医院。

(4) 中外合资营利性医院政策调查

政策对医院的建设和发展是非常重要的，目前国家明确规定鼓励民营资本进入医疗服务市场,鼓励民营医院的发展。策划小组详细调查了当地与民营医院相关的投资、税收政策,以及外国医生能否来华行医、民营医院是否可以进入医保系统等政策。

小　　结

在项目前期策划中,可行性分析是一个极其重要的内容。从研究的出发点看,项目前期策划正是从可行性研究发展而来,但在研究的范围和深度方面都发生了重大的变化。项目前期策划从根本上回答了项目是否可行,或者如何使其更加可行。对于中外合资营利性医院的可行性分析,影响经济效益和社会效益的因素有很多,需要进行大量的调查研究,收集丰富翔实的数据。除了案例中调查的数据以外,还应调查和获取医院建设和运营的成本,各项收入的确定(包括价格的制定等)等数据。此外,还应进行相关风险因素等的调查。

思考题

1. 中外合资营利性医院项目的环境调查与分析应从哪些方面入手,各环境要素对策划对象有何影响?

2. 对中外合资营利性医院进行前期策划时,需要调查和搜集哪些信息,以确定项目的经济效益和社会效益?

1.2　产业策划

案例1　科技创业社区

项目背景

科技创业社区位于南通市新城区,规划用地面积约 28000m^2,净用地面积约 22000m^2,区位条件优越。

科技创业社区的开发和建设涉及产业定位、功能定位、规模定位、开发策略和政策制定等诸多方面。其中,包括产业定位在内的产业策划是第一步,它直接决定了后续策划工作的具体内容和目标。产业策划必须回答如何进行产业策划,区域产业环境分析应从哪些方面着手,如何进行产业定位,如何制定产业发展的思考等问题。

产业策划的总体思路

科技创业社区产业策划的总体思路如图1-8所示。

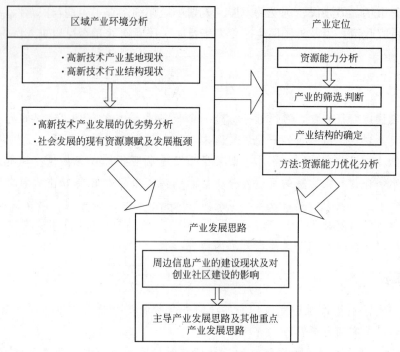

图 1-8 科技创业社区产业策划的总体思路

产业策划

(1) 区域产业环境分析

1) 南通市高新技术产业基地概况与行业结构

策划小组走访了南通俄罗斯高新技术成果转化园、南通化工新材料产业基地等8家南通市高新技术产业基地,对其工业总产值、利税、高新技术企业数目和产业特色等进行了详细的调查和分析。

在行业结构方面,经调研发现,在南通现有高新技术产业的6个行业中,以工业总产值为指标,电气机械及设备制造业、新材料制造业、电子及通信设备制造业所占比重较大,成为南通高新技术产业的"三驾马车";专用科学仪器设备制造业、医药制造业、计算机及办公设备制造业比例较小。目前,尚没有航空航天制造业,高科技产业优势仍在形成之中,高科技产业结构如图1-9所示。

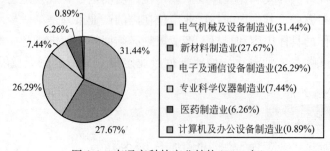

图 1-9 南通高科技产业结构(2004年)

2) 南通市高新技术产业发展优劣势分析

① 发展优势
- 高新技术产业产值呈现快速增长的良好态势。
- 高新技术产业经济效益改善,产值、销售和效益同步快速增长。
- 产业竞争能力增强。
- 高科技主导产业集聚效应初步形成。

② 发展劣势
- 总体上,南通高新技术产业发展还处于初级阶段,总量偏小,如表1-11所示。

2004年江苏沿江8市高新技术产值、效益情况表 表1-11

城市	产值(亿元)	占全省比重(%)	利税(亿元)	占全省比重(%)
苏州	2436.98	41.3	127.51	32.38
南京	972.88	16.49	65.44	16.62
无锡	894.79	15.16	65.1	16.53
常州	425.06	7.2	33.75	8.57
南通	267.57	4.54	25.08	6.37
镇江	257.2	4.36	18.34	4.66
泰州	254.88	4.32	25.65	6.51
扬州	166.24	2.82	10.5	2.67

发展劣势主要表现在:
- 缺乏大型骨干企业支撑,高科技产业聚集效应不突出;
- 科技经济外向度占比仍然偏低;
- 高新技术产业科研发展经费(R&D)投入少,产业附加值不高。

3) 社区产业发展的现有资源禀赋与若干瓶颈

经调查发现,社区产业发展有良好的资源禀赋,也存在着制约产业发展的诸多瓶颈,如表1-12所示。

社区发展的现有资源禀赋和制约瓶颈 表1-12

现有资源禀赋	制约发展的瓶颈
• 独特的区位地形和交通优势 • 一流的城市建设及基础设施条件 • 本地研发力量的集中支持 • 一定的人力资源综合优势 • 较大的市场辐射潜力 • 有力的政策资源优势 • 现有的建设与运营经验积累	• 现有的高新技术产业基础薄弱 • 缺乏高层次技术人才及研发力量 • 产学研结合机制有待进一步完善 • 高新技术转化的配套服务体系不足

(2) 产业定位

1) 资源能力优化分析

策划小组把在企业发展战略制定方面应用较多的资源、能力优化分析方法应用于南通市高新区产业定位与发展战略的制定。该方法主要通过分析各种资源和能力对某一行业发展的重要性以及该地区的拥有程度，根据产业发展要求与地区资源、能力优势的匹配程度，筛选出适合该地区发展的行业。

① 方法简介

这是一种将产业发展需求和地区比较优势结合起来的分析方法，将产业发展需求和地区优势匹配起来，从而优化该地区的主导产业选择和资源配置。该方法采用坐标轴分区图，纵轴代表资源和能力因素对该产业的重要性，横轴代表某一地区对资源和能力因素的拥有程度。根据两大指标的强弱程度，在坐标轴内划分出4个区域，以一个点表示一种资源和能力因素。根据两维坐标将各个点进行定位，分析出该地区对关键因素的拥有程度。

② 方法具体说明

第一，右上部分的点表示某一因素对产业的发展较为重要，而该地区正好在这个因素上具有优势；如果右上部分的点相对比较多，说明该地区的优势与产业发展要求是匹配的，该地区适合发展这一产业。第二，左下部分的点表示对某产业发展并不重要的因素，而该地区在这些因素上也没有很大优势。这种情况也较为理想，说明该产业的发展并不会受到该地区劣势的影响。第三，左上部分的点表示某一产业发展的关键因素，该地区在这些因素上并不具备优势，如果短期内该地区难以在这些资源、能力因素上有所提高，那么这一产业就不适合成为该地区主导产业。第四，右下区域的点表示该地区拥有的优势因素对该产业发展并不重要。在这种情况下该地区的资源配置需要调整，一种方法是将优势资源从该行业中转移出来，投入到那些对这些资源因素要求比较高的产业中去。

然后，分别针对不同的产业画出相应的图，并按照以上思路进行资源能力分析，比较各个产业与该地区优势的匹配程度。如果某一产业在右上和左下部分集中的点较多，说明该产业适合这一地区发展。

③ 两大类参数的选择

这一分析方法涉及行业参数和资源能力因素参数两大类，即对选择哪些产业进行分析，以及选择什么资源和能力因素进行定位。

● 行业参数选择

在行业选择方面，周边地区创业中心的产业选择对南通创业社区具有重要的借鉴意义。为此，策划小组对周边地区创业中心的高科技主导产业进行了调查和分析，见表1-13。

南通周边地区创业中心高科技主导产业选择   表1-13

创业园区	主导产业
苏州高新技术创业中心	电子软件业、生物医药、环保业和光机电一体化
无锡市高新技术创业服务中心	IC、软件、光机电一体化、生物工程及医药、新材料和环保产业
宁波市科技创业中心	电子信息、生物医药、新材料、光机电一体化

续表

创业园区	主导产业
南京(高新区)科技创业服务中心	电子信息、生物医药、航空航天和新材料
常州市高新技术创业服务中心	光机电一体化、电子信息、生物医药和精细化工
扬州高新技术创业服务中心	电子信息、软件、光机电一体化、精密机械设计和制造、生物工程及新医药、新材料、节能环保、精细化工
泰州创业中心	电子信息、生物医药、基因工程、新型材料
杭州高新区科技创业服务中心	现代通信设备制造、软件、IC设计、光机电一体化、生物医药、新材料

由表1-13可以看出：

——各个创业中心基本都是选择大的电子信息概念作为首选主导产业，苏州、无锡、杭州等则根据当地产业优势集中在电子信息的软件、集成电路等细分领域；

——电子信息产业链庞大而复杂，某一个地区或者大型企业都很难在产业链的每个环节都做好，因此需要对信息产业进行进一步划分，以寻求适合地区发展的产业环节，大体上可以分为电子信息产品制造业和信息服务业两部分；

——此外，各地创业中心的其他主导产业主要有生物医药、新材料、光机电一体化、精细化工、环保产业和航空航天。这些可以作为南通创业社区进行产业选择的参照体系。

同时，南通创业社区的产业选择还应该立足于南通现有的产业基础以获得相应的支持。虽然产业发展战略具有一定的前瞻性和先导性，但是也不能完全脱离南通现有的产业基础。根据前面对南通高科技产业的分析可以看出，南通在电子元器件、医药、新材料、光机电一体化方面都具有一定的产业基础，而在电子信息高端产品、节能环保、航空航天等方面尚未形成产业基础或者基本上是空白。

综合周边地区产业和南通现有基础，最终选择信息产品制造业、信息服务业、生物医药、新材料、光机电一体化五大产业进行分析。

● 资源、能力因素参数选择

需要考虑的资源、能力因素主要有：技术壁垒、初期投入、人力资源、基础研发平台、产业基础和产业聚集度等内部因素，以及周边市场需求、区位优势、商务成本、环保条件、政策支持和占地要求等外部因素。

④ 南通创业社区产业发展的资源、能力分析

通过产业资源、能力分析方法可以使南通创业社区选择自身优势与产业发展需求最为匹配的产业，从而在最大程度上扬长避短，实现高科技产业带动区域经济发展、区域优势促进科技产业提升的双赢。

以社区发展信息产品制造业、信息服务业为例，其资源、能力分析分别如图1-10和图1-11所示。

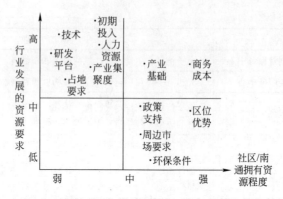

图 1-10　发展信息产品制造业的资源、能力分析

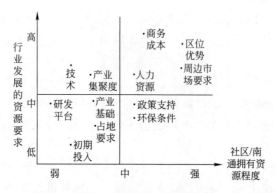

图 1-11　发展信息服务业的资源、能力分析

2）社区产业的筛选、判断

从对产业的资源、能力分析比较得知，信息服务业在右上和左下区域集中的点较多。因此，信息服务业与南通创业社区的特殊性具有较高的匹配度，使之在最大程度上实现扬长避短，它可以成为南通创业社区优先发展的主导产业。

此外，还可得出：

- 如果社区在信息服务业的发展上先期取得突破发展，从信息产品的区域销售与服务入手，可以充分发挥周边现有的智力和人才资源优势，从而在信息产品制造业的某些特色细分领域寻求突破；
- 南通生物医药产业整体偏弱，但是在中药产业方面有一定的知名度，可以考虑在创业社区内，重点依托南通大学医学院、附属医院等进行技术创新和开发，加快用现代高新技术改造传统中药产业的步伐，促进南通医药工业的结构升级和快速发展。同时积极与上海接轨，寻求与上海互补的产业方向；
- 可以将光机电一体化作为重点关注发展的产业之一；
- 新材料产业可以成为社区内重点关注发展的首选储备产业。

3）产业结构的确定

经过上述分析，得出社区高新技术产业的结构如图 1-12 所示。

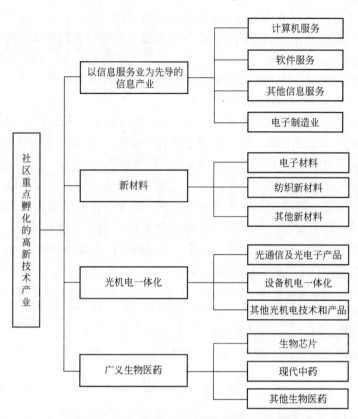

图 1-12　社区高新技术产业结构框架示意图

(3) 产业发展思路

1）周边信息产业的建设现状及对南通创业社区建设的影响

目前南通周边的上海、苏南、苏中和苏北在要素结构和产业演进阶段上存在较大差异，因此，在电子信息产业的发展形态和产业水平上呈现出一定的梯级分布。上海处于领先的第一梯队，苏南地区的南京、苏州、无锡和常州属于第二梯队，苏中、苏北分别处于第三和第四梯队。地区间的产业互补性增强了长三角地区电子信息产业的配套能力和协调发展能力。

策划小组通过对周边地区信息产业优势、信息产业发展重点的比较和分析，得出了各周边地区信息产业的发展对于南通创业社区发展信息产业的多方面影响：

- 上海信息产业对南通产生强大的辐射和引领作用，有望形成互补合作；
- 苏南地区在软件业以外的信息服务业上对南通的挤压效应相对较小；
- 苏中地区特别是扬州将在信息服务业上对南通形成竞争态势；
- 抓住机遇，充分发挥地缘优势，抢先辐射苏中、苏北地区；
- 南通应该基于错位竞争和比较优势的原理，大力发展具有南通特色的以信息服务业为主体的信息产业。

2）产业发展的思路

① 主导产业的发展思路

根据周边地区信息产业发展带来的影响、南通创业社区自身的资源禀赋、制约瓶颈等因素，策划小组针对南通创业社区发展以信息服务业为主体的特色信息产业提出以下思路。

- 开始阶段应重点针对南通及辐射区域内存在的现实需求和市场，发展相应较为低端的产品和业务。
- 随着创业社区内企业的发展壮大、技术人才的引入和增加、相关产业经验的累积，可以根据市场前沿和趋势，挖掘客户对信息服务业的潜在需求，发展相对较为高端的产品和服务，提高增加值比例。
- 根据产业发展的需求分析，近、中期可开展企业计算机技术服务、软件服务、网络服务及相关设备的销售业务，政务办公网络服务与金融、交通等公共平台的建设，个人消费类电子产品的组装、销售与服务，针对国外、上海等优势地区的软件外包业务，与国防现代化有关的信息服务等。

② 其他重点关注产业的发展思路
- 立足传统优势、积极发展新材料产业。
- 研发先导、建设光机电一体化技术平台。
- 寻求资源嫁接、培育生物医药产业的闪光点。
- 主辅产业结合、实现渐进式深化发展。

小　　结

产业策划是项目开发建设的龙头，是决定项目运营成败的关键。如果产业定位失误，不仅会影响到后续项目的建设与运营，造成名存实亡的"空园"，甚至还会影响园区经济发展及区域经济发展，因此产业策划是园区开发建设的首要工作。本案例以科技创业园区为例，阐述了如何进行产业策划，包括产业环境分析、产业定位和产业发展策略等，尤其是产业的筛选和确定，可为类似项目提供借鉴。

思考题

1. 产业策划应当遵循怎样的总体思路？
2. 什么是资源、能力优化分析方法？如何利用它来进行产业定位，并制定产业发展思路？

案例2　科技商务区

项目背景

科技商务区位于山东省济南市，总占地面积约为 $13.5 km^2$，该区域是济南市的文化、商业、高新技术等经济功能区交汇的核心纽带。科技商务区的前身是早期经营电子产品和电脑配件、耗材等众多中小商户组成的电子一条街。经过多年的发展,区域内形成了有多家电子产品市场构成的,沿电子一条街分布的电子产品贸易区,并成为济南市和山东省以及整个华东地区别具特色的电子产品交易中心。

为优化科技商务区辐射区域内的产业结构,进一步提高该区域的经济质量和效益,使其由原来传统的信息产品集散地和信息技术服务中心转变为具有竞争力的区域科技商务中心,济南市于2005年对整个科技商务区进行了发展策划,包括产业策划。

产业策划的基本思路

本科技商务区产业策划的基本思路如图1-13所示。

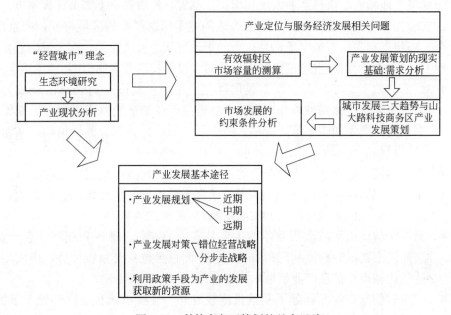

图1-13 科技商务区策划的基本思路

产业策划

科技商务区产业策划,遵循了"经营城市"的科学理念。所谓经营城市,就是政府在市场经济条件下,按照经济规律,用资本化的手段、措施和管理方式,将城市发展中的可经营性项目推向市场、推向社会,以求城市建设与管理的良性发展。其核心是:在城市建设发展中,借助于市场化、资本化和国际化运作,既解决各级政府在现代化城市建设中资金严重不足的瓶颈制约问题,又全面提升城市管理、城市功能、环境、品质及其承载力、辐射力、带动力和竞争力,进而全面推动社会进步,这也是"经营城市"的精髓。

(1) 科技商务区生态环境研究与产业现状分析

1) 产业生态环境的研究

首先,策划小组对我国三大电子信息产业基地的区域布局与产业特征进行了研究,如表1-14所示。

我国三大电子信息产业基地区域布局与产业特征　　　　表 1-14

区　　域	主要省、直辖市	重点城市	重点行业及产品
珠江三角洲	广东、福建	广州、深圳、东莞、中山、顺德、珠海、福州、厦门	家用电器、视听产品、计算机及外部设备、微电子、软件等
长江三角洲	上海、江苏、浙江	上海、杭州、南京、苏州、无锡、常州、昆山	集成电路制造及封装、通信、计算机装配、电子元器件产品、视听产品等
环渤海湾地区	北京、天津、河北、辽宁、山东	北京、天津、石家庄、沈阳、大连、青岛	通信、计算机、集成电路设计、微电子、软件、家用电子电器类产品等

随后，策划小组具体调研了周边省市信息业的发展情况，包括山东省的青岛、烟台和威海等地的电子信息产业发展概况；江苏省、河南省、上海市、天津市、北京市、安徽省、山西省以及珠江三角洲等地的电子信息产业的区域特征；南京市、徐州市、郑州市和太原市的电子信息产业的集聚现状与发展前景。在大量调查分析的基础上，总结出了周边省市信息产业发展对建设科技商务区的影响。

- 目前，由于北京、上海在建设国际化大都市，制造业的外移已经成为趋势，未来会更加瞄准国外市场。今后信息产业制造业外商投资，可能将更多地向环渤海和西部地区转移。济南市可望获得一部分外资份额，从而推动区域信息化水平。
- 更多与济南形成激烈竞争态势的，主要是京津地区的信息产业的融合。北京力图成为研发和投资中心、天津成为今后的华北世界级制造业基地，会进一步挤压山东信息产业的发展空间。
- 另一个与济南形成激烈竞争的主要是省内的青岛、烟台和威海信息产业，当然济南在成为物流基地和贸易中心方面自身也具有独特优势，应该与上述省内城市在信息产业领域内加强合作。
- 河南省信息产业发展除了基础设施较好外，各项指标在全国都处于下游，有特色的郑州市软件产业规模较小，影响力不大，这是科技商务区建设可以瞄准的主要市场区之一。
- 山西省、安徽省电子信息产业发展更加落后，基本上对本区影响不大，未来都有可能成为该商务区信息产品和服务的辐射区域。
- 江苏省信息产业基础在全国处于领先地位，未来会对科技商务区的辐射能力形成一定制约；徐州市尽管离济南很近，但由于其经济发展和山东处于一个水平，信息产业发展不快，未来对于商务区辐射的制约不大。

总之，济南市周边省市信息产业的发展对建设科技商务区的影响积极和负面的都有。对于北京、上海等大都市的影响，基本上可以与之形成互动，而京津软件产业未来可能会在更大程度上挤压济南的成长空间。省内青岛、烟台和威海的信息产品会与济南形成竞争态势。江苏省的信息产业将直接制约济南市信息产业的辐射。河南省和郑州市的信息产业发展目前还无法与济南市竞争。

2) 项目所在地产业现状

首先，策划小组分别对济南市、历下区和科技贸易区与贸易和信息相关的一系列产业的发展现状进行了调查和分析。通过调查了解到：近年来济南市的信息产业已经成为该市的支柱产业，历下区高新技术企业数量在济南各区中列第1位。2003年，科技商务区年营业额达96亿元。10年来，形成了以电子产品贸易为重点、以软件研发和IT培训为主导的电子一条街。

其次，策划小组重点研究了科技商务区信息产业的内部结构，如图1-14所示。

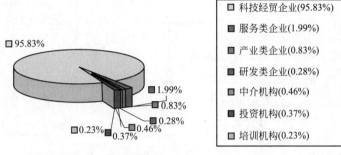

图1-14　科技商务区信息产业的内部结构

(2) 产业定位与服务经济发展相关问题

1) 科技商务区的有效辐射区域以及市场容量的测算

① 有效辐射区域的测算方法

城市引力模型

"城市引力模型"的基本思想是采用物理学理论的万有引力定律，把城市之间市场区的范围与城市之间相互的引力结合起来，这样运用一个简单的方程基本上能够计算出两个城市之间的引力平衡点。引力的大小仅与相邻城市的人口数量和相互之间的距离相关。对于多个城市中核心城市市场区的计算，只需分别计算出中心城市与周围每个城市的引力平衡点，然后连接这些不同城市与中心城市的引力平衡点，就大致得到中心城市的市场区。

城市市场区域的测算是一项较为复杂的工作，涉及大量数据的采集和分析，即使这样，得到的也只是大约的区域边界。但在理论上，一般区域边界的测算，越来越倾向于运用理论上比较成熟的"城市引力模型"来进行。

济南市周围不但有一些地级市，还有较远的省会城市和直辖市，采用"城市引力模型"分别计算后，同样也就找到了这些大城市与济南市市场区的引力均衡点，引力均衡点连线以内的区域就是济南市最为边远的市场区。该大市场区面积是济南市市场区的理论覆盖区，即有效辐射区，较小的区域则是济南市市场的核心辐射区。

② 科技商务区有效辐射区域的确定

经过测算，科技商务区市场的辐射范围除部分产品或技术可以辐射全国市场外，科技技术和产品贸易市场的外延绝大部分可以达到以济南为中心，以200～300km为半径的区域范围。而以青岛为中心的胶东半岛整体经济发展水平较高，且产业发展阶段并不落后，实际上已经形成了相对独立的区域性市场，科技商务区市场对这一地区的辐射能力受到一定限制。因此，以科技商务区为中心，以200～

300km 为半径的辐射区域是山大路科技商务区的有效辐射区域(图 1-15)。

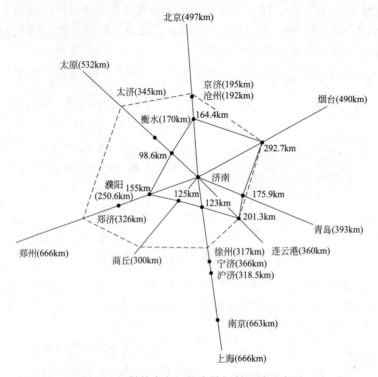

图 1-15 科技商务区的有效辐射区域示意图

③ 科技商务区有效辐射区市场容量的测算

根据前面的分析和相关数据,可以得出以下结论。

- 科技商务区信息技术产品辐射的主要范围限于山东的中、西部地区,在青岛和烟台两城市周边的辐射受到一定影响,在省外的影响限于对周边河南、河北、江苏和安徽部分地区的影响,这也是济南市商品贸易辐射的基本区域。
- 科技商务区技术和商品贸易辐射区域(也是济南市辐射区域)覆盖面积大约在 19.6 万~20.3 万 km^2 之间,区域内总人口大约为 1.13 亿~1.17 亿。
- 科技商务区信息产品覆盖区域内市场容量约为 2000 亿元/年,而且这个市场还在以每年 20%以上的速度增长。
- 除了信息产品的需求,与信息产品市场同步发展的还有信息服务业,科技商务区辐射区内信息服务业的市场需求量约为 300 亿元/年。经验增长数据表明,信息服务业的增长更为强劲,年增幅甚至高达 40%以上。

总之,科技商务区辐射区域内的信息产业需求约在 2300 亿元/年,年增幅约为 30%,并且在中长期(10 年)内会维持这个速度。

2) 产业发展策划的现实基础:需求分析

策划小组还对科技商务区的区位特征、产业基础与比较优势进行了深入分析。**研究发现**:现阶段,基于产业高度化和电子商务发展、电子政务建设、社会消费、国防建设与国际市场 5 个层次的现实市场需求（表 1-15），是科技商务区产业发展策划的客观基础。

科技商务区产业发展的现实市场需求　　　　　　　　表 1-15

序号	客观存在的现实市场需求	近、中期可以考虑发展的项目
1	区域内产业升级和电子商务发展需求	面向企业电子商务的信息服务业发展，平板显示等
2	区域内各级政府电子政务建设的需求	从事电子政务的信息服务业，政务网络、信息平台等
3	区域内信息产品消费需求	数字电视机顶盒、小硬盘、GPS、网络游戏等
4	国防现代化对信息技术与产品的需求	军用电脑、军事数字化装备、军事后勤管理系统建设等
5	国际市场需求	中间件的研发、软件外包等

3）当前城市发展三大趋势与科技商务区产业发展策划

基于对影响科技商务区相关产业发展的多种因素分析发现，科技商务区面临的产业集群化、商业组织模式升级与 3C 融合等当前城市经济发展的三大趋势，决定了山大路科技商务区产业发展的主要趋势与方向。

① 产业集群化趋势

科技商务区的产业组织模式是高科技产业集群，即以研究与开发（R&D）的高投入、风险资本的巨大收益和精细的高科技产品销售贸易或生产为主要特征的产业集群。由于这种产业集群主要以高新技术为基础，因而需要集成复杂的知识以及对研究开发的大量投资。

② 商业组织模式升级趋势

商业组织模式存在从零售店、百货店、连锁店到大卖场等组织模式之间的演进关系（图 1-16）。商业组织模式创新的重要特征，是管理信息化、物流现代化、商业、产业与资本的融合化。因此，商业组织模式的升级意味着通过组织创新带来的市场竞争能力的提升。

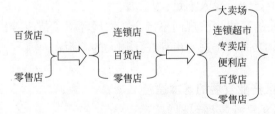

图 1-16　商业组织模式演变的一般过程

科技商务区是以民营企业为主体，借助科技商务区的区位优势与市场优势，带有自发特征发展起来的高科技贸易市场和技术服务中心，具有很强的市场活力与适应性。不足之处是商业组织模式仍以传统的百货市场的形式运作，创新滞后，商业环境较差。应该通过改进科技商务区的商业组织模式，提升科技商务区的市场竞争力。科技商务区市场已经具有了提升商业组织模式的内在需求和客观趋势，同时这也是提升科技商务区的商业组织模式和推动科技商务区发展的重要机遇。

③ 3C 融合趋势

2005年1月5日,美国消费电子产品协会(CEA)提出了2005年消费电子产业的6大趋势,并强调消费类电子市场将进入另类3C时代。3C是指计算机(Computer)、通信(Communication)和消费类电子产品(Consumer Electrics),"3C融合"是指利用数字信息技术激活其中任何一个环节,并通过某种协议,使电脑、通信和消费电子产品三者之间实现信息资源的共享和互联互通(图1-17)。"3C融合"可使人们在任何时间、任何地点实现信息融合应用,方便各自的工作和生活。

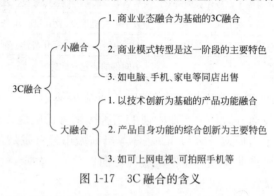

图1-17 3C融合的含义

与传统家电卖场相比,科技商务区在信息家电领域具有独特的优势。通过"3C融合",科技商务区的服务对象可由原来的专业客户扩展到更多的个人用户,真正占据在信息家电领域的龙头地位。

4) 科技商务区高科技产品贸易市场发展的约束条件分析

科技商务区发展科技产业与科技商务具有一定的客观需求与内在发展动力,但也存在一些困难与问题,这些困难与问题构成了科技商务区发展的约束条件,主要表现为:

- 信息化人才短缺,特别是缺少开发高新技术、新产品的高级人才;
- 用信息化带动工业化效果不够明显;
- 资本市场不健全,投入不足;
- 信息化发展的法律、法规尚不健全,发展环境亟待改善;
- 在招商引资方面与先进省市存在比较大的差距;
- ……

(3) 科技商务区产业发展的基本途径

1) 科技商务区的产业发展规划

根据以上分析,科技商务区的产业发展可以按近期、中期和远期三个阶段分期实施。

- 近期指产业发展计划开始实施的前2～3年。产业发展的步骤首先是要引进大卖场,促进3C融合,并结合济南市的物流发展规划,整合物流服务。同时发展其他商业服务设施,全面促进科技商务区内贸易及商业的繁荣。
- 中期指到2010年的一个阶段。科技商务区在这一阶段的产业发展重点是促进以信息服务业为龙头的IT产业链的整体发展,形成一个支柱行业。同时在区域内商务活动日趋活跃的背景条件下发展商务服务,使区域内的商务服务功能趋于成熟。
- 远期指到2020年的一个长远发展阶段。在科技商务区的商业和商务活动都趋于繁荣、信息服务业稳定健康发展的条件下，逐渐发展高科技信息服务和产品贸易，使之成为科技商务区的另一个重要经济力量。同时在经济活动逐渐发达的条件下，以市场需求为推动力量发展金融、法律、管理、税务等现代信息服务业，力求在区域内形成完整的现代信息服务业体系。

2）科技商务区产业发展的对策建议

策划小组经过广泛的分析和论证，通过对国内外其他电子信息产业的对比研究，针对山大路科技商务区的产业发展提出了错位经营战略和分步走战略。

① 错位经营战略

与北京的中关村、南京的珠江路、成都的磨子桥、沈阳的三好街和杭州的文三路等相比，该科技商务区的不足之处是商业组织模式创新不足，辐射范围有限，现有市场规模有限，科技创新的层次不高，以及其辐射圈内的经济发展水平没有北京、上海、南京和杭州等地的腹地高。

该科技商务区的优势在于，其辐射圈内的竞争者不明显，已经形成了以科技商务区为中心的商贸中心与智力集聚中心。科技商务区必须进行错位经营，体现比较优势。科技商务区的错位经营战略主要体现为3个层次的内容：在有效辐射圈内进行全方位市场开发，并根据这一区域的发展水平和需求结构来安排有效的供给；在区域内部与青岛、烟台、威海等沿海城市形成市场上的错位互补关系；在济南市内与高新技术开发区、东部产业带形成产业上的错位互补关系，在此基础上发挥山大路科技商务区在区域高科技产品贸易市场的龙头地位，带动区域经济的发展。

② 分步走战略

就自身发展情况和地区条件及市场需求看，科技商务区在相当长的一段时间内，还将主要在电子信息产业方面求得大发展，这是建设"以IT产业为主导，贸技工一体化，传统服务业和现代服务业为支撑的科技商务区"的根本原则。所以，目前要跟上世界互联网经济发展的潮流，根据山东省和本区域经济发展的客观现实，盯住区域经济发展对互联网经济的旺盛需求，制定信息产业较为可靠的发展目标，发展目标的实现过程可以分为3个阶段，每一个阶段与不同的主导产业相匹配（图1-18），最终实现以高科技产品贸易为龙头，以高科技产品制造与金融相结合的、有综合创新能力的高科技产品商务中心这个长期建设的大目标。

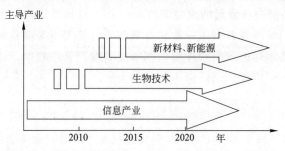

图1-18 科技商务区发展阶段与主导产业匹配示意图

第一阶段(2005—2010年)：主要开发现有优势资源，以高科技产品贸易为主带动研发、物流和孵化基地的发展，提高山大路科技商务区的高科技贸易辐射能力，形成以信息产业为主的高新技术产业集群和一批高新技术骨干企业，高新技术产业的总体规模和经济效益显著提高。

第二阶段(2011—2015年)：在高科技贸易发展的基础上，进一步扩大地区辐射范围，争取成为华东(北)地区首屈一指和东亚地区有影响的高科技产品贸易中心，同时建设在华东(北)地区有影响力的高层次信息服务中心和一流的内陆物流服务中心，建设成为有现代商务环境高层次的知识产权市场，推动华东(北)地区的产业高度化和社会信息化水平。

第三阶段(2016—2020年)：以高科技产品贸易中心区域辐射能力扩张为基础，实现高科技产品贸易向制造的后向延伸，主要进行生物芯片、新材料等与有国内与国际竞争力的高科技产品贸易、研发与制造，积极推动产业与金融结合。通过商业组织、技术、管理的创新，品牌的提升，通过产业与金融的结合把科技商务区建设成为有一定国际影响力与国际竞争力的高科技产品贸易、制造和金融中心。

在分步走战略中，还提出了行业产品的结构性目标。科技商务区高新科技产业结构调整的总体目标是：争取在2005年的技工贸总收入中电子计算机、3C、BT和新材料的比例分别为8∶1∶1∶0；在2010年这一比例争取达到4∶4∶1∶1；在2020年使这一比例达到2∶4∶2.5∶1.5，最终实现电脑、3C、BT和新材料的同步发展，提高产业综合竞争力，如图1-19所示。

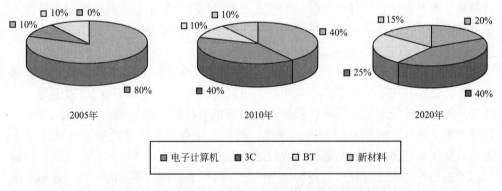

图1-19　科技商务区高科技产业结构发展趋势示意图
(注：BT—生物技术)

(4) 科技商务区产业发展的政策手段

科技商务区的发展既要利用现有的有利条件，又要克服面临的瓶颈约束。科技商务区的发展也必须通过政府管理组织创新提高政府管理效率，通过改革投融资模式和商业环境来吸引资源，用好资源和推动发展。

小　结

该科技商务区和本节案例1中科技创业社区两个项目产业策划的重要区别之一是前者强调产业的提升、产业的载体，因为已经具备一定的发展基础。而后者为新建项目,产业需要全新定位。其次,相应的发展思路也有不同。前者注重产业的培育,因此,开始阶段主要发展较为低端的产品和业务,而后者开始阶段则利用现有基础,发展和壮大优势产业。但两者又有共同点,即产业策划都注重产业发展的现实基础,都抓住了产业发展的前沿方向,在立足现状的基础上,提出了分步走的产业发展战略。

思考题

1. 大型科技商务区产业策划的基本思路是什么?如何在其策划中遵循"经营城市"的理念?

2. 该科技商务区和本节案例1中科技创业社区两个项目产业策划有何异同?如何针对不同项目的特点做好产业策划?

1.3 项目定义

案例1 科技商务区

项目背景

项目概况同第1.2节案例2。

项目定义的思路

在该项目的产业策划中,提出了在不同阶段发展信息产业(2005—2010年)、生物技术(2011—2015年)、新材料新能源(2016—2020年)的产业发展策略,如果要实现这一战略目标,必须首先解决产业发展的载体问题,即项目定义,其中包括科技商务区项目核心功能的确定以及具体的功能定义。

项目定义

(1) 科技商务区项目的功能定位

1) 核心功能的确定

根据第1.2节案例2中的产业定位,科技商务区应发展为具有资源凝聚力、产业推动力、区域辐射力和研发创新能力的"三个中心,一个基地",即把科技商务区建设成为区域高科技产品贸易中心、区域科技创新中心、区域物流信息中心和区域中小高科技企业孵化、培训基地,成为推动济南市经济发展的一个具有活力的综合功能区,其核心功能如图1-20所示。

2) 各功能之间的关系

区域高科技产品贸易中心是科技商务区发展的核心目标,区域科技创新中心是提升核心功能竞争力的重要保证,区域物流信息中心是实现核心功能运作的技术平台，区域中小高科技企业孵化、培训基地是核心功能可持续发展的支撑条件。各功能区之间的具体关系如图1-21所示。

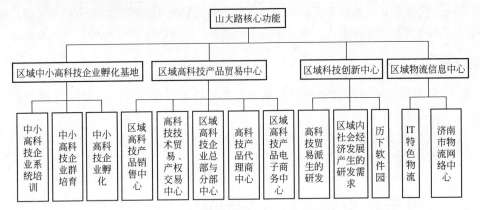

图1-20　科技商务区核心功能示意图

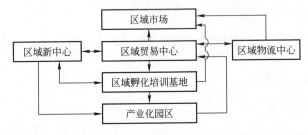

图1-21　各功能区间关系示意图

(2) 科技商务区项目的功能定义

结合商务区现状，在功能定位的基础上，考虑产业发展的近、中、远期目标，对各功能区进行划分，如图1-22所示。

图1-22　科技商务区综合功能区分布图

小　结

功能定义是项目定义的重要内容，但功能定义并不是纸上谈兵，而是在产业策划的基础上，通过对项目现状的调研，提出既符合产业发展战略，又符合现实基础的项目功能区域部署。总之，项目功能定义是寻找产业发展最佳载体的内在联系和外在形式。同时，项目功能的定义需要不断优化，它是产业策划、项目策划、城市规划和社会学等各个学科的综合。

思考题

1. 如何进行功能定义？
2. 如何确定大型科技商务区项目的核心功能及功能间的关系？对于本案例，项目的功能定义还有哪些地方需要补充和完善。

案例2　某国际商贸城

项目背景

某国际商贸城项目是为南宁市举办中国—东盟国际博览会配套而建设的重点项目。项目建成之后将成为东盟各国、国内各省市以及国内著名企业展示商品和进行原材料采购等交易活动的重要场所，同时也是东盟各国展示其历史文化、自然景观的橱窗。项目选址位于南宁市东部快速交通干道民族大道南侧，毗邻规划中的南宁廊东CBD地区，规划用地面积约$2.2km^2$。项目的建设将使商贸城地区和廊东地区成为南宁市城市中心之一。

项目前期策划的目的之一是为规划设计提供依据，而项目定义除了功能界定以外，还应考虑项目的人群需求分析，这不仅影响了功能划分，也会对项目功能之间的关系产生影响，还直接决定项目各功能的建设规模。因此，该国际商贸城的前期策划必须思考以下问题：

① 项目建设的目的是什么？
② 采用什么样的理念来进行项目的建设？
③ 项目的目标人群具有哪些需求，这些需求对项目定义有何影响？
④ 项目应具有哪些功能，各功能之间有何关系？
⑤ 项目建设的规模应是多大？

项目定义的思路

在项目定义中，首先进行项目的总体构思，明确了项目建设的目的、理念和特色；接着进行了人群需求分析和不同功能分类方案的内部关系分析，在此基础上确定了本项目的建设规模和面积分配方案。

项目定义

(1) 项目总体构思

本项目定位于参照国际标准,建设一个凸显东盟各国特色,集办公、商业展示、生活居住与休闲娱乐于一体的现代化、综合性、高档次商业贸易区,成为未来东盟国家展示各国民族特色的平台,并成为东盟各国与中国经济和文化交流的门户。

1) 建设目的
- 为东盟各国及友好国家建设一个集中展示特色产品、介绍公司及机构、进行贸易洽谈的平台。
- 成为东盟各国及友好国家之间信息交流、文化交流和经济交流的窗口。
- 促进南宁及我国内陆省份产品走向世界,提升南宁城市经济发展水平及国际影响力。
- 为发展中的南宁建设一个世界级商业贸易中心,使市民不出国就能购买特色商品和享受优质服务。
- 进一步美化花园城市南宁,营造优美环境,完善城市设施,提高社会生活质量。

2) 三大理念和六项特色

本项目建设和实施过程中应坚持的三大理念和六大特色如图1-23所示。

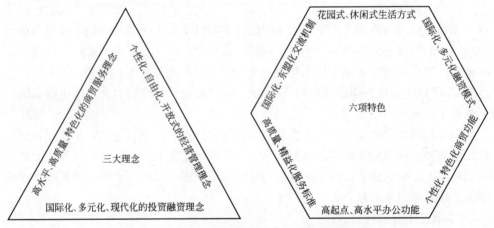

图 1-23　项目建设与实施的三大理念与六大特色

(2) 人群需求分析

本项目的主要服务对象、不同人群归类以及不同人群需求的确定如表1-16所示。

本项目建设的目的,就是要有组织地解决外贸人群本身的需求,以及外来人群需求。外贸人群本身的需求包括各国进出口外贸管理单位、外贸公司等可以在此办公,展示和介绍其机构、公司、出口商品和产品、服务,进行信息交流、办公、商务、生活(餐饮、长期居住、娱乐)和交往(例:广场文化);外来人群需求包括商务需求(大、小型会议)、生活(餐饮、短期居住、娱乐)和交往等。

项目前期策划

人群需求分析表　　　　　　　　　　　　　　　表 1-16

主要服务对象	不同人群的归类	不同人群需求的确定
• 东盟各国及友好国家政府外贸管理单位 • 东盟各国及友好国家生产和服务企业 • 东盟各国及友好国家的各级商品外贸经销商 • 国内有关外贸及其他政府主管部门 • 国内有关生产和服务企业 • 国内的各级商业外贸公司 • 南宁市当地居民 • 国内外游客 • 园区管理部门	• 内部人员 主要为长期在商贸城办公、展示商品、销售服务、商务洽谈、会议、商品代理、生活居住、消费等人员。 • 外来人员 主要为来商贸城进行短期交流、会议、培训、参观商品展览、购物、商务洽谈、消费、短期住宿及工作的人员。 • 园区管理人员 主要为商贸城开发方管理人员、园区物业管理人员等 • 其他人员	• 商务需求 包括商品展示、贸易洽谈、信息交流、产品销售、售后服务、参观游览等 • 办公需求 包括办公、会议、培训、研发、通信、交往等。 • 生活需求 包括长期居住、短期住宿、餐饮、娱乐、休闲、健身等 • 其他需求

(3) 功能分析及不同功能分解方案

1) 项目分解结构和功能分析

本项目是多功能项目的组合体，其功能分解按照传统方式存在以下两种典型分解方式：

- 以不同功能为对象的分解方式：如将项目功能分解为办公楼、商业设施、住宅、宾馆等。
- 以不同国家为对象的分解方式：如将项目功能分解为越南园、泰国园、印尼园等。

2) 方案一：以不同功能为对象的功能分解方式

采取此方案时，本项目将由六大功能板块组成，如图 1-24 所示。

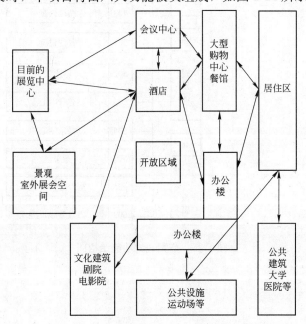

图 1-24　以不同功能为对象的功能分解方式示意图

本方案的项目功能结构如图 1-25 所示。

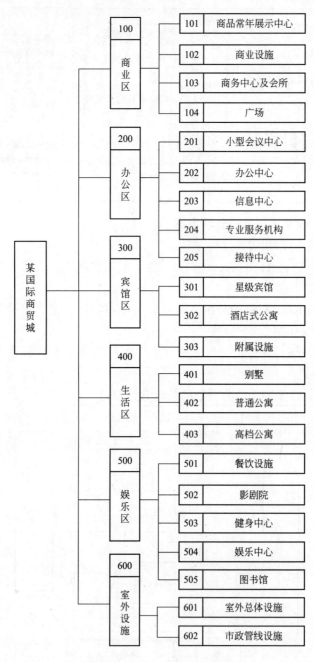

图 1-25 方案一的功能结构图

3) 方案二：以不同国家为对象的功能分解方式

以功能为对象的分解方式是项目功能分解的传统模式，而为了突出东盟商贸城的特点，通过对南宁中国—东盟国际商贸城建设宗旨和南宁市地域特点的初步分析，提出另一种创意：采用一种适合本项目的共性集中特性分散空间组合模式——以东盟各国为对象的功能分解模式，力求结合传统模式的优点，突出本项目特点，实现最佳建设效果。根据项目用地范围特点，可从以下三种形式中选择一种最佳建设方式。

- 点式中心放射

其核心是共同建筑，第1圈层是各国商业展览区，第2圈层是特色餐饮和娱乐休闲在内的配套服务区，第3圈层可以是生活区，建设一些居住建筑及其配套辅助设施(图1-26)。

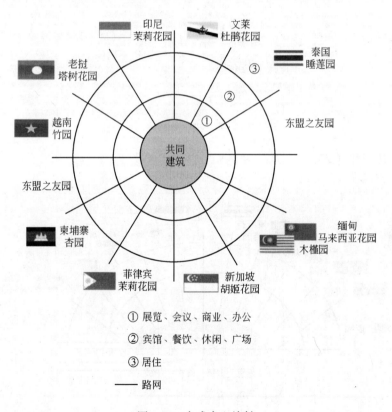

图1-26 点式中心放射

根据地块实际情况，本方案还可在点式中心放射模式基础上作若干变形，如采用扇形或孔雀开屏式等，分别如图1-27和图1-28所示。

- 扇形

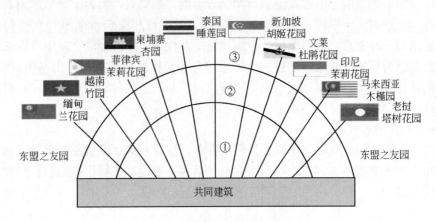

图 1-27　扇形

- 孔雀开屏式

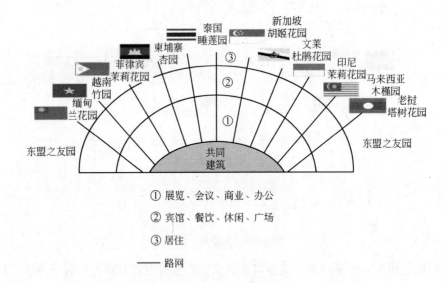

图 1-28　孔雀开屏式

以上 3 种形式，具体可根据地块特征来进行选择。但不管具体采用哪种形式，其功能分解结构应如图 1-29 所示。

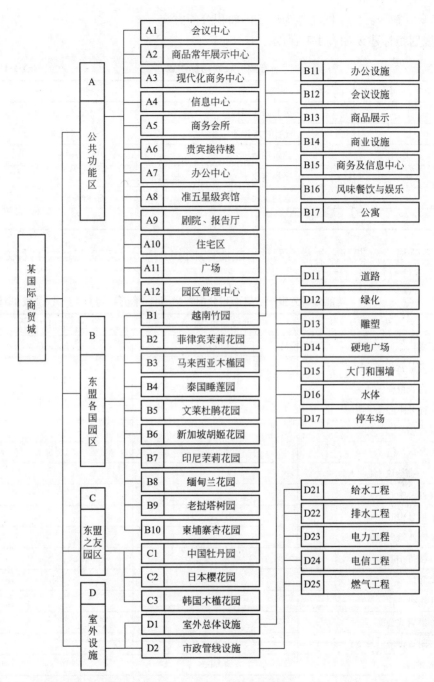

图 1-29 方案二的功能结构图

(4) 建设规模与面积分配方案

本项目可以采用一次规划、分期开发模式，通过一期开发实现部分功能，将来再进行二期开发，形成可持续性发展。

根据本报告提出的两种不同功能分解方案，可分别给出对应的面积分配方案。

1) 方案一：以不同功能为对象的面积分配方案

规划指标建议如表1-17所示。

方案一规划指标建议 表1-17

序 号	类 别	指 标
1	公共绿化用地	45～50％
2	道路广场用地	20～25％
3	建筑用地	30％
4	平均容积率	1～1.3
5	总建筑面积	60万～80万 m^2
总 用 地		100％

经分析，一期开发规模有两种可能性：建设30万 m^2 或50万 m^2。两种方案的面积分配建议如表1-18所示。

功能分解方案一建筑面积分配表（一期）（单位：m^2） 表1-18

功能名称	建筑面积(F1-1)	建筑面积(F1-2)
100 商业区	150000	250000
101 商品常年展示厅		
102 商业设施		
103 商务中心及会所		
104 广场		
200 办公区	60000	100000
201 小型会议中心		
202 办公中心		
203 信息中心		
204 专业服务机构		
205 接待中心		
300 宾馆区	20000	30000
301 星级宾馆		
302 酒店式公寓		
303 附属设施		
400 居住区	40000	70000
401 别墅		
402 普通公寓		
403 高档公寓		
500 娱乐区	30000	50000
501 餐饮设施		
502 影剧院		

续表

功能名称	建筑面积(F1-1)	建筑面积(F1-2)
503 健身中心		
504 娱乐中心		
505 图书馆		
600 室外设施		
601 室外总体设施		
602 市政管线设施		
合　计	300000	500000

2）方案二：以不同国家为对象的面积分配方案

规划指标建议表和面积分配表分别如表 1-19 和表 1-20 所示。

方案二规划指标建议表　　　　表 1-19

序号	类别	指标
1	绿化面积	50%
2	道路面积	15%
3	建筑用地	35%
4	平均容积率	2
5	总建筑面积	150 万 m^2
	总用地	100%

功能分解方案二建筑面积分配表（一期）（单位：m^2）　　　　表 1-20

功能名称	建筑面积（F2-1）	建筑面积（F2-2）
A 公共功能区	147000	248000
A1 会议中心	2000	3000
A2 商品常年展示中心	3000	4500
A3 现代化商务中心	1500	2000
A4 信息中心	2000	2000
A5 商务会所	1500	3000
A6 贵宾接待楼	3000	4500
A7 办公中心	10000	15000
A8 准五星级宾馆	20000	30000
A9 剧院、报告厅	1000	1000
A10 住宅区	100000	180000
A11 广场		
A12 园区管理中心	3000	3000
B 东盟各国园区	153000	252000
B1 越南竹园	18000	30000
B2 菲律宾茉莉花园	18000	30000

续表

功能名称	建筑面积（F2-1）	建筑面积（F2-2）
B3 马来西亚木槿园	18000	30000
B4 泰国睡莲园	18000	30000
B5 文莱杜鹃花园	5000	9000
B6 新加坡胡姬花园	18000	30000
B7 印尼茉莉花园	18000	30000
B8 缅甸兰花园	15000	24000
B9 老挝塔树花园	12000	21000
B10 柬埔寨杏花园	10000	18000
C 东盟之友园区		
C1 中国		
C2 日本		
C3 韩国		
D 公共设施		
D1 室外总体设施		
D2 市政管线设施		
总　　计	300000	500000

小　结

本案例进行了系统的功能定义，从建设目的、建设理念和特色、人群需求出发，提出了项目应具有的功能，以及这些功能之间的关系。由于该项目建设规模大，面积分配采用了自上而下的分解方法，即首先确定总建筑面积的规模水平，再进行具体分配。此种方法适合于各功能区建筑面积规模都较大的成片土地开发项目，但该功能定义的结果还需要从规划设计的角度进一步深入和完善。

思考题

1. 项目定义一般要经过哪些步骤？
2. 如何进行人群需求分析？
3. 成片土地开发项目的项目定义有何特点？针对该类项目应如何进行面积分配？

案例3　软　件　园

项目背景

项目概况同第1.1节案例1。

通过环境调查及同类项目的经验分析发现，要建成功能完善、布局合理的软件园，必须对人群和软件企业的功能需求进行详尽分析。因此，软件园的项目定义必须回答以下问题：

① 项目的总体定位是什么？

② 软件园的相关人群有哪些，他们有一些什么样的需求，这些需求对项目功能有什么影响？

③ 软件企业有什么需求？这些需求对项目功能有什么影响？

④ 项目应具备哪些具体的功能？

⑤ 各功能的具体建设规模应为多大？

项目定义的思路

本项目在项目定位的基础上，进行了项目功能的策划，主要包括项目功能分析和面积分配。功能分析中，主要进行了人群和软件企业功能需求分析，在此基础上得出六大功能需求，及其相应的六大功能分区，进而确定了各功能区的面积分配方案。

项目定义

(1) 项目定位

项目定位直接决定项目的主要功能，根据软件园的发展战略，该项目的总体定位是：通过软件园的建设，以自身良好的资源、设施和环境，协同国内外软件产业界，为业界提供技术/产品研发、评测认证、产品项目孵化、出口企业成长培育、良好的行业环境等支持和服务，使本项目成为山东省软件产业技术及产品研发的重要基地；创新技术、创新产品、创新人才集散枢纽；软件产品评测和质量认证服务中心；软件企业、资本、人才、技术、产品、项目、市场等资源交流及整合服务中心；国内外知名的软件出口基地。

(2) 项目功能需求分析

作为项目定义的重要组成部分，策划小组对软件园进行了项目功能的策划，主要包括项目功能分析和面积分配，它们是项目定义的具体化，也就是在项目总体构思和定位的基础上，结合潜在最终用户的需求分析，对项目进行更深的研究，以满足建设和使用者的要求。在实际操作中，分别进行了人群功能需求分析和软件企业的功能需求分析。

1) 软件园人群的功能需求分析

软件园的活动主体是在软件园中生活和工作的人群，其人群需求的功能应是软件园主要提供的功能。首先将软件园的人群分为内部人员、外来人员、园区管理人员以及其他人员；其次将软件园区人群的需求分为工作需求和生活需求。人群需求分析如表1-21所示。

2) 软件企业的具体功能需求分析

① IT企业的功能需求分析

软件的研发和生产是IT企业的主要活动，软件园建设的目的就是为其提供一

人群需求分析表　　　　　　　　表 1-21

人群种类		工作需求							生活需求		
		办公	会议	其他					居住	餐饮	娱乐健身
				印刷、装订、出版等	洽谈交流等	培训、测试、报告等	展览、展示等	公共支持（通信网络、图书等）	硬件生产			
内部人员	IT理论研究人员	√√	√√			√		√√		√	√√	√√
	软件研发人员	√√√	√√	√√	√	√√	√√	√√		√	√√√	√√
	商品软件代理人员	√		√	√√		√	√√			√√	√
	硬件生产人员											
外来人员	洽谈业务人员		√√		√		√					
	参加培训人员					√√√	√	√			√	
	参展人员				√	√√	√√√					
	外部短期工作专家	√			√			√			√	
园区管理人员	园区业务管理人员	√√	√					√√√				
	园区物业管理人员	√						√√		√√	√√	√

注：√√√—表示需求量较大；√√—表示需求量一般；√—表示需求量较少。

个相对集中的、环境良好的、创新氛围较浓的场所，以促进 IT 企业和软件产业的发展。那么对于 IT 企业本身来说，需要提供什么样的硬件设施和环境，才能满足企业活动的需求？这是软件园在开发建设时应该着重考虑的问题。

② 非 IT 企业的功能需求分析

软件园中除 IT 企业之外的企业统称为非 IT 企业，他们包括软件园开发方组建的开发公司、园区的物业管理公司（通常开发建设和物业管理分离）、各种为软件园提供服务的第三产业的服务公司等，需要对他们的功能、需求进行分析。

3）分析总结

对园区人群的功能需求和企业的功能需求进行分析以后，把这两者的功能需求进行归纳与整合，即可得到软件园的整体功能需求，共分为生产、生活、园区管理、公共服务、教育培训和环境等六大功能需求。

(3) 项目功能组成分析

对应于六大功能需求，项目可分为六大功能分区，再将功能分区进行细化（用数字对各功能名称进行编码），得到软件园功能组成如图 1-30 所示。

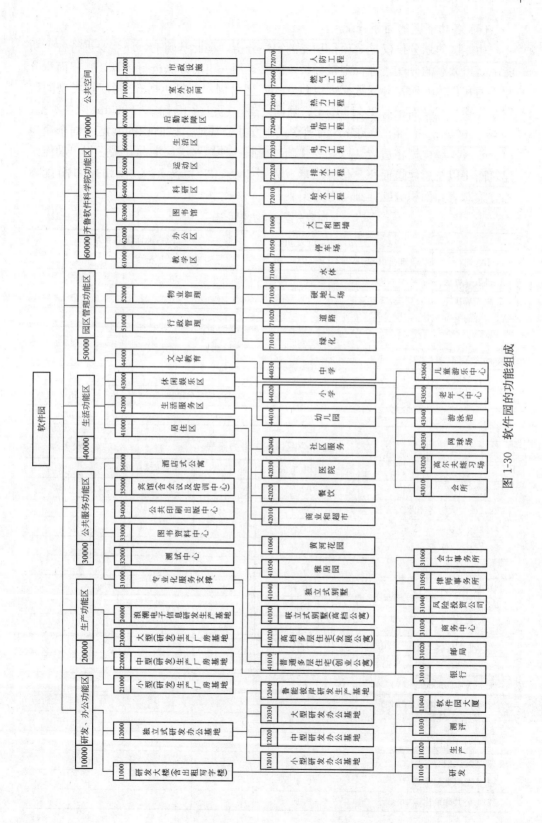

图 1-30 软件园的功能组成

(4) 各功能区的面积分配

功能区的划分仅仅是对项目功能的定性分析，在此基础上，还需要进行各个功能区面积大小的分配，进行定量分析，需要运用一定的方法进行估算，得出面积分配比例和具体的面积分配数据。以独立式基地为例，项目包括 50 幢双拼类型的研发办公楼，每幢面积为 $2\times1500m^2$；除此之外，还包括 15 幢 $2\times5000m^2$ 双拼类型、10 幢 $15000m^2$ 和 5 幢 $30000m^2$ 的独立式研发办公基地。该面积的确定要同企业规模、园区发展规模相适应。以此为基础，按照这种思路层层汇总，最后得出功能区建筑面积以及总建筑面积。估算后形成分别如表 1-22 和表 1-23 所示的面积分配参考方案总表和面积分配详细参考方案表。

面积分配参考方案总表　　　　　　　　　　　　　　表 1-22

功能名称	总建筑面积 246 万 m^2		总占地面积 600 万 m^2	
	建筑面积(万 m^2)	%	占地面积(万 m^2)	%
1. 研发、办公	90	37	70	12
2. 生产厂房	30	12	40	7
3. 公共服务	5	2	2	
4. 生活	80	33	69	12
5. 园区管理	5	2	1	
6. 软件学院	35	14	80	13
7. 公共空间	1		338	56
合　　计	246	100	600	100

面积分配详细参考方案表　　　　　　　　　　　　　表 1-23

功能名称	建筑面积(万 m^2)	%	占地面积(万 m^2)	%
1. 研发、办公	90	37	70	12
1.1 研发大楼(含出租写字楼)	30		10	
1.2 独立式基地	60		60	
$2\times1500m^2\times50$	15			
$2\times5000m^2\times15$	15			
$15000m^2\times10$	15			
$30000m^2\times5$	15			
2. 生产厂房	30	12	40	7
2.1 小型($2\times2000m^2\times30$)	12			
2.2 中型($2\times5000m^2\times8$)	8			
2.3 大型($15000m^2\times2$)	3			
2.4 超大型($30000m^2\times3$)	7			
3. 公共服务	5	2	2	
3.1 专业化服务支撑	0.4			
3.2 测试中心	0.2			
3.3 图书资料中心	0.3			
3.4 公共印刷出版中心	0.1			

续表

功能名称	建筑面积(万 m²)	%	占地面积(万 m²)	%
3.5 宾馆(含会议及培训中心)	2			
3.6 酒店式公寓	2			
4. 生活	80	33	69	12
4.1 居住	70		59	
新建	41		21	
雅居园	13.88		14.36	
黄河花园	15.09		23.74	
4.2 生活服务	2		5	
4.3 休闲娱乐	6		2	
4.4 文化教育	2		3	
5. 园区管理	5	2	1	
6. 软件学院	35	14	80	13
7. 公共空间	1		338[(600−80)×65%]	56
合　计	246	100	600	100

小　结

与第1.3节案例2中国际商贸城项目案例相比，该软件园的项目功能更为明确和具体，人群和企业的特征性也较为明显，需求较易界定。因此，相应的功能分解也比较详细，这有利于进行规划设计的分析。本项目中，面积分配则采用了自下而上，总量控制的方法，更具操作性。但采用此方法进行面积分配时尚需注意建筑设计面积指标的利用，如人均办公面积指标等，使企业规模和建筑面积相契合，提高建筑面积的利用率。

思考题

1. 如何进行软件园区类项目的项目定义？
2. 如何进行软件园区内人群和企业的需求分析？
3. 本案例中面积分配的方法与第1.3节案例2中的方法有何不同，为什么？

1.4　开发策略

案例1　科技商务区

项目背景

项目概况同第1.2节案例2。

在产业策划中，确定了科技商务区的产业定位和产业发展思路(见第 1.2 节案例 2)，以此为基础，进行了产业发展的载体分析，即项目定义(见第 1.3 节案例 1)，确定了项目的核心功能区。但如何实现这些产业发展目标？相应开发建设的思路如何？整体进度如何安排？总体估算为多少？这些问题必须在前期策划中进行分析，以作为项目可行性研究的重要内容。

开发策略

(1) 科技商务区发展现状

该地区经过近 10 年的发展，形成了以电子产品贸易为重点、以软件研发和 IT 培训为主导的电子一条街，并拥有个别的生物制药和机械制造企业。但从整体上看，仍然不够成熟有待完善。具体可以归纳为 3 个特征：商业化程度低、产业化程度低和关联度低。

(2) 科技商务区的开发思路

1) 总体思路

结合发展目标，科技商务区应该在政府的引导下，通过市场运作，充分发挥自身区位优势，智力资源密集的优势，民营企业集群优势，信息产业类企业及科技市场群的聚集优势，有效整合资源，因势利导，错位经营，多元投资，稳步融资，分步推进。

因此，科技商务区产业发展的根本思路就是要立足于现在、着眼于未来，完善该地区自身的条件，寻求机遇获得突破性发展，既要考虑到整个区域的现状和未来发展的可能性及趋势，同时也要考虑到形成现状的原因及未来发展中的种种有利因素和限制条件。

2) 开发建设思路

- 自身优势

在地理位置上，科技商务区位于济南市区的东部，向西约 2km 为济南市中心商业区，向东约 5km 为济南市高新技术开发区，并由经十路、解放路等城市交通要道相连，3 个城市功能中心互为依托、相辅相成。

对科技商务区而言，区内高等院校和文化机构林立，具有深厚的文化底蕴和科技背景。又因其靠近城市商业中心，具有潜在的商业开发和商务发展价值。作为中心商业区与高新技术开发区之间功能联系及转换的核心和纽带，具有无可比拟的优势，可以与中心商业区和高新技术开发区形成优势互补、共同发展的局面。

- 限制条件

因靠近济南市的中心城区，科技商务区的开发建设面临着很多实际的困难。这是一个典型的城市改造项目，现有状况复杂，限制条件苛刻，建设期较长，建设项目繁多。因而，整个开发工作应该有一个明确的、贯穿整个商务区建设过程的开发建设思路，将多个方面的资源和力量纳入到统一的方向上来。

- 开发、建设思路

根据对项目自身的优势及限制条件的分析，科技商务区制定的开发建设思路为：以街道和道路改造带动区域建设和发展，以该条路中段为改造建设的重点，带动南北两侧的发展和繁荣，如图1-31所示。

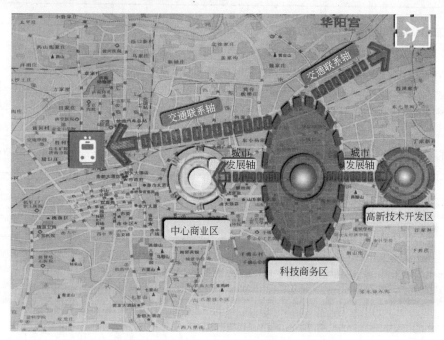

图1-31 科技商务区开发建设思路示意图

(3) 科技商务区开发建设计划

根据科技商务区产业策划案例中所提出的产业发展规划，以及项目定义案例中所提出的功能区划分，整个区域的开发建设计划分为3个阶段，即近期（近二、三年）、中期（截止到2010年）和远期（截止到2020年），按道路改造和各个功能区的发展逐步进行。

1) 道路建设和街区改造

道路建设和街区改造是山大路科技商务区近期的首要目标，可分为如下几个步骤分别进行：①区域整体规划；②道路交通设计；③山大路两侧及交叉道路改造；④山大路的改造和建设。

道路改造的整体工作进度如图1-32所示。

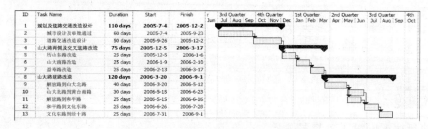

图1-32 道路改造整体工作进度图

2) 各功能区建议开发建设计划和投资估算（表1-24）

科技商务区各功能区建议开发建设计划和投资估算表　　　表 1-24

项目功能分区	年度	新增开发面积(万 m²)	新增投资估算(亿元)
电子产品商业贸易及物流区	2005—2010	13	5.85
	2011—2015	20	11.25
	2016—2020	10	7.03
软件及信息服务产业区	2005—2010	18	7.11
	2011—2015	20	9.88
	2016—2020	22	13.58
商业及生活服务区	2005—2010	2	0.9
	2011—2015	2	1.12
	2016—2020	1	0.7
商务服务区	2005—2010	1	0.56
	2011—2015	3	2.1
	2016—2020	1	0.88
高科技产品和技术贸易区	2005—2010	2	
	2011—2015	3	2.81
	2016—2020	3	2.11

小　结

项目策划成果的实现依靠相关开发策略和开发计划的制定与实现，具体涉及到开发思路、开发计划及投资计划等。项目策划成果用以论证项目建设的可行性。但项目的开发建设是一项系统工程，除以上内容外，还需要对开发模式、开发组织和相关政策等进行详细的策划。

思考题

1. 在制定大型科技商务区的开发建设思路时应考虑哪些因素？
2. 在制定大型科技商务区的开发策略时，除案例中所述内容外，还应确定哪些内容或还应在哪些方面进行论证？

案例 2　总　部　园　区

项目背景

项目概况同第 1.1 节案例 2。

本部分案例主要说明如何确定总部园区的开发策略，即如何进行园区开发融资策划？如何拟定园区招商政策？如何确定园区运营管理体制以及应提供哪些园区服务内容等。

开发策略

(1) 园区开发融资策划

1) 开发融资模式分析

通过对国内高新技术开发区、商务花园的开发融资模式的调查和分析，单个项目开发融资模式主要包括以下四种类型，如图1-33所示。

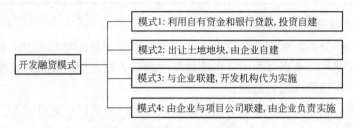

图1-33 项目开发融资的四种方式

项目开发融资的四种方式，简要介绍如下。

① 模式1：区开发机构通过自有资金以及银行等金融机构贷款作为园区内项目的建设资金，进行园区内项目的设计和建设。

② 模式2：该种开发融资方式又可划分为两种方式：

- 由当地土地储备中心与入住企业签署项目合作协议，企业按照协议以有偿的方式获取协议地块的出让权，并根据园区规划设计及建设要求，进行该地块上建筑物的设计、建造以及获得完工后的使用权。
- 对于园区开发机构已取得使用权的土地，可由园区开发机构与入住企业签署项目合作协议，园区开发机构以有偿转让的方式将土地的使用权转让给企业。

③ 模式3：由一家或若干家企业分别与园区开发机构就某个建设项目的全部或部分使用权签订联建协议书，协议书明确约定使用权的交付时间、涉及面积以及双方其他责任。

④ 模式4：由企业和园区开发机构通过合伙制协议或组建项目公司的方式进行项目联合开发。园区开发机构以土地出资，企业承担其他部分开发资金，并由企业承担项目的设计和建造。

上述4种方式的优缺点如表1-25所示。

四种不同融资模式的优缺点比较　　　　表1-25

类型	模式1	模式2	模式3	模式4
优点	• 开发机构拥有产权、运营权； • 对于项目实施过程能较强地予以控制； • 开发机构具有较大的灵活性，可以根据自身资金条件调控租售比	• 开发机构可以减少资金压力； • 缩减开发规模和项目实施建设管理幅度； • 在特定条件下，还可获得部分短期收益	• 开发机构可以减少资金压力； • 缩减开发规模； • 在特定条件下，还可获得部分短期收益； • 无需考虑项目建设后的运营问题	• 开发机构可以减少资金压力； • 缩减开发规模； • 在特定条件下，还可获得部分短期收益； • 无需考虑项目建设后的运营问题

续表

类型	模式1	模式2	模式3	模式4
缺点	• 资金需求巨大； • 开发机构承担财务费用及风险较高	• 在园区建设初期，几乎很难产生任何收益； • 使用局限性很大	• 实际操作中，寻求合作企业及协议签订实施较为复杂； • 需要甲方拥有自己强有力的项目管理团队作支持	• 寻求合作伙伴较为困难； • 为了降低风险，必须严格挑选合作伙伴

2) 项目开发融资模式建议

综合比较和分析以上四种开发模式的优缺点以及实际的可操作性，模式1、模式2和模式3都可以考虑作为园区内项目开发融资方案，但需要根据整体融资结构来确定采用方式和使用项目范围。

模式1主要用于公共服务区、生活服务区、园区管理区、室外空间以及总部办公区部分办公设施的建设，这主要出于以下几方面考虑：

- 其中部分设施无法出售或通过其他渠道融资；
- 其中部分设施短期内缺乏商业价值，其潜在价值需要通过长期的运营来实现。同时，作为总部园区重要的服务内容，由开发机构负责其运营，有利于保证服务质量并可以进行适当的控制；
- 拥有部分办公设施，可以为新城公司提供长期稳定的收益。

模式2和模式3主要用于总部办公区部分办公设施的建设，这主要是为了满足企业不同需求，增强项目招租的灵活性和竞争力。

对于模式4，由于新城公司和联建企业难以获得其按约定获取面积的办公楼的有关权证，不太适宜在本项目中采用。

3) 项目开发融资方案及分析

根据项目的实际情况策划小组提出2种融资方案。

① 方案1

由开发公司作为总部园区开发主体，进行整个园区的开发。其中总部办公区项目开发采用模式1（自行开发）和模式2（出让土地）两种方式进行，其他区域开发采用自建方式进行。总部办公区总建筑面积245000m^2；通过模式1开发的建筑面积210000m^2，通过模式2开发的建筑面积35000m^2，具体如表1-26所示。

方案1总部办公区开发方案　　　　　表1-26

开发阶段	按绝对面积		按比例	
	1期	2期	1期	2期
自　　建	65000	145000	81.25%	87.88%
土地出让	15000	20000	18.75%	12.12%
联建管理	0	0	0.00%	0.00%
合　　计	80000	165000	100.00%	100.00%

项目总投资约 12.3 亿元人民币,其中自建项目投资估算约为 11.2 亿元人民币。自建项目开发资金主要来源为自筹资金和借贷资金。自筹资金由开发公司自行解决,借贷资金由开发公司向国内商业银行及投资基金进行借贷。此外,还可以通过部分房产预售取得部分开发建设资金。根据 2004 年 4 月底,国务院通知规定:房地产开发项目资本金提高至项目总投资的 35% 及以上。因此,建议总部园区自建项目自筹资金数额要达到自建项目总投资 35%。园区自建项目资金来源如表 1-27 所示。

方案 1 自建项目融资计划表　　　　　　　　　　　表 1-27

序号	渠　道	金额(万元人民币)	融　资　条　件
1	自有资金	39537	
1.1	新城公司投入	39537	新城公司投入 100%
2	债务资金	73425	
2.1	国内银行及信托基金贷款	73425	贷款期限 12.25 年,其中宽限期 2.25 年,宽限期只付息不还本,还本期 10 年,2007 年末提前还本 1 亿元,利息照付,2008 年末提前还本 2.5 亿元,利息照付,其余 9 年内等额还本息,年利率 6.34%,具体参见附表 13

② 方案 2

建议由开发公司组建总部园区开发项目公司(下文简称项目公司),作为总部园区开发主体,负责总部园区的整个融资和建设,甚至后期的运营工作。其中总部办公区项目开发采用模式 1(自行开发)、模式 2(出让土地)和模式 3(与企业联建),项目公司代建 3 种方式进行,其他区域开发采用自建方式进行。总部办公区总建筑面积 245000m²;通过模式 1 开发的建筑面积 165000m²,通过模式 2 开发的建筑面积 35000m²,通过模式 3 开发的建筑面积 45000m²,具体如表 1-28 所示。

方案 2 总部办公区开发方案　　　　　　　　　　表 1-28

开发阶段	按绝对面积		按　比　例	
	1 期	2 期	1 期	2 期
自　建	50000	115000	62.50%	69.70%
土地出让	15000	20000	18.75%	12.12%
联建管理	15000	30000	18.75%	18.18%
合　计	80000	165000	100.00%	100.00%

项目总投资约 12.3 亿元人民币,其中自建项目投资估算约为 9.9 亿元人民币。自建项目开发资金主要来源为自筹资金和借贷资金。自筹资金由嘉定新城发展有限公司自行解决,借贷资金由开发公司向国内商业银行及投资基金进行借贷。此外,还可以通过部分房产预售取得部分开发建设资金。方案 2 融资计划如表 1-29 所示。

方案 2 融资计划表　　　　　　　　　　　　　　　表 1-29

序号	渠道	金额（万元人民币）	融资条件
1	资本金	34698	
1.1	新城公司股本投资	34698	注册资本的 100%
2	债务资金	64438	
2.1	国内银行贷款	64438	贷款期限 12.25 年，其中宽限期 2.25 年，宽限期只付息不还本，还本期 10 年，2007 年末提前还本 1 亿元，利息照付，2008 年末提前还本 2.5 亿元，利息照付，其余 9 年内等额还本息，年利率 6.34%

(2) 总部园区招商政策建议

根据产业定位策划，嘉定新城总部园区科技企业总部基地应主要吸引高科技企业、信息服务业企业和汽车产业相关企业以及科技创业企业。出于对企业成熟度考虑，一方面着重吸引成熟企业在此设立总部办公、研发中心，另一方面为创业型企业提供成长的土壤。为实现园区的产业功能目标，需制定相应的产业导向政策，在招商过程中加以落实。制定招商政策应注意以下几点：

- 应参照上海其他总部园区的招商政策，创造良好的政策环境，吸引国内外企业总部入驻嘉定新城总部园区；
- 产业导向政策应主要吸引科技型企业总部，着力打造科技企业集聚总部园区，给予科技型企业总部入驻更多优惠政策；
- 1 期 A 地块科技企业总部园区适当引进其他产业的企业总部或核心部门，如信息服务业和汽车产业等，核心部门主要包括战略决策部门、企业研发中心和财务结算中心以及市场拓展中心等；
- 考虑到整个总部园区的后续发展，1 期 A 地块科技企业总部园区可适当引进科技创业企业，但主要是高科技创业企业，营造园区的科技氛围，打造科技型总部园区；
- 对于大型、特大型科技企业的入驻，提供更多的优惠政策，以带动科技企业总部的集聚效应。

(3) 园区运营管理体制

对于总部园区的运营管理体制建议如下：

1) 招商引资组织机构

在园区发展初期，招商部门是极其重要的部门，根据目前的实际情况，建议健全和加强嘉定新城科技总部园区的招商引资组织机构，并完善其职能。其职能至少包括以下工作内容：

- 组织招商引资的各项工作，包括各种宣传工作，组织或参加推介会、洽谈会等；
- 协助向有关部门申请优惠政策，扩大园区政策制定权限；

- 制定、完善招商政策；
- 负责入驻企业的政策服务等。

2）成立园区管理办公室

园区管理办公室是负责整个园区发展与管理的部门，直属于开发公司，主要职责包括：

- 负责组织评审和认定企业入园资格；
- 研究提出园区发展的战略和规划；
- 参与研究起草园区相关改革方案和政策、法规草案；
- 参与组织编制园区有关空间规划和产业规划；
- 联系企业家咨询委员会及园区内各类协会组织的具体工作；
- 为入园企业代办开业手续；
- 组织落实对入园企业的优惠政策；
- 协调园内企业与各职能部门的关系；
- 为企业提供政策咨询等服务；
- 负责科技创业企业的管理等。

3）成立企业家咨询联合会

企业家咨询联合会不仅有助于发挥企业的集聚效应，也有助于企业参与园区的建设与发展，使园区为企业提供更好的软件与硬件环境。企业家咨询联合会的主要职能包括：

- 参与园区规划、建设、改革和发展等重大事项的决策研究；
- 向有关部门提出加快园区改革和发展的意见、建议和报告；
- 监督有关园区发展改革的各项决定、政策和法律、法规的贯彻实施；
- 组织园区内企业的各项活动，如企业家论坛、产业发展论坛、企业家沙龙等。

(4) 园区服务内容策划

科技企业总部园区应该具有三大特点、优势：一是优惠政策，二是高效率的管理体制，三是完善的服务体系。从项目定位出发，科技企业总部园区不仅包括对总部企业的服务，也包括对科技创业企业的服务，服务的方面主要包括：

- 政策服务：为园区内各类企业提供政策咨询、政策落实等服务；
- 信息服务：为园区内企业提供内部信息交流与信息服务的平台；以及对外信息交流与信息服务的平台；
- 现代金融服务：为园区内企业提供由银行、证券、信托、基金和租赁等组成的现代金融服务；
- 中介服务：为园区内企业提供由会计、审计、资产评估和法律服务等组成的中介服务；
- 科技企业服务支撑体系：为园区内企业提供由教育、培训、会议、展览、国际商务、现代物流等组成的服务于科技企业的服务支撑体系；
- 生活服务：为园区内企业高层管理人员、各类办公人员和交流人员等提供高品质、便捷的生活服务；
- 物业服务：为园区内企业的搬运、装修和维修与维护提供高品质的物业服务。

小　结

总部园区的开发策划属于典型的新建园区的开发建设模式，即包括融资方案的制定、招商政策的制定以及园区运营管理模式的制定等。对新建园区而言，园区的定位和开发策略十分重要，其决定了项目的成败，对于招商策略、政策制定等应进行专题研究以确保园区的策划方案更为可行和易于运作。

思考题

1. 在本项目前期策划阶段，不同融资方式的优缺点比较是否完整，在该项目策划中是否有未考虑到的重要因素？
2. 如何制定总部园区的运营管理体制，园区的服务内容如何确定？

1.5　组织管理策划

案例1　科技商务区

项目背景

项目概况同第1.2节案例2。

在1.2节的案例中，以"经营城市"为理念，对科技商务区进行了产业策划，包括产业的定位等，提出了产业发展的基本路径，即产业发展规划、产业发展战略以及政策手段等，为科技商务区的发展树立了目标，提出了对策。但要实现该目标，还需要组织保证。商务区管理的组织是商务区建设目标实现的保证。那么，科技商务区应建立何种组织模式？如何提升现有组织架构以适应将来的发展需要？如何针对各项目标进行相应的组织分工？……需要针对这些问题进行专项分析和论证。

组织管理策划的基本思路

科技商务区的组织管理策划有三条基本思路：
- 结合济南当地实情，分析自身组织管理现状；
- 借鉴兄弟园区的经验和教训；
- 创具有山大路特色的管理模式。

组织管理策划

(1) 科技商务区组织管理现状

1) 管理组织结构及任务分工的现状

现行的组织结构如图 1-34 所示。

现行的商务区管委会人员编制为 10 人,管委会设主任 1 名,副主任 2 名,3 个部门分别设正、副部长各 1 名。管委会主要职能表现为管理、产业发展、经济、协调和教育等 6 个方面。

2) 现行管理组织结构的初步分析

从以上科技商务区现行管委会的组织结构图中,初步可以看出管委会部门设置、职能制定等方面还存在着以下几方面的问题。

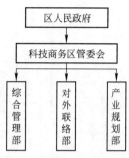

图 1-34　现行管理组织结构图

- 科技商务区项目最高决策层的组织尚不健全。目前的管委会级别偏低,与其他区政府下属部门平行并接受上级部门的监督,不适应大型复杂项目的需要,无法胜任大量的组织协调工作。
- 科技商务区有关部门设置、各部门的任务及管理职能分工尚不明确,部门职能、组织机构过于简单,不适应项目的特点。
- 管委会的内部人员安排,以及级别权限的设定并不明显,对其职责职能也没有明确的规定,人员编制较少。
- 科技商务区的项目开发策划工作流程,资金筹措工作流程,项目管理控制工作流程尚未确定,且项目缺乏专项资金。
- 科技商务区的建设所配备的技术、经济、管理和法律及合同方面的专门人才和具有这方面知识的复合型人才数量不足,人员结构也欠合理,难免会给项目管理的组织带来困难。

从总体上说,管理模式目前还处于科技一条街发展的初级阶段。

(2) 国内著名科技街管理模式分析

1) 知名科技街组织结构分析

策划小组选取和调研了成都市科技一条街、北京中关村科技园区和南京珠江路科技一条街等国内三大著名科技街,详细分析了它们的组织结构模式与特点,各管理层级的主要职责等。三大科技街的管理模式都不尽相同,各有特点,各自的组织结构分别如图 1-35~图 1-37 所示。

2) 管理模式分析与总结

调查和研究显示,北京中关村科技园区、南京珠江路科技一条街和成都武侯区科技一条街在组织管理上的做法,对该科技商务区高新技术产业发展很有借鉴意义。

对于科技商务区规划建设这样一个涉及面广、影响时间长的项目,组织管理人员除了面临一般政府职能部门本身的特殊性,还面临更加复杂的环境,其管理组织必须十分清晰。由上述各个科技街的政府行政管理实践中,可以看出在管委会的组织结构和主要管理职能上应基本体现以下几点。

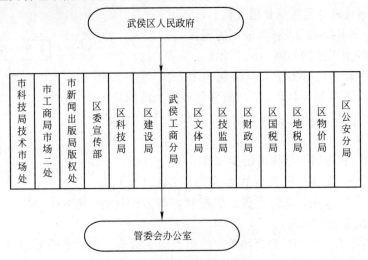

图1-35 成都市科技一条街管理组织结构图

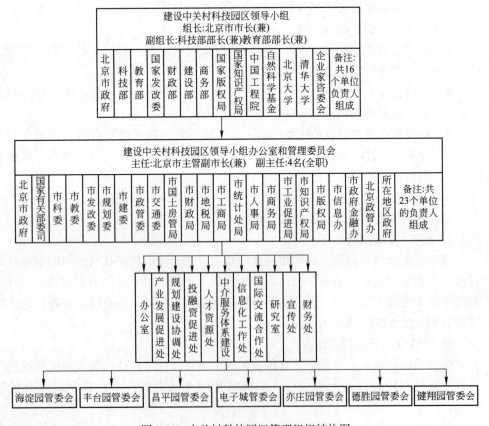

图1-36 中关村科技园区管理组织结构图

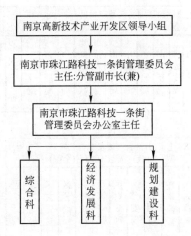

图 1-37　南京珠江路科技一条街组织结构图

- 在管理机构的设置上，应实现由政企合一向政企分离的转变。成立新的科技商务区管理委员会，其职责应转变到专职从事商业街的公共管理以及提供优质服务上来，使之与经营活动脱钩，理顺管理关系。
- 在管理方式上，由注重外部管制，向管制与管理并举、注重为商家服务转变。
- 在管理职能上，由经济促进向经济、政治和社会同步发展转变。如成立党委、组建工会和工会会员利益的保障、经济纠纷的调解及科技商务区商会的筹备等，都可涉及到政治和社会领域。
- 突出产业化管理。机构设置上要突出精简性；运作机制上要突出高效性；上下关系上要突出顺畅性；开发区内部管理调度上要突出统一性。

(3) 组织管理模式建议

1) 科技商务区管理委员会组织机构

通过对比分析，科技商务区管理机构可设置两个层次，即领导决策层和实施管理层。领导决策层为科技商务区管理委员会，负责科技商务区的发展规划、建设和管理等重大问题决策以及各相关行政部门的协调工作；在委员会下设管理委员会办公室，负责实施管理委员会审定通过的各项政策和措施，主持日常管理及服务工作。

组织管理模式建议如图 1-38 所示。

2) 组织结构的任务分工

3) 管理职能分工方案

根据科技商务区管委会办公室各职能部门的任务分工(表 1-30)，各部门的管理职能分工如表 1-31 所示。对每一项任务明确其决策、决策准备、执行、检查、配合和提供信息的部门。在工作的开展实施过程中，管理职能分工将不断细化和调整。

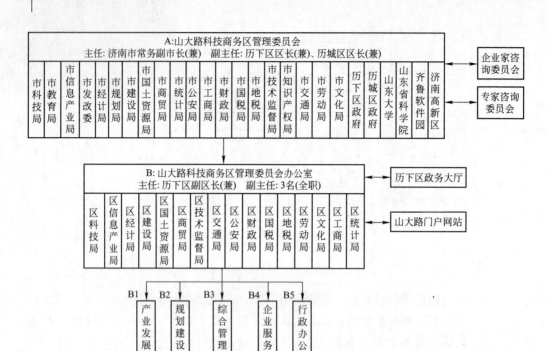

图 1-38 山大路科技商务区管理组织结构图

科技商务区管委会办公室任务分工表　　　　　　　　　　　　表 1-30

编号	部门名称	主 要 任 务 分 工
A	科技商务区管委会	负责科技商务区的发展规划、建设和管理等重大问题决策以及各相关行政部门的协调工作
B	管委会办公室	负责实施管理委员会审定通过的各项政策和措施,主持日常管理及服务工作
B1	产业发展部	产业发展部是管委会办公室的核心部门,其主要职能包括: 1) 协助并参与研究和制订科技商务区产业规划、配套政策和实施规划; 2) 根据国家统计法律、法规对商务区内企业进行统计管理;做好科技商务区内经济活动分析工作,及时准确地对内、对外提供商务区发展的各项经济数据和信息; ……
B2	规划建设部	规划建设部是管委会办公室负责规划建设的重要部门,主要职能有: 1) 负责组织和参与研究制订科技商务中心区整体发展规划; 2) 协调组织实施科技商务区的整体形象规划、土地利用规划和详细实施规划的制定工作; ……
B3	综合管理部	综合发展部主要职能如下: 1) 负责科技商务区门户网站的维护和运行; 2) 对商务区内注册的企业实行统一归口综合管理,提供项目申报计划渠道; ……
B4	企业服务部	企业办公室负责从政策、资金和培训等多方面为进驻区内的企业和人员(包括留学归国和创业人员)提供全方面的支持,具体职能包括: 1) 为商务区内企业申报科技计划及其他有关专项计划,争取专项资金支持; 2) 负责向省、市科技主管部门推荐商务区内企业申报高新技术企业及产品、软件企业及产品; ……

续表

编号	部门名称	主要任务分工
B5	行政办公室	行政办公室负责整个管理机构的日常运行工作,为其他各部门的正常运作提供支持。其具体职能包括: 1) 负责办公室内部运转的组织协调和对外联系工作; 2) 负责日常运作的有关文件、报告和规章制度等的起草与修改工作; ……

科技商务区管委会办公室职能分工表　　　　表1-31

序号	工作任务	管委会	管委会办公室				
			B1 产业发展部	B2 规划建设部	B3 综合管理部	B4 企业服务部	B5 行政办公室
1	组织与人事安排	D	I	I	I	I	I
2	资金保障	D					P/I
3	财务管理						D/I
4	档案管理		H	H	H	H	I/F
5	规划建设	D		P/I			H
6	规划实施			I			
7	项目开发审查			D			H
8	物业管理			D/I			H
9	区内信息发布	D	I	H	H	H	
10	招商引资	D	I				
11	企业管理	D			P/I/F		H
12	企业服务	D				I	

注:表中D—决策;P—决策准备;I—执行;H—配合;F—信息。

小　结

组织管理策划的内涵十分丰富,包括组织结构模式、工作任务分工、管理职能分工、主要工作流程和各类工作制度等。本策划选取了其核心内容进行优先分析,其余内容可随后续策划工作的不断深入而逐步深化,以满足实践操作的需要。

思考题

1. 如何进行大型科技商务区的组织管理策划,其基本思路是什么?
2. 如何制定大型科技商务区管理的组织结构?
3. 组织管理策划应该包括哪些内容,这些内容之间有什么关系?

1.6 项目经济评估

案例1 总部园区

项目背景

项目概况同第1.1节案例2。

总部园区计划采用一次规划、分期实施的方式来组织建设。根据建设程序，策划小组分别计算了1期投资估算和总投资估算。由于该项目的融资结构比较复杂，所以投资估算不包括房地产开发的间接费用（开发费用、销售费用、财务费用和税金）。按照总部园区科技企业总部基地的功能和建筑策划，提出2个方案并对其进行全面的财务评价，测算其财务收支平衡情况，进行不确定性分析和盈亏平衡分析等。

项目经济评估

（1）投资估算

1）估算建筑面积

工程总投资估算按照总部园区的功能分解，划分为总部办公区、公共服务区、生活服务区、园区管理和室外空间5部分。考虑到估算标准不同，酒店式公寓从生活服务区中划分出来，单独归为一类。室外空间分为两部分，一部分为室外空间其他设施，包括市政设施和体育小公园，以建筑面积计算；另一部分为非建筑用地，包括道路广场和绿化景观，以用地面积计算。总部园区总建筑面积共计290000m²，其中1期建筑面积为116000m²。详细的建筑面积估算如表1-32所示，室外空间非建筑用地面积如表1-33所示。

建筑面积估算表　　　　　　表1-32

功 能 名 称	总建筑面积(m²)	占总建筑面积百分比(%)	1期建筑面积(m²)
总部办公区	245000	84.5	80000
公共服务	10000	3.4	7000
生活服务区(不含公寓)	18000	6.2	12000
酒店式公寓	12000	4.2	12000
园区管理	1000	0.3	1000
室外空间其他设施	4000	1.4	4000
合 计	290000	100.0	116000

非建筑用地面积估算表   表 1-33

名 称	用地面积(m^2)	占总用地面积百分比(%)	1期用地面积(m^2)
道路广场	45000	60	27000
绿化景观	180000	60	108000

2) 投资分解结构

本项目投资分解结构总体上分为：土地费用、总部办公区投资、公共服务区投资、生活服务区(不含公寓)投资、酒店式公寓投资、园区管理区投资以及室外空间投资，共7个部分。除土地费用和室外空间投资外，其他5个部分投资由前期工程费、公建配套增容费、建安成本和工程不可预见费组成。室外空间投资包括道路广场投资、绿化景观投资和其他设施投资3个部分。

总投资分解结构图见图1-39，1期投资分解结构见图1-40。

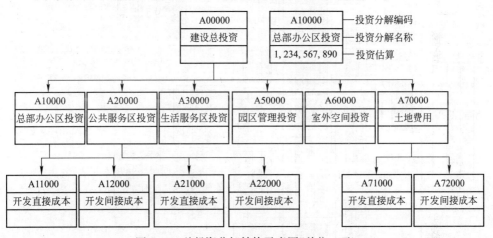

图 1-39 总投资分解结构示意图(单位：元)

3) 估算汇总和明细表

总投资估算汇见表1-34，其中相应估算由相关明细表汇总得出，以A10000总部办公区投资为例，开发直接成本明细表见表1-35。

总投资估算汇总表(包括1期和2期)   表 1-34

序号	项 目	开发直接成本(元)				土地费用(元)	小计(元)
		前期工程费	公建配套费	建安工程费	不可预见费		
A10000	总部办公区投资	61857925	99225000	563500000	28175000		752757925
A20000	公共服务区投资	2762300	4050000	26000000	1300000		0
A30000	生活服务区投资(不含公寓)	5535700	7290000	54000000	2700000		
A40000	酒店式公寓投资	3122500	3600000				
A50000	园区管理投资	276134	405000				
A60000	室外空间投资						
A70000	土地费用						
	小 计	73554559					

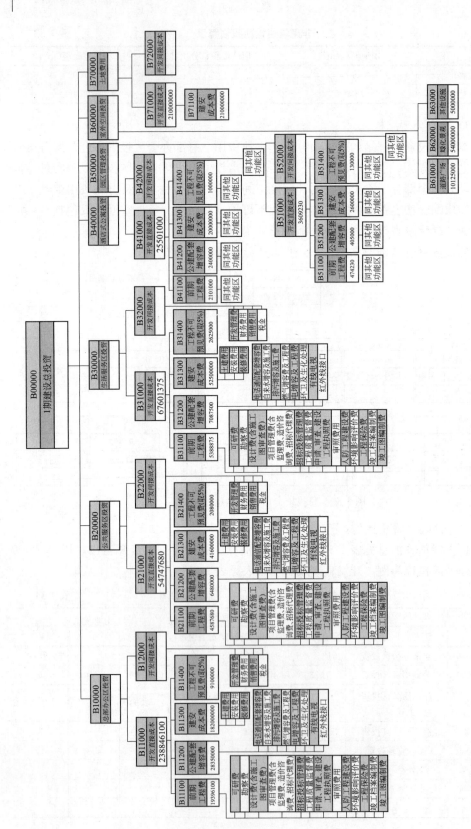

图 1-40　1 期投资分解结构图（单位：元）

总部办公区投资开发直接成本明细表　　　　表 1-35

序号	项 目 名 称	费用合计（元）	估算费率	估算基数 m² 或元	合价（元）	单方造价 元/m²
A11000	开发直接成本	752757925		245000		3072
A11100	前期工程费小计	61857925				252
A11101	可研费（前期可行性研究）		0.001	563500000	563500	
A11102	勘察费		3	245000	735000	
A11103	设计费（含施工图审查费）		0.03	563500000	16905000	
A11104	项目管理费（含监理费、造价咨询费、招标代理费）		0.03	563500000	16905000	
A11105	招标投标管理费				445000	
A11106	工程质量监督费		0.0015	563500000	845250	
A11107	申请、审查建设工程执照费		0.005	563500000	2817500	
A11108	审照费用		0.05	2817500	140875	
A11109	人防工程建设费		60	245000	14700000	
A11110	环境影响评价费		2	245000	490000	
A11111	工程保险费		0.01	563500000	5635000	
A11112	竣工档案编制费		0.0008	563500000	450800	
A11113	竣工图编制费		5	245000	1225000	
A11200	公建配套增容建设费	99225000				405
A11201	电话通信配套增容费		35	245000	8575000	
A11202	自来水增容及施工费		35	245000	8575000	
A11203	排污增容及施工费		25	245000	6125000	
A11204	燃气增容费及工程费		60	245000	14700000	
A11205	电增容及工程费		200	245000	49000000	
A11206	环卫及生化处理		20	245000	4900000	
A11207	有线电视		25	245000	6125000	
A11208	红外线接口		5	245000	1225000	
A11300	建安成本	563500000				2300
A11301	土建费用		1100	245000	269500000	
A11302	安装费用		700	245000	171500000	
A11303	装修费用		500	245000	122500000	
A11400	工程不可预见费（占总价5%）	28175000	0.05	563500000	28175000	

4）融资方案

结合项目实际情况，策划小组提出两种融资方案。园区自建项目资金来源分别如图1-41和图1-42。

- 方案 1 资金来源与运用

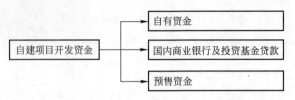

图 1-41　方案 1 自建项目资金来源图

- 方案 2 资金来源与运用

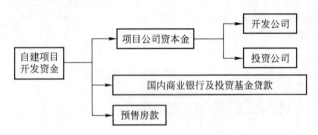

图 1-42　方案 2 自建项目资金来源图

(2) 财务评价

1) 财务评价范围

按照总部园区科技企业总部基地的功能和建筑策划,提出 2 个方案。2 个方案中整个园区 A 地块总建筑面积都约为 294000m², 初步预计总投资(包括土地出让金)约为 12.4 亿元人民币。对 2 个方案进行全面的财务评价, 测算其财务收支平衡情况、进行不确定性分析和盈亏平衡分析等。

2) 财务评价基础数据与参数选取

- 计算期

该项目财务评价的计算期为 16.25 年, 其中, 建设期为 2.25 年, 经营期为 14年, 从 2006 年初开始计算, 至 2021 年末结束。

- 财务基准贴现率

财务基准收益率根据该项目的资本成本而定。该项目的银行长期贷款利率为 6.34%。根据与业主方沟通初步意向及项目具体情况, 初步确定全部投资税后基准收益率为 8%。

- 分年投资与资金筹措计划

对于自建项目, 其各年的土地出让金支付和建设资金投入按照如下原则计算:

整个园区土地一次性购买, 出让金分 2 期支付; 第 1 年支付 60%, 第 2 年支付 40%。1 期工程建设资金投入如下: 第 1 年投入 1 期工程前期费及建安工程费用的 20%, 第 2 年投入 1 期工程建安工程费用的 80%; 2 期工程建设资金投入如下:第 1 年投入 2 期工程的前期费及建安工程费用的 30%, 第 2 年投入 2 期工程建安工程费用的 70%。

- 资产折旧、摊销年限及残值率

本项目中，建筑物的折旧年限为30年，残值率为10%，包括总部办公区的出租办公楼、生活服务区的出租商业设施、公共服务区建筑和园区管理区建筑；对于室外空间中的建筑物折旧年限为30年，残值率为5%。

- 出租及销售情况预测

预计1期在2006年、2007年、2008年各年销售量分别占可销售总量的30%、50%、20%，出租率在2007年为50%，2008年为75%，以后各年均为90%。

3）项目收入预测

- 销售收入

方案1

其中，总部办公区的办公楼平均售价约4500元/m^2，总共可用于出售面积约为153500m^2；分2期出售，1期52000m^2，2期101500m^2；生活服务区的商业设施平均售价约为6000元/m^2，总共可用于出售面积约为4800m^2，全部均为第1期建成部分出售，第2期不考虑出售，每期销售期均为2.5年。

方案2

其中，总部办公区的办公楼平均售价约在4500元/m^2，总共可用于出售面积约为108496m^2；分2期出售，1期37000m^2，2期71496m^2。生活服务区的商业设施平均售价约在6000元/m^2，总共可用于出售面积约为4800m^2，全部均为第1期建成部分出售，第2期不考虑出售，每期销售期均为2.5年。

- 出租收入

其中，总部办公区的办公楼平均租金约在0.8元/m^2，总共可用于出租面积约为56500m^2；分2期招租，1期13000m^2，2期43500m^2。生活服务区的商业设施平均租金约在6000元/m^2，总共可用于出租面积约为25200m^2，分2期招租，1期19200m^2，2期6000m^2。

- 代建管理费用
- 土地出让收入
- 公共服务区运营收入
- 物业管理收入

4）项目支出预测

该项目成本费用除建设投资以外，还包括以下项目。

- 销售费用

销售费用按照销售收入的4%计提。

- 公共服务区管理成本

按照其收入的30%计提。

- 房屋租赁管理费用及房地产税

按照租金收入的4%计提租赁管理费用，12%计提房地产税。

- 代建管理成本

按照代建取费的30%计提。

- 物业管理成本

按照物业管理收费的60%计提。

5) 主要财务指标分析

根据前面所述基础数据的分析,2个方案的主要财务指标,包括全部投资税前收益率、全部投资税后收益率、税前资本金收益率、税后资本金收益率、税前投资回收期和税后投资回收期,经过计算,其结果列表如表1-36所示。

主要财务指标比较 表1-36

财务评价指标	方案1	方案2
全部投资内部收益率(税前)	7.63%	7.89%
全部投资内部收益率(税后)	6.02%	6.07%
资本金收益率(税前)	7.49%	7.87%
资本金收益率(税后)	4.63%	5.00%
投资回收期(税前)	10.93年	10.95年
投资回收期(税后)	12.40年	12.65年

6) 项目不确定性分析

影响该项目财务评价指标的主要因素有:办公楼售价、办公楼租金和土建投资。下面分别对2个方案的办公楼售价、办公楼租金和建设投资进行分析,如图1-43和图1-44所示。

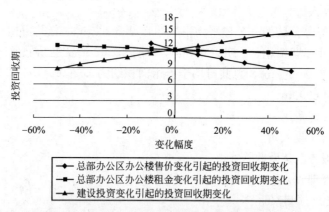

图1-43 方案1的投资回收期(税后)敏感性分析图

- 方案1的敏感性分析
- 方案2的敏感性分析

7) 财务评价结论

通过财务测算,该项目两个方案全部投资的税后内部收益率分别为6.02%、6.07%,分别在10.93年、10.95年内收回全部投资;项目税后资本金收益率分别为4.64%、5.00%,资本金分别在14.43年、13.80年内收回。方案1和方案2各项财务指标均基本满足业主要求,项目可行。

但从财务风险和项目建设管理角度考虑,方案2更有利。

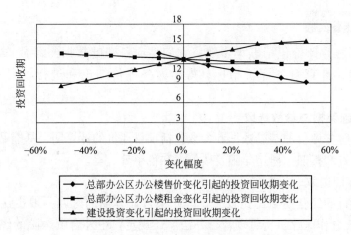

图 1-44　方案 2 的投资回收期(税后)敏感性分析图

小　　结

项目经济评估是对建设方案进行的技术经济分析与比较论证，并对项目建成后的经济效益进行预测和评价，以从经济上论证建设的可行性，并为确定是否投资和如何投资提供重要参考意见。项目经济评估包括财务评价和国民经济评价。项目经济评估主要是进行财务评价，财务评价必须建立在对项目财务基础数据的估算之上。本案例从投资估算和不同方案的财务评价两方面分析了该项目如何选择项目的投融资模式。但进行经济可行性分析时，需要对数据来源进行确认，以使数据准确、可靠，估算合理，并且有可验证性。

思考题

1. 如何进行项目投资估算？
2. 如何进行项目的财务评价？

案例 2　中外合资营利性医院

项目背景

项目概况同第 1.1 节案例 3。

如何对具有国际标准的营利性医院进行经济可行性分析，这是本案例项目经济评估所要解决的问题。对于中外合资营利性综合医院，涉及人民群众的卫生保障事业，属于关系到国计民生的重要项目，必然会对该地区的医疗卫生行业产生重要的影响，因此，除了进行项目财务评价之外，还要进行项目的社会评价。本案例主要讨论项目投资的财务评价。

项目经济评估

该项目财务评价包括五大步骤,它们是项目基础数据与参数选取、编制相关财务报表、计算财务评价指标、得出财务评价结论和进行项目不确定性分析等。

(1) 基础数据与参数选取

该项目财务评价的基础数据和参数包括项目评价的计算期、基准贴现率、资金筹措计划、资产折旧、摊销年限及残值率和税率等。

1) 计算期选取

医院项目的经营期限都比较长,因此项目计算期的选取一般也比较长。我国《中外合资、合作医疗机构管理暂行办法》还规定,中外合资医院的经营期限不得超过20年,中外合资营利性医院项目财务评价计算期一般都选在10~20年。同时,计算期的选取还要考虑中外双方合作方式、股份比例和投资回报方式等的影响。一般来说,外方投资高的项目计算期比较长,而该项目外方投资股份占总投资的70%。

综合以上数据分析,该项目财务评价计算期为15年。其中,建设期为2年,经营期为13年。

2) 财务基准贴现率

财务基准收益率根据该项目的资本成本而定。由于该项目采用多元化融资方式,因此不同渠道的投资具有不同的财务基准收益率。该项目银行长期贷款利率为6%;设备融资中,设备融资利率为8%;自有资金收益率15%、德国投资收益率为20%;国内投资的资金成本率为10%。因此,该项目财务评价的基准贴现率选取如表1-37所示。

基准贴现率表 表1-37

贴现率	税后	税前
全部投资贴现率	8.75%	10.18%
资本金贴现率	17.55%	17.55%
中方投资贴现率	15%	15%
德方投资贴现率	20%	20%
国内投资贴现率	10%	10%

3) 分年投资与资金筹措计划

该项目建设期为两年,土建投资建设期第1年投入比例为40%,第2年比例为60%。设备在第2年投入,土地费用在第1年投入。设备投资中有3543万欧元通过融资租赁获得,其他各年所需投资先通过资本金筹措解决,不足部分借款。具体见投资使用及资金筹措计划,如表1-38所示。

投资使用及资金筹措计划表(单位：万欧元)　　　　表 1-38

序号	项　　　目	第 1 年	第 2 年	合计
1	总投资	7410	13790	21200
1.1	建筑安装费	4400	6600	11000
1.2	设备安装费	—	4000	4000
1.3	土地费	3000		3000
1.4	启动资金	10	3190	3200
1.4.1	建设期利息	10	328	338
1.4.2	补亏		2862	2862
2	资金筹措	7410	13790	21200
2.1	自有资金	7066	—	7066
2.1.1	德方自有资金	3604	—	3604
2.1.2	中方自有资金	3462		3462
2.2	债务融资	344	13790	14134
2.2.1	中国银行贷款	344	10256	10600
	借款本金	334	9928	10262
	利息	10	328	338
2.2.2	设备海外融资租赁	—	3534	3534

4) 资产折旧、摊销年限及残值率

本项目中，建筑物的折旧年限为 30 年，残值率为 10%；设备折旧年限为 7 年，残值率为 10%；土地作为无形资产进行摊销，摊销年限为 48 年。所有的折旧摊销均按照年限平均法计算。

5) 税收

目前对于中外合资营利性医院的税收政策还不是十分明朗。根据文件《关于医疗卫生机构有关税收政策的通知》的规定，非营利性医院经营期前 3 年免收各项税，至于 3 年经营期满之后的税率，目前还没有统一的规定。从保守预测和为投资者负责的角度出发，本项目按照经营期前 3 年免税，以后所得税按税前利润 33% 的税率征收，营业税按营业额的 5% 计算。本项目属合资企业，合资企业的三项基金包括职工奖励和福利基金、储备基金和企业发展基金，本项目的三项基金按税后利润的 15% 提取。

6) 服务负荷

由于大型综合性的中外合资营利性医院还处于探索阶段，国内高端医疗市场还不是非常成熟，而且这类医院往往得不到医保份额，因此需要根据项目市场需求及本项目发展情况，合理预测经营期初期的服务负荷。本项目预测在经营期前两年的服务负荷分别为 50% 和 80%，经营期第 3 年开始服务负荷为 100%，而相应的营运材料投入负荷经营期第 1 年为 70%，经营期第 2 年开始为 100%。

(2) 服务收支预测

1) 营业收入预测

医院项目的服务收入主要包括住院病人手术业务收入、门诊病人手术业务收入、分娩收入、门诊病人收入及护理业务收入等。该项目的营业收入预测如表1-39所示,达到满负荷运转后年总收入为9161万欧元。

营业收入预测及依据表　　　　　　　　　表1-39

项目		单价(欧元)	容量(人次)	平均年收入(万欧元)
住院病人手术业务	大手术	7000	2500	1750
	中手术	4500	3000	1350
	小手术	2250	7500	
门诊病人手术业务		400	34000	
分娩		3000	800	
门诊病人业务		80		
护理业务		400		

2) 成本费用估算

医院项目的总成本费用包括材料费、保险税收、修理费、营运信贷、人员工资福利费、折旧费、摊销费、财务费用和其他费用等。医院的总成本费用中所占比例最大的部分为人员费用。中外合资医院希望引进国外先进的管理和技术,因此需要引进国外优秀的医院管理人才、医生以及医疗技术人才来华管理和行医。

最开始,策划小组设想该医院全部由德国人承担医院的运营工作,但是同时也注意到,国外人力资源的成本远远高于我国。为使医院既保持德国特色,同时又要使项目可行,经过多方论证和调查,最终确定医院人力资源由中德双方人员共同组成,各部分人员组成比例和费用标准如表1-40所示。

人员组成比例与工资标准　　　　　　　　　表1-40

项目	中方比例	人均工资(万欧元)	德方比例	人均工资(欧元)
医生	70%	2.12	30%	65000
护士	70%	1.33	30%	
医疗技术助手	90%	0.8		
技术服务(辅助员工)	100%	1.0		
技术服务	90%			
行政	90%			

从表中可以看出,中德双方的人力资源成本相差悬殊,策划小组所测算的中方人力资源成本已经考虑到了医院高标准、高规格人力资源组成的要求。项目总成本费用的详细数据如表1-41所示(以经营期3~8年为例)。

总成本费用估算表(万欧元)　　　　　表1-41

序号	内容	合计	1	2	3	4	5	6
1	食品	1281	71	101	101	101	101	101
2	医疗物品	9331	514	735	735	735	735	735
3	水、电及可燃物	1380	76	109	109			
4	家用材料	2103	116	166	166			
5	行政用材料	1314	72	103	103			
6	保险、税收等	526	29	41	41			
	……							
14	摊销费	813	63					
15	财务费用	5143						
16	总成本费用	72537						
	其中：可变成本	20600						
	固定成本	51938						
17	经营成本	55277						

(3) 编制各项财务报表和计算评价指标

在完成了基础数据和参数的收集、财务收支预测之后，策划小组按照国家技术经济评价的相关规定和算法进行各项财务报表的编制和各项技术经济评价指标的计算，编制了现金流量表、损益和利润分配表及资金来源与运用表等报表，同时还计算了项目净现值、内部收益率和投资回收期等评价指标。

需要指出的是，策划小组不仅编制了项目本身的现金流量表，计算出了投资收益率，还编制了项目资本金现金流量表，计算出了资本金内部收益率。由于该项目为中外合资项目，还分别编制了中方、外方资金的现金流量表，分别计算出了它们的内部收益率。

(4) 财务评价结论

在编制完成各项财务报表并计算出各项财务评价指标之后，得出了该项目的财务评价结论。财务评价结论包括项目获利能力分析、财务可持续性和清偿能力分析。

1) 项目获利能力分析

该医院的投资营利能力指标表计算结果如表1-42所示：

投资营利能力指标表　　　　　表1-42

	评价指标	项目	资本金	中方投资	德方投资	国内投资
税前	净现值(万欧元)	4741	2697	—	—	5225
	内部收益率(%)	13.95	24.55	—	16.5	15.3
	投资回收期(年)	7.82	5.77	—	—	—
税后	净现值(万欧元)	2709	610	1440	—	5225
	内部收益率(%)	10.91	19.37	22.14	16.5	15.3
	投资回收期(年)	8.58	6.28	—	—	—

从上表可以看出，本项目全部投资的税后内部收益率为 10.91%，在 7~8 年内收回全部投资；项目税后资本金收益率为 19.37%，资本金在 6~7 年内收回；中方投资内部收益率 22.1%；国内投资收益率为 15.3%。均满足财务基准值要求，项目可行。

2) 资金平衡能力分析

资金平衡能力分析的目的是考察项目在经营期能否保持资金的收支平衡，是否需要进行借款。该项目的资金来源与运用如表 1-43 所示（1~8 年为例）。

资金来源与运用表（欧元）　　　　表 1-43

序号	项目	合计	1	2	3	4	5	6	7	8
1	资金流入	142619	7410	13790	4792	7410	9161	9161	9161	9161
1.1	经营收入	112685			4581	7329	9161	9161	9161	9161
1.2	长期借款	10600	344	10256						
1.3	设备融资租赁	3534	—	3534						
1.4	项目资本金	7066	7066							
1.5	流动资金借款				211	81				
1.6	回收固定资产余值	8230								
1.7	回收流动资金	211								
2	资金流出	128273	7410	10928	7342	7699	7618	9003	9034	9067
2.1	经营成本	55277			3807	4289	4289	4289	4289	4289
2.2	营业税金及附加	4581			—	—	—	458	458	458
2.3	所得税	10624			—	—	—	927	958	991
2.4	建设投资	8338	7410	10928						
2.5	设备更新投资	4000								
2.6	流动资金	292			11	81				
2.7	利息支出	5340			930	857	775	688	594	494
2.8	偿还债务本金	13817			1154	1231	1313	1401	1495	1594
2.9	分配利润	12401			1240	1240	1240	1240	1240	1240
2.10	权益资金退出									
3	资金盈余	14345	—	2862	2551	−289	1543	158	127	94
4	累计资金盈余		—	2862	312	23	1566	1724	1852	1946

从上表我们可以看出，本项目在第 3 年、第 4 年的盈余资金为负，主要原因是第 3 年和第 4 年的服务未满负荷，营业收入较少，由于筹资预留了资金，因此累计盈余资金为正，项目在运营前两年能够实现资金平衡。

3) 偿债能力分析

偿债能力分析主要通过利息备付率和偿债备付率两个指标进行分析。本项目的利息备付率、偿债备付率的详细数据如表 1-44 所示。

利息备付率和偿债备付率表 表 1-44

指标/第 N 年	N									整个计算期
	3	4	5	6	7	8	9	10	11	12	
利息备付率(%)	−0.2	2.5	5.2	5.2	6.0	7.3	9.4	14.2	19.9	34.5	8.7
偿债备付率(%)	−0.1	1.1	2.0	1.8	1.8	1.9	1.9	2.9	3.0	3.0	2.3

从表中可见，本项目在整个计算期内的利息备付率大于 2，第 3 年的利息备付率小于 2，原因在于营业收入较少，可以通过启动资金进行偿还贷款利息。除第 3 年外其他年份的利息备付率也均大于 2，说明本项目有较强的付息能力；除第 3 年外，各年及整个计算期内的偿债备付率均大于 1，说明本项目的资金来源足以偿还当期债务。

(5) 不确定性分析

1) 敏感性分析

敏感性分析预测主要因素发生变化时，对项目财务评价指标的影响，要分析其敏感程度。影响医院投资项目财务评价指标的主要因素有：营业收入、工资福利费和土建投资等。在该项目中，选取中方投资内部收益率作为分析的评价指标，考虑中方投资内部收益率对收入变化和土建投资变化的敏感性，计算过程和最终计算结果如表 1-45 和图 1-45 所示。

中方投资内部收益率敏感性分析表 表 1-45

变化		收入变化							
		65%	70%	75%	80%	85%	90%	95%	100%
土建投资变化	50%	—	−0.5%	5.1%	11.9%	19.9%	28.7%	37.7%	46.3%
	55%	—	−0.9%	4.3%	10.5%	17.8%	26.0%	34.4%	42.5%
	60%	—	—	3.6%	9.3%	16.0%	23.5%	31.4%	39.2%
	65%	—	—	3.0%	8.3%	14.4%	21.4%	28.8%	36.2%
	70%	—	—	2.4%	7.4%	13.1%	19.5%	26.5%	33.5%
	75%	—	—	1.9%	6.5%	11.9%	17.9%	24.4%	31.1%
	80%	—	—	1.5%	5.8%	10.8%	16.4%	22.5%	28.9%
	85%	—	—	1.1%	5.2%	9.8%	15.1%	20.8%	26.9%
	90%	—	−2.8%	0.7%	4.6%	9.0%	13.9%	19.3%	25.1%
	95%	—	—	0.4%	4.0%	8.2%	12.9%	18.0%	23.5%
	100%	—	—	0.0%	3.6%	7.5%	11.9%	16.8%	22.1%

从以上图表的分析和结果可见，在其他因素不变的情况下，收入下降 10% 项目即不可行，所以应对收入给予特别关注，可通过加强市场分析，以增加收入预测的可靠性，另一方面可设法降低成本。如果土建投资降低 30%，资本金投入不变，中方内部收益率可提高到 36.3%，此时收入降低只要不超过 15%，项目仍有不错的投资效益。若工资福利费比预测值提高 30%，土建投资降低 30%，收入不变，中方内部收益率达 17.1%。因此中方投资内部收益率对土建投资的敏感性不是很强。

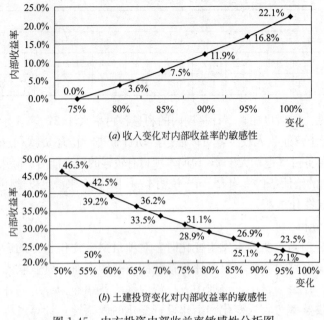

图 1-45 中方投资内部收益率敏感性分析图

2) 盈亏平衡分析

盈亏平衡分析着眼于项目经营的服务量、成本和盈利三者之间的相互关系进行分析,找出投资项目在服务量、价格和成本方面的盈亏界限,据此判断项目是否可行。

该医院项目在整个计算期内,用服务能力利用率表示盈亏平衡点(BEP),其计算公式为:

$$BEP = \frac{固定成本}{经营收入-可变成本-销售税金及附加} \times 100\%$$

$$= \frac{57080}{112685-20600-4581} \times 100\%$$

$$= 65.2\%$$

计算结果表明,该项目在计算期内经营收入只要达到设计能力的 65.2%,也就是住院率与门诊量均达到设计能力的 65.2%时,项目就可以达到盈亏平衡。

小 结

本案例系统地介绍了中外合资营利性医院的项目经济评估过程,即包括如何进行基础数据和参数的选择,如何预测服务收支,如何进行财务评价指标计算,如何进行财务评价以及如何进行不确定性分析等,为项目是否可以投资提供了结论性意见。

思考题

1. 如何对中外合资营利性医院进行项目的经济评估?
2. 与前一案例相比,本案例中外合资营利性医院项目的经济评估有哪些特点?

1.7 设计任务书的编制

案例1　科技创业社区

项目背景

项目概况同第1.2节案例1。

为充分表达科技创业社区业主对创业社区建设的总体思路和具体要求，同时便于规划设计单位准确把握业主的建设意图，清楚了解本项目的功能定义和设计原则与要求，科技创业社区在前期策划的基础上，进一步整理和汇总了策划的成果，结合项目的实际情况，编制了《科技创业社区设计任务书》。

设计任务书的编制

本任务书分为项目背景与概况、规划范围与基地条件、规划设计依据、规划设计原则、规划设计内容、方案成果要求、设计评审和设计时间要求以及设计酬金等九大部分。

(1) 项目背景与概况

项目概况中对科技创业社区的地理位置、功能开发的主体、所在区域已建或在建的项目以及创业社区建成后的功能定位等内容进行了详细介绍。

(2) 规划范围与基地条件

该部分对用地面积、地块分布和需统一规划以及重点规划的地块进行了说明。

(3) 规划设计依据

规划方案设计的依据包括科技创业社区环境调查报告、产业策划报告、项目定义与实施策划分析报告、设计任务书(本文件)和有关的文件及法规等。

(4) 规划设计原则

规划设计是规划师的一种创造性思维实践活动，任务书中提出了以下的原则性要求：

1) 科技创业社区的规划设计应主题鲜明，体现现代化、都市化、生活化的整体风格，并突出高科技的特色。

2) 整个区域的规划设计应结合城市发展现状，充分考虑和谐发展和可持续发展的原则。

3) 充分考虑总体功能布局的协调和地块开发的系统性，体现以人为本的设计思路，注意处理好办公、孵化、生活服务和公共服务等各功能区之间的关系。

4) 处理好人与环境的关系，充分结合办公区的都市环境，考虑地块开发和环境组合的合理性，体现区内研发、办公、休闲等多种环境要求，体现高效办公、优质服务、现代生活的有机统一。

5) 处理好科技创业社区与新城区之间的关系，充分考虑办公、研发中心、生活服务等与城市生活的不同特点和相互关系，充分利用地块周边设施条件。

6) 合理规划基地内部交通及对外交通，保证园区内车流顺畅及与周围联系便利。结合人流的流量和流向考虑停车场的容量和设置方式。

7) 注重景观的设计。考虑基地周边情况，对园区整体空间景观、出入口景观和重要节点景观进行重点设计，以充分体现空间环境的特色。

8) 体现生态环保理念，充分考虑节能建筑和新材料的运用。

9) 规划方案须具有可操作性，充分考虑开发建设的时间条件和技术条件，考虑地块和建筑拆分、组合的灵活方式，以适合不同开发模式的需要。

10) 合理分区，以满足分期建设的需要，注意地块间开发的有机结合。

(5) 规划设计内容

项目规划设计的内容应包括：设计理念和战略，总体布局设计，道路交通网络，绿化生态网络，空间形态设计分析，市政基础设施规划，建筑造型设计，重要景观节点的造型设计，提出城市设计的控制导规和对分期建设的建议等。

(6) 方案成果要求

提交的规划设计方案最终成果内容包括：设计说明报告、设计图纸及效果图等。具体要求如下：

- A3 成果文本 15 套；
- 最终成果的全部电子文件，光盘 3 份；
- A1 展板 5 张；
- 汇报演示使用的电子文件 1 份；
- 可根据充分反映设计构思的需要提供其他形式的成果。

(7) 设计评审

规划设计的论证和审核中，首先要成立专家论证委员会，听取规划方的汇报，然后提出意见和建议，与规划设计方进行讨论。之后，策划方根据论证委员会的意见和讨论的结果，编制设计优化任务书，以此为依据，规划设计方完成规划设计的最终优化。

(8) 设计时间要求

任务书中对设计的日程安排作了详细规定，如表 1-46 所示。

概念规划设计日程表　　　　　　　　　　表 1-46

工 作 内 容	时间	持续时间	主持人	参加人
1) 发出规划设计任务书			策划方	委托方 规划单位
2) 对规划设计任务书提问并解答		2 天	策划方	委托方 规划单位
3) 规划单位提交方案草图		4 周	规划方	委托方 策划方

续表

工作内容	时间	持续时间	主持人	参加人
4) 规划设计方案草图评选		2天	委托方	策划方 规划方
5) 正式规划设计		3周	规划方	
6) 规划设计论证		2天	委托方	策划方 评审委员会
7) 编制规划设计优化任务书		2天	策划方	
8) 规划设计优化		待定	规划方	
9) 规划设计交付			规划方	委托方 策划方

(9) 设计酬金(略)

小 结

科技创业社区为成片土地开发建设项目，该类项目的规划设计任务书应以对平面布局、区域规划和总体空间形态等的要求为主，应体现以功能为导向的规划理念，为园区内各类人群创造环境适宜、工作高效、生活便利的创业社区。但此类规划设计任务书应在策划的基础上进一步结合规划专业特征进行优化，并注意不能给予设计者太多的限制，应充分发挥规划设计人员的经验和创意。

> **思考题**
>
> 1. 为什么要编制设计任务书？其作用体现在哪里？
> 2. 如何编制成片土地开发类项目的设计任务书，其编制的过程中需要注意哪些特点？

案例2 某办公大楼

项目背景

某办公大楼基地位于常州市武进区，基地东侧为街头公园，基地占地面积约20074m^2。本项目为一栋单体建筑，总建筑面积约2.7万m^2。建筑主体高度约90m，地上22～23层，地下一层，标准层单层建筑面积约1000m^2，3层裙房，裙房单层建筑面积约2000m^2，地下一层停车库。项目功能以办公为主，辅以必要的配套功能。

本案例以该办公大楼为例，介绍单体建筑方案设计任务书的编制。与成片土地开发项目相比，单体建筑更强调功能的重要性，即"最终用户导向"理念的应用。

设计任务书的编制

本项目设计任务书的主要内容包括：项目概况、设计要求、设计竞赛成果要求、报送竞赛文件的规定、竞赛的时间安排、竞赛评审委员会的组成和竞赛结果说明等。

(1) 项目概况(略)

(2) 设计要求

1) 原则要求

本项目总体定位为办公大楼,并考虑部分出租。设计的总体原则应体现功能合理,造价经济,生态、节能、健康和安全,体现政府行政办公的风格特征,并与周边环境相协调。在建筑手法上既体现时代特征又要与当地实际相结合。

本项目是常州市武进区行政中心区域内的办公大楼,建成后该项目应成为武进区、常州市的精品工程。

2) 功能要求❶

本项目在功能上应满足政府办公以及入驻企业办公的要求,同时还应考虑与之相配套的辅助功能,包括餐饮、会议、活动中心等需求。具体见表1-47,即项目功能分解结构。

项目功能分解结构表　　　　　表1-47

编码	功能	详细功能组成	面积要求/m² 使用面积(m²)
01000	1楼:土地市场交易、土地登记、信访接待、执法大队		
01100	土地市场交易		
01110	土地市场交易大厅		300
01120	土地市场交易办公室	4间办公室,包括主任、副主任办公室和两个科员办公室	120
01200	土地登记		
01210	土地登记中心大厅		150
01220	土地登记中心办公室	3~4间办公室,包括主任、副主任办公室等	100
01300	信访接待		
01310	信访接待室		40
01320	信访接待办公室		30
01330	资料室		30
01400	执法大队		200
02000	2楼:食堂、预留空间		
02100	食堂	包括员工就餐大厅、1间3桌规模包厢、2个中包厢、1个16人大包厢(包厢内均设单独卫生间)、以及餐厅相关配套设施	1000
02200	预留空间		
03000	3楼:会议中心、档案管理、预留办公室		
03100	会议中心		
03110	大型会议室	200人多功能会议室	

❶ 该部分为项目策划的工作成果,即策划方与业主一起根据其现实需求及潜在需求而进行的功能分解及面积分配。

续表

编码	功能	详细功能组成	面积要求/m² 使用面积(m²)
03120	会议贵宾接待室		
03200	档案管理		
03210	档案室	（应考虑承重要求）	300
03220	档案室办公室		30
03230	阅档室		30
03300	预留办公室		
04000	4楼：工会活动中心		
04100	健身房		200
04200	乒乓球室		100
04300	工会俱乐部		
04310	多功能厅		200
04320	阅览室		100
04330	棋牌室		100
04340	休闲室		100
04350	老干部活动室		40
04360	支部活动室		60
05000	5楼：地籍科、耕保科、利用科、预留办公室		
05100	地籍科	包括4间办公室	200
05200	耕保科	包括4间办公室	200
05300	利用科	包括4间办公室	200
05400	预留办公室	2个	
06000	6楼：土地收购储备中心、财务科、监察科、预留办公室		
06100	土地收购储备中心	包括4间办公室	200
06200	财务科		200
06300	监察科		200
06400	预留办公室	2个	
07000	7楼：信息中心、会议中心、预留局领导办公室		
07100	信息中心		200
07200	会议中心		
07210	中型会议室	100人	
07220	小型会议室	40人	
07230	圆桌会议室	15人（或放在9楼）	
07300	预留局领导办公室	2个（设单独卫生间）	
08000	8楼：办公室		

续表

编码	功能	详细功能组成	面积要求/m² 使用面积(m²)
08100	办公室		
09000	9楼：局长室、行政办公室		
09100	局长室		
09110	局长室1	设单独卫生间	
09120	局长室2	设单独卫生间	
09130	局长室3	设单独卫生间	
09140	局长室4	设单独卫生间	
09150	局长室5	设单独卫生间	
09200	行政办公室	包括2间办公室，1间储藏室	
10000	10楼：标准间(酒店规格)		
10100	套间	2个	
10200	标准间		
11000	11楼：预留		
12000	12楼：预留		
13000~	13楼以上，标准办公层		

3) 其他设计要求

① 基地和东侧街头公园是相对独立的地块，在规划设计总平面布置中既要考虑办公楼的相对独立性，同时又要进行整体考虑，做到有分有合。

② 楼层名称不设13层和14层。

③ 政府办公使用楼层为1~12层，13层以上对外出租，要求载客电梯分别布置，并考虑人员的流向安排，主入口分离。

④ 楼工会活动中心、其他带有单独卫生间的楼层需根据功能考虑排水问题。

⑤ 考虑充足的停车位(包括地下和地上停车位)，以满足办公及外来人员的停车需求。

⑥ 满足《建设项目建筑设计要点通知书》中的相关要求。

(3) 设计竞赛成果要求

提交的方案设计竞赛成果必须符合本邀请书中的设计要求，且至少包含以下内容(其中2)~10)项内容分别用尺寸为A1的展板表示)。

1) 方案设计文本(A3打印，共20份，其中正本1份)，包括但不限于以下内容：

① 建筑总体布局说明(将基地和基地东侧的街头公园作为既相互联系又相互独立的一个整体进行布局)；

② 单体建筑方案构思说明；

③ 结构选型方案说明；

④ 外立面方案说明；
⑤ 主要设备方案说明；
⑥ 主要技术经济指标与造价估算；
⑦ 参赛单位认为需要说明的其他部分；
⑧ 下列2)～10)项所包含的各种图纸和文字说明。

2) 总平面图(1：500比例)：反映单体总体布置、绿化与环境、地上停车场布置、交通分析、基地与东侧的街头公园的关系处理以及其他必要的设计。

3) 总体鸟瞰图至少1张。

4) 仰视图：至少2张，观察点分别位于延政路和永安路的交叉点以及延政路和常武南路的交叉点。

5) 单体效果图至少1张。

6) 东、西、南和北4个主立面图。

7) 1～10层平面布置图。

8) 标准层平面图。

9) 两个不同方向的剖面图。

10) 大堂典型效果图。

11) 参赛单位认为有必要添加的其他图纸及说明。

以上提交的所有书面成果应以光盘(一式两份)形式同时递交电子文本(文字以Word格式，图片以jpg格式，设计图纸以dwg格式)。

(4) 报送竞赛文件的规定

1) 为保证方案竞赛的公正性，各参赛单位均以匿名的方式报送竞赛方案，并不得在图纸及文件上表示表明单位的标记。

2) 在方案设计文本正本(原图)首面背后右下角标明单位名称并用不透明纸封住。

3) 为保证按时进行评选，各参赛方届时应派人来常州报送方案。

(5) 竞赛时间安排

1) 方案设计竞赛邀请书发布、现场踏勘与答疑

2005年12月27日(星期二)上午10：00发布方案设计竞赛邀请书、现场踏勘和答疑。

2) 提交方案截止日期

2006年1月23日(星期一)上午11：30前提交到业主指定地点(见"(10)联系方式")。

3) 方案竞赛评审会

2006年1月24日(星期二)(如有变动另行通知)上午8：30开始举行方案评审会，评审会的议程安排如下：

① 业主宣布评委会专家名单；
② 各设计单位介绍方案，每家30分钟；
③ 专家提问，设计单位解答，每家30分钟；

④ 专家评议。

各参赛单位介绍方案和回答专家提问的顺序通过抽签决定。

4) 评选结果通知

2006年2月20日(周一)前以书面方式向各参赛单位通知评选结果。评选结果将在竞赛评审委员会评审的基础上，由业主方最终决定。

(6) 竞赛评审委员会组成

竞赛评审委员会由政府相关部门领导、国内知名的建筑和规划专家、业主代表和项目管理咨询公司代表组成，评审坚持客观、公正的原则。

(7) 竞赛结果说明

1) 本次竞赛设优胜奖1名，其余均为未中选方案。

2) 未中选方案将获成本补偿费_____万元人民币。

3) 优胜奖单位将根据业主方、当地政府相关部门要求、专家意见的建议进行方案优化和深化，直至业主方认可其方案设计优化和深化成果，此阶段设计费（方案设计竞赛补偿的奖金不另行支付）为_____万元人民币整。

4) 方案设计优化和深化具体服务内容与付款方式将在业主方与中选单位签订的服务合同中明确。

5) 初步设计、施工图设计的委托由业主方与中选单位另行协商确定。

6) 所有发生的税金由参赛单位自理。

(8) 其他说明

1) 所有报送的参赛文件版权归属业主方，业主方有权进行展览、印刷和出版，并有权用于本项目的设计优化。

2) 所有报送的参赛文件评选后均不予退回。

3) 所有参赛文件、说明和图纸均为中文表达。

4) 参加本次方案竞赛者均视为承认本文件的所有条款。

(9) 附件

《建筑设计要点通知书》和《规划范围红线图》。

(10) 联系方式(略)

小　　结

单体建筑的设计任务书最重要的是要反映项目的准确定义以及后期运营的要求，包括项目功能分解、面积分配、标准等级和设备选型，甚至是房间的空间参数等，设计方应在此基础上进行合理优化，以使项目建成后更能符合业主（客户）的要求，打造出无论是造型、功能，还是全寿命周期运营方面都较好的精品工程。

思考题

1. 单体建筑方案设计任务书的内容主要有哪些？

2. 与成片土地开发项目相比，单体建筑方案的设计任务书有哪些不同的特点？

1.8 综合案例 城市道路综合改造与开发

项目背景

近几年,随着济南城市规模的急剧扩大、发展机遇的增多和城市功能的高度聚集,城市开发的压力也不断加大,从而使济南的城市建设出现了一些问题,例如:中心功能高度集中于旧城,城市发展不堪负重;对古城的破坏性建设,使城市特色风貌逐步消失。针对以上问题,济南市经多方论证,确定了"新区开发、老城提升、两翼展开、整体推进"的城市发展战略。

经十路位于济南市中心区的南侧,东起东绕城高速路上的邢村立交桥,西至西绕城高速路与经十路的交叉点,全长30km,东连济南高新技术产业开发区,西接西部新城区,自东向西横穿历下区、市中区和槐荫区,东西横贯全城,是济南市城区的一条重要的交通主干道。如图1-46所示。

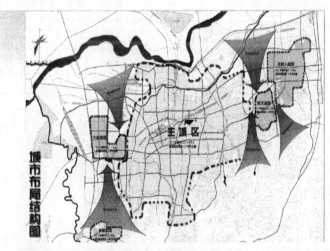

图1-46 经十路区位图

经十路综合改造工程系统由两大部分组成:一是经十路道路拓宽改造工程子系统(包括两侧环境综合整治工程),二是以道路拓宽改造为契机,对经十路沿线两侧进行的开发改造工程子系统。

项目前期策划

经十路综合改造工程系统的主要研究范围集中在燕山立交桥至担山屯立交桥的16.9km的路段内。研究的主要内容包括经十路综合改造工程系统的项目定义、实施方案及综合经济效益分析三大部分。

- 经十路道路拓宽改造工程子系统项目定义

包括经十路全线的道路系统的总体定位;研究范围内道路系统建设内容与项目组织结构;研究范围内道路系统建设要求和总投资目标初步分析及总进度目标初步

分析等。

- 经十路沿线两侧开发改造工程子系统项目定义

包括经十路沿线开发改造工程的总体定位、功能分析与整合、建设内容与项目组织结构、建设要求及土地开发与公共设施等的总投资目标初步分析和土地开发与政府投资项目的总进度目标的初步分析等。

- 经十路综合改造工程系统的实施方案及综合经济效益分析

实施方案的内容包括项目实施的组织管理模式、项目的投资控制、进度控制、质量控制、合同管理和信息管理等方案，为项目的成功实施提供管理保障。综合经济效益分析的内容包括地块开发顺序及进度方案、融资方案、开发总收益估算和政府投资建设项目总投资估算及综合经济效益分析等。

(1) 项目策划总体思路

从城市经营的角度出发，通过对济南市经济社会发展目标的剖析，确定经十路综合改造系统的项目目标；从项目的开发策略着手，提出可操作的实施方案和实施建议，以保证经十路综合改造系统的项目目标的实现。项目研究的工作流程见图1-47。

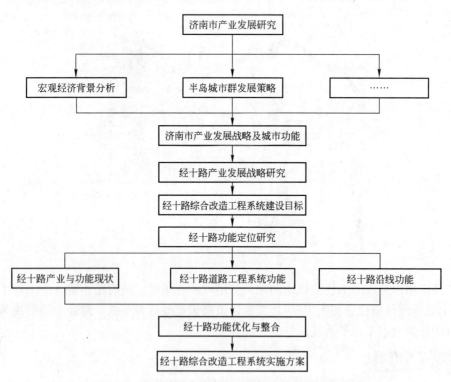

图1-47 经十路综合改造工程系统决策策划工作流程

(2) 项目定义

1) 国内外案例建设模式的借鉴

该项目前期策划主要分析借鉴了上海南京西路整体规划设计、深圳深南大道（南头段）街景规划及城市设计以及杭州西湖大道城市设计等的成功经验。

2) 经十路综合改造工程系统的目标定位

- 改善城市交通，加速城市发展。
- 再造城市环境，重塑城市形象。
- 整合城市功能，提升城市价值。

3) 经十路综合改造工程系统的项目总体定位——建设现代化复合型城市主干道。其具体含义如图 1-48 所示。

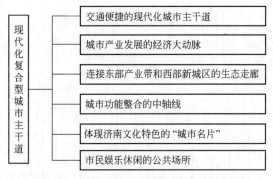

图 1-48　现代化复合型城市主干道的含义

4) 经十路拓宽改造工程子系统项目定位

① 经十路拓宽改造工程子系统功能定位

根据项目的总体定位，经十路拓宽改造工程子系统的功能主要包括：车辆通行功能、交通管理功能、道路服务功能、人流疏解与引导功能、公共服务功能、城市安全功能、市政服务功能和城市景观功能等。详细功能分解如图 1-49 所示。

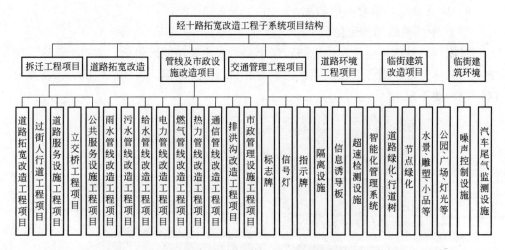

图 1-49　经十路拓宽改造工程子系统功能结构

② 经十路拓宽改造工程子系统建设内容和项目结构

经十路拓宽改造工程子系统的建设内容主要包括：建筑物拆迁；道路拓宽改造（包括过街人行道、立交桥、道路服务设施、公共服务设施等）；管线及市政设施综合改造；交通管理设施安装；道路环境建设（包括行道树、道路绿化、节点绿化、水景、雕塑、小品、公园、广场、灯光等）；临街保留建筑改造；临街保留建筑周围环境综合整治等。经十路拓宽改造工程子系统的项目结构详见图1-50。

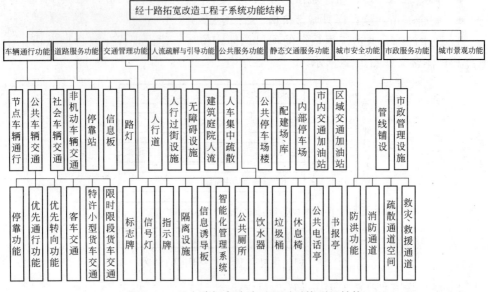

图1-50 经十路拓宽改造工程子系统项目结构

5) 经十路沿线开发改造工程子系统项目定位

① 经十路沿线开发改造工程功能定位与产业配套资源整合

- 东西连横，配套城市产业。
- 南北合纵，整合城市功能。

② 经十路沿线功能定位分区

根据项目总体定位及定位思路，经十路沿线主要功能区包括：旅游配套区、历史文化和体育区、商务区、商业区、教育和科研区、物流园区和居住区等。功能分区示意如图1-51所示。

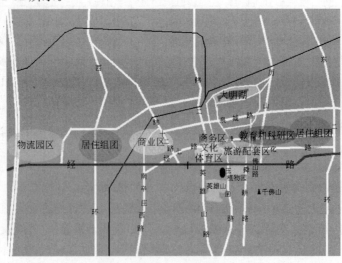

图1-51 经十路沿线功能分区示意图

- 功能区定位1：山东内陆地区旅游配套服务中心

总体思路：在经十路沿线选址建立旅游集散中心，结合经十路商务区的建设，完成"经十路旅游配套系统"，并以此为杠杆，推动"孔子文化游"这一具有国际竞争力的文化旅游主题，总揽济南城市群和济南城区的旅游资源。

- 功能区定位2：济南城市群产业配套商务中心

总体思路：以经十路综合改造工程为契机，在青年西路至八一立交桥之间建立一定规模的产业发展商务配套区。在城市未来发展的过程中逐步实现中疏战略，推动商务区向北发展，形成济南城市商务带。从而加速科技园与传统工业区、东城与西城、东区产业带与济南城市群产业腹地，以及济南都市圈与胶济产业带之间的一体化进程。

- 功能区定位3：济南文化休闲区和体育区

总体思路：以经十路的景观大道为主轴，建设经十路沿线的历史文化广场和相关设施，配备城市特色休闲场所；建设包含植物园和省体育中心在内的体育公园；建设南北向的城市步行系统和绿化系统，将济南风貌带内的大明湖、趵突泉、泉城广场、千佛山与植物园、省体育中心串联在一起。

- 功能区定位4：与济南产业发展和新区建设相配套的居住聚居区

总体思路：在经十路东西两端，建设与东部产业带和西部新城区发展相配套的两大居住聚居区。

- 功能区定位5：济南西部商业中心区

总体思路：以经七路、经十路、纬十二路围合的三角地块为商业区核心，建设大型综合性购物中心（Shopping Mall），促进周边房地产的发展，彻底颠覆济南"住东不住西"的传统居住观念。

- 功能区定位6：现代物流园区

总体思路：充分利用经十路西部紧邻京福高速公路和铁路的优势，建设现代物流园区，实现胶济产业带与京津唐城市群—长江三角洲城市群沿线产业带的产业对接。从总体上分析，物流园区的规划和建设，一方面要充分考虑物流本身的发展要求，尽量满足物流企业对市场区位、交通条件、用地规模和地价的一般要求；另一方面要尽力符合城市的整体社会和环境效益，实现物流和城市发展的相互促进和相互协调。

在规划过程中，应遵循经济合理性，环境合理性，利用现有仓储设施，循序渐进，统一规划，合理布局的原则，以达到规划的目的。

发展物流园区最重要的两个条件是：对外交通便捷，位于市区边缘。

经十路西部已经具备以上条件，未来存在建设物流园区的可能。现有世界购物广场和汽车交易中心已经初步形成了"货物交易区＋仓库"的良好格局，为建设复合功能的现代物流园区创造了条件。

- 功能区定位7：教育和科研区

总体思路：舜耕路以东的经十路沿线区域集中了多所高校和科研机构，未来经十路的建设将进一步强化它们作为城市教育和科研区域的优势。

(3) 环境调查报告

环境调查报告主要包括以下内容：
- 项目开发和运营的政策环境分析；
- 项目开发和运营的经济环境分析；
- 自然环境分析；
- 历史与文化环境分析；
- 市场需求环境分析；
- 经十路建设环境分析；
- 经十路沿线建筑环境分析。

以下主要对市场环境分析进行介绍。

1) 经十路工程交通市场需求环境分析

① 交通调查

② 济南市城市交通规划

包括道路网布局调查、道路网基本指标调查等。

③ 济南市城市交通预测

预计 2010 年中心城区乘车客运量达 20.35 亿人次，其中公共客运系统占 33%；汽车货运量达到 1.03 亿吨；机动车总量控制在 35 万辆，其中出租车控制在 1.5 万辆；摩托车控制在 15 万辆；自行车控制在 145 万辆。

济南已呈现出明显的东西带状发展特征，这种带状的城市结构产生了城市内部东西向的交通需求。随着居民出行特征的改变和交通方式转型的要求，将经十路建为济南市客运交通主干道是十分迫切和必要的。

2) 旅游市场需求环境分析

前期策划一方面着重分析了济南市旅游区位优势、旅游品牌优势、旅游政策优势和旅游保障优势；另一方面又着重分析了济南市旅游业存在的问题（如旅游形象有所动摇、"三大名胜"产品老化，更新速度较慢、旅游业体制不够健全、旅游促销滞后、旅游产业链有待完善、旅游专业人才缺乏等）。

3) 住宅市场需求环境分析

4) 写字楼市场需求环境分析

5) 商业市场需求环境分析

6) 文化娱乐市场需求环境分析

7) 体育市场需求环境分析

(4) 综合经济效益分析

1) 经十路拓宽改造工程子系统总进度规划设想

该项目按以下划分设置控制节点：
- 城市设计国际咨询；
- 搬迁及拆除工程；
- 管线迁移与完善工程；
- 道路工程；

- 西二环立交桥工程；
- 铁路立交道工程；
- 沿街综合整治工程；
- 燕山立交景观工程；
- 其他景观建设工程。

2) 经十路沿线地块开发方案

① 总体开发思路

结合目前可开发地块、道路及区域的实际情况，考虑济南整体发展战略，提出经十路以下总体开发思路：先东后西，空间互动；组团开发，优势互补。

② 沿线地块开发原则

对于经十路沿线地块的总体开发，确立其开发原则为：滚动开发、逐层提高、良性循环、可持续发展。

③ 沿线地块开发顺序

遵循"先东后西，空间互动；组团开发，优势互补"的总体开发思路以及"滚动开发、逐层提高、良性循环、可持续发展"的开发原则，根据济南市规划设计研究院提供的《经十路综合改造规划研究——地块改造方式分类图》，将近期、远期可开发改造的59个土地分为5期开发。

④ 沿线可开发地块面积分析

根据环境调查分析报告中研究范围内用地分析，以及根据环境调查分析报告中市场需求环境分析，经十路沿线可开发改造地块中，居住用地面积为 $231hm^2$（公顷），容积率平均按照 2.5 计算，则住宅的建筑面积为 578 万 m^2。5 年土地开发期，加上 2 年的建筑物开发滞后期共 7 年的开发时间，平均每年开发的住宅建筑面积为 80 万～90 万 m^2，占济南未来几年中每年住宅建筑面积市场的 1/7～1/6。

3) 综合经济效益初步分析

① 经十路拓宽改造工程子系统总投资估算

包括经十路沿街拆迁补偿费用、道路工程总费用、管线工程费用、西外环立交桥工程费用、铁路立交道工程费用、景观工程费用、管理费及专业费、不可预见费和建设期贷款利息。

② 经十路沿线地块开发总收益估算

- 土地出让政府收益估算：政府收益＝地块面积×区片单价×(1±综合修正系数)×地价指数×容积率修正系数×土地增值修正系数×特殊修正系数×政府分成比例
- 基础设施配套费收入估算：配套费收入＝Σ(规划容积率－原有容积率)×各地块面积×单价
- 其他收入的估算：政府在旧城改造中收取的营业税、城市维护建设税、教育费附加、土地增值税等税收收入属于本项目的间接经济效益。此外，广告、冠名权等无形资产也可以作为本项目的收益。

③ 综合经济效益初步分析

根据经十路拓宽改造工程子系统总投资估算和经十路沿线地块开发总收益估算以及地块开发方案,编制现金流量表。

由于总投资估算和总收益估算中所采用的很多数据来自预测或估算,在一定程度上存在不确定性。例如,基本数据的误差,未知的或受条件限制,存在不能以数量表示的因素,经济关系和经济结构的变化等,因此,需要分析不确定性因素对经济评价指标的影响,以估计项目可能承担的风险,确定项目在财务上的可靠性,故需要进行敏感性分析。

根据本项目的特点,基础数据中以拆迁补偿费用、总投资估算、土地出让政府收益和配套费收入等因素变化对评价主要指标影响较大。

(5) 政策环境策划

政策先行是为城市建设营造良好环境的法制基础,具体包括拆迁政策、城市土地开发和管理政策等。

1) 拆迁政策

济南市拆迁工作主要依据的地方法规有《山东省城市房屋拆迁管理条例》、《山东省城市房屋拆迁单位资格管理办法(2000年10月27日)》、《济南市城市房屋拆迁管理办法》和《济南市城市建设拆迁管理实施细则》。从整个法律体系的框架来看是比较合适的。但是正如上节所说济南市近些年来没有进行大规模的城市改造,而经十路综合改造系统工程规模巨大,拆迁工作更是繁重、复杂。故应出台一些具体的适用于本项目以及能够为济南市后继的大规模城市建设和改造提供借鉴和服务的政策。

2) 城市土地开发与管理政策

济南经十路综合改造工程系统占地面积大,土地使用权权属复杂,有政府机关、大专院校、军产、医院、国有企业、私人企业、私房和商品房等。其中有的单位不宜搬迁,如几所大专院校,此类用地不在本次土地使用权收购范围之内。对于其他需要收购的城市土地,可以分为以下几类:

- 政府机关、军队、医院、学校等代表公共利益的土地使用单位和较大的国有企业单位用地;
- 市区范围内的无主地,土地使用期限已满应依法收回的土地,违法建筑所占用的土地,以出让方式取得土地使用权后无力继续开发而又不具备转让条件的土地等;
- 私人住宅用地及一般小型企业用地。

对于上述三种城市土地使用权属性,对应的土地收购方式有:

- 土地置换:是指依据城市总体规划,将开发范围内土地使用权人的土地与开发范围外土地进行互换(并采取一定经济补偿)的行为;
- 土地收回:指国家强制性、无偿收回城市国有土地的收购方式;
- 土地收购:是指依据城市总体规划,将开发范围内土地使用权人的土地进行收购的行为。

(6) 规划设计的组织模式

1) 经十路综合改造工程系统规划设计模式的思考

① 国内外类似工程项目规划设计模式（如图1-52所示）

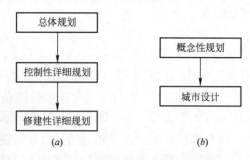

图1-52 两种规划设计模式的比较
(a)国内模式；(b)国外模式

城市规划是二维的，主要解决土地和空间的合理利用，而城市设计则是三维的，对城市体形和环境进行设计，强调城市中的建筑与建筑之间的协调。现在很多规划专家都提倡将上述两种模式合并，将城市设计的方法融入城市规划中，实践经验证明，这种做法取得了很好的效果。

② "两阶段规划设计"模式的提出

第一阶段总体规划采用国际咨询方式，引进国际上优秀规划专家的先进城市规划理念，体现规划设计的"国际化"；

第二阶段则委托优秀的设计公司或设计联合体在国际咨询成果的基础上深化规划，即进行详细规划，包括控制性详细规划和修建性详细规划，体现规划设计的"济南化"。

2) 第一阶段：经十路综合改造工程总体规划设计

总体规划设计的主要内容：

- 对经十路规划地块内的交通系统、基础设施、生态环境、风景旅游资源开发进行合理布置和综合安排；
- 确定经十路规划地块内城市人口及用地规模；
- 确定经十路规划地块内用地发展方向和布局结构；
- 编制经十路规划地块交通运输和道路系统规划，确定城市道路等级和干道系统，主要广场、停车场及主要交叉路口形式；
- 确定经十路规划地块供水、排水、防洪、供电、通信、燃气、供热、消防、环保、环卫等设施的发展目标和总体布局，并进行综合协调；
- 确定经十路规划地块防灾要求，进行人防建设、抗震防灾规划；
- 确定需要保护的自然保护地带、风景名胜、文物古迹、传统街区，划定保护和控制的范围，提出保护措施；
- 确定经十路规划地块近期建设规划，确定近期建设目标、内容和实施部署。

3）第二阶段：经十路综合改造工程的深化规划

由国际咨询方案选中的公司与国内设计公司组建设计联合体，共同承担详细规划的工作。

(7) 项目实施的组织模式

1）指挥部模式

大型工程项目的建设中往往会遇到许多单凭企业的力量无法解决的问题，这种情况下，指挥部能发挥关键的作用，解决项目建设过程中的难题。指挥部模式的特点如下：

- 指挥部往往采用行政命令手段，上下思想统一，避免了多头领导；
- 在特殊情况下，指挥部可以集中力量达到项目的特定目标；
- 非营利性的项目或政府有特殊要求的项目更适合采用指挥部模式。

2）项目法人责任制模式

项目法人责任制模式在经营性项目中的运用取得了很大的成功，有许多的优点值得借鉴：

- 项目法人是集建、管于一体的建设模式，建成之后直接由项目法人来运营，体现了项目全寿命周期管理的理念；
- 减轻了政府的负担，为政府适应市场经济的发展开拓了空间；
- 项目法人从建设项目的筹资、设计、建设实施到建成后的生产经营、归还贷款本息全过程负责，承担投资风险。

但是，项目法人负责制模式在非经营性项目中的运用没有取得显著的效果。到目前为止，我国非经营性的工程项目有一部分也已经实行了项目法人，但很少有符合文件规定的项目法人，或按文件规定进行操作的项目法人。这主要是非经营性工程项目的特点所决定。单从投资环节来看，非经营性工程项目具有好的外部效果而项目本身没有财务效益，纯属公共（公用）设施，主要由政府投资和管理。

3）指挥部领导下的项目法人责任制模式

在三峡工程中，国务院三峡建设委员会（以下简称"三建委"）担当的是工程建设指挥部的角色，鉴于三峡工程特定的地位，在计划经济向市场经济转变的过程中，三建委起了特殊的作用。一方面，它是三峡建设重大问题的权威决策者，另一方面，又对项目法人运作中的问题和难题予以协调解决。几年来，宏观调控和微观运行两方面的结合是成功的。这种方式值得在济南市经十路综合改造工程中借鉴运用，把政府的宏观调控和项目法人的微观行为结合起来。

4）济南市经十路综合改造工程系统组织模式的建议

经十路综合改造工程是一个复杂的系统。经十路综合改造工程系统既包括经营性项目又包括非经营性项目。

所以建议设立一个指挥部便于政府在宏观层面上领导和掌握项目的建设。经十路沿线的改造大多数项目是经营性的项目，政府可以授权给项目法人进行筹资、建设和管理。如果采取单纯的项目法人责任制也会遇到很多问题，因为，该工程涉及到的单位多，只是拆迁安置工作就很难如期进行，必须有代表政府的组织机构出面来解决；另外，国家的有关法律规定大、中型建设项目必须实行项目法人负责制。考虑到以上几点，建议采用指挥部领导下的项目法人责任制模式。具体的组织结构设置如图1-53所示。

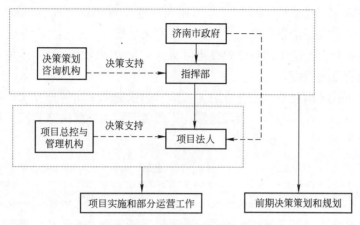

图1-53　建议的组织结构图

在这种模式中，指挥部主要负责工程建设重大问题的决策、有关各方协调、宏观资源配置和监督；项目法人的主要职责为"对项目建设的过程负责，对项目的工程质量、工程进度和资金管理负责"。

(8) 项目投融资模式

济南市政府在公共基础设施的建设中应选择这样的角色定位：城市公共基础设施的总体规划者、法规政策制定者、补贴资金提供者、项目招商者、行业监管者以及企业和公共利益之间的协调人。对于重要的非经营性项目，济南市政府则应毫不迟疑，直接动用政府的财力资源提供市场条件下无法供应的公共产品或服务。

经十路道路改造工程属于城市内开敞式公路建设，不具备任何经营的可能性，因而道路改造工程的投资主体一定是政府或政府性公司，投资最终将来自政府财政收入。经十路沿线土地开发过程中的拆迁费用和原住民安置费用也是济南市政府在经十路综合改造工程系统中的主要投入。同样，绿地景观不具备经营性，它的建设资金的最终来源也将是财政收入。这三部分所需资金是经十路综合改造工程系统的主要投入资金，是在实现"自求平衡"中所要解决的主要问题。市政公用设施中的管线可将其规划设计成共同沟，使其转化为经营性项目，来吸引民营资本的投入。道路的冠名权、书报亭和沿路广告牌的专营权则可作为城市无形资产进行经营，这会给经十路综合改造工程系统带来少量的资金收入。

道路改造资金的筹措方式是多样的，既可以向银行贷款也可以向民间募集资金。向民间募资的方式则比较多样和灵活。例如借鉴松江大学城的融资模式，政府可以通过将道路建设与土地出让相"捆绑"，通过政府的承诺和信用来吸引房地产开发商在未取得土地的情况下先期投入资金建设道路，等经十路改造完成，沿线土地实现"七通一平"后房地产开发商再获得土地。一方面政府获得了道路建设的资金投入，另一方面，对于资金力量雄厚的房地产开发商来说，通过先期投资可以获得较低价格的土地出让费用，因而完全有动力进行投入。黄浦江越江工程的现金流补贴模式同样值得借鉴。

道路和绿地景观的建设同样可以采用 BT 模式来进行。济南市政府选择个别较大的投资公司并委托其代为投资，等道路和绿地景观建设完成后再逐年还款。当然，这应以政府保证给投资商以一定的回报率为前提。

对于市政公用设施中的管线建设更可将其转化为经营性项目——共同沟，来完成沿路管线建设的投资。

总之，不管济南经十路综合改造工程系统的投融资采用何种方式，最根本的是要实现政府引导、社会参与、市场运作，广开融资渠道，解决整个工程系统的"自我平衡"问题。

小　结

经十路的开发不仅是道路的开发，更是在"经营城市"的理念下，以道路为中心的城市开发建设，因此涉及一系列和基础设施建设与土地开发等相关的问题。案例系统介绍了项目定义、经济效益分析、政策法规建议、"经营城市"理念的应用和规划设计的组织模式等，不仅为同类项目提供了借鉴，也为城市开发建设提供了新的思路。

思考题

1. "经营城市"的基本思想是什么？目前很多城市开发都采用此理念，对此有什么看法？
2. 以道路为中心的土地开发的基本思路是什么？项目策划的重点应是什么？
3. 案例中还有哪些需要完善的地方？请说明，并给出具体的建议。

第 2 章 项目实施策划

项目实施不能开"无轨电车",必须"未雨绸缪"。项目实施策划是在建设项目立项后,为了把项目决策付诸实施而形成的指导性的项目实施方案,其主要任务是确定如何组织该项目的开发或建设。项目实施策划的内容所涉及的范围和深度,并没有统一的规定,应视项目的特点而定。按照编制深度和编制目的划分,可分为项目管理实施大纲、项目管理实施规划和项目管理实施手册 3 个层次,如图 2-1 所示。在实践中,具体的称谓有所不同,例如项目管理实施大纲也称为项目建设大纲,项目管理实施规划也称为项目管理程序,项目管理实施手册也称为项目管理操作指南等;或根据需要将其中的内容进行合并,例如将项目管理实施规划和实施手册合并称为项目管理程序与制度等;或将其中的内容进行拆分,例如将项目管理实施手册分为项目管理制度和项目管理流程等,可根据项目的实际需要进行调整变化,但应能满足各个层面的实践要求,以形成完整的项目管理体系。

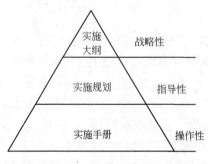

图 2-1 项目实施策划的基本层次

但具体每个层面的项目实施策划如何做?包括哪些内容?深度如何?本章将选取 5 个大型项目(群)的项目管理实施策划,予以详细说明,包括 2010 年上海世博国际村项目群、香港国际会议展览中心扩建工程、某地铁 3 号线、奔驰 3S 店和长沙卷烟厂一期联合工房等，涉及项目群、大型公共建筑、基础设施项目和工业项目等，案例主要策划内容见表 2-1。

本章案例主要内容　　　　　　　　　表 2-1

章节	策划工作内容	案例名称	案例主要内容
2.1	项目管理实施大纲	2010 年上海世博国际村	项目总目标、管理组织和总体管理
2.2	项目管理实施规划	香港国际会议展览中心扩建工程	目标控制、实施程序、信息管理、安全管理、风险管理和其他内容的管理等
		某地铁 3 号线	管理手册、管理计划和管理程序
2.3	项目管理实施手册	2010 年上海世博国际村	项目组织、廉政建设管理、安全文明管理、质量管理、装修工程管理、主要分包和重要材料设备管理、费用管理等
		梅塞德斯·奔驰 3S 店	项目组织、目标控制、采购管理和信息管理
2.4	综合案例	长沙卷烟厂一期联合工房	项目组织、组织与协调、目标控制、采购及合同管理、信息管理等

2.1　项目管理实施大纲

案例 1　上海世博国际村[1]

项目背景

世博国际村项目作为上海 2010 年世博会建造的唯一生活和配套工程，其主要功能是在上海世博会期间为参展国工作人员和参展旅客提供住宿和其他生活娱乐配套服务。项目位于世博会场地浦东区 G 地块，基地范围东至浦东南路、世博国际村路，西至白莲泾，南至规划沂林路（不包括行政中心用地及规划保留用地），北至规划浦明路。项目占地面积约 30.17 万 m^2，总建筑面积约 54.5 万 m^2，共分为五大区域：VIP 区、1 区、2 区、3 区和综合配套区，如图 2-2 所示。

根据工程建设需要，将世博国际村项目划分为 4 个标段，各标段基本数据如表 2-2 所示。

---

[1] 本案例依据的《项目管理实施大纲》为 2006 年 10 月 30 日版。

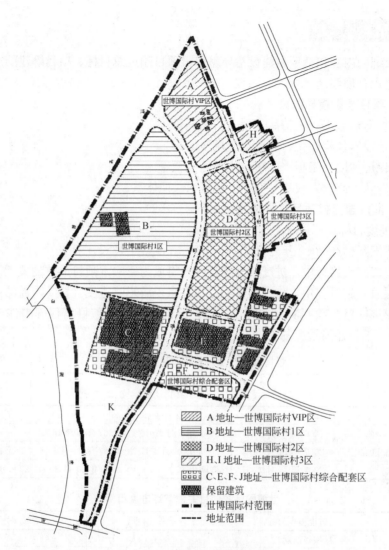

图 2-2 世博国际村地块示意图

世博国际村项目各标段基本数据　　　　表 2-2

标段名称	包含区域	占地面积	建筑面积	开工时间(计划)	竣工时间(计划)
一标段	世博国际村 VIP 区	约 2.55hm²	约 6.1 万 m²	2007 年 2 月 8 日	2009 年 12 月 30 日
二标段	2.1 标段 世博国际村 2 区	约 4.50hm²	约 14.6 万 m²	2007 年 3 月 1 日	2009 年 10 月 30 日
	2.2 标段 世博国际村 3 区	约 2.19hm²	约 6.3 万 m²	2007 年 3 月 1 日	2009 年 10 月 30 日
三标段	世博国际村 1 区	约 9.15hm²	约 21.5 万 m²	2007 年 3 月 18 日	2009 年 11 月 30 日
四标段	世博国际村综合配套区	约 7.38hm²	约 6 万 m²	2007 年 4 月 1 日	2008 年 1 月 30 日

在项目实施之前，编制了项目管理实施大纲，它是项目实施的"立法"文件，用于指导世博国际村项目的建设管理。

项目管理实施大纲

本大纲的内容包括项目建设指导思想、项目建设总目标、项目筹建的组织和项目建设过程管理等。

(1) 项目建设指导原则

- 打造形象工程、精品工程、品牌工程；
- 建设管理程序化、规范化、科学化；
- 保证"阳光工程"的廉政体系；
- 专业、高效、权责分明的项目组织保证体系。

(2) 世博国际村项目建设总目标

1) 进度目标

世博国际村在2009年年底要投入试运营，整个建设工期非常紧张，在质量、进度和投资三大目标中，进度目标能否实现将成为影响本项目成败的关键。

在项目实施过程中，将有诸多因素和许多矛盾影响进度，科学严谨的总进度规划是确保进度目标顺利实现的首要工作。该部分制定了项目里程碑事件进度目标（表2-3），项目建设过程的关键节点进度目标（表2-4）。

世博国际村项目里程碑事件进度目标　　　　表2-3

里程碑＼标段	一标段	二标段	三标段	四标段
工程开工	2007年2月8日	2007年3月1日	2007年3月18日	2007年4月1日
地下室开始施工	2007年5月1日	2007年5月20日	2007年6月18日	—
地上工程开始施工	2007年11月16日	2007年11月1日	2007年11月1日	—
竣工验收	2009年12月30日	2009年10月30日	2009年11月30日	2008年1月30日

世博国际村项目关键节点进度目标　　　　表2-4

序号	进度节点目标	开始时间	完成时间
一	一标段(项目前期)		
1	项目建议书(立项)报批		已完成
2	项目报建		已完成
3	可研批复		2006年10月15日前
4	设计方案完成		2006年10月20日前
5	勘察设计招标	2006年9月1日	2006年10月30日前
……	……	……	……
	一标段(施工阶段)		
1	现场四通一平	2002年12月1日	2007年1月10日前
2	试桩及承载力测试	2006年12月28日	2007年2月4日前
3	基坑围护	2007年1月10日	2007年3月10日
4	桩基工程(正式开工)	2007年2月8日	2007年4月30日前
5	地下室施工	2007年5月1日	2007年11月15日前
……	……	……	……
二	二标段(项目前期)		
	……	……	……

续表

序号	进度节点目标	开 始 时 间	完 成 时 间
	二标段(施工阶段)		
	……	……	……
三	三标段(项目前期)		
	……	……	……
	三标段(施工阶段)		
	……	……	……
四	四标段(项目前期)		
	……	……	……
	四标段(施工阶段)		
	……	……	……

随着工程的推进，进度计划还应根据工程实际进展情况作动态调整。

2) 质量目标

满足上海世博会对世博国际村的功能需求，确保工程达到优质结构标准，争创鲁班奖、白玉兰奖。

3) 投资目标

按勤俭办博的要求，将投资控制在业主确定的投资额度范围内。

4) EHS(环境、健康、安全文明)目标

确保无重大伤亡事故，整体工程争创市级文明工地。

(3) 项目筹建工作的组织

1) 组织结构

为了加强对世博国际村项目的管理力度，保证项目的顺利实施，组建世博国际村项目筹建工作领导小组，专项具体负责本项目工程建设方面的相关事务。筹建小组的组织结构如图2-3所示。

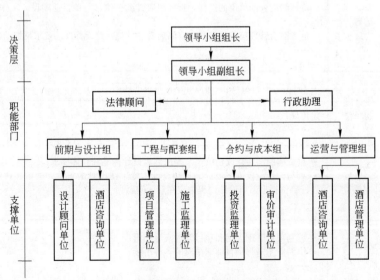

图 2-3 世博国际村项目管理组织结构图

2) 组织人员的职责(表 2-5)

世博国际村项目筹建工作领导小组人员职责　　　　　表 2-5

编号	部门名称	人员职责
决策层	组长	全面负责世博国际村工程项目有关筹建、建设和运营管理等相关决策工作
	副组长	受组长委托,负责世博国际村工程项目有关筹建、建设及运营管理方面的具体组织、管理工作,包括各部门间的工作协调
职能部室	行政助理	• 接受副组长领导,负责筹建小组行政管理工作; • 协助领导制定、修改日常管理制度,并督促实施; ……
	法律顾问	• 负责法律事务咨询工作; • 负责处理各种法律纠纷,为领导决策提供法律支持; ……
	前期与设计组	分为前期小组和设计小组,前期小组负责项目报批报建及其他各项手续办理,设计小组负责勘察设计阶段的组织与管理工作。具体工作分工如下: • 前期小组负责项目建议书、可行性研究报告的编制和报批、报建工作,负责建设用地批文等土地手续的办理; • 设计小组负责选择合适的设计顾问单位; ……
	工程与配套组	• 负责施工阶段工程与配套施工的组织与管理; • 负责项目管理单位、施工监理、施工单位包括配套工程施工单位的招标、评标; ……
	合约与成本组	• 负责合同管理与投资控制工作; • 负责审价审计单位和投资监理单位的选择; ……
	运营与管理组	• 负责酒店咨询单位的选择,责成酒店咨询单位参与项目前期设计工作,提出合理化建议; • 负责酒店管理单位的选择,将酒店管理单位对建设标准的要求反馈给其他部门; ……
支撑单位	设计顾问单位	• 协助前期与设计组共同做好设计阶段的顾问工作; • 参加方案设计、扩初设计、施工图设计的审图、会审、评审工作,并提出合理化建议; ……
	酒店咨询单位	• 负责编制酒店建设建议书,提出酒店设计标准和具体要求; • 参与设计阶段方案设计、扩初设计、施工图设计的审图、会审、评审工作,向设计单位提出酒店设计过程中应注意的问题; ……
	项目管理单位	• 编制项目管理大纲和项目管理实施细则; • 协助业主进行项目前期阶段的各种手续; ……

续表

编号	部门名称	人员职责
支撑单位	施工监理单位	• 按《建设工程监理规范》和《监理合同》规定进行施工阶段的工程监理； • 对施工过程的进度、质量、投资、现场安全文明进行监督和管理； ……
	投资监理单位	• 负责工程建设全过程成本控制工作； • 负责对工程建设过程中发生的各类费用进行付款审核； ……
	审价审计单位	• 协助合约与成本部编制项目的投资匡算、投资估算、概算和预算； • 协助编制项目资金使用计划； ……
	酒店管理单位	• 在设计阶段对酒店设计提出合理化要求和建设标准； • 接受运营与管理组委托，负责酒店的运营和管理

（4）项目建设过程管理

世博国际村项目可大致划分为三大阶段：前期阶段、实施阶段和运营阶段，每一阶段的特点不同，所以相应的管理方法和管理重点也不同。

1）项目前期管理

项目前期管理主要是指工程项目前期各种手续的申办，主要工作内容如图 2-4 所示。

2）设计管理

设计管理的工作内容包括设计单位的选定、对设计进度进行跟踪管理、设计图纸的审查和严格控制设计变更等，以实现对工程项目三大目标(投资、进度和质量)的控制。

① 设计单位的选择和合同管理

设计单位的选定可以采取设计招标及设计方案竞赛等方式。设计招标的目的和作用主要是为了设计优选，保证工程设计质量，降低设计费用，缩短设计周期。而设计方案竞赛的主要目的是用来获得理想的设计方案，同时也有

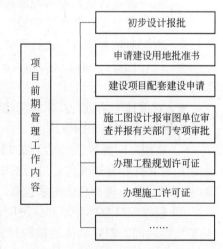

图 2-4 项目前期管理的工作内容

助于选择理想的设计单位，从而为以后的工程设计打下良好的基础。当设计单位选定以后，建设单位和设计单位就设计费用及委托设计合同中的一些细节进行谈判、磋商，双方取得一致意见后，签订建设工程设计合同，并在设计合同的实施阶段进行合同管理。

② 设计进度的管理

- 设计进度控制的主要任务是出图控制。
- 设计管理人员应和合同管理人员一道按照合同要求对设计单位的工作进度进行严格的控制。

- 在设计合同中明确表示出以项目设计阶段的可交付成果(里程碑)作为支付设计费用的必要要求。
- 审核设计方提出的详细的设计进度计划和出图计划,并控制其执行。
- 协调室内外装修设计以及专业设备设计与主设计的关系,使专业设计进度能满足施工进度的要求。

③ 设计阶段的质量管理
- 确定项目质量的要求和标准,编制详细的设计要求文件,作为方案设计优化任务书的一部分。
- 设计单位完成各阶段的可交付成果(设计成果)后,设计管理单位应组织相关单位对可交付成果进行审查,若发现问题,及时向设计单位提出。
- 审核各设计阶段的图纸、技术说明和计算书等设计文件是否符合国家有关设计规范、有关设计质量要求和标准,并根据需要提出修改意见,确保设计质量获得市有关部门审查通过。

④ 设计阶段对投资的管理与控制
- 在可行性研究的基础上,进行项目总投资目标的分析、论证。
- 编制项目总投资切块、分解规划,并在设计过程中控制其执行;在设计过程中若有必要,及时地动态调整总投资切块和分解规划。
- 根据方案设计和施工图设计,审核项目总估算、施工图预算,并基于优化方案对估算和预算进行调整。
- 进行投资计划值和实际值的动态跟踪比较,并提交各种投资控制报表和报告。
- 对设计变更进行技术经济比较,严格控制设计变更。

3) 招标投标与采购管理

① 对项目的标段进行合理的划分,各个标段分别进行招标。发布招标信息,编制招标文件和合同文件,进行资格预审,处理招标阶段的各种事务,组织评标,编写评标报告,选择合适的承包商。

② 根据项目总体计划和总进度计划中确定的物资采购方式、物资采购清单和物资所需时间,制定具体的采购计划和流程。对采购市场的厂家价格信息进行了解,进行采购合同谈判,并在采购过程中对合同执行情况进行动态跟踪管理,及时处理出现的合同纠纷,审核和支付各阶段的采购款。

4) 施工管理

施工阶段的管理工作主要包括项目的进度、质量和投资控制,以及安全文明施工管理。

5) 竣工验收及试运营准备管理

竣工验收分为工程验收和使用验收两部分。

工程竣工验收主要针对工程的施工质量,使用验收主要是酒店咨询和酒店管理单位对酒店工程的使用功能是否满足预定的要求进行验收。参与方包括业主有关部门、政府有关部门、监理单位、项目管理单位和相关的支撑单位。承包商在自检合格的基础上首先提交验收申请，然后由配套与工程组组织有关单位验收，验收全部合格后进行资产移交手续，如果验收中出现质量问题，则要求承包商进行整改，直到符合竣工验收标准。

试运营准备管理，主要编制相关的运营制度、规程，并进行运营组织结构设计，岗位工作手册等文件的编写，管理工作人员的招募和培训等工作，进行试运营，及时发现问题并解决。

小　　结

本大纲对项目建设指导原则、建设目标(特别是进度目标)、筹建小组的组织、建设过程管理都进行了统筹规划，本大纲会给世博国际村项目筹建小组下阶段工作的开展提供依据和参考。

但大纲的编制是一个动态调整的过程。本大纲为方案设计确定前的编制结果，相关内容还需要进一步深化和确定，例如总进度规划和进度主控节点的确定等。作为指导世博国际村项目管理的纲领性文件，建设大纲应随着项目的进展不断调整、优化和补充，以适应建设环境的变化要求。

思考题

1. 如何编制大型群体项目的项目管理实施大纲？
2. 大型群体项目管理实施大纲中，如何做好进度目标、筹建小组的组织和建设过程管理等的统筹规划？

2.2　项目管理实施规划

案例1　香港会议展览中心扩建工程

项目背景

香港会议展览中心扩建工程主要由填筑工程和会展中心楼两大部分组成，批准的预算投资为 375 亿港币(按 1993 年价格水平)，并严格规定 1997 年 7 月 1 日前投入使用。香港政府委托香港贸易发展局全面负责项目的组织和实施，为保证项目顺利完成，编制了指导项目实施的项目实施规划。该项目建成后的实景图如图 2-5 所示。

项目管理实施规划是总指挥指挥乐队的"乐谱"，是铺设的项目运行的"铁轨"，是项目运行的"游戏规则"，其编制和实施是一动态过程，在执行过程中将不断地进行深化和调整。本案例介绍香港工程项目管理实施规划的详细内容，包括总体说明、项目范围、咨询工程师的选用、项目管理团队等 25 项内容。

图 2-5　香港会议展览中心

项目管理实施规划

(1) 总体说明

1) 背景介绍

为了达到项目的目标，香港贸易发展局制定了该项目实施规划，它涉及该项目的各个方面。该规划的目的就是明确香港贸易发展局按照委托协议的条文规定，应该落实的项目管理和合同方案。

2) 项目管理方案

香港贸易发展局的项目管理，十分强调最后的成果和项目的价值。在项目的开展过程中，十分重视项目的时间、质量、成本和功能等多元目标的权衡，也十分强调项目各参与方的项目价值认同。

香港贸易发展局的项目管理基本原则有以下几点：
- 基于 WBS 的管理；
- 关注成果；
- 通过项目的分解结构来平衡多样性的目标；
- 与各参建方签订协议；
- 简明的管理报告体系。

3) 合同方案

本项目的合同方案将尽可能地简洁，以使得沟通和汇报链、责任和权利能够被大家清楚地理解，并具有可操作性。

4) 总结

项目经理将会得到项目控制协会(PCC)、实施和协调分会(ICS/C)、理事会以及执委会的认可和支持，以使得项目管理的思想和合同策略被很好地执行。

(2) 项目范围

本项目委托给香港贸易发展局的范围在委托协议中分为两部分。

1) 新建工程：包括扩建工程的建筑施工和装修，这些工作将由香港贸易发展局或其代理商、分包商来完成。

2) 改建工程：包括改建、基础设施建设和配套服务设施建设等，这些工作将由香港政府委托所属贸易发展局来完成，它的投资预算和工期已经由两家商定。

(3) 咨询工程师的选用

香港贸易发展局为该项目选定了一家方案设计单位，并在协议中规定该设计单位要继续承担施工图设计和施工阶段的设计执行监督工作，这些服务条款在备忘草案协议中都有说明。

(4) 项目管理团队

为了高效地完成项目管理方案，有效地实现项目的所有功能，将给项目经理配备支持团队，其核心成员包括：①建筑师；②结构工程师；③进度和计划经理；④合同和成本经理；⑤施工经理；⑥监管和质保经理；⑦秘书；⑧法律顾问。上述的①②⑤⑥为技术人员，来自 Acer-Laing 公司，③和④的岗位将由香港贸易发展局直接委任。

该部分还详细列出了各岗位人员的具体职责。

(5) 合同策略

1) 目标

- 尽可能早地完工；
- 获得有竞争力、比较低的合同价，有效的成本管理和控制；
- 达到高质量的建造水平，维持有效的质量控制；
- 维持香港贸易发展局在施工图设计中对屋面、保温层、特殊饰面、设备和安装的基本要求；
- 确保所有的合同都为固定价合同。

2) 合同方案

合同策略选择的基础在于既要适应香港的市场环境，又要能向香港贸易发展局在相关的墙体、屋顶保温材料、特殊饰面、设备安装等采购方面提供必要的灵活性。考虑到项目的时间这一约束条件，香港贸易发展局及其咨询团队最后采用了合理的合同方案。

专业分包合同包括主合同、钢结构工程、屋面保温、暖通空调、电气工程、排污系统、已有建筑的改造等 86 份合同。

(6) 设计管理

设计管理过程的本质在于确保项目能够按期完工。

设计管理的基本目标是确保设计方案能够表达出来，能够得到优化，通过设计协调和方案的按时交付，满足诸如质量、成本、功能和进度的项目要求。除此之外，设计的方案应该与已确定的项目质量保险计划和程序相一致。

有效的设计管理体系包括以下几点：

- 进度——由重要项目进度中决策、采购和施工等的关键时间确定。
- 成本——根据概念设计方案的成果将会得出该建筑主要构成要素的预算，一旦预算确定且被通过，设计团队将在这个限额中开展设计工作。
- 协调——设计工作将通过经常的设计协调会，融合参建各方的建议，最终得到经过广泛探讨和认可的设计方案。
- 进展状况——设计团队的所有成员和从事设计工作的承包商都会以精简的形式提供一般的项目进展报告。该报告包括最新的进展情况，能够清晰地反映出主要活动的进程。每张图纸离最终定稿的差距将被一直跟踪反馈。
- 格式和交付——为了有效地跟踪设计进程，汇总各种信息，《项目实施手册》中详细地列出了计算、规范和绘图的数字化系统，以使得所有的设计文件能够与设计的要求、项目的阶段一一对应。

(7) 投资管理

投资管理策略的目的在于建立一个管理体系，使得它不会对具体的时间、功能和质量参数施加不利的影响，使得项目能够在已确定的预算内完成。

为了使投资管理系统能够行之有效，必须确保预算是结合实际的。预算应通过政府的审批。投资控制的具体措施为：

1）概念设计和投资计划审批通过以后，将进行设计深化和投资计划的再论证，直到设计方案完成和预算被确定下来为止。

2）在扩初设计阶段，将展开价值工程的研究，确保香港国际会议中心项目价值的实现，满足其最初的目标。

3）最初的投资计划将会被转换成对应于整个预算的工程合同。工程的范围和每个工程合同价将由项目经理、投资咨询工程师和设计单位共同商讨确定。

4）每个合同都采用招标的方式来确定最佳的承包商。而对于所谈的每个合同，其预算将会上下进行调整，但所有合同的总价的变动应该在一个可接受的范围内。

5）任一合同，如果存在潜在的超支的话，将会通过转移到其他合同预算中，或者减小工程的范围，或者把不重要的工程段推延到能够从其他工程合同的预算中节省出相应价格的时候进行。

6）由项目经理来建立和管理动态控制系统以管理和控制项目实施中的各种变动和不确定性因素。

7）每月都汇总报告所有承包商对比预算的实际投资报表。

8）月报表中也会考虑已获得批准的工程变更，和一些"标记"出的可能会发生额外费用的情况。

9）月评估要征得承包商投资工程师以及项目建筑师的认可之后，才能递交项目经理批付。

10）要建立监管人员审计系统，以评估给承包商支付额中任何需要的调整所作的修改。

11）一旦建筑师发布了大量的完工证明，则会减少一半的滞留资金。

12）一旦建筑师发布了瑕疵部位也已经修缮完工的证明后，将会进一步减少滞留资金。

(8) 进度管理

香港贸易发展局将会遵守委托协议中的条款，尽最大努力确保扩建工程在预算内于 1997 年 7 月 1 日的目标日期前完工。

该项目将利用层级进度系统来安排进度计划。设计、采购、施工和试车阶段的项目进展将会通过计算机辅助 PERT 系统进行实时监控。软件选择用 Primavera，它适合于这种性质的项目，而且被大多数的香港公司和机构所熟知。

进度层级安排的内容如下：
- 主要项目进度；
- 在建项目进度；
- 合同进展；
- 正在履行合同的进展。

(9) 招标投标程序

采购过程和所采用的招标投标程序的本质在于确保投资的价值最大化。同时，还要确保每一合同的工程范围是明晰的，及与其他合同中所确定的工程范围有清楚的界线。

(10) 委托授权

采购过程中的委托授权包括：

1) 项目预算；
2) 投标的资格预审；
3) 投标文件的批准；
4) 授予合同；
5) 合同的变更。

(11) 报告

扩建工程报告的信息流程如图 2-6 所示。

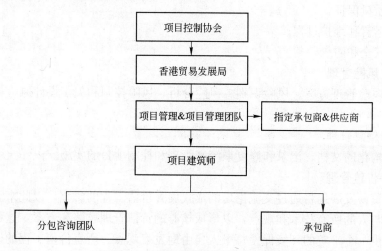

图 2-6　扩建工程报告的信息流程图

(12) 质量保证/质量控制

该部分包括以下一些内容：

1) 采用质量保证的目的在于确保项目能够满足客户的需求和期望，特别是在功能、质量、投资和时间上；
2) 质量保证的方法；
3) 咨询团队的质量保证体系；
4) 承包商的质量保证体系；
5) 质量保证系统的特定要求；
6) 质量保证的组织结构。

(13) 竣工与移交

项目经理将通过实施和控制保证最终项目的整体完工。

(14) 项目实施程序

本项目项目实施手册的内容主要有：

1) 项目的组织结构；
2) 项目涉及人员的通信录；
3) 设计信息控制；
4) 承包商设计信息控制；
5) 信息交流控制；
6) 报告制度；
7) 会议制度；
8) 时间控制；
9) 投资控制；
10) 支付流程；
11) 变更控制程序；
12) 招标投标和合同的授予过程；
13) 质量保证；
14) 运营和维护过程；
15) 安全和防御。

(15) 风险管理

包括风险管理方案、风险识别、风险分析、风险控制和关于设计风险补充的特定记录。

(16) 信息管理

用结构化的文档、记录和修复系统来管理和控制项目的实施。

(17) 价值管理

香港贸易发展局将通过交流论坛的形式展开价值工程的研究，以此来总结和利用项目参与人的所有技术和观点，以形成核心的价值管理思路和方案。这种交流论坛将会提供一个平等的环境促使每个人自由地发表观点。所有价值工程的研究将会着眼于项目生命周期投资的考虑。

(18) 安全

香港贸易发展局将会确保安全施工被大家认可而且能够被项目的所有参与方在实践中坚持。

(19) 租赁协议

香港政府有专门针对于租赁协议草案的规定,这与香港政府和香港贸易发展局所签订的协议中的一般条款是一致的。

(20) 管理协议

主要对项目管理服务费的支付方式和时间进行了详细的规定。

(21) 环境管理

香港贸易发展局将高度重视遵守环境标准、规章和制度以确保对环境的有效保护。香港贸易发展局有责任确保香港会展中心扩建工程的开发和建设能够保护环境,保护劳动雇员、咨询人员、承包商、政府代表人员和公众的健康和安全。同时,也会认识到环境监测和审计条件的需要,并保证这些将与《环境管理和安全手册》相一致。

项目经理有权利组建环境管理和安全团队,其中还对项目经理和环境管理和安全团队在环境保护和安全中的职责进行了具体的规定。

(22) 对国际货币基金组织会议的考虑

香港会展中心扩建工程的开发和建设对于香港政府争取国际货币基金组织会议的举办权有重要的影响,本规划也对此进行了考虑。

(23) 意外事件管理

其中包括对金融、范围、进度和预算、风险资金的转移等方面的意外事件进行管理。

(24) 附件(略)

(25) 委托协议

1) 批准的设计方案(包括最新的设计纲要、成本和进度计划)。
2) 咨询协议。
3) 项目实施程序手册。
4) 施工现场安全手册。

小 结

香港会议展览中心扩建工程的目标控制要求严格,其项目管理规划既是项目实施的纲领性文件,也明确了项目管理各项内容的具体策略,是香港贸易发展局对该项目的实施管理的指导性文件,对其他大型项目的实施管理也具有借鉴意义。

思考题

1. 在以进度为主要控制目标的大型建设项目中,如何编制合理而可行的项目实施规划?
2. 与内地的项目实施规划相比,香港会议展览中心扩建工程的项目实施规划有哪些特点？

案例2　某地铁3号线

项目背景

某地铁3号线正线全长32.913km，其中地下线长6.92km，高架线长25.713km。该项目工程总投资109.87亿元。

在项目实施前，业主及其聘请的咨询公司编制了项目管理文件体系架构，包括项目管理手册、管理计划和管理程序三个层面。项目管理程序是其中的重点，包括总体控制、工程管理、施工管理、运营及维护控制程序与制度。分别由业主方、勘察设计总承包、监理和运营管理公司制定，为项目全过程控制提供规范和指导。

项目管理文件架构

在该项目上，咨询公司从3个层面编制了项目管理程序和制度文件，如图2-7所示。

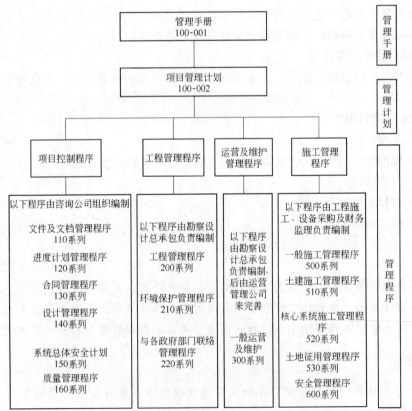

图2-7　项目管理文件架构

项目管理实施规划

(1) 管理手册（项目计划之编制程序、守则及要求）

《管理手册》或称《项目计划之编制程序、守则及要求》，叙述地铁3号线与管理相关的概念、计划文件及其架构。《项目管理计划》为手册下的第一份管理计划文件，在功能的基础上，《项目管理计划》之下再分4类管理程序，并作了相应编制工作的安排。

管理手册内容包括：序言、机密性、管理手册控制、管理手册更新、适用范围、地铁3号线工程建设的任务、项目组织架构、项目管理步骤。此外还包括5份重要附件：项目管理文件架构、项目管理程序目录、项目组织架构、地铁3号线投资有限公司机构设置、地铁3号线投资有限公司各部门职责。

(2) 项目管理计划

《项目管理计划》或称《项目运作守则》，叙述与地铁3号线的总体项目管理相关程序文件。管理计划意图提供程序文件的执行和维护的基础，确保地铁3号线能按预定的目标，安全、按时、按预算并符合标准地完成。

该项目管理计划主要包括2份附件：项目管理文件架构和项目管理程序列表。

(3) 文档、信息管理守则

该守则为勘察设计总承包、施工监理（工程施工、设备采购、财务监理）和设计施工总包/施工单位在提交书信、文件、图纸及电子文档给深圳地铁3号线投资有限公司时提供指引。

该守则内容包括：一般事项、提交指引、电子档案提交、提交方法、文件之典型格式、编码要求。此外还包括12份附件：提交指引范例、文件编码要求、文件编码（发件单位、工程位置、工程阶段）、文件系统分类编码、书信格式范本、会议通知表格范本、会议记录范本、传递表范本、报告格式范本、封面范本、提交表格范本及其他表格范本。

(4) 进度计划管理及里程碑控制管理程序和制度

该文件包括《进度计划之编制及进度更新》和《任务序号、任务编码及日历编码》。前一份文件是为进度计划编制过程中制定一个标准化的程序和依据，包括进度计划的编制、修改和审查。后一份文件通过系统性的方法来分配项目进度计划的任务分类，例如任务架构、任务编码、任务序号、资源及行动日历等。

《进度计划之编制及进度更新》主要包括2份附件：进度计划发展及进度流程图、进度计划记录表格。《任务序号、任务编码及日历编码》主要包括4份附件：工作分类结构（WBS）及编码字典、任务序号编码方案及各合同的任务序号字典、任务编码及字典、资源字典。

(5) 质量管理、安全保证管理程序和制度

1) 质量管理包括以下4份文件：

- 内部质量审核（包括3份附件：年度质量审核进度计划范本、质量审核纠

正措施请求参考编码、审核结果纪录表范本);
- 外部质量审核(包括3份附件:年度质量审核进度计划范本、纠正措施请求范本、审核报告范本);
- 质量记录管控;
- 项目管理文件的反馈(包括2份附件:项目管理文件反馈报告书和项目管理文件反馈报告注册表)。

2)系统总体安全计划

包括各系统单位的责任、系统保证及风险管理组织架构的责任、系统保证的基本要求、系统保证文件的基本要求。此外还包括4份附件:系统保证工作计划及执行时序、制定的风险矩阵、危害记录表、故障模式的影响及关键性分析格式。

(6)合同架构成分、项目咨询手册

1)新合同的申请

描述从一个新的合同需求被确定开始,直到新的合同被地铁3号线投资有限公司的领导层层批准,并分配到一个合同号的过程。主要包括2份附件:新合同申请表和新合同申请登记表。

2)供招标准备的标准文件

该文件是为定义编制和维护一套标准文件的程序。主要包括3份附件:标准文件的范本编制计划、标准招标文件传送表和标准招标文件最终批准表。

3)招标文件的准备

通过制定程序以便编制完整、清晰和简明扼要的招标文件使投标人能具竞争性地定价,尽可能避免潜在的争议。主要包括4份附件:招标文件传送表、文件审查分发发送表、招标文件最终批准表和典型的招标文件编制方案。

4)评标方案

该程序为个别合同的评标方案及评标指导的准备提供指引。主要包括:评标方案及评标指导的起草、审查和批准,评标小组的组成,评标办法制定,投标人编号。

5)招标方式及最后的候选名单的选择

定义地铁3号线工程中招标方式及最后的投标人候选名单的选择所应遵循的程序。主要内容为地铁3号线投资有限公司招标委员会人员架构。

6)通过资格预审确定投标人

定义通过资格预审方式挑选投标人名单的程序。包括:地铁3号线投资有限公司招标委员会人员架构、资格预审文件审查分发传送表和资格预审招标文件最终批准表。

7)招标程序:征求、补遗、接收

阐述保证在招标过程中采用公平和统一的程序的办法。包括:合同须采取行动之备忘录。

8)评标、澄清及初步合同协议、推荐中标

阐述评标、要求投标人澄清、初步合同协议谈判及推荐合同中标的程序和职责。

(7) 合同管理和索赔处理管理程序和制度

1) 施工合同管理

该文件是作为深圳地铁 3 号线工程建设的施工合同制定的指导性文件，目的是要确定施工合同管理的原则和要求，至于执行细节则由施工监理依据该文件所确定的原则和要求制定详细的《施工合同执行程序》。

2) 合同修改

该合同修改程序是订立合同或协议修改的处理方法及所需文件。主要包括 4 份附件：修改批核表、合同修改指令表、合同修改指令纪录表、修改签出表。

3) 合同结案

该合同结案程序是订立合同结案所需的文件和处理程序。主要包括 4 份附件：合同结案清单范本、验收检核表范本、完工证书、完工证书签出表。

4) 索赔管理

该索赔管理程序的目的是订立有关索赔记录、报告、评定及处理的程序。主要包括 5 份重要附件：索赔处理流程图、索赔通知注册表、索赔分析报告及建议书范本、初步意见书范本、索赔处理组人员架构。

(8) 控制投资管理程序和制度

1) 估算审查

该文件定下审查由勘察设计总承包、施工监理或设计施工总包/施工单位所提交之成本投资估算的要求，以使达成协议或合同。主要包括 2 份附件：估算审查流程图和估算注册表。

审查包括以下程序：
- 总工办主任之初步审查；
- 总工程师办公室估算员之详细审查；
- 总工办主任之详细审查复核；
- 总工程师之最后审查。

2) 成本控制基线的建立、维护及报告

为每一个合同以及整个项目制定初步控制总额，以及根据变更及监控进度计划储备建立基线。

3) 项目变更控制系统

定义项目潜在变更的跟踪、估计和报告过程。主要包括 6 份附件：项目变更控制系统流程图、任何变更对土地影响的摘要表、变更确认表的详细说明、变更确认表、成本控制委员会人员架构和变更注册表。

(9) 风险管理、异常管理程序和制度

项目风险管理通过一套系统性及结构性的管理过程，帮助业主及项目管理人员明白项目活动本身潜在的风险，并了解各单位所能承受风险的程度，分析、管理、控制及减低项目的风险，协助业主及项目管理人员确保项目能够按进度、成本及目标顺利完成。主要包括 3 份附件：项目风险管理工作计划及执行时序、制定的项目风险矩阵和项目风险记录表。

为确保项目风险管理井然有序,该风险管理方案着重阐述以下要点:
- 订立具体的项目风险管理资源分配模式:业主、咨询公司、勘察设计总承包、工程施工、设备采购及财务监理等的角色及责任的分配;
- 订立项目风险管理的应有程序及评估标准。

(10) 设计监理工作规章制度

设计监理是该项目实施规划的一个主要特色。该设计监理规章制度主要包括以下内容:
- 工程概述;
- 设计监理目标;
- 设计监理服务范围;
- 设计监理主要依据;
- 设计监理基本原则;
- 设计监理总体思路;
- 各阶段设计监理服务内容与工作重点;
- 设计监理组织机构、主要人员与职责;
- 设计监理工作流程;
- 设计监理实施细则;
- 设计监理工作计划;
- 设计监理提交成果计划;
- 设计监理质量保证体系;
- 设计监理机构及人员配置;
- 设计监理工作计划表;
- 设计总体及设计总包管理考核评分表。

小　　结

项目管理规划是项目管理文件架构体系的一部分。本案例系统地制定了项目管理的管理手册、管理计划及管理程序,并将管理程序进行了细化,以作为项目全面控制的指导文件。从编制深度上看属于项目管理规划层次,该案例编制项目管理规划的思路具有通用性,可为类似项目提供参考和借鉴,但在具体编制时应该注意适用性和可实施性。

思考题

1. 如何构建体系化的项目管理规划?
2. 业主方项目管理规划、设计方项目管理规划与施工方项目管理规划有何区别和联系?

2.3 项目管理实施手册

案例1　2010年上海世博国际村[1]

项目背景

项目概况同第2.1节案例1。

在第2.1节案例1中，业主方制定了项目管理实施大纲，确定了项目管理的总原则、总目标和总体组织与管理，为项目的实施提供了纲领性文件。但要使这些内容具有可控性和可操作性，必须将其细化，将纲领性文件转化为可操作性文件，即根据项目需要将其中的主要内容和一些重点、难点内容给予细化，以满足实践操作的需要。基于此，业主方的项目管理单位编制了《项目管理实施手册》，用以指导项目管理工作的具体开展。

项目管理实施手册

本项目管理实施手册的内容如图2-8所示。

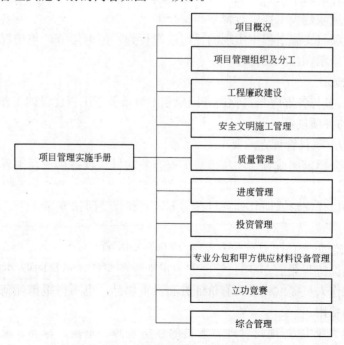

图2-8 《项目管理实施手册》的内容

---

[1] 本案例依据的《项目管理实施手册》为2007年8月23日版。

(1) 项目管理组织结构及分工

为实现世博国际村群体工程的进度控制、质量控制和投资控制总目标,业主方各部门和项目参与各方按合同约定的分工与协作,设置不同的管理层次,在项目实施过程中形成职责分工明确、高效的组织结构,如图 2-9 所示。

在确定了项目的组织结构以后,还制定了所有项目实施组织人员的任务分工,同时,还制定了项目管理班子的组织结构及各岗位职责分工等。其中,项目管理班子的组织结构如图 2-10 所示。

(2) 工程廉政建设

为积极贯彻上海 2010 年世博会的主题思想,紧紧围绕承办世博会的基本任务,按时建成"质量好,品位高"的世博会工程,在世博国际村建设过程中必须建立一套勤政、廉洁、高效的工作制度,进一步推进工程建设领域的廉政建设。

本项目的廉政建设管理包括基本要求、廉政规定和责任、处罚与追究等内容。

1) 基本要求
- 所有项目参与方进场以后,须首先进行对各级管理人员的廉政教育,建立廉政监督制度,畅通监督举报渠道,将廉政措施与管理决策和业务工作有机结合起来,从根本上预防腐败。
- 业主方、项目管理方、施工总承包方、工程监理方、施工分包方、专业施工方、材料设备供货方和项目咨询方,按照各自管理权限,各级之间要相互签订廉政协议,并统一报项目管理方备案。同时,上一级要定期对下一级的廉政建设工作进行督导和检查。
- 对于项目实施过程中出现的任何违规行为,根据情节严重情况,上一级管理方须承担相应责任。

2) 廉政规定

所有项目参与各方应当自觉遵守国家和上海市关于工程建设的工作规则以及有关廉政建设的各项规定。

① 业主方/项目管理方的要求
- 不得介绍家属或者亲友从事与工程有关的材料设备供应、工程分包等经济活动。
- 不得以任何形式向其他项目参与方索要和收受回扣等好处。

……

② 工程监理方/施工总承包方/其他项目参与方的要求
- 应当保持与业主方/项目管理方的正常业务交往,不得向业主方/项目管理方工作人员提供礼金、有价证券和贵重物品,也不得报销任何应由个人支付的费用。
- 不得为业主方/项目管理方人员的住房装修、婚丧、嫁娶、家属和子女的工作安排以及出国等提供方便。

……

3) 管理措施

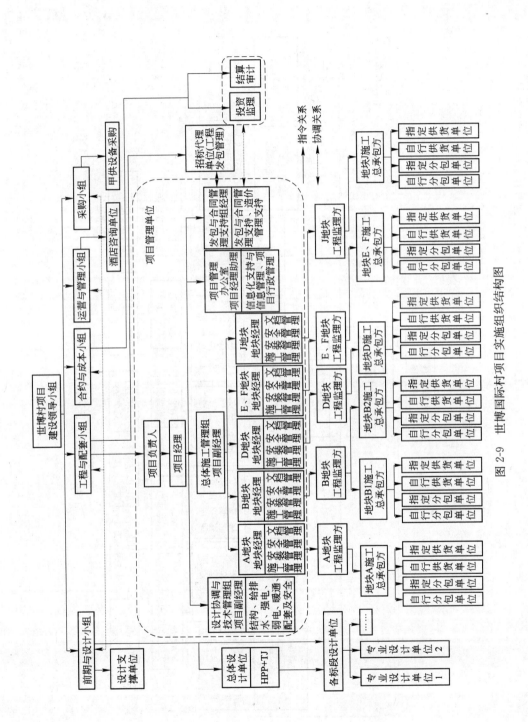

图 2-9 世博国际村项目实施组织结构图

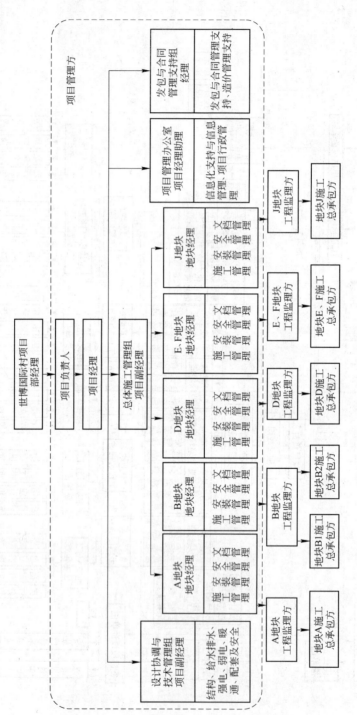

图 2-10 世博国际村项目管理班子组织结构图

- 项目参与各方及建设管理部门要按各自权限，结合各自职责，参照有关要求，按规定制定各自的廉政建设措施，并检查考核。
- 按工程项目的管理权属，对违反廉政规定的各项目参与方的有关人员，一旦出现违反廉政规定的行为，一律清除出场，不得再承担本项目相关的任何工作。对于任何一家项目参与方单位，一旦出现5人次以上的违反廉政规定的行为，该项目参与方单位合约自动解除，清除出场，不得再参与本项目；当出现情节严重的违法行为，对于项目参与方的涉案个人或单位将移交司法机关处理。
- 对于工程监理方/施工总承包方的违规行为，业主方根据具体情节和造成的后果追究其赔偿相当于工程合同造价1%～5%的违约金。由此给业主方造成的损失均由施工总承包方承担，施工总承包方用不正当手段获取的非法所得由业主方予以追缴。

(3) 安全文明施工管理

1) 组织与实施要求
- 建立三级安全文明管理组织架构；
- 施工总承包方进场后，要根据业主方/项目管理方的要求，对地块内所有管理和施工人员进行进场前安全教育，并形成书面记录，提交项目管理方备案；

……

2) 安全施工要求

安全施工必须贯彻执行国家有关劳动保护、安全施工的政策法令，具体的要求包括：
- 基本要求；
- 分包施工单位及人员的管理要求；

……

3) 文明施工要求
- 施工单位的要求；
- 现场临时设施的设置要求；

……

4) 管理措施

对于违反安全施工基本要求的违规行为，项目管理方或工程监理方有权对相关施工总承包方处以每人每次50元人民币的罚款。对于在安全检查中发现的安全隐患或其他违规行为，有关单位应根据上级整改通知单的要求，按期完成整改任务，并将整改信息反馈给检查单位；如不能按期整改，视情节严重，项目管理方有权处以5000元至50000元人民币的罚款，从工程款中扣除。由于安全措施不到位造成人员死亡的，业主方可根据事故原因，对施工总承包方或分包方采取适当的惩罚措施，必要时可中止合同，清除出场。

5) 支持表格

包括世博国际村工程安全文明工作检查表和世博国际村工程物资出入证。

(4) 质量管理

1) 组织与实施
- 本项目质量管理实行分级管理，项目管理方对业主方负责、工程监理方对项目管理方负责、施工总承包方对工程监理方负责、各分包单位对施工总承包方和工程监理方负责；
- 各地块的工程监理方、施工总承包方进场后，首先都要建立质量保证体系和制度，并提交相关文件给项目管理方审批和备案；

……

2) 过程控制与管理
- 设计质量控制；
- 材料设备质量控制；

……

3) 工程质量检测

工程检测是世博国际村建设工程实施质量控制的一个重要手段，检测工作的实行是工程管理科学性和公正性的手段和过程体现。本项目检测工作管理办法的要点如图 2-11 所示。

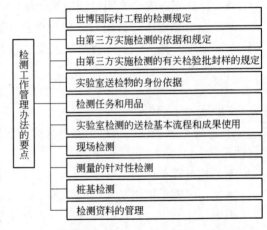

图 2-11 世博国际村项目检测的工作管理办法

4) 管理措施
- 质监站、工程监理方、项目管理方有权制止违法施工程序、不按设计要求和施工验收规范或使用不合格原材料、构件、设备的施工作业。必要时经主管单位或领导同意后令其停工。
- 对验收中有质量问题的项目工程，总监理工程师或项目管理方的地块经理有权通知业主方暂时不付工程款；对有重大质量问题，待施工单位认真采取措施和整改后且经质量监督机构审查签证后，方可付款。

……

(5) 进度管理

在世博国际村工程建设期间，由项目管理方组织工程监理、施工(总)承包方和设计方按以下方法共同进行工程进度的控制和管理。

1) 进度计划的编制与审核
- 各地块施工总承包方在进场后 7 个日历天内，必须根据施工承包合同确定工程总工期目标，提交总进度计划给项目管理方审核。
- 各地块施工总承包方在进场后 14 个日历天内，提交施工组织设计和施工总平面布置提交给工程监理方和项目管理方审核。
- 只有总进度计划、施工组织设计和施工总平面布置全部审核通过后，各地块施工总承包方可进行施工。
- 当世博局对进度计划要求调整时，必须无条件服从。

2) 施工准备工作控制

各地块施工总承包方在进场后，即开始进行施工准备工作。准备工作完成以后，提交工程监理方和项目管理方进行审查，审查通过后方可进行施工。审查内容主要包括：
- 三通一平工作是否完善，大型临时设施是否齐备或解决。
- 施工总承包方的测量定位放线依据是否具备，测量控制点是否已交接无误。

……

3) 施工过程进度控制
- 每年、每季度、每月和每两周，施工总承包方要根据施工总进度计划和实际进展情况，提交进度计划给工程监理方和项目管理方审批。
- 对于影响工程进度的重大事件，项目管理方应及时向业主方汇报，并提供解决方案和建议。

……

4) 工期延迟和索赔管理
- 对于由于不可抗力因素或合同约定，施工总承包方提出的工程延期申请，工程监理方根据合同规定，及时予以受理，项目管理方对工程监理方的处理进行审核，并把处理意见上报业主方。
- 工程监理方根据施工总承包合同中有关工程延期的约定、工期拖延和影响工期事件的事实和程度、影响工期事件对工期影响的量化程度，确定批准工程延期的时间。

……

5) 责任与奖罚

为保证世博国际村总进度目标的实现，对设计方、施工总承包方、项目管理方有必要进行进度管理的奖罚。

① 设计方
- 确保设计文件交付进度。当由于客观原因影响最早出图交付时间时，亦应分为桩基及围护工程、地下工程和地上工程三批出图交付，以确保招标投标进度和施工进度。
- 如能按时完成设计进度，图纸质量符合设计深度规定，经过评定后每地块给予适当奖励。

……

② 施工总承包方
- 施工总承包方不能按合同约定的时间竣工，施工总承包方应承担违约责任，并向业主方支付违约金。

- 业主方可在向施工总承包方支付的任何金额中扣除赔偿费用。

③ 项目管理方
- 凡不属于项目管理方的原因导致进度推迟的，不予处罚。是项目管理方原因的，则分析原因，根据情节按合同约定予以处罚。
- 对按时或提前完成地块建设主控节点的，给予适当的奖励。

(6) 投资管理

为确保上海世博国际村项目有序规范施工，在保证质量前提下实现工程建设成本控制目标，根据工程特点和建设要求制定本管理办法。

1) 投资控制目标
- 已批准的可研报告为投资控制的依据。
- 已批准的设计概算为投资控制的目标。

2) 投资协调控制的原则和方法
- 本着项目利益高于一切的理念，静态与动态、科学与现实地进行协调控制。
- 严格执行批准的概预算额度和项目参建各方签订的合同。
- 做好设计和施工过程的协控节点和分部分项协控节点的控制。

3) 项目参与各方在投资控制中的职责

① 业主方
- 为项目管理方提供分标段投资计划和目标。
- 审核由项目管理方等参与方批转的施工方验工月报。

……

② 项目管理方
- 根据业主方对该项目的投资目标控制和要求，协助业主方对项目参与方的合同和造价的管理，协调和处理施工中发生的各种事件的索赔工作。
- 根据现场工程实施情况，编报工程投资情况分析表，对有可能突破和降低投资目标的情况，进行预测和预报，提出建议上报业主方决策。

……

③ 投资监理方
- 接受业主方的委托(合同)，负责土建、安装、内外装修、设备和总体的全过程投资监理咨询工作。
- 对投资估算，扩初概算，施工图预算，工程招标，合同签订，施工阶段和结算阶段按合同委派足量的和称职的人员。

……

④ 招标代理方
- 根据业主方场馆建设部的工期目标和投资测控目标，依法公开、公平、公正地挑选最佳的投标单位，并及时向业主方相关部门传递招投标成果。
- 挑选素质高的足量的经济技术人员，按时编制招标文件、发出招标文件、组织现场踏勘、组织答疑会并印发纪要。

……

⑤ 工程监理方
- 根据施工总分包方的合同条款审核各单位上报的验工月报和工程款拨付申请表中工程完成情况(进度、质量)。
- 协助项目管理方和投资监理方对工程变更、工程签证和设计变更等进行确认。

……

⑥ 施工总承包方/分包方
- 严格执行招标投标文件和合同条款。
- 对超出合同范围必须发生的工程费用,必须另行签订补充协议。承包方在该项目费用发生前,必须向工程监理方、投资监理方、项目管理方和业主方申报,经批准后方能实施。

……

4) 投资(合同)协调控制的流程

投资(合同)协调控制的流程包括工程进度款付款流程、工程结算审价流程、工程监理方付款流程等。其中,工程进度款的付款流程如图2-12所示。

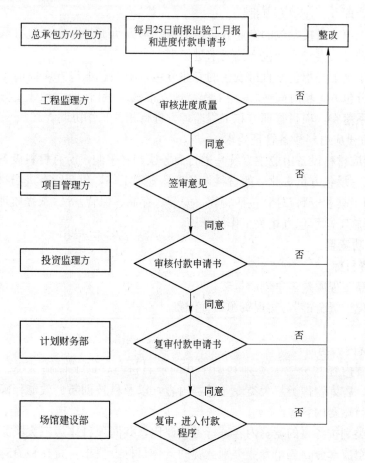

图2-12 工程进度款付款流程

5）支持表格

包括技术签证单、经济签证单和合同用款申请表等。

(7) 专业分包和甲方供应材料设备管理

1）专业分包类型
- 由于招标条件不具备（暂定价）的专业分包，由业主方直接或业主方和施工总承包方联合进行招标的专业分包。
- 国家有特殊资质要求但施工总承包方不具备的，施工总承包方需要另行招标的专业分包。
- 市政配套工程的专业分包，由业主方直接招标确定的专业分包。

上述三种专业分包根据施工区域，均纳入所辖地块的施工总承包施工管理和协调范围，由施工总承包方统一对其进行协调和配合工作。

2）专业分包管理要求
- 对于施工总承包方直接发包的专业分包，施工总承包方应在分包工程开始施工前45个日历天完成对分包施工单位的选择确定，报工程监理方、项目管理方、业主方审批。
- 对于业主直接发包的专业分包，项目管理方负责与专业分包方联系，工程监理方落实专业分包方按要求进场事宜。
- 对于施工总承包方直接发包的专业分包，施工总承包方应提前1个月将专业分包方进场时间通知（经工程监理方审核）项目管理方和业主方，并负责联系落实，项目管理方和工程监理方进行相关工作协调。

3）甲方供应材料设备管理要求

甲方供应材料设备由业主方统一进行商务谈判和采购，所有材料设备运抵现场后，由施工总承包方负责此后的材料设备现场管理工作，包括所有进场材料设备的备件、专用工具和资料归档（包括验收、安装、存储、保管）等。工程监理方和项目管理方协助施工总承包方相关工作的开展。

(8) 立功竞赛

1）竞赛目标
- 提高工程质量，争创质量奖。
- 优化"资金链"，实现资源最优配置。

……

2）竞赛内容与阶段
- 竞赛内容共分三大类别和两个共同项目进行，即工程施工类、工程监理类、咨询管理类三大类专业竞赛内容，以及科技创新、效能保障两类共同项目竞赛内容。
- 各类别按各自的竞赛内容进行考核评比，共同项目作为三大类别竞赛内容的组成部分，三个专业类别竞赛的具体目标、要求，将在检查考核标准中体现。

……

3) 竞赛活动的组织领导
- 成立上海世博会立功竞赛场馆建设分赛区立功竞赛活动委员会。
- 竞赛委员会下设竞赛委员会执行办公室。

……

4) 竞赛活动的评比流程
- 各类别参赛单位首先按照本单位制定的竞赛实施办法和实施细则组织开展本单位的立功竞赛活动和有关评比。
- 参与场馆分赛区立功竞赛的日常检查、评比等相关活动。

……

5) 竞赛活动的监督保障
- 竞赛监督体系纳入"上海世博会工程建设监督保障体系"和"世博会工程项目党风廉政建设体系"。
- 联合国家纪检、审查、审计等部门对竞赛和建设工程中发生的违纪违规事件予以严厉查处，情节严重的重大案件移交公安、司法部门处理。

……

(9) 综合管理

1) 门卫管理

施工总承包方进场前，由业主方委托保安公司负责世博国际村区域内的门卫管理；施工总承包方进场后，由各施工总承包方负责所辖施工现场、人员生活和办公区域的进出和安全管理工作，业主方安保公司仅负责世博国际村对外出入口的门卫管理。

2) 临时公共道路管理

本项目临时公共设施是指世博国际村项目红线以内，各地块施工总承包施工现场和生活办公围挡以外的道路及其两侧区域。

3) 清洁卫生管理

4) 车辆管理

小 结

作为"世博国际村项目管理大纲"的支持性文件，该《项目管理实施手册》针对重点和难点内容进行了深化和细化，例如项目管理的组织，工程廉政建设，专业分包以及主要材料设备的供应，进度管理和立功竞赛等。项目管理实施手册不求全面，但求重点突出，要能预测、分析和解决项目实施中出现的重点和难点问题。与项目管理大纲一样，项目管理实施手册应在大纲的指导下，根据项目需要进行不断的优化和调整，甚至有时还需编写相应的方案。

思考题

1. 项目管理实施手册包括哪些内容，其编制的意义何在？
2. 如何根据项目的实际特点，在项目实施手册中对其中的重点和难点内容进行深化和细化？

案例 2　梅赛德斯·奔驰 3S 店项目

项目背景

梅赛德斯·奔驰(中国)有限公司(以下称 MBCL)与北京奔驰－戴姆勒·克莱斯勒汽车有限公司(以下称 BBDC)计划在全国建设 100 多个梅赛德斯·奔驰 3S 店(图 2-13)。该项目群分布于全国多个城市,目前已建成三种类型的 3S 店共计 22 个,多分布于我国的东部、南部及北部地区(图 2-14)。

图 2-13　梅赛德斯·奔驰 3S 店效果图

图 2-14　3S 店在国内的建设分布图

在本项目群的建设管理中,业主方委托专业的设计团队与项目管理团队进行方案设计和提供项目管理服务。由于项目多,且分散在全国各地,项目建设标准要求较高,管理的标准化要求也高,因此,必须制定规范化的项目管理实施手册作为设计团队和项目管理团队进行方案设计和项目管理的指导性文件。本项目管理实施手册分为项目概况、项目管理的组织、进度目标规划和控制、质量目标规划和控制、采购管理和信息管理等六大部分。

项目管理实施手册

(1) 项目概况

该部分给出了每个3S店的项目概况登记表,如表2-6所示。

项目概况一览表　　　　　　　　　　　　　表2-6

编号			内容
N		项目名称	_____（项目编码：_____） （项目类型：AH150☐　AH250☐　AH400☐）
L		建设地点	
O		建设单位	
P	P1	方案设计和项目管理单位	方案设计单位
	P2		项目管理单位
D	D1	当地设计单位	建筑深化设计
	D2		钢结构深化设计
	D3		室内装饰
J		工程监理单位	
C	C1	施工单位	施工总承包
	C2		桩基工程
	C3		钢结构工程
	C4		玻璃幕墙
	C5		精装修
	C6		机电工程　空调工程 消防工程 电气 智能化 电梯
S	S1	供货单位	家具　MBCL指定采购
	S2		CI标识　MBCL指定采购
	S3		维修设备　MBCL指定采购
	S4		工具　MBCL指定采购
	S5		其他
T	T1	进度	建设竣工日期
	T2		3S店开业日期

(2) 项目管理的组织

1) 项目实施的组织结构

① 项目实施组织结构图

项目实施的组织结构如图2-15所示,它只是项目实施组织结构的基本框架,而该组织结构的提出和运行是一动态调整过程,所以当地经销商需根据项目建设的环境和特点、最终参与单位的确定等对其进行逐步调整和细化。

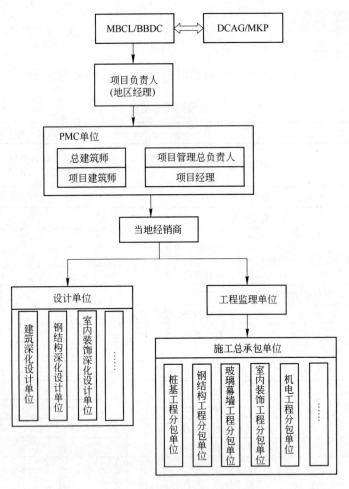

图2-15 项目实施组织结构图

② 项目实施主要参与单位一览表

该部分对奔驰公司(MBCL/BBDC)、当地经销商、方案设计与项目管理单位、当地设计单位、工程监理单位、施工单位和供货单位等项目实施主要参与单位的具体联系方式列出了清单。

2) 项目实施各方任务和职责分工

该部分对项目实施各方的任务和职责作出了具体说明,如表2-7所示。

项目实施各方的职责分工　　　　　　　　　　　表 2-7

项目实施各方		职 责 分 工
MBCL/BBDC 和 DCAG/MKP	MBCL/BBDC	对奔驰所有 3S 店项目进行总体管理、跟踪和控制；对项目实施过程中发生的重大问题进行决策；对 PMC 的工作提供必要的技术支持……
	DCAG/MKP	对设计团队提供的建筑方案设计及时进行审核和确认；对设计方提供的室内装饰方案设计及时进行审核和确认……
PMC	设计团队	基地现场勘察；建筑方案设计；建筑方案设计交底……
	项目管理团队	编制项目管理手册；进行 8 次现场考察；收取当地经销商周、月度报告，向 MBCL / BBDC 递交周、月度报告……
当地经销商		负责整个项目的实施；及时向 PMC 单位汇报项目实施的有关情况；负责与政府各有关部门的宏观协调，办理各项审批，获得各主管部门的批文……
当地建筑或室内装饰设计单位		参加建筑或室内装饰方案设计交底，主持建筑或室内装饰施工图设计交底；施工图设计过程中遇到问题及时向设计团队沟通……
当地工程监理单位		对现场质量、安全和进度承担监理责任；对当地经销商向 PMC 汇报资料的编制提供必要的支持……
当地施工总承包单位		负责整个工程的施工安全、施工质量、施工进度、施工成本的控制；负责组织和指挥分包施工单位的施工，并为分包施工单位提供和创造必要的施工条件……

3) 项目管理实施控制节点上各方的任务和职责

为了对项目有更深入的了解和有效的控制，项目管理团队规定一系列项目管理实施的控制节点，如表 2-8 所示。

项目管理实施的控制节点　　　　　　　　　　表 2-8

序号	控 制 节 点	节点的实施
1	项目启动	召开项目启动会议
2	建筑方案设计交底	召开建筑方案设计交底会议
3	建筑施工图设计审核和意见落实	设计团队签发建筑施工图设计成品校审单，如有必要，举行建筑施工图设计意见落实会议
4	建筑施工图设计交底	召开建筑施工图设计交底会议
5	项目建设开工	当地经销商向项目管理团队上报项目开工报告书
6	室内装饰方案设计交底	召开室内装饰方案设计交底会议
7	室内装饰设计施工图审核和意见落实	设计团队签发室内装饰施工图设计成品校审单，如有必要，举行室内装饰施工图设计意见落实会议
……	……	……
11	室内装饰工程开工	当地经销商向项目管理团队上报室内装饰工程材料封样清单和封样的材料样本

续表

序号	控 制 节 点	节 点 的 实 施
12	室内装饰工程开展1个月后的检查	项目管理团队现场检查室内装饰工程施工进度、装饰隐蔽工程状况，是否具备表面材料的安装条件，签发项目管理巡查校审单
13	室内装饰工程开展1个半月后的检查	项目管理团队现场检查室内装饰工程施工进度，对比表面材料是否与封样样本符合，是否符合奔驰CI内装标准，签发项目管理巡查校审单
14	项目竣工预验收	召开项目竣工预验收会议，项目参与各方签发预验收交接单
15	项目竣工验收	召开项目竣工验收会议

对每一控制节点，都规定了应具备的条件、相关方的职责、实施方式、会议的主要内容以及形成文件和发放细则。另外，还列表给出了需现场检查和召开会议的控制节点参加单位，使得参会各方十分清楚自己在什么阶段，以什么身份，需参加哪些会议。

(3) 进度目标规划与控制

进度目标规划和控制的目的在于使奔驰3S店项目的实际工期不超过MBCL/BBDC与当地经销商协定的建设竣工日期，以保证在满足奔驰企业CI标准和工程质量的前提下，尽可能地缩短建设周期。

1) 相关方职责
2) 项目实施总进度规划的编制和审核
① 项目实施总进度规划的时间维度

梅赛德斯·奔驰3S店项目实施总进度规划采用普遍应用的进度控制软件Microsoft Project进行编写，编制的时间维度和各阶段主要内容如图2-16所示。

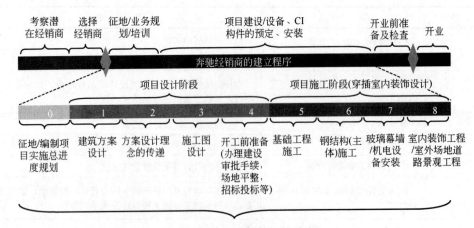

图2-16 项目实施总进度规划的时间维度

② 项目总进度规划的 WBS 结构

WBS 是工作内容分解结构,即对整个项目的设计工作、工程管理工作和施工任务进行分解,WBS 的建立有助于计划的归类和汇总。本项目总进度实施规划的 WBS 结构分为 5 层,分别对阶段、专业、单项工程、分部工程、子分部工程等进行了编码和详细说明。

③ 项目总进度规划应包含和标明的控制节点(里程碑)

包括项目启动、建筑方案设计完成、建筑施工图完成和项目建设开工等。

④ 总进度规划提交的时间、形式及其审批流程

项目实施总进度规划提交的时间为项目启动会议召开后 10 天以内,以书面和电子文档(Project 文件格式)提交给项目管理方和 MBCL/BBDC 进行审核和审批。项目实施总进度规划的格式都制定了统一的参考模板(图 2-17)。

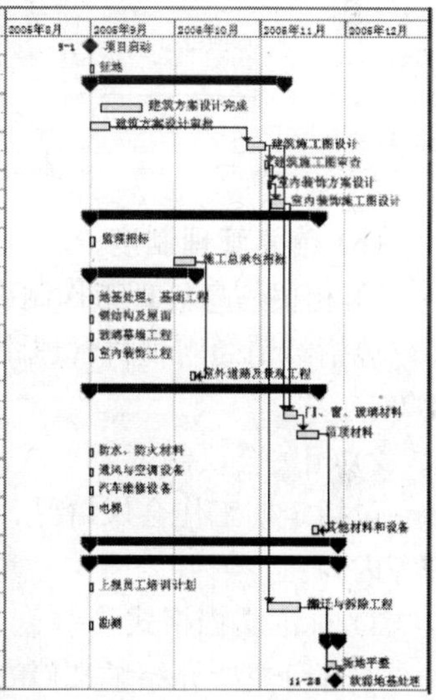

图 2-17 项目实施总进度规划模板

项目实施总进度规划的审批流程如图 2-18 所示。

3) 当地经销商对项目实施进度的跟踪和汇报

当地经销商负有按照项目实施总进度规划进行项目建设的责任,并对项目实际进度进展情况向项目管理团队汇报。其中,对汇报的时间、内容、频率和格式都有详细的规定。

(4) 质量目标规划与控制

本部分包括 3S 展厅的功能性标准和要求、3S 展厅 CI 标准和要求。

(5) 采购管理

包括 MBCL/BBDC 指定供货商、其他要求项目管理团队确认的设备材料的采购目录和采购流程。

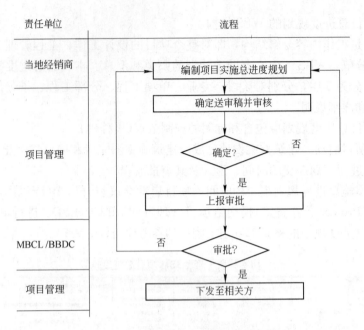

图 2-18 项目实施总进度规划的审批

(6) 信息管理制度

1) 相关信息处理工作制度

包括经销商向项目管理团队汇报制度和项目管理团队向 MBCL/BBDC 汇报制度等。

2) 相关会议制度

包括定期工作会议情况、会议沟通与协作、会议纪要的要求和项目函件沟通管理等内容。

3) 标准文档格式

本部分主要介绍了文档的编码与分类方法,规定了函件、会议纪要和工程变更单等的格式。

小　结

由于该项目群地域分散广,而项目标准的统一性要求又高,进度迫切,必须编制项目管理实施手册,以规范各 3S 店的项目管理程序和要求。《梅赛德斯·奔驰 3S 店项目管理实施手册》从组织管理、目标控制、信息管理和会议制度等各方面对 3S 店的多项目管理进行了规范,成为各地 3S 店项目参与方必须遵守的文件,该手册为多项目管理实施手册的编制提供了参考和依据。

思考题

1. 对于地域分散、建设标准高且进度迫切的项目群,如何编制有效的项目管理实施手册来指导项目管理工作?

2. 如何确定该类项目群管理的组织结构、职责分工?如何确定项目管理实施的控制节点?

2.4 综合案例 长沙卷烟厂联合工房一期工程[1]

项目背景

长沙卷烟厂技术改造工程由白沙集团作为业主方组织建设,是该厂"十五"重点工程,为该厂有史以来规模最大的工程建设项目,其中一期工程主要包括新建制丝车间(含配方库、贮丝房等)、动力中心、污水处理站,并配备1条15000KG/H的制丝线,及制冷、空调、空压等动能设施的建设,计划总投资10亿元。联合工房建筑面积约为51000m^2,动力中心建筑面积约为9000m^2,如图2-19所示。

图 2-19 长沙卷烟厂联合工房一期工程

该项目采用了项目总控(Project Controlling)模式,业主方和总控单位(以下或称为总控组)在项目实施前进行了项目实施策划,编制了《项目管理程序与控制文件》,作为整个项目实施管理的依据,内容包括组织与协调管理、目标控制、安全管理、招标和采购管理、文档信息管理等。

项目实施策划

(1) 组织与协调管理

项目实施的组织策划是项目实施策划的核心,其内容包括组织结构的确定、组织分工和相关流程的确定。

1) 项目组织结构

---

[1] 本案例参考黄昂主编《卷烟厂工程建设与管理——长沙卷烟联合工房一期工程简单管理之实践》。

卷烟厂技改工程建设项目和一般厂房建设项目最大的不同在于其不仅包括厂房的建设，更重要的是工艺创新。因此，卷烟厂技术改造工程实施组织的策划必须从实现技改的目标出发，以保证项目目标的实现为最终落脚点。进行了系统的组织策划，并经过不断优化、调整（经过11次调整），最终确立了项目实施的组织结构，如图2-20所示。

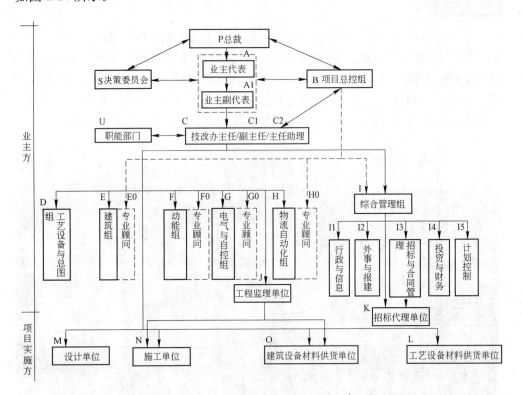

图 2-20　项目实施组织结构图

2）工作任务分工

长沙卷烟厂联合工房一期工程在组织结构的基础上，根据该工程具体情况，对工作任务进行了详细的划分，工程实施的主要任务分工如表2-9所示。

工程实施的主要任务分工表　　　　表 2-9

编号	工作部门名称	主要任务和主要职责
P	总裁	• 对项目实施过程中重大问题（如总体设计优化的最终认可等）的决策和授权 • 对决策委员会、业主代表（副代表）、项目总控组下达指令，并听取汇报 • 审批项目总体预算计划和项目总进度计划
……	……	……
U	职能部门	
……	……	……

续表

编号	工作部门名称	主要任务和主要职责
A	业主代表	接受 P 的指令，重大问题向其汇报；对项目总控组和技改办下达指令；根据工作需要，向业主副代表授权 • 对项目工程造价、工程进度、工程质量以及工程安全总体负责，确保项目整体目标的实现
		• 确定项目进度计划 • 视情况需要，出席相关会议 ……
……	……	……
E	建筑组	接受 C/C1/C2 的指令 • 接受项目总控组的决策支持和咨询意见 • 承担土建工程技术管理责任 • 负责专业范围内的设计管理，进行设计挖潜和优化 ……
……	……	……
B1	项目总控组	接受总裁、业主代表（副代表）和技改办的指令 • 负责与总裁、业主代表（副代表）和技改办的沟通和协调 • 项目实施组织策划和协助业主实施 • 负责参与论证设计方案，保证设计方案的科学性，从而降低工程造价 • 负责工程咨询，确保工程质量优良 ……
M	主设计单位	接受 C/C1 的指令 • 负责按合同要求完成整体设计工作，达到规范的深度 • 负责现场的设计服务，及时解决现场设计变更问题 • 对设备供应商设计条件反馈 ……
J	工程监理单位	接受 C/C1 指令 • 按《建设工程监理规范》和双方签订的《监理合同》规定进行施工和保修阶段的工程监理 • 对施工的质量、安全、进度进行监督和管理 • 主持现场每周工作例会和相关专题会议 ……
N	施工总承包单位	接受 J/业主现场代表的指令 • 按双方签订的合同规定进行管理 • 负责施工区域的安全管理，制定相关的制度 • 负责实施对分包单位的管理与监督 ……
……	……	……

3) 项目会议组织与管理

① 定期会议沟通与协作管理

● 每周定期工作会议情况：

——每月的最后一周的例会，增加月度工作的检查与分析，下月工作计划的讨论等月度内容；

——参加会议的人员要对会议的内容进行传达和落实，以保证协调一致。

- 专题会议沟通与协作：

——专题讨论会由专项责任人负责组织，对专题内容进行专项深入讨论，达成共识；

——专题会必须指定专人记录，原则上要求整理形成会议纪要，由专项责任人审核，分发至相关人员；

——若专题会议纪要需向本单位外的人员发送，需报送责任领导审批确认。

② 项目函件沟通管理

各单位和部门发函的权限如表2-10所示。

各单位和部门发函权限　　　　表2-10

单位	技术改造办公室	各专业组	总控组	设计院	工艺咨询单位	施工单位	监理单位
技术改造办公室		√	√	√	√	√	√
各专业组	√		√				
总控组	√	√					
设计院	√					√	√
工艺咨询单位	√						
施工单位	√			√			√
监理单位	√			√		√	

注：表格内显示"√"表示具有相互发送函件的权利。

③ 与政府部门的沟通

- 与拆迁指挥部的沟通，日常工作通过拆迁联络人进行沟通，重要工作向技改办主任请示，采用"一事一报"的方式进行沟通。
- 项目报批报建工作，原则上由经办部门负责办理。
- 编制详细的报批报建手册，明确各项工作任务、工作流程、经办部门和相关资料准备。

(2) 进度控制

1) 相关方进度控制的职责

制定业主代表/副代表、技改办主任/副主任、综合管理组、专业组、总控组、设计院、监理单位和总承包单位在进度控制方面的职责分工，以总控组为例，其职责包括：

- 负责编制项目总进度规划，提交业主审批后，根据实际进展情况进行跟踪分析；
- 负责P3应用规划的制订、完善和组织实施；

……

2) 项目进度控制模式

① 方法及辅助工具

进度控制的方法是采用动态控制，把总进度目标落实到分阶段目标中去实现。本项目采用进度控制软件 Primevera Project Planner（P3）作为辅助工具，进行全方位、全过程的控制。

② 进度计划的分级及深度要求

根据进度控制的分级管理、层层控制的指导思想，其中工程管理计划为 4 级，项目实施计划分为 5 级，相应进度计划的分级及要求如表 2-11 所示。

进度计划的分级及要求　　　　　　　　　表 2-11

级别	计划名称	深度要求	编　制	审　查	审批
L1	控制节点（里程碑）	各阶段控制节点	总控组	业主方领导	决策委员会
L1	总进度规划（指导性或控制性）	明确各阶段及分部工程完成时间	总控组	业主方领导	决策委员会
L2	专项计划	包含招标、采购计划和设计出图计划	招标投标单位设计院	技改办 总控组	业主方领导
L3	工程管理月度工作计划	能指导日常工作，具有可检查性	总控组、技改办各组	总控组 综合管理组	业主方领导
L3	施工总进度计划	明确分项工程施工开展计划	总承包单位	监理	业主方领导
L4	工程管理周工作计划	各组自行规定	总控组、技改办各组	—	—
L4	分阶段滚动施工进度计划	按年、月、季度滚动编制	总承包单位分包单位	总承包单位 监理 总控组	业主方领导
L5	作业实施计划	由总包单位和分包单位自行规定	施工单位	总承包单位 监理	

3）进度计划的编制与审批

进度计划的编制与审批应执行严格的流程，应制订控制节点(里程碑)、总进度规划的编制与审批流程、项目实施计划的编制与审批流程、月度计划的编制与审批流程以及进度计划的实施、检查与分析流程等。图 2-21 为控制节点(里程碑)、总进度规划的编制与审批流程图，对该流程的要求是：项目出现重大变更时，需要对总进度规划进行变更时，需重新按上述流程进行变更。总进度规划要进行版本控制，发至相关人员，并录入 P3 中。

(3) 质量控制

1）相关方的质量职责

项目管理规划与控制制度中相关方的质量职责包括业主的质量责任和义务、工程勘察单位质量责任和义务、工程设计单位质量责任和义务、工程监理单位的质量责任和义务、招标代理单位质量责任和义务、施工单位的质量责任和义务、总控组

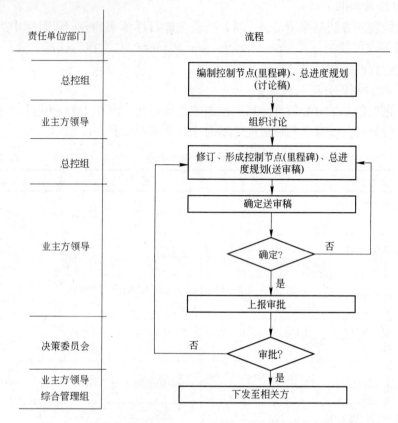

图 2-21 控制节点(里程碑)、总进度规划的编制与审批流程图

质量责任和义务、设备/材料供应单位的质量责任和义务。

2) 质量过程控制

① 质量控制原则：设计质量由设计院负责，业主负责使用功能审查、主工艺生产线的审核工作；施工总承包商承担施工全过程质量控制与管理，对施工质量负责，分承包商对总承包商负责；设备、材料采购要遵循名牌优质的原则。

② 在施工准备阶段，质量控制的内容(具体略，下同)。

③ 在施工阶段，质量控制的内容。

④ 隐蔽工程验收及分项工程验收。

⑤ 在验收阶段，质量控制的内容。

⑥ 设计(工程)变更管理与设计(工程)变更质量控制。

⑦ 设备安装的质量控制。

⑧ 整体竣工验收。

⑨ 保修阶段的质量控制。

(4) 投资控制

1) 投资控制的方法和手段

以动态控制理论为指导对项目建设的全过程进行控制，运用 EXP 软件系统作为辅助工具，通过及时的投资数据的采集，进行计划值与实际值的分析、比较，发现偏离，及时采取经济、技术、组织、合同等手段进行纠偏，使项目费用目标尽可能实现。

2) 投资控制的任务分工

应确定业主代表/副代表、专业组、综合组投资控制专业人员、综合组合同管理员、纪审部、财务部、总控组、监理、施工单位等的投资控制任务分工，以总控组为例，其投资控制的任务为：

- 编制投资控制管理制度；
- 参加初步设计概算的审核会议，并提供咨询意见；
- 参与项目投资控制的过程管理，并提供咨询意见；
- 会同综合组投资控制员进行投资跟踪和分析；
- 会同综合组投资控制员编制投资控制计划及报表。

3) 投资控制的目标设置

总目标是批准的初步设计概算。专业分目标的设置：由投资控制员对初步设计概算按项目专业分工进行分解，提出各专业/专项资金控制目标，并与各专业组进行沟通确认。各专业/专项资金控制目标经业主代表/副代表审批后，作为专业分目标。

4) 过程控制

投资控制的流程包括：投资控制总流程、投资计划、分析、控制流程、合同付款流程（工程合同进度款付款流程、变更投资控制流程）、工程结算流程等。

(5) 招投标及采购管理

1) 适用范围

由于"十五"技术改造项目总投资在1000万元人民币以上，故按标段可采用不同的招标方式。

2) 招标工作组织结构（图2-22）

3) 招标工作中各部门职责

应制定业主代表/副代表（招标领导小组负责人）、技改办主任/副主任、招标代理公司、总控组、设计院、纪审部、技术改造各专业组和综合管理组的在招标方面的职责，以设计院为例，其职责为：

- 提供满足招标工作开展的设计文件、图纸；
- 为招标文件编制提供技术规格书及相关要求；
- 应业主要求参与招标谈判；
- 解答有关技术方面的答疑工作，提供咨询意见。

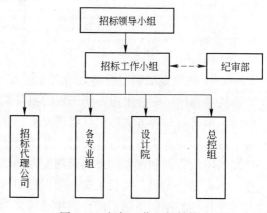

图2-22 招标工作组织结构

4) 过程控制

根据长沙卷烟厂原有工程项目管理制度,将招标投标的流程加以细化,具体招标过程由招标代理公司安排。包括以下流程:标段的划分和确定、招标公告的拟定、审批和发布、资格审查、考察及入围的确定、编写招标书、招标答疑、评标、特殊条款部分谈判、签订合同等。

(6) 文档信息管理

1) 组织结构与职责

组织设置与人员配备:业主文档信息管理由厂部档案室、技改办档案室、各专业组兼职文档管理员组成;在项目建设时期,现场施工单位、监理单位亦应设相应机构并配备专职人员,负责收集整理施工档案、监理档案。

2) 信息管理的组织

长沙卷烟厂联合工房一期项目的信息管理组织如图 2-23 所示。

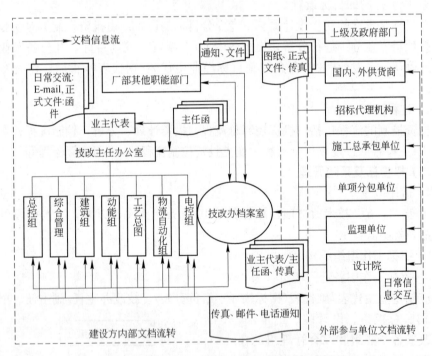

图 2-23 长沙卷烟厂联合工房一期工程的信息管理组织

3) 文档信息编码与分类

长沙卷烟厂联合工房一期工程的项目文档分类是在结合项目文档所产生的建设阶段、项目参与各方文档信息管理要求、业主方项目管理要求、归档资料整理以及竣工资料整理要求下进行分类的。在项目信息管理中,对设计图纸的管理采用以设计院的图纸管理制度和信息编码制度为基础,加强对图纸的版本控制,制定相关制度,不再另行编码。联合工房一期工程项目的文档编码是在保证稳定性、灵活性以及可操作性的原则下制定的,该项目的文档编码体系如图 2-24 所示。

第2章 项目实施策划

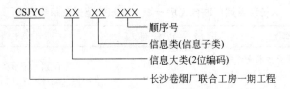

图 2-24 长沙卷烟厂联合工房一期工程的项目文档编码体系

根据文档编码体系规则，联合工房一期工程的信息大类分为前期资料、勘察设计测绘设计资料、招投标或委托和合同等六大类，在此基础上进行了信息子类的划分，相应信息类分类与编码示例如表 2-12 所示。

长沙卷烟厂联合工房一期工程信息大类和信息类分类与编码示例　　表 2-12

编码	信息分类名称	编码	信息分类名称
0000	前期资料	……	……
0010	项目立项	0530	业主方有关信息
0020	可行性研究报告	0550	设计(咨询)单位有关信息
……		1050	初步设计文件
0370	验收规定	1060	施工图设计文件
0400	领导讲话摘要	1070	设计图纸会审交底及审查
0500	项目公共信息	1071	图纸会审交底
0510	项目基本信息	1072	施工图审查
2000	招标投标或委托	2500	合同
2010	工程管理服务委托	2510	勘测合同
2020	总体设计招标投标	2520	设计合同
2030	单项或专业设计招标投标	2530	咨询合同
2040	勘察单位招标投标	2531	前期工程咨询合同及其他咨询合同
2050	施工监理招标投标	2532	工程管理服务合同
2060	施工总承包(管理)招标投标	2534	施工监理合同
2070	专业分包招标投标	2535	招标委托合同
2080	设备材料采购招标投标	……	……
……	……	2541	土建合同

设计图纸在对其进行管理的过程中，需要进行独有的分专业、分阶段以及分版本控制。并且设计院对其签发的设计图纸图签编码有其独有性以及不可更改性。因此设计图纸采用设计院原有编码形式，在此基础上制定管理制度，确保图纸版本控制和图纸分发的准确性和及时性。

4）文档管理

文档管理指的是对作为信息载体的资料进行有序的收集、加工、分解、编码和存档，并为项目各参与方提供专用和常用信息的过程。文档的归档范围及归档方式如表 2-13 所示。为了有效地进行信息与文档管理，引进了工程档案及竣工资料整理系统(Power Document)，编制了系统应用规划、应用制度和应用手册。

长沙卷烟厂联合工房一期工程归档范围及归档方式　　　表 2-13

文 档 类 别	责 任 部 门	归 档 方 式
专业组自身所形成的技术文件资料、决策文件、函件、小组会议纪要、管理文件资料	专业组	日常积累,按事务阶段完成交付档案室归档。随月工作计划检查成果一并检查。
……		……
联合试运转和试生产记录文档		按厂部要求整理归档
技改办日常工作会议纪要、招投标过程中产生的所有信息文档、项目管理制度、各类工作流程	综合组	日常积累,按事务阶段完成交付档案室归档。随月工作计划检查成果一并检查
……	……	……
工程监理文档、监理月报、监理评估报告	监理单位	自行收集整理,按月提交监理月报,分部(子分部)验收前提交相应监理评估报告,竣工验收前提供监理总评估报告

(7) 施工现场安全管理制度

1) 安全管理职责:
- 业主代表/副代表负责项目安全的全面领导,督促制定相关的制度并监督落实;
- 业主安全员负责督促安全制度的落实,定期组织安全检查工作;
- 业主现场施工员负责现场安全施工检查与指导,监督施工单位做好现场安全管理;
- 业主安全保卫部负责检查、督促、考核各相关方的安全管理工作;
- 施工管理总承包单位负责项目区域的安全管理,建立安全管理体系和安全生产责任制,制定相关的项目安全控制和项目现场管理实施细则,监督各施工单位实施,确保项目安全工作的落实;
- 各施工单位服从施工管理总承包单位安全管理,负责对本单位的安全管理工作。

2) 安全管理内容:
- 现场安全管理组织机构;
- 现场安全管理的一般原则;
- 安全教育管理;
- 门卫管理;
- 施工单位的安全管理;
- 施工人员管理;
- 办公场所治安管理;
- 施工安全管理;
- 安全用火管理;
- 车辆管理;

- 材料管理；
- 安全检查与监督；
- 安全隐患整改。

小　结

建设工程项目具有一次性的特征，主要体现在两个方面：一是工程项目本身的独特性和一次性，二是项目实施组织过程的一次性，因此，每一个项目的实施重点和难点都有所不同，项目实施策划的重点也有所不同。本项目最终获得了鲁班奖，实现了多项管理和技术创新，包括基于项目文化和绿色施工的管理技术等，均属国内首创。系统的项目实施策划和完善的管理体系是项目取得成功的重要保证。因此，本案例的介绍可作为项目实施策划的参考和借鉴，但正如前所言，每个项目的特征都不同，因此项目实施策划虽然主要内容相似，但每个具体策划的思路、深度和广度都可能差别很大，应根据不同的项目进行调整。

思考题

1. 项目实施策划的基本内容和主要思路是什么？
2. 项目实施策划也应随着项目的进展进行动态调整，该案例还有哪些地方需要调整、补充或完善？

第3章 项目管理的组织

目标决定组织,组织是目标实现的决定性因素。

控制项目目标的措施包括组织措施、管理措施、经济措施和技术措施,其中组织措施是最重要的措施,如果对一个建设工程的项目管理进行诊断,应首先分析其组织方面存在的问题,由此可见组织的重要性。组织论的基本内容如图 3-1 所示。

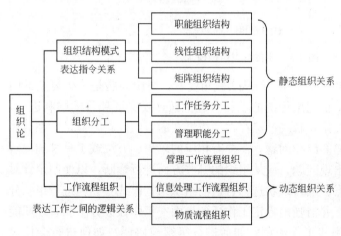

图 3-1　组织论的基本内容

常见的组织结构模式如图 3-2 所示。

在以上几种组织结构模式中,职能组织结构模式是一种较为传统的组织结构模式,每一个部门可能有多个矛盾的指令源;线性组织结构模式来源于军队组织系统,每一个工作部门的指令源是惟一的,避免了由于矛盾的指令而影响组织系统的进行,但是线性组织系统的指令路径过长,会造成组织系统运行的困难;矩阵组织结构模式则是一种新型组织结构模式,比较适用于大的组织系统,但矩阵组织结构需要处理好横向指令和纵向指令的矛盾问题。项目管理组织结构策划就是以这三种基本模式为基础,根据项目实际环境情况,应用其中一种基本组织形式或多种基本组织形式进行组织设计。

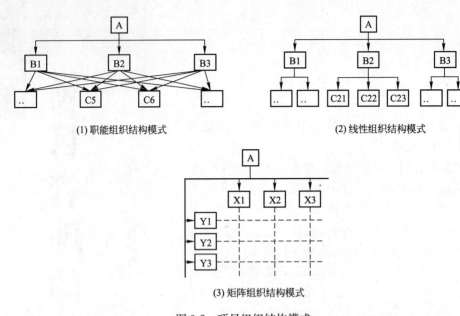

图 3-2　项目组织结构模式

图 3-1 描述了组织论的基本内容，但从实践角度看，组织问题是一个复杂的问题，涉及的范围非常广，甚至超出传统的项目管理范畴，要保证项目的顺利进行，必须首先理顺项目的组织关系，解决已经存在的或潜在的组织问题。但是，在具体项目实践中会碰到各种各样的组织问题，需要有相应的思想、方法或工具来加以解决，例如：如果一个项目出现问题，应从组织的哪些方面进行诊断，以便制定针对性措施？如何根据项目特点、项目现状选择合适的组织结构模式？如何进行组织分工，以更好地实现项目目标并清晰地界定工作任务界面？工作任务分工和管理职能分工有何区别？需要制订哪些工作流程？如何进行组织与协调？如何进行会议设计？如何建立信息报告体系？

以上都是在组织设计或组织策划中必须解决的问题。本章选取 11 个国内外案例对组织中的以上主要问题进行阐述说明，案例描述的主要内容见表 3-1。

本章案例的主要内容　　　　　　　　　　表 3-1

章节	主要组织问题	案例名称	案例主要内容
3.1	组织诊断	某超高层大厦	如果项目出现重大问题，如何进行组织诊断？如何从组织方面着手解决问题
3.2	组织结构设计	某化工公司	职能组织结构如何根据实际情况进行改进
		某轨道交通1号线	大型项目如何建立矩阵组织结构
3.3	组织分工	某房地产开发项目	如房地产开发公司引进专业项目管理单位，其职能部门和引进专业项目管理公司等外部单位之间的任务如何划分
		瑞士苏黎世机场	如何进行工作任务分工和管理职能分工
		上海金茂大厦	如何确定总承包联合体各联合单位的任务分工

续表

章节	主要组织问题	案例名称	案例主要内容
3.4	工程流程组织	某房地产开发项目	工程项目管理需要制定哪些工作流程
3.5	组织协调	某房地产开发项目	如何进行对外组织协调,例如报批报建
		某机场航站楼	如何进行会议组织设计
3.6	项目报告系统	联邦德国铁路改造	大型群体项目如何建立项目报告系统(国外)
		某国际会议展览中心	大型项目有哪些项目报告类型(国内)
3.7	综合案例	上海世博土控公司项目群管理组织模式	特大型项目群如何选定项目组织模式 目标要求严格的项目群如何确定各单位的组织分工和工作流程

3.1 组织诊断

案例1 某超高层大厦

项目背景

某超高层大厦规划总用地面积约 7 万 m^2,规划总建筑面积 31.5 万 m^2,总投资额超过 30 亿元人民币。大厦由德国某建筑设计公司和中国某建筑设计研究院联合设计。采用钢筋混凝土核心筒+钢框架(箱形柱+H 型钢梁)的结构形式,围护采用玻璃幕墙。主体建筑设计高度 53 层,240m,建成后将成为该地区的标志性建筑。

该项目在建设初期出现了严重的管理问题,总承包方、监理方和业主方相互推责、相互埋怨,一度停工。为了使项目尽快恢复正常,需要对项目进行诊断。按照组织论的基本理论,首先进行了组织诊断,即在组织方面存在哪些问题,以此作为项目摆脱困境、步入正轨的基础。

组织诊断

(1) 项目管理现状

1) 强势业主

对现场的管理横向到边,竖向到底。整个现场管理以业主为中心转,业主对监

理存在大量的意见,例如:
- 监理工作不到位,没有及时发现和解决问题;
- 监理人员到现场率不高,旁站监理不够;
- 监理签发的文件没起到监理应有的作用;
- 监理内部不团结,口径不统一,随便表态;
- 监理人员不到位,调动频繁,队伍不稳定。

2) 弱势监理

监理单位认为,自身不能发挥监理作用,做什么错什么,其对业主也有很多想法,例如:
- 对现场施工的干预多,直接安排现场施工;
- 对参建项目管理班子干涉多,直接指挥到人;
- 对监理正常的工作程序干扰多,影响工作开展;
- 对监理人员过多关心,引起监理内部矛盾;
- 对监理工作的性质不了解,提出不合理要求多;
- 对监理单位的监理人员进行管理,使监理没有威信。

3) 无能总包(总承包单位)

业主认为现场管理混乱,总承包单位什么也没做好。

(2) 存在的主要组织问题

经过策划小组对各主要项目参与方的走访与调查,以及对相关文件的分析,从组织结构、组织分工和工作流程等多方面对该项目的组织问题进行了诊断分析,如图3-3所示。

1) 组织结构不明确

组织结构包括整个项目的组织结构以及业主方内部的组织结构,是理顺整个项目指令关系的重要依据,但项目目前尚没有清晰完整的组织结构图。项目主要参与方(如监理单位和总承包单位)对业主方内部的组织结构也不十分了解,导致了指令错位,又由于没有规范信息流程,也导致了信息流向混乱,影响了工作的有序性。

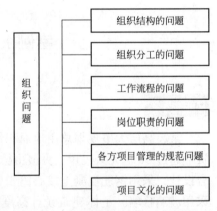

图3-3 项目存在的主要组织问题

例如:在调研中发现,业主方项目管理人员有时候会不通过监理方或总承包方管理人员直接向施工人员下指令,既影响了施工单位正常业务的开展,令施工单位无所适从,也不利于项目的质量控制、投资控制和进度控制。

2) 组织分工不明确

组织分工包括工作任务分工和管理职能分工,是工作界面划分的重要依据,但目前整个项目的各主要参与方的组织分工并不明确,业主方内部的组织分工也在变化,这直接影响了项目的正常开展。由于组织分工不明确导致越位管理、责任推诿和互相扯皮的现象时有发生。

例如：在调研中发现，业主方、总承包方和监理方对各自的工作任务和管理职能定位不清晰，对于某些工作任务，如施工方案、分包商进度计划的编制、审核、实施和检查，业主方、总承包方和监理方各有什么任务和管理职能，担当何种角色，并没有明确的界定，结果出现了相互埋怨、相互扯皮的现象，不利于责任的落实和工作的开展。再如：由于项目主要参与方对合同内容没有进行详尽分析，导致很多重要工作没有明确落实，总承包单位和监理单位都反映可能有无法完成的合同任务，这就要求业主根据项目的实际情况落实这些任务，作好预案，以保证项目的顺利开展。

3) 工作流程不清晰

工作流程是明确各项工作之间的逻辑关系，包括管理工作流程、信息工作流程和物资流程等，是理顺工作间相互关系的重要依据，但目前项目的主要工作流程并不清晰，由此导致信息流和物资流不清晰，造成了部分工作混乱的现象，影响了项目的顺利推进，也增加了很多无谓的协调工作量。

例如：在调研中发现，业主对于监理报送的工作流程方案没有尽快批准；分包商对于哪些方案需要报请监理批准不明确；部分项目参与单位对于工程变更的量价核定以及批准流程不明确；现场问题的处理流程也不清晰；主要工作信息流程不明确。

4) 主要岗位职责和岗位要求不明确

符合项目要求和岗位要求的专业人员是工程顺利开展的重要保证，但目前主要项目参与单位都存在主要岗位职责和岗位要求不明确的情况，这不仅影响了具体工作的执行质量，也不利于项目的目标控制。

例如：在调研中发现，主要项目参与方的管理岗位和技术岗位都有不符合项目要求和岗位要求的人员，如施工人员的素质不高，总承包方中层管理人员的技术水平不高，业主方现场管理人员的管理水平和技术水平不高等，给项目的实施带来了隐患。

5) 各方的项目管理需要制度化、规范化

项目参与各方都需要进行项目管理，但目前主要项目参与方并没有符合项目要求的项目管理规划，或者这些项目管理规划没有经过论证，更缺乏落实检查。项目管理需要制度化、规范化，如会议制度、信息管理制度等。

例如：在调研中发现，总承包单位的总承包管理规划和实施细则以及监理规划等都没有具体落实，对实际工作也没有起到应有的指导作用，业主方尚没有具体的项目管理规划，因此使很多工作处于无序状态。

6) 尚需要更为良好的项目文化

良好的项目文化是项目顺利进行的润滑剂，是项目实施中不可忽视的内容，但目前项目尚需要建立更为良好的项目文化，各方需首先进行准确自我定位，高质量的完成合同内工作，进而在"项目利益高于一切"的项目文化下开展工作，妥善处理各种矛盾与争端，在保证项目的利益得以实现的前提下实现自身的利益。

(3) 组织管理的改进

根据项目存在的主要组织问题,策划小组提出了相应的组织管理改进措施。本案例主要介绍组织结构和组织分工的改进建议。

1) 项目组织结构的建议

① 业主方内部组织结构的建议

针对该项目的特点以及业主方管理的实际情况,建议业主方内部采用线性直线式组织结构,如图 3-4 所示。

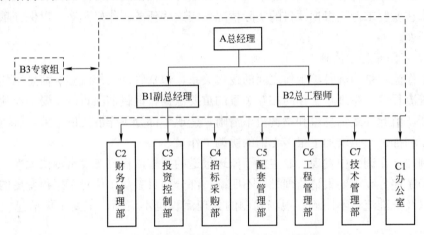

图 3-4 业主方内部可采用的线性直线式组织结构

② 整个项目组织结构的建议

建议改进后的项目组织结构如图 3-5 所示。

对以上整个项目的组织结构作以下几点说明。

- 整个项目的组织分为三个层次,分别是项目决策层、项目控制层和项目实施层。不同层次的相关单位和部门,应该明确各自的工作界面和职责,各尽其职,各负其责。
- 为了确保项目的顺利实施,建议采用线性直线式的组织结构。同时,必须体现逐级指挥、逐级汇报的原则,要明确各个单位之间的指令关系和汇报关系,在通常情况下,不能越级指挥和越级汇报。
- 建议对于重要的信息,必须采用书面形式。紧急情况下,发出的口头指令,也应该在规定的时间内,提供书面文件。
- 建议业主方工程部驻现场负责协调,听取各单位安全、质量、进度的汇报。建议工程部不直接向总承包方发出指令,应该由监理方对总承包单位进行安全和质量监督。
- 建议 QS(工程造价)单位负责工程项目的投资控制,并向投资控制部汇报,工程管理部负责审核 QS 单位提交的相关报告。
- 建议技术管理部对口设计单位的工作,对设计进行管理和监督。设计变更只有经技术管理部审核后,才能向施工单位发出变更通知。

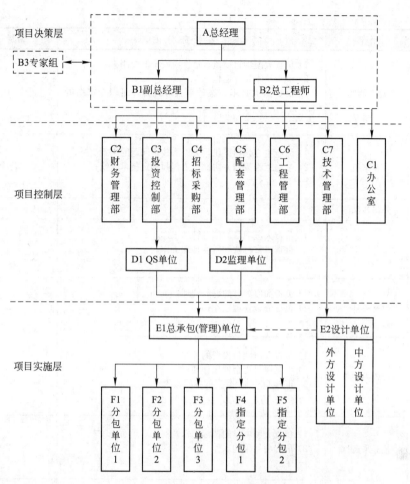

图 3-5 整个项目的组织结构图
(注：QS—工料测量)

2) 项目组织分工的建议

针对上述业主方内部组织结构和项目管理的组织结构，各部门和单位的任务分工建议如表 3-2 所示。

某超高层大厦项目任务分工表　　　　　表 3-2

编号	工作部门	主要任务分工	编制/人
A	总经理	1) 全面负责大厦项目的建设，协调各方面的关系； 2) 对大厦项目建设的总投资规划、总进度规划等目标进行决策； ……	1
B1	副总经理	1) 负责大厦项目投资的控制； 2) 负责业主方内部财务管理和资金管理； 3) 主管工程招标投标和采购工作； ……	1

续表

编号	工作部门	主要任务分工	编制/人
B2	总工程师	1) 负责大厦项目质量、进度、安全的控制; 2) 负责技术管理工作; 3) 负责重大技术方案的审查和论证,组织专家组的工作; ……	1
B3	专家组	1) 为业主方领导提供重大经济技术问题的决策支持; 2) 参与工程策划并协助总工程师确定技术路线; ……	若干
C	公司各部门		
C1	办公室	1) 负责大厦项目的信息管理工作; 2) 负责日常行政和后期管理工作; ……	5
C2	财务部	1) 负责大厦项目的财务管理; 2) 负责资金管理工作; ……	3
C3	投资控制部	1) 负责大厦项目投资的控制; 2) 编制项目资金使用计划; 3) 审核QS单位提交的各项报告; ……	2
C4	招标采购部	1) 负责大厦项目的招标工作; 2) 负责项目采购工作; ……	2
C5	工程部	1) 建议常驻现场,负责大厦项目现场的管理和协调; 2) 听取总承包方、监理方对于工程质量、进度、安全等汇报; ……	5
……	……	……	
D	业主方项目管理单位		
D1	QS单位	1) 代表业主方的利益,负责大厦项目的投资控制; 2) 负责项目计划的编制; ……	
D2	监理单位	1) 负责大厦项目施工质量、安全、进度的监控和现场的管理; 2) 对工程量进行审核; ……	
E	项目实施方		

续表

编号	工作部门	主要任务分工	编制/人
E1	施工总承包管理单位	1) 全面组织和领导大厦项目的施工； 2) 对项目的施工安全、质量、进度和现场负责； ……	
E2	设计单位	1) 负责大厦项目的设计工作； 2) 对设计图纸的质量、进度负责； ……	
F	分包单位	由总承包单位负责管理，向总承包单位报告	

小　　结

组织是影响项目管理成功的关键性要素，但组织问题往往又十分复杂，甚至可能涉及到整个项目中的深层次问题，比如参建单位企业文化的冲突、主要管理人员管理理念的冲突等。这些问题需要进行深入调查和全面分析，尽可能找出影响项目运行的根本性原因。案例中对项目管理组织中的主要问题进行了诊断，但仍需对这些问题进行更进一步的分析，使欲解决的组织问题更为明确。此外，组织问题还可能要采用管理、经济和技术措施进行解决，例如合同措施、信息技术措施等。因此，组织问题的解决措施可能是多方面的。

思考题

1. 组织诊断应从哪些方面入手？
2. 如何根据组织诊断的结果进行组织改进？
3. 针对案例出现的问题，除组织结构和组织分工的改进外，还有哪些改进的方面和措施？

3.2　组织结构设计

案例1　南京帝斯曼东方化工有限公司[1]

项目背景

南京帝斯曼东方化工有限公司属中外合资企业，由荷兰DSM公司对原南京东

---

[1] 本案例参考杨磊论文《一个合资公司组织结构调整问题的探讨》。

方化工有限公司并购而成，主要产品为己内酰胺(生产尼龙6的基本原料，广泛应用于纤维和塑料等聚合材料制造领域)。合资公司于2002年11月成立后，在组织结构方面进行了必要的调整，采取了职能组织结构模式。新的组织结构在运作过程中，通过不断磨合，运作逐渐顺畅。但同时也不可避免地出现了一些问题，如沟通、协调、工作效率等问题。如何正确分析并解决这些问题，是摆在公司管理层面前的一项紧迫任务。本案例针对这些问题，介绍职能组织结构的一种改进方法。

组织结构设计

(1) 合资公司组织结构的选择

该合资公司的长期战略目标是将工厂建成亚洲最大的己内酰胺生产基地，在追求利润的过程中，该公司采取了成本最小化的经营战略。因此，合资后公司组织结构选择了职能型结构，其工作专门化程度高，高度集权，其组织结构如图3-6所示。

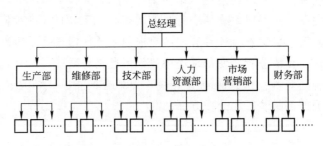

图3-6 合资后公司的组织结构

这种传统的职能组织结构具有以下优点：
- 决策和沟通的渠道简单而且易于理解；
- 技术专家得以从管理工作中脱身；
- 员工有更多的机会接受专业化训练和深层技能开发；
- 能更好地保持业绩标准，有共同培训背景和兴趣的员工会对他的工作业绩标准共同关心；
- 更有效地跟踪环境的变化。每一个职能组在它自己的领域内更密切地与变化发展相联系，从而更容易适应环境；
- 能够实现规模效应。当具有相似技能和功能的人、设备被分类组织起来后，更容易形成规模。

当然，这种职能组织结构不可避免地会存在一些缺点：
- 阻碍了对公司整体利益的关注；
- 限制了员工知识面的拓宽；
- 不同职能部门间存在摩擦现象。

合资公司的所采取的这种职能组织结构，使得公司的整个组织架构简单明了，职能分工明确，有利于信息的上下沟通。但由于职能的区别，部门之间的相互沟通和协调能力不甚理想,这就形成了一定的弊端,带来了一些问题。

(2) 组织结构调整带来的问题

如前所述,合资公司成立后不久,组织机构进行了比较大的调整,按照职能分工,合资公司成立了 6 个部,即生产部、维修部、技术部、人力资源部、市场营销部和财务部。其中,员工调整较大的部门是生产部、维修部和技术部。部门的重新设置,职能的重新分工,带来了一些新的问题。

1) 部门的职责重新分工

合资以前,生产、维修、技术这三部分有些类似矩阵组织架构,即维修、技术有另外的职能经理(厂长)指示,但同时又服从于生产经理(厂长)的指挥,维修、技术等相应的职能人员全部分散在各个生产车间,如图 3-7 所示。

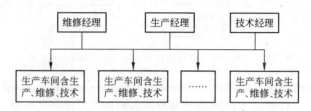

图 3-7 合资前公司生产、维修和技术部门组织结构图

合资以后,对组织结构进行了调整,维修、技术职能人员从生产车间脱离出来,成了相对独立的部门职能人员,如图 3-8 所示。

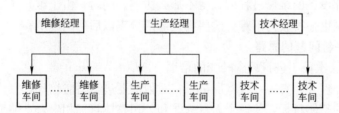

图 3-8 合资后公司生产维修技术组织结构调整图

从前面所述中可以看出,合资前,各生产车间职能涵盖维持生产、设备维修和生产技术等的职能,而在合资以后,这三种职能完全分开,分别由三个部门承担。

2) 职能重新划分以后出现的问题

职能部门的重新划分,职能的明确分工,避免了多头领导,多头指挥的缺陷,使得公司组织构简单明了、易于指挥。但是,由于职能部门所担负的职能不同,部门之间的相互沟通就有了一定的障碍,其重点表现在生产和技术部门之间,生产和维修部门之间的协调困难。

① 生产部门和技术部门之间的协调问题

原来的生产车间生产工艺人员既管技术又管生产,或者一部分人管技术,一部分人管维持生产。因生产和技术的不可分割,当日常生产中出现某些工艺问题时,车间工艺人员群策群力,一同攻关,直至问题解决。而生产和技术分开以后,情况就发生了改变，往往当生产装置出现工艺问题以后，生产车间工艺技术人员会说："这是技术性问题，应该让技术部员工解决"。而技术部门由于对现场工艺参数、第一手资料不掌握退避三舍："这应该由生产人员自己解决"，从而形成不了相互沟通，互相指导、促进以解决生产技术问题的局面。

② 生产和维修部门之间的协调问题

原先的生产车间内含有设备维修员工，由于同属一个生产车间，受生产车间主任的统一行政指挥，如图3-9所示。

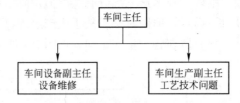

图3-9　合资前生产车间组织结构

这样，在解决设备问题时，命令明确，行动迅速。当设备出现问题时，车间主任、生产副主任、设备副主任能同时掌控设备检修人员的任务安排，使得设备缺陷能及时解决。

当职能部门分工以后，生产设备出现问题时，生产车间要与维修部门相关专业（机械、电气、仪表）职能人员联系，同时，在设备的安全交出上又牵涉到不同部门的协调，因此设备的维修过程就显得不那么协调。同时，由于维修各工种的分工较细，组织协调也显得较为困难。这些都是部门分工以后的问题所在。

(3) 解决新问题的思路

1) 对各层次员工进行理念转变的培训

从部门经理开始直至一线基层员工，对他们要进行适时培训，宣传公司的长远战略，公司的整体目标，使得个人目标能和公司整体目标相融合，使个人能认清形势，致力于公司整体经营活动中。

2) 加强部门间的沟通

协调从沟通开始，没有良好的沟通，就不可能有很好的工作协调，这方面，也应加强各层次员工的公司整体利益的强化培训，使部门间能良好协调，减少摩擦。

3) 加强部门内的协调作用

各专业的协调也需要有一个强的支撑，部门内部在强调部门负责制的同时，也应充分考虑授权问题，使职权相等，才能发挥应有的作用。

4) 职能部门分工不拘形式

部门以职能划分，并不代表把相同职能的人集中在一起，把相同专业的人集中在一起，如果这样，这只是一种形式上的部门职能组织机构，实际情况不同，部门职能的划分也应有不同的形式。

小　结

职能组织结构是一种传统的组织结构模式，合资后的南京帝斯曼东方化工有限公司选择了这种结构模式，使得公司的整个组织结构简单明了，职能分工明确，有利于信息的上下沟通。但在实际运行的过程中，职能组织结构的缺点也表现得很明显，例如组织整体协作性不足、易引起相互推诿等。因此，该合资公司不断地进行着结构的调整，以适应发展的需要。可以说，组织结构的设计是一个动态的演进过程，没有好与坏的组织结构，只有适合与不适合的组织结构。组织结构的调整可以是同一类型中的调整，也可以是不同类型之间的调整，比如由职能组织结构调整到矩阵组织结构（见第3章综合案例）等。

思考题

1. 职能组织结构适合于哪些类型的组织？
2. 组织结构的调整可能会带来哪些问题，应如何去分析和解决这些问题？

案例2　某轨道交通1号线

项目背景

拟建的某轨道交通1号线属于交通疏导线路，位于城市的东西向轴线上，与城市最大客流方向吻合，是轨道线网中最重要的一条骨干线路，也是线网中最先实施的线路。1号线全线（1期）线路全长23.526km，全线概算总额96.9507亿元。其间，共设车站21座，平均站间距为1.160km。

轨道交通工程建设指挥部和轨道交通有限公司在项目建设之前，首先进行轨道交通1号线工程建设的组织策划。本案例选取其中的组织结构设计进行重点分析。

组织结构设计

(1) 轨道交通项目的特点

轨道交通项目是典型的线性工程，是具有多目标的复杂系统工程，工程涉及面广、技术复杂、施工难度大、工期十分紧张，进度、投资、质量与资源管理很难协调，投资额度及管理上的复杂性也都大大超过了一般的建设项目。

(2) 轨道交通1号线组织结构的设计

矩阵组织结构适宜用于大型组织系统，尤其是项目组成复杂、各类技术人员密集、对人员利用率要求高的大型复杂项目。因此，矩阵组织结构被广泛应用于大中型的工矿企业，也被用于大型的建设工程项目。在本项目的组织策划报告中，轨道交通1号线项目无论是第一阶段，还是第二阶段方案，都建议采用矩阵组织结构,并据此设计了项目管理组织结构图、管理工作任务分工表、管理职能分工表等。

1) 第一阶段项目管理的组织结构

所谓第一阶段,是考虑在试验段建设期间建设任务尚不繁重、组织结构尚不健全情况下的过渡阶段,时间比较短。第一阶段组织方案考虑设置 8 个部门,若干个项目组。8 个部门分别是办公室、工程部、设备部、计划部、综合部、财务部、运营部和物业开发部,另外还需设置总工程师(室)和总工程师办公室。以上这些部门应根据工程进展情况和人员到位情况逐步设立,逐步到位,但不宜拖延,否则会影响工程的正常开展。第一阶段项目管理组织结构如图 3-10 所示。

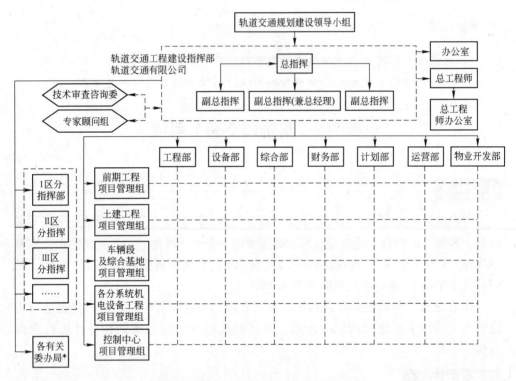

图 3-10 第一阶段项目管理组织结构方案

2) 第二阶段项目管理的组织结构

所谓第二阶段,是考虑整个轨道交通 1 号线工程建设全面启动时的情况。在第一阶段组织机构的基础上对组织结构进行扩展和完善,将原来由一个部门承担的多项任务进行分解,进行专业化、系统化管理。

第二阶段方案,纵向考虑设置 12 个部门,即在原来 8 个部门的基础上增加技术部、招标管理部、信息部、档案室。横向的项目组则视项目结构分解情况进行调整。第二阶段项目管理组织结构如图 3-11 所示。

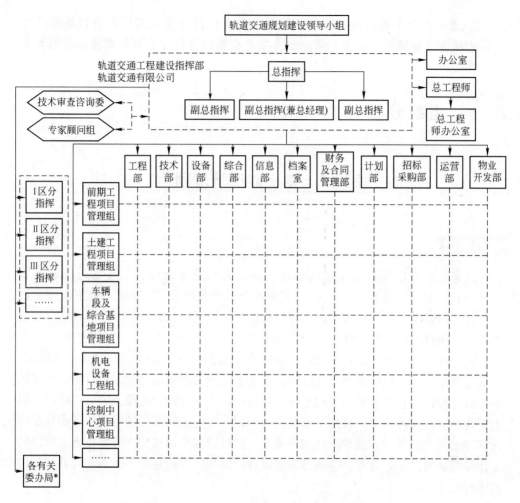

图 3-11 第二阶段项目管理组织结构方案

小 结

矩阵组织结构中既有纵向管理部门，又有横向管理部门，纵横交叉，形成矩阵。矩阵中的纵横交叉点称为工作元素，其命令源可能有两个，即命令源不是惟一的。如果两个命令有矛盾怎么办？所以，在矩阵组织系统中应该明确以哪一方向为主，即发生矛盾时如何解决。

本案例阐述了矩阵组织结构在大型建设项目中的应用，也即如何根据不同阶段的需要改进横向部门和纵向部门。从组织设计的角度来看，还需要对组织关系（指令关系）进一步明确，包括工作任务分工、管理职能分工和信息传递关系等，以利于组织结构模式的实际应用。

思考题

1. 为什么矩阵组织结构较适应于轨道交通项目的建设和管理？

2. 案例中两个阶段组织结构设计时,横向部门和纵向部门改进的思路是什么?这样改进的好处是什么?实际运行中会存在哪些问题?如何避免这些问题的发生?

3.3 组织分工

案例1 某房地产开发项目

项目背景

某房地产开发项目位于上海市闵行区,为动迁配套项目,规划总用地面积 204120m²,总建筑面积 319899m²,其中地上总建筑面积 25378m²,地下车库面积 66114m²,地上建筑由 40 栋 8~13 层小高层住宅、综合商业中心及相应配套公建组成。该项目由某著名房地产公司开发建设。

随着业务的不断扩展,该房地产有限公司需要创新其多项目开发建设的模式,即将主要精力集中在房地产的核心价值创造上,例如前期策划和后期营销,将实施阶段的工程建设管理业务委托给专业管理公司,该项目即为此模式的试点项目。但由于首次实行这种模式,碰到了诸多新的问题,如将职能部门的哪些任务委托给项目管理公司、二者的界面和责任如何确定、项目管理公司和监理等专业咨询单位的工作界面如何界定,等等。这些都需要进行研究和实践探索,本案例主要就这些内容进行阐述。

组织分工

(1) 项目实施的组织结构

在该项目上,房地产公司不再单独成立项目部,只派遣现场业主代表两名,把项目管理工作委托给有相关经验的专业化的项目管理公司。该项目的项目管理组织结构如图 3-12。

(2) 项目实施有关单位任务分工表

由于该房地产开发公司管理比较规范,企业内部各职能部门具有稳定的相应分工,项目参与单位尤其是引进的项目管理公司和监理公司与房地产开发公司内部职能部门之间如何分工,工作界面如何划分,是组织分工需要描述的重点,表 3-3 描述了各参与单位的主要工作任务分工。

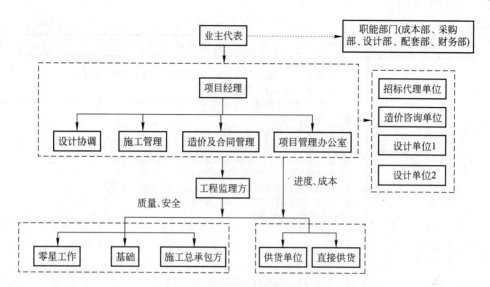

图 3-12 项目管理组织结构图

项目参与单位主要工作任务分工表　　　　　　　　　表 3-3

序号	参与单位	主 要 任 务 分 工
1	业主代表	1) 负责宏观层面的组织、协调，并对重大问题提供支持； 2) 负责与房地产公司各职能部门的协调和沟通； 3) 负责与外部单位各种关系的协调与沟通。如政府部门等； 4) 负责各种报批报建手续的办理； 5) 向项目管理方发指令； 6) 负责主要方案的确定或审定； 7) 督促、检查各实施单位的落实情况及计划执行情况等； 8) 主持相关会议； 9) 视情况需要，出席相关会议
2	项目管理方	1) 组建项目管理班子，负责投资、进度和质量总体目标的控制； 2) 接受业主代表的指令； 3) 配合业主代表与房地产公司各职能部门的沟通与协调； 4) 协助业主进行招标以及合同起草与谈判工作，参与合同执行期间的跟踪管理，协助索赔与反索赔； 5) 负责设计单位、招标代理、造价咨询等单位之间的协调； 6) 负责项目实施的专项咨询，配合业主方的设计过程管理，提出合理化建议，进行设计优化； 7) 督促造价单位(QS)提交每月的月度计划并对其审查； 8) 督促总监进行现场管理，狠抓工程质量，协调承包方、供货方； 9) 负责项目的实施策划与实施，包括三大目标的控制以及招标投标与合同管理等； 10) 编制总进度计划，有变化时及时调整； 11) 各专业工种高级工程师进行技术管理，负责就某些重大问题组织专家论证； 12) 主持召开每周项目管理例会。与监理方、总承包方、供货方企业高层进行沟通和协调； 13) 组织备案竣工验收； 14) 审核造价单位、监理单位、设计单位酬金的支付

续表

序号	参与单位	主 要 任 务 分 工
3	工程监理单位	1) 按照建设工程监理规范和监理合同规定进行施工和保修阶段的监理; 2) 接受业主和项目管理公司的管理; 3) 负责工程质量控制、费用控制、文明生产和安全管理以及施工组织设计(施工方案)的审核; 4) 协助业主进行施工单位和设备材料供应商的选择; 5) 负责施工方案落实的检查,过程验收和隐蔽工程竣工验收; 6) 负责关键工序、关键部位和关键工种的旁站监理; 7) 负责施工单位文档信息管理的检查; 8) 按照国家有关法律法规,行使工程监理应尽的全部义务; 9) 参加项目管理周例会,并汇报施工情况; 10) 主持相关的专题会议
4	设计单位	1) 接受业主和管理公司的管理; 2) 开展与业主签订的合同范围内的工作; 3) 负责设计交底、图纸会审,和竣工图的编制; 4) 按照合同的要求完成整体设计要求,达到规范要求的深度; 5) 负责项目的设计工作,并对设计图纸的质量、进度负责; 6) 协助业主进行主要施工方案的审查、论证; 7) 负责现场施工的设计配合和参加各阶段的验收; 8) 负责现场的设计服务,及时解决现场的设计变更问题,对设计变更进行审查和控制; 9) 主设计单位需要对深化设计进行配合,并审核其成果; 10) 为招标投标标书进行技术支撑,并参与设备的考察与选定等
5	施工总承包方	1) 接受业主和管理公司的管理; 2) 开展与业主签订的合同范围内的工作; 3) 全面负责所在标段项目的施工与现场管理; 4) 负责文明施工、安全、质量、进度,制定相关的制度; 5) 负责分包单位的安全、质量和进度的检查监督与管理,并按分包合同对分包单位进行管理和配合; 6) 对专项设计,负责与设计单位进行协调; 7) 负责相关文档与信息管理工作; 8) 协助业主和管理公司,处理好和相邻标段的总承包方的关系
6	造价咨询单位	1) 接受业主和管理公司的管理; 2) 开展和业主签订的合同范围内的工作; 3) 编制、审核投资估算及进行项目经济评价; 4) 工程结算、工程决算的审核; 5) 负责工程量清单和合同的编制和审核; 6) 工程变更及合同价的调整和索赔费用的计算; 7) 建设项目各阶段的工程造价控制和月报审核; 8) 建设项目评价和后评价以及设计方案技术经济论证和优化等; 9) 协助业主招标工作,提供招标文件的编写; 10) 协助进行合同管理,审核各节点的付款; 11) 及时解决现场发生费用的审核
7	招标代理单位	1) 按照业主的要求进行有关招标代理工作

小 结

工作任务分工是组织分工的主要内容之一,该项目各参与方之间的任务分工是在特定项目环境下(具体见本案例项目背景)的组织分工,由于该项目为试点项目,因此在实施过程初期,不可避免地会出现任务界面不清晰、工作内容重叠、多重指令,甚至是企业文化、价值理念冲突等的现象。因此需要根据实际情况不断调整、优化,探索出房地产公司委托专业咨询公司进行建设管理的新模式。

思考题

1. 房地产开发公司具有丰富的房地产项目管理经验,如何进行工作任务分工更能发挥房地产开发公司和项目管理公司各自的优势?

2. 正如小结中所述,在项目实施初期,不可避免出现任务界面不清晰、工作内容重叠、多重指令,甚至是企业文化、价值理念的冲突等现象,如何通过任务分工和其他组织措施避免或解决这些问题?

案例2 瑞士苏黎世机场

项目背景

瑞士苏黎世机场建设工程位于瑞士苏黎世城区的偏东北部分,在小镇 Kloten 附近,分为 A 处和 B 处,建设规模为欧洲最大。建成后的苏黎世机场(图 3-13)是欧洲最重要的枢纽之一,其业务增长高于全球空运平均水平,客运量排名第 15 位,货运量排名第 5 位。

图 3-13 瑞士苏黎世机场

瑞士苏黎世机场建设工程为大型基础设施建设项目,本案例将重点介绍该项目建设单位内部各部门的管理职能分工。

组织分工

该机场项目建设的组织结构中，代表国家的是苏黎世机场建设委员会，下设经理会，经理会下设各机场管理业务部门。机场还设有工程项目总负责人，下属各个建设协调部门。

苏黎世机场建设工作中，将管理职能分成7个，即决策准备、决策、执行、检查、信息、顾问和了解。其中，决策准备与筹划的含义基本相同。每项任务都有工作部门或个人负责决策准备、决策、执行和检查，其管理职能分工如表3-4所示。

苏黎世机场建设工作管理职能分工表　　　　表3-4

编号	工作任务 P—决策准备； E—决策；　D—执行； I—信息；　Ko—检查； Ke—了解；　B—顾问	项目建设委员会	项目建设委员会成员	机场经理会	机场经理会成员	机场各部门负责人	工程项目协调部门	工程项目协调工程师	工程项目协调组	工程项目负责人
1	总体规划的目的/工期/投资	E	B/Ko	Ke	Ke	Ke	—	—	—	—
2	组织方面的负责	E	B/Ko	Ke	Ke	Ke	—	—	—	—
3	投资规划	E	B/Ko	Ke	Ke	Ke	—	—	—	—
4	长期的规划准则	E	Ko	B/Ke	B/Ke	D/I	B	B	—	—
5	机场机构组成方面的问题	E	B	Ke	Ke	Ke	—	—	—	—
6	总体经营管理	E	B	Ke	Ke	P/Ke	—	—	—	—
7	有关设计任务书、工期与投资的控制检查	Ko	Ko	D/I	D/I	I	—	—	—	—
8		Ke	Ke	E	I/Ko	B	P/Ko	P/Ko	Ke	D
9	与机场有关的其他项目	Ke	Ke	E	I/Ko	P	B/Ko	B/Ko	Ke	D
10	施工方面有关技术问题的工作准则	—	—	E	B/I/Ko	B	Ke	P/Ke	Ke	D
11	施工方面有关一般行政管理与组织的工作准则			E	B/I/Ko	B	Ke	P/Ke	Ke	D
12	投资分配	Ke	Ke	E	B	B	Ke	P	B/Ke	D
13	设计任务书及工期计划的改变	Ke	Ke	E	B	D	B/Ko	B/Ko	B	D
14	施工现场场地分配	—	—	E	B	D	P/D	B/Ke	B/Ke	D/I
15	总协调	Ke	Ke	E/Ko	D	D	D	D	D	D
16	总体工程项目管理组织各岗位人员的确定	Ke	Ke	B/Ko	E/D	B/Ke	B/Ke	B/Ke	Ke	Ke
17	对已批准设计建设规划的监督	Ke	Ke	Ko	Ko	D	D	D	Ke	D/I
18	对已批准的工期计划的监督	Ke	Ke	Ko	Ko	D	D	D	Ke	D/I
19	投资监督	Ke	Ke	Ko	Ko	D	B/Ke	B/Ke	Ke	D/I
20	工程项目管理组织内部信息	—	—	Ko	D	D	D	D	Ke	D

我国多数企业和建设项目的指挥或管理机构，习惯用岗位责任制的岗位责任描述书来描述每一个工作部门的工作任务（包括责任、权利和任务等）。工业发达国家在建设项目管理中广泛应用管理职能分工表，以使管理职能的分工更清晰、更严谨，并会暴露仅用岗位责任描述书时所掩盖的矛盾。如使用管理职能分工表还不足以明确每个工作部门的管理职能，则可辅以使用管理职能分工描述书。

小　　结

组织分工包括工作任务分工和管理职能分工。本案例主要阐述了苏黎世机场项目的管理职能分工，而管理职能分工表常在工作任务分工表的基础上进行编制。在编制项目管理任务分工表前，应结合项目的特点，对项目实施各阶段的费用（投资或成本）控制、进度控制、质量控制、合同管理、信息管理和组织协调等管理任务进行详细分解。在项目管理任务分解的基础上，明确项目经理和上述管理任务主管工作部门或主管人员的工作任务，从而编制工作任务表。工作任务分工表和管理职能表都可以表述某个项目参与单位内部或参与方之间的组织分工。

思考题

1. 组织的管理职能分工表有何作用？如何编制？
2. 组织的任务分工表和管理职能分工表有哪些联系，又有哪些区别？它与传统的岗位责任描述书又有何区别？

案例3　上海金茂大厦[1]

项目背景

金茂大厦高420m，属于超大、超高、多功能、综合性的建设工程项目，超高层建筑的施工难度是不言而喻的，尤其将五星级的豪华酒店设计在53层以上，更增添了技术及管理上的复杂性。金茂大厦由SOM建筑设计事务所（以下简称SOM）负责设计建筑、结构和机电系统，大量采用当今世界最先进的设备、材料和技术，对项目管理提出更高、更新的要求。

金茂大厦的建成在许多方面积累了宝贵的经验，标志着中国高层建筑的飞跃。特别是金茂大厦的业主在决策、组织设计与施工的招标、以及在大厦整个建造过程中项目管理等方面的成功经验，值得借鉴，具有很高的现实参考价值。本案例将金茂大厦总承包方的组织结构模式进行分析介绍。

---

[1] 本案例参考张关林、石礼文主编《金茂大厦决策、设计、施工》。

组织分工

金茂大厦业主组建了精干高效的筹建工作班子,始终掌握工程项目建设的主动权。在组织上实行主任领导下的责任工程师负责制,每个专业一般只设1名责任工程师,分工明确、职责清楚,一杆子负责到底,避免人浮于事,互相推诿。在制度上制定了筹建工作条例,以及岗位责任制。金茂大厦筹建办前期只有几个人,高峰时也只有20多人,有关单位对筹建办的工作效率和办事能力表示赞赏。金茂筹建办的长处在于对设计、施工的管理协调能力,对质量、成本的管理控制能力。在施工方面,选择了联合体模式下的施工总承包模式,全面负责项目施工和施工管理与协调。

联合体的分工有多种模式,但如何使各个单位优势互补、形成合力,需要进行合理的分工,尤其是对主承包商的责任界定和各参与单位工作界面的定义,需要合理设置。以下介绍该项目联合体各单位的组织任务分工。

(1) 总承包方的组织结构图

业主选定以上海建工集团为主,联合日本大林组株式会社、法国西宝营建集团、香港其士国际发展有限公司组成的联合体(SJMC-Shanghai Jin Mao Contractor)作为金茂大厦的总承包商,并在总承包合同上明确规定"由上海建工集团承担金茂大厦建设的全部经济和法律责任"。这就确认了金茂大厦工程由上海建工集团一家为总承包的责任单位。

总包商由上海建工集团为主,成立项目经理部,联合体其他联合方派出有关专家参与项目经理部各部门的工作。项目经理部受SJMC管理委员会的委托,行使总包商的权利和义务,是总包商的实施工作机构。金茂大厦项目经理部下设"六部二室"的管理机构,其组织结构如图3-14所示。

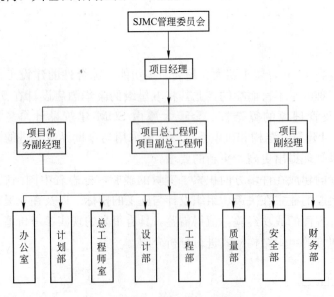

图3-14 项目经理部机构设置

(2) 项目经理部各部门的主要职责

1) 项目经理

- 全面负责工程项目管理工作，认真履行工程总承包合同，确保服务质量，满足业主的需求；负责工程合同管理，及时分析履约情况，搞好经济索赔和纠纷处理。
- 确定项目管理总目标和标段目标，制定总体控制计划，实施跟踪、考核、控制。
- 适时地作出项目管理决策，包括工程前期、重大技术措施、财务跟踪决策、资源配备、工程进度、工程总体专业配套等决策。
- 组织好关键性会议，受业主委托，主持工程例会，参加重要技术谈判和商务谈判；监督检查工期、质量、成本、技术和资金状况；组织对分包商和材料、设备供应商选择的审查考核。
- 接受企业主管领导和职能部门的监督，定期报告工作。

2) 项目副经理

- 按时参加业主和总分包工程协调会，确保工程节点目标和合同工期目标的实现；组织编制和审核工程总进度计划和部位作业计划书，并贯彻实施；负责项目开、竣工报告和竣工验收的组织工作；督促、检查分包商的施工进度，善于预见问题，并采取措施解决矛盾，保证工程总进度计划的顺利实施。
- 负责创建文明工地、施工现场标准化管理工作，制定相关的规划和制度，定期组织管理检查；对各分包商的安全施工实行有效监控。
- 协助项目经理落实项目资金，定期组织成本分析会，了解和掌握施工变更情况，确保合理收入，严格控制支出。
- 熟悉合同条款，及时组织编制工程项目增减账和索赔文件，维护企业正当利益。

3) 项目总工程师、副总工程师

- 负责项目技术管理和质量管理，协助设计方、监理方做好与工程质量有关的协调工作。
- 负责与设计单位的联络，落实深化图出图计划，组织学习和审查深化图纸，参加设计交底，明确施工范围和技术要求，负责图纸修改、设计变更的记录。
- 组织编制、论证和审定施工方案、施工组织设计，及时解决施工中的技术问题和安全措施，协调、监督各分包商施工的技术质量和标准控制。
- 负责控制项目质量目标，负责沉桩、挖土、混凝土浇筑令的签发和隐蔽工程的验收及施工令的申报。负责项目测量观察的复验签证，落实质量保证措施。组织对基础分部工程、主体结构分部工程、装潢分部工程、设备安装分部及单位工程质量的验收和整改复查；负责质量事故的调查和处理。

4) 办公室
- 负责文秘工作。
- 负责人事管理及工资奖金管理。
- 负责工程档案、质量记录的管理。
- 负责后勤总务。
- 负责宣传、公关、接待、翻译。
- 负责文件和资料收发。

5) 计划部
- 负责编制工程总计划、分阶段及月度计划。
- 负责分包商的资格审查及招标工作。
- 负责各类进口、国产设备与材料的采购报关。
- 负责总包商仓库的管理。
- 负责合同管理。

6) 总工程师室
- 负责编制与审核主要施工方案。
- 负责各分包商技术方案的协调。
- 负责工程技术问题的处理。
- 负责有关技术方案SOM设计方的联系。
- 负责收集与整理技术资料。

7) 安全部
- 负责安全生产管理。
- 负责总平面图管理。
- 负责场容场貌和文明施工管理。
- 负责消防、保卫、环境卫生管理。
- 负责周边关系的协调。

8) 工程部
- 按总计划与阶段计划组织施工和协调。
- 负责处理和协调各分包商之间的关系。
- 负责不同阶段施工场地和临时堆放场地的协调与管理。
- 负责大型机械及垂直运输设备的协调与调度。
- 负责组织落实各个分包商的施工进度。
- 记录总承包施工日记。

9) 质量部
- 负责监督各分包商建立质量保证体系和质量管理网络。
- 负责分包商的半成品、成品和施工质量的验收,包括隐蔽工程验收和技术复核。
- 负责工程分部分项的质量评定及市质量监督检查部门的联系。
- 负责工地测量网络建立和轴线标高的控制。

- 验收、收集、保管各类半成品、成品及施工中形成的质保书、标准文件及相关资料。

10) 设计部
- 负责土建分包商的深化图。
- 审核各分包商的深化图，协调、平衡各分包商的图纸矛盾。
- 负责有关深化图纸与 SOM 的联系。
- 负责图纸的收发与送审。
- 负责工程竣工图的管理。
- 负责材料设备品质的送审。

11) 财务部
- 负责工程资金与成本管理。
- 负责工程量申报、复核与增减账的管理。
- 负责各分包商的年、月报的核实与工程款的核付。
- 负责各分包商之间小额费用的协调与裁定。

小 结

工程总承包单位是项目的主要参与方，尤其对于特大型建设项目，在采用联合体或合作体模式下，理顺总承包内部的组织关系决定着项目的成败。工程总承包可采用的组织模式有多种。案例中采用了线性组织结构模式，充分利用了该模式指令清晰、责任明确、信息传递明确的优点，但组织结构模式并不是惟一的，也不存在最优的，需要根据项目的实际情况变化进行调整。

思考题

1. 联合体模式下施工总承包各部门如何分工？
2. 本案例中的组织分工还可以进行哪些改进？在实施中应注意哪些问题？

3.4 工作流程组织

案例1 某房地产开发项目

项目背景

项目概况同第 3.3 节案例 2。

从第 3.3 节案例 2 可以看出在整个项目建设中，房地产公司和项目各参与方之间的组织关系在逐步理顺过程中，这就要求工作之间尤其是跨部门、跨组织的逻辑关系需要明确界定。本案例重点阐述组织里的一项重要内容——工作流程组织。

工作流程组织

每一个建设项目应根据其特点，从多个可能的工作流程方案中确定以下几个主要的工作流程组织：

- 设计准备工作的流程；
- 设计工作的流程；
- 施工招标工作的流程；
- 物资采购工作的流程；
- 施工作业工作的流程；
- 各项管理工作的流程（投资控制、进度控制、质量控制、合同管理和信息管理）；
- 与工程管理有关的信息处理的工作流程等。

业主方和项目参与各方，如工程管理咨询单位、设计单位、施工单位和供货单位等都有各自的工作流程组织的任务。以下就业主方的管理工作流程为例进行说明。具体流程清单参见本案例附件。

(1) 投资控制流程

投资控制涉及从投资规划到竣工结算的全过程，也涉及到业主造价咨询、设计、工程监理和承包单位等。因此需要明确各个工作之间的关系。对该项目，主要包括设计变更、工程签证、工程款支付审批和工程结算等流程。例如图 3-15 为工程签证流程。

(2) 质量控制制度流程

对房地产公司而言，质量是企业的生命线，质量控制的标准和工作程序要求十分严格。除了规定质量控制程序外，该房地产公司坚持分户验收的先进理念。因此相关流程需要为各参与单位明确。图 3-16 为施工阶段工程质量控制流程图。

(3) 进度控制流程

对房地产项目而言，进度意味着市场机会，企业相关部门对进度也高度关注。进度不仅涉及到各部门（如设计、采购、工程等）的项目配合问题，还涉及到集团公司的项目开发计划战略问题。因此，进度控制要求严格。对本项目而言，主要涉及各层计划的编制、审批、实施、检查和分析等。图 3-17 为项目实施计划编制与审批流程图。

(4) 信息文档管理流程

信息文档流程主要描述函件、图纸、纪要、报告等文件的分发和存档过程。图 3-18 为函件或文件分发流程图。

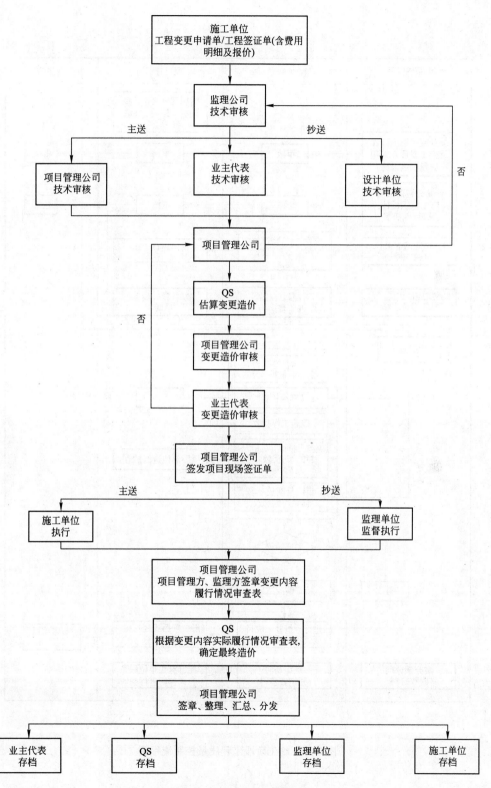

图 3-15 工程签证流程图

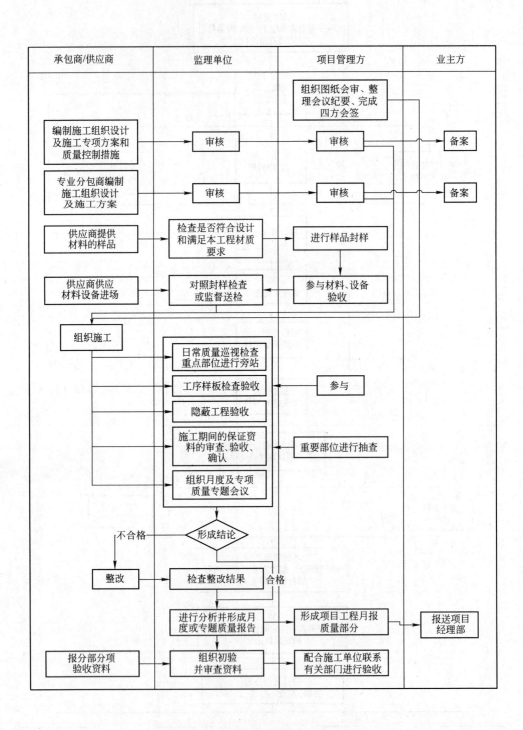

图 3-16 施工阶段工程质量控制流程图

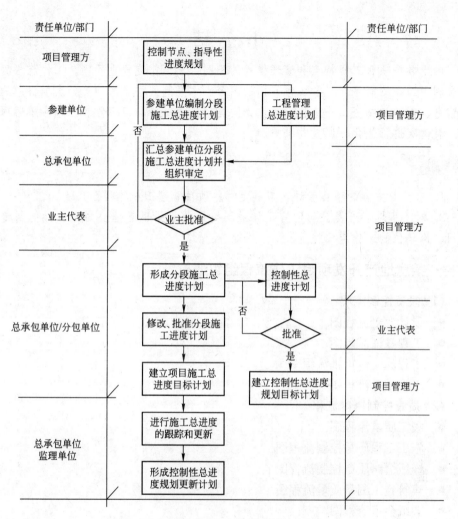

图 3-17　项目实施计划编制与审批流程图

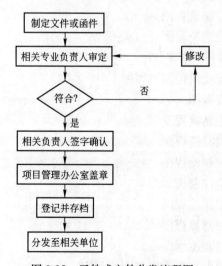

图 3-18　函件或文件分发流程图

小　　结

由于各个项目工程特点和管理模式的不同，其工作流程也不同。工作流程的确定有利于工作的有序开展和工作界面的划分。本案例列举了房地产开发项目中的各类信息、管理和物资工作流程，可作为同类项目的借鉴。但工作流程也应随着项目的开展情况进行优化、调整和补充。

思考题

1. 对于业主方的项目管理，应制定哪些项目管理工作流程？
2. 对于房地产开发公司而言，如果其委托专业项目管理公司，应如何制定跨部门、跨单位的工作流程？

附件：某房地产开发项目工作流程组织清单

(1) 投资控制流程
- 设计变更流程图
- 工程签证流程图
- 工程款支付审批流程图
- 工程结算流程图

(2) 质量控制制度流程
- 竣工质量流程图
- 施工工程质量控制流程图
- 样板引路质量控制流程图
- 建筑施工测量质量流程图
- 图纸会审流程图
- 施工组织设计(施工方案)流程图
- 土方工程质量控制流程图
- 建筑材料质量控制流程图
- 回填土工程质量控制流程图
- 地基与基础工程质量控制流程图
- 主体质量控制流程图
- 隐蔽工程验收控制流程图
- 模板工程质量控制流程图
- 钢筋工程质量控制流程图
- 混凝土工程质量控制流程图
- 砖石工程质量控制流程图
- 门窗工程质量控制流程图
- 装饰工程质量控制流程图
- 建筑设备工程隐蔽工程质量控制流程图

- 建筑设备安装工程隐蔽工程质量控制流程图
- 分户验收质量控制流程图

(3) 进度控制流程

1) 总进度规划编制与审批流程
2) 项目实施计划编制与审批流程
3) 项目实施计划的实施、检查与分析流程
4) 月进度计划编制与审批流程
- 施工月度计划编制与审批流程
- 工程管理月工作计划的编制与审批流程
5) 月度计划实施、检查与分析流程
- 施工月度计划的实施、检查与分析
- 工程管理月计划的实施、检查与分析

(4) 信息文档管理流程

1) 业主代表函接受与分发流程
2) 其他单位函件或文件接收流程
3) 图纸接收与发放流程
4) 函件或文件分发流程

3.5 组织协调

案例1 某房地产开发项目

项目背景

项目概况同第 3.3 节案例 2。

组织协调包括对外组织协调和对内组织协调。对外组织协调主要是获取工程相关许可证，履行建设管理程序，处理好与外部相关单位(或利益相关者)、部门或民众之间的关系，为项目创造良好的外部环境。对内组织协调主要是项目参与单位之间的组织协调，包括理顺组织关系、建立信息报告体系、会议协调等。本案例着重介绍某房地产开发项目中对外组织协调中的报批报建。

组织协调中的报批报建协调

虽然相关法规、规章制度已经明确了相关程序，但由于报批报建的复杂性以及各地方的规定存在差异，因此需要编制报批报建计划和报批报建操作手册。以下介绍本配套商品房项目报批报建手册的主要内容。

(1) 项目报批报建总体程序(图 3-19)

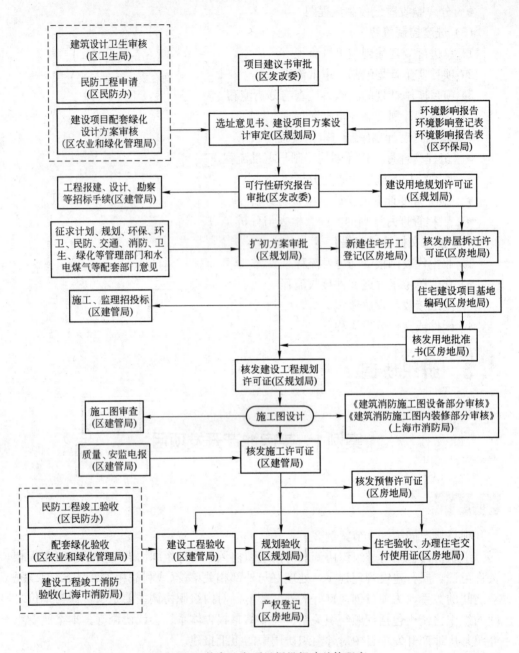

图 3-19 某房地产项目报批报建总体程序

(2) 项目报批报建计划节点及执行部门(表 3-5)

项目管理的组织

报批报建计划及执行 表3-5

		总负责人		版本	年 月 日
		进度依据		项目总进度规划第( )版	

编码	内　容	时　间　节　点				责任部门/责任人	配合部门/人	状态
		计划要求完成时间	资料完成时间	上报时间	预计完成时间			
1	项目建议书和可行性研究							
1.1	商品房项目建议书审批							
1.2	商品房项目可行性研究报告审批							
2	房屋土地管理							
2.1	建设项目用地批准书							
2.2	房屋拆迁许可证审批							
3	"一书两证"等管理							
3.1	项目选址意见书							
3.2	上海用地规划许可证							
3.3	建设工程规划许可证							
3.4	办理新建住宅基地编码							
3.5	办理新建住宅开工登记							
4	方案、施工图审批							
4.1	核定建筑工程设计方案							
4.2	核定建筑工程扩初设计							
5	建设项目专项审查							
5.1	建设项目环境影响报告书、环境影响报告表、环境影响登记表							
5.2	建筑设计卫生审核							
5.3	建筑消防设计施工图审核（设备部分）							
5.4	建筑消防设计施工图审核（内装修部分）							
5.5	民防审查							
5.6	配套绿化审核							
5.7	劳动安全卫生监察							

续表

编码	内容	时间节点				责任部门/责任人	配合部门/人	状态
		计划要求完成时间	资料完成时间	上报时间	预计完成时间			
5.8	交通审查							
5.9	抗震设防审批							
6	建设项目配套申请							
6.1	供电申请							
6.2	供电申请							
6.3	排水申请							
6.4	道路管线挖掘申请							
6.5	燃气申请							
6.6	电信申请							
7	招标投标及施工准备管理							
7.1	建筑工程施工许可证							
7.2	办理新建住宅开工登记							
7.3	办理住宅建设施工计划							
7.4	办理新建住宅竣工配套计划							
8	竣工验收与交付							
8.1	申请上海市建设工程竣工规划验收(建筑工程)							
8.2	建设工程竣工备案							
8.3	上海市新建住宅交付使用许可证							

注：状态包括对工作进行状态的描述和实际完成时间

（具体内容略）

（3）项目报批报建操作指南

操作指南应明确审批项名称、办事程序、申报时需提供的资料，各部门联系方式等以利于各参与单位、部门的配合，尽量做好各项准备。以项目建议书和可行性研究的申报为例说明项目报批报建操作指南（表3-6）。

项目报批报建操作指南 表 3-6

审批项目名称	审批单位	阶段	办事程序	申报时需提供的资料
3.1				项目建议书和可行性研究
商品房项目建议书审批	市发改委	前期	1. 受理 2. 会审或审核 3. 报批或批复	1. 报批项目建议书的请示 2. 项目建议书 3. 项目法人营业执照 4. 项目初步选址地形图 5. 项目建设方案总平面图 6. 项目评估意见表和项目基本信息表 7. 项目单位用地申请表 8. 用地意向书
商品房项目可行性研究报告审批	市发改委	前期	1. 受理 2. 审核 3. 报批或批复	1. 报批项目可行性研究报告的请示 2. 项目可行性研究报告 3. 房地产企业的营业执照、资质证书 4. 项目建议书批文或土地中标通知书 5. 土地出让合同及土地使用条件 6. 规划范围地形图 7. 规划部门核发的选址意见书 8. 规划部门审定的修建性详细规划设计方案和项目设计方案 9. 环保部门批准的环境影响报告 10. 项目法人的资本金承诺及资本金落实情况（总投资的35%） 11. 各市政配套部门征询意见 12. 工程总平面图和单体平面图

小 结

本案例介绍了房地产开发项目的报批报建组织协调，包括工作程序、报批报建计划和操作指南。在项目中，对外组织协调还包括对其利益相关者的沟通和联系。比如，在某地铁3号线项目（项目背景见第2.2节案例2）中，设计总体组要与政府各相关部门之间发生大量的沟通和协调，而设计总体组本身又包含综合副总体、线路副总体、土建副总体、车辆与车辆段副总体以及弱电副总体等多个专业总体小组，因此，需要对相关沟通与协调进行专项管理，可采用图表等可视化工具辅助进行。以土建副总体小组与政府各相关部门的沟通、协调管理为例，其关系框架图表如图3-20所示。在实践应用当中，可借助计算机进行相关信息管理。

对一个项目系统而言，建设单位、监理单位、设计单位和施工单位等单位之间的沟通也可作为对外组织协调的内容。大量的工程项目实践表明，良好的组织协调关系将有助于良好的项目文化的建立，使不同的企业文化统一到项目利益之下。

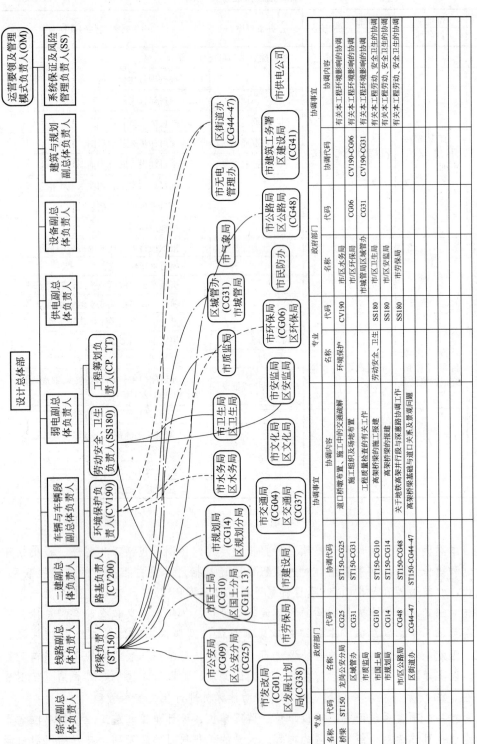

图 3-20 土建副总体小组与政府各相关部门沟通、协调管理关系框架图

思考题

1. 项目的对外组织协调包括哪些方面？一个项目中组织协调的重要性表现在哪些方面？
2. 报批报建手册包括哪些内容？

案例 2 某国际机场迁建工程航站楼

项目背景

某国际机场迁建工程总投资 148.62 亿元，兴建于 2000 年，已于 2003 年建成投入使用(图 3-21)。该项目建设规模庞大，其中航站楼 1 期面积约 35 万 m^2，可满足年旅客吞吐量 2500 万人次、货物 100 万 t，典型高峰小时飞机起降 67 架次、旅客吞吐量 9300 人的要求。

图 3-21 某国际机场扩建工程总全景图

本案例介绍该国际机场迁建工程中航站楼项目建设中的会议协调手段，即会议组织设计，包括如何建立各类协调会议及相关的组织协调制度等。

组织协调

会议是组织协调的重要手段，面对面的集中交流使问题更能够得到高效解决，会议的目的如图 3-22 所示。

在项目开始前应进行会议的组织设计，明确以下一些内容：
- 会议的类型；
- 各类会议的主持人和参加单位与人员；
- 各类会议的召开时间；

图 3-22 项目会议的基本目的

- 各类会议文件的整理、分发和确认；
- 会议制度等。

(1) 组织协调涉及到的单位

本项目为特大型建设项目，项目参与单位多，涉及到的外部单位也很多，因此首先需要明确组织协调主要涉及的单位和部门，如图 3-23 所示。

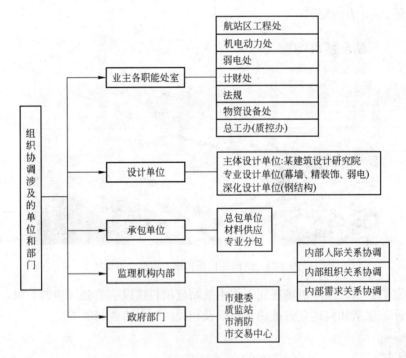

图 3-23 组织协调涉及到的单位和部门

(2) 航站楼建设过程中会议的组织与协调

根据项目的特点和需要，将所有的工程会议分为 4 个层次：关键线路项目的每天碰头会、各专业协调会、工程例会和专题工程会议。

1) 第一层次：关键线路项目每天碰头会

主持：总承包方。

参加：业主相关处室人员、专业监理工程师、相关施工单位。

时间：每天上午 9：00。

内容：每天的进度检查与相关事宜协调。

列为关键线路的有：东西翼土建，金属屋面板，二、三标段幕墙，东西翼钢结构等。

2）第二层次：各专业协调会

① 土建协调会

主持：总承包方。

参加：工程处相关人员、监理工程师以及土建、钢结构、幕墙等施工单位。

时间：每周一。

② 安装协调会

主持：总承包方。

参加：机电动力处、监理单位、安装单位。

时间：每周二下午。

③ 设计协调会

主持：设计单位。

参加：业主、监理单位、各施工单位。

时间：每周四。

④ 弱电协调会

主持：弱电处。

参加：业主、监理、各施工单位。

地点：弱电设计、监理和施工单位。

时间：每周二下午。

3）第三层次：工程例会

主持：总监理工程师。

参加：指挥部总指挥、副总指挥、总工、各处处长、市建委领导、市质监站、监理、设计及各施工单位项目经理。

时间：每周二上午 9：00。

内容：讨论解决跨专业及各专业协调会无法解决的问题和其他需协调解决的重大事宜。

4）第四层次：专题工程会议

主持：监理或业主。

参加：业主相关处室、监理单位、设计单位、市质监站。

内容：专题研究解决所需的工程技术、质量、进度和造价等问题。

小　　结

本案例介绍了大型建设项目中会议组织设计的主要内容。实践证明，高效的会议组织有助于及时解决项目中出现的各类问题，以及及时调解可能出现的潜在矛盾，是组织协调中不可或缺的手段。但会议本身的组织也非常重要，尤其是如何高效率地召开各种会议，避免出现"无准备、无主题、无目的、无休止、无结论"的状态，需要精心策划和仔细安排。只有这样，才能达到提高管理效率、保持协同工作和控制管理目标的目的。

思考题

1. 工程会议有哪些层次，这些层次间有什么关系？
2. 作为一位业主方的项目经理，主持一次参建各方参加的工地协调会，从哪些方面做会前准备，又有哪些保证措施来使会议达到预期的目的？如何提高会议效率？

3.6 项目报告系统

案例1 德国统一铁路[1]

项目背景

德国铁路改造项目（图3-24）是20世纪90年代初东西德统一，为振兴原来的东德经济，德国开展的三大巨无霸项目中最大的一个，总投资为460亿德国马克（约1800亿元人民币），从1992年开始兴建，预计到2010年完工。

本项目由原联邦德国财政部投资，原联邦德国铁路总公司委托德国统一铁路建设策划公司（以下简称PBDE）作为授权的开发方，负责整个铁路改建和新建项目的实施。而PBDE委托总部在慕尼黑的格来勒工学博士工程管理咨询公司（英文简称GIB）为其提供中央项目控制（Central Project Controlling）。

该项目规模十分庞大，扩建、新建铁路长达1650km，电气线路达3320km，扩建、新建、改建火车站146个，修建铁路桥梁1071座，隧道41个，电子信号塔19个。由于项目参与单位有成千上万家，且原有铁路要正常运行，因此涉及复杂的界面问题，这给项目管理带来了很大难题。

图3-24 原联邦德国铁路改造项目

---

[1] 本案例参考贾广社编《项目总控（Project Controlling）——建设工程的新型管理模式》。

本案例重点介绍其中的项目总控报告系统,主要内容为报告系统的分析和项目总控报告的类型。

项目报告系统

(1) 报告系统分析

项目总控信息系统是项目总控模式的重要组成部分。而报告系统是项目总控信息系统的核心,报告是项目总控信息处理的结果,它代表了总控者的工作成果和产品。总控报告不是无源之水,报告的产生必须依靠可靠的信息输入。

1) 项目总控信息系统的组成

项目总控信息系统包括输入界面和输出界面。在输出界面输出的信息有业主所需求的资金、付款、文档等各种报告。在输入界面输入的信息有业主方的投资、进度计划及要求,项目管理单位、工程监理、施工单位的计划和报告以及设计单位的图纸等。在项目总控信息系统内,包含有中央数据库、数据库组织及供用户所使用的查询系统等。根据需求,项目总控信息系统与业主、设计、施工等单位进行信息交流。图 3-25 是德国统一铁路的项目总控信息系统,在输入交界面有多种输入软件系统。

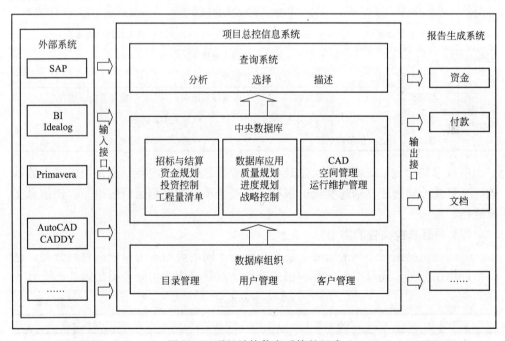

图 3-25 项目总控信息系统的组成

2) 项目总控信息系统的输入分析

项目总控的信息系统输入的对象来自于业主方、政府有关部门、工程监理、设计单位、施工单位、供货单位和咨询单位。信息输入可通过书面文件、电子版文件或数字化文件。项目总控获得信息不限于此,还需要参加现场工程例会、协调会,或组织业主方代表、设计方代表和施工方代表参加的专题座谈会。

项目总控对信息系统输入需要建立规定，如统一的项目分解结构、统一的进度信息结构的规定和计算机网络技术方面的规定等，最重要的是输入信息内容的规定。本项目中，从业主方、工程监理方、设计方、施工单位以及供货单位输入的主要信息如表3-7所示。

项目总控主要信息输入表　　　　　　　　　　　　表3-7

单位	信　息　内　容	
政府部门	· 项目场址选择的技术论证 · 项目预可行性研究 · 生态环境评价与对策报告 · 项目设计方案与方案经济论证批准书 · 市政配套部门对项目的有关决定	· 项目总体规划和实施计划 · 项目建设资金筹措报告 · 项目建议书与批复 · 政府有关职能部门对项目的有关决定 · 环保部门对项目的有关决定
业主	· 向政府主管部门的请示报告 · 设计合同、施工合同、供货合同、咨询合同等其他合同 · 向设计单位的发函　　· 向施工单位的发函 · 向工程监理的发函　　· 向其他单位的发函	· 向政府有关职能部门的报告或函件 · 向供货单位的发函
设计单位	· 方案设计　　　　· 扩初设计及概算 · 设计变更　　　　· 细部设计、专业设计图纸及说明	· 施工图设计、说明和预算 · 致业主和工程监理方的函件
承包商、供货商	· 施工组织设计　　· 施工总计划 · 分部、分项和单位工程验收记录　　· 材料、设备产品说明及技术文件 · 付款申请　　　　· 致业主方、工程监理方的函件	· 施工月报、周报和日报
工程监理	· 监理方案　　· 监理规划　　· 监理实施细则 · 投资、进度、质量以及合同专题咨询报告 · 致设计、施工、供货商的函	· 监理月报、周报 · 致业主方的函 · 会议纪要、记录

项目总控信息系统输入的信息是项目总控信息处理的内容，也是报告产生的基础。项目总控通过建立信息交流的规则，在整个项目建立起通信的组织，使信息交流通畅。

（2）项目总控报告的类型

根据业主决策者不同的需要，总控报告有不同的类型，可以根据时间分类，也可根据作用分类，还可根据内容和格式分类。控制报告的主要分类如表3-8所示。

报告主要分类表　　　　　　　　　　　　表3-8

时间分类	内容分类	作用分类	格式分类
月　报 季　报 半年报 年　报 不定期	进　度 投　资 质　量 合　同 资　金	工程状况描述 计划预测 偏差分析 控制措施建议	总控经理函 总控年报、半年报、月报 总控专题报告 总控内部联系函

从表中可知：

1) 按时间分类有定期报告和不定期报告（详见第3.6节案例2）。

2) 按作用分为工程状况描述、偏差分析和控制措施建议等。

如 GIB 工程事务所为德国统一铁路工程设计的报告有周期报告和附加报告，周期报告主要反映工程状况。GIB 工程事务所的周期报告和附加报告分别如表 3-9 和表 3-10 所示。

GIB 周期报告　　　　　　　　　　　表 3-9

报告名称	收报告者	报告内容	项目结构等级	出报告者	周期
月度报告	项目经理部 出资者	项目月度情况	项目平面	二级项目中心 项目中央总控	1期/月
标准状况报告	铁路总公司 项目经理部	所有项目的情况	项目施工段	二级项目中心 铁路总公司 项目中央总控	2期/年
向联邦议院提供的报告	联邦议院铁路总公司项目经理部	铁路建设的情况	项目	二级项目中心 项目中央总控	1期/年
框架计划报告	项目经理部	计划执行情况	项目/项目段	二级项目中心 项目中央总控	1次/年
铁路总公司进度计划报告	铁路总公司	表格形式的概要	项目/施工段	项目中央总控	1次/2
资金筹集报告	铁路总公司 项目经理部	年度计划/资金计划	项目	二级项目中心 项目中央总控	1次/月
发包状况报告	铁路总公司 项目经理部	所有的发包/合同	合同	项目中央总控	1次/季
总投资计划报告	项目经理部	总的发包额推测	项目子对象	二级项目中心 项目中央总控	1次/年
资金计划报告	项目经理部 a) 短期的	年度预算计划	项目/施工段	二级项目中心 项目中央总控	1次/年
	项目经理部 b) 中期的	中期投资计划	项目/施工段	二级项目中心 项目中央总控	1次/年
	项目经理部 c) 长期的	长期投资计划	项目	二级项目中心 项目中央总控	1次/年

GIB 附加报告　　　　　　　　　　　表 3-10

报告名称	收报告者	报告内容	项目结构等级	出报告者	周期
成果控制报告	铁路总公司 职能部门	计划值、实际值、保证措施	项目账目	项目中央总控	月度
流动资金计划报告	铁路总公司 职能部门	根据资金来源确定资金供应	项目，考虑13个月	项目中央总控	月度
工程量结算报告	铁路总公司 职能部门	工程款支付	项目/合同	项目中央总控	月度
向出资集团的报告	铁路总公司 职能部门	所有合同状况	项目/法律手续	项目中央总控	月度

续表

报告名称	收报告者	报告内容	项目结构等级	出报告者	周期
工程保修期报告	铁路总公司职能部门	承包商承担的义务	项目/合同	项目中央总控	月度
法律程序报告	铁路总公司职能部门	所有悬而未决的诉讼法律手续	项目	项目中央总控	月度
资金筹集合同报告	铁路总公司职能部门	土地购买/施工准备措施	项目/合同	项目中央总控	月度
工程状况及计划报告	铁路总公司职能部门	工程状况/计划	项目	二级项目中心、项目中央总控	月度

GIB 报告服务的对象主要是 PBDE 以及联邦德国铁路总公司。附加的专题报告主要是为联邦德国铁路总公司的有关职能部门而做，主要由项目中央总控者来完成，而周期性的报告是由中央总控者和二级项目中心共同来完成，这也说明了项目中央总控者信息的来源主要依靠二级项目中心，项目总控报告的产生需要总控者和管理者紧密的合作。

3) 总控报告按内容分为进度、投资、质量以及资金、合同等方面的报告。

不论报告的类型如何，其最终目的都是为了实现项目的目标。总控报告的内容是在进度总控、投资总控、质量总控、资金总控和合同总控过程中产生的，报告的目的也是为项目目标控制服务的。德国统一铁路项目目标的控制与报告的关系如图 3-26 所示。

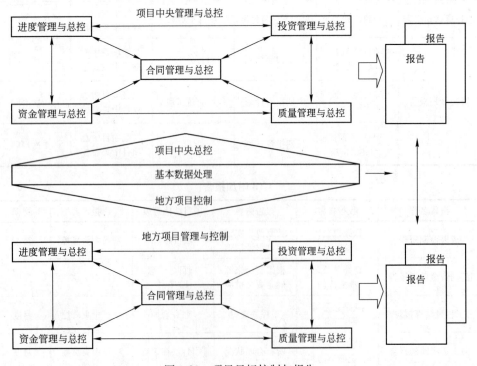

图 3-26 项目目标控制与报告

4）总控报告按格式分为项目总控经理函，项目总控年度、半年和月度报告等。

(3) 项目总控报告的内容

项目总控报告的内容将在第 3.6 节案例 2 厦门国际会展中心的案例中详细展开。

小 结

联邦德国铁路改造项目首次采用了项目总控管理模式，而总控模式的主要工作之一就是信息处理。报告是信息处理的产品，是项目管理和决策者进行决策的依据。该案例提供了丰富的报告类型，形成了完善的项目报告体系。但作为项目中的重要文件，报告本身的编制也有诸多要求，例如数据准确、及时、完整、直观，针对不同的报告而有所侧重等。项目报告应该作为项目中的重要文件进行规范化管理和使用。

思考题

1. 简述项目总控信息系统的组成、项目总控报告的类型及其主要内容。
2. 项目报告的编制有何要求？如何达到这些要求？

案例 2　厦门国际会展中心❶

项目背景

厦门国际会展中心位于厦门市前埔会展片区，总投资为 10 亿元人民币，建筑面积为 155000m²，是以钢结构为主的高难度、超大型公共建筑。该项目于 2000 年 8 月建成，已成为厦门市的标志性建筑之一，如图 3-27 所示。

图 3-27　厦门国际会议展览中心

作为国内首次应用项目总控管理模式的大型项目，厦门国际会展中心在建设过程中建立了完善的项目总控的报告系统。本案例重点介绍项目总控报告的分类、报

---

❶ 本案例参考贾广社编《项目总控（Project Controlling）——建设工程的新型管理模式》。

告的内容以及报告系统的实现。

项目报告系统

(1) 项目总控报告的分类

项目总控报告可以按时间、作用、内容、格式等分类(详见第3.6节案例1)。本节重点讨论项目总控报告按时间的分类。

总控报告按时间分类有定期报告和不定期报告。定期报告是基于管理过程循环的需要,既是上一个管理循环规划实施结果的检查,也是下一个管理循环提出问题和规划的开始。由于报告的对象不同,定期报告中信息浓缩的程度不同。一般地说,越是组织的上层得到的信息内容越浓缩,周期也较长。定期报告的种类有月报、季报、半年报和年报。工程状况报告是定期报告的一种。定期报告的栏目有资金提供、工程发包、任务完成情况、结算和存在问题等。月报告根据月工程计划总结并写出,表3-11即为厦门国际会展中心项目总控月度报表。

项目总控月度报表　　　　　　　　表3-11

报表编号	报表名称
PCMRTC1	本月计划进度与实际进度比较
PCMRTC1.1	设计月计划进度与实际进度比较
PCMRTC1.2	设备材料采购及招标投标月计划进度与实际进度比较
PCMRTC1.3	施工月计划进度与实际进度比较
PCMRTC1.4	开业准备月计划进度与实际进度比较
PCMRTC2	本月进度分析及采取的措施
PCMRTC3	下月计划进度
PCMRTC3.1	设计计划进度
PCMRTC3.2	设备材料采购及招标投标计划进度
PCMRTC3.3	施工计划进度
PCMRTC3.4	开业准备计划进度
PCMRTC4	项目形象进度表
PCMRTC4.1	项目设计形象进度表
PCMRTC4.2	项目设备材料采购及招标投标形象进度表
PCMRTC4.3	项目施工形象进度表
PCMRTC4.4	项目开业准备形象进度表
PCMRCC1	本月资金使用计划值与实际值比较
PCMRCC2	累计资金使用汇总表
PCMRCC3	下月资金使用计划
PCMRQC1	本月重大技术、质量及安全问题处理汇总表
PCMRQC1.1	本月重大设计技术、质量问题处理汇总表
PCMRQC1.2	本月重大施工技术、质量及安全问题处理汇总表
PCMRCA1	本月设备材料采购及招标投标汇总表
PCMRGR	业主方下月工作建议

不定期控制报告是在项目实施过程中对控制决策进行跟踪的情况报告,是对项目管理过程中出现的偏差或潜在的倾向进行分析并提出如何解决问题的建议。不定期控制报告通常情况下是解决某个专门问题的咨询报告。

(2) 项目总控报告的内容

项目进展中最重要的信息是目标信息的变化,因此,项目总控的报告要反映进度信息、投资信息、质量信息以及合同、资金的信息,同时也要对项目进展中出现的问题给予深入的分析,提出解决问题的建议,并对潜在的风险进行预测,提出防范的措施。

1) 进度报告的内容

进度报告的内容有工程进展状况、进度偏差的分析以及加快进度的建议等(图 3-28)。

项目总控对重要的过程要及时跟踪,表 3-12 所示即为招标与发包的进度状况报告。

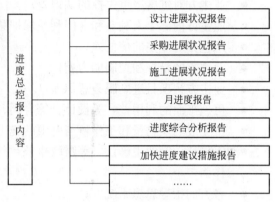

图 3-28 进度总控报告的内容

招标/发包的进度状况 表 3-12

项目名称:		发包名称:		
项目结构:		发包号:		
投资值: (1) 估算值: (2) 预算值: 比较(1)-(2):		金额:		
发包条件日期	控制点 1	控制点 2		控制点 3
(1) 申请开工 (2) 图纸齐备 (3) 招标文件制定及修改 (4) 确定标底 (5) 确定工期 (6) 资金落实				
发包程序日期	控制点 1	控制点 2		控制点 3
(1) 招标登记 (2) 发出公告 (3) 确定投标者名单 (4) 投标 (5) 评标 (6) 授予合同 (7) 开工				
发包部门:	签字:		日期:	

工程进度拖延的情况在报告中可得到及时地反映。报告会从不同方面、不同角度如管理、技术、经济和合同等方面分析进度拖延原因，从各个单位如业主方、设计方、施工方和供货方分析进度拖延的原因。如在本项目中，总控班子在《项目进度目标失控事故的分析和对应采取的紧急措施的思考》报告中对进度目标失控的主要原因进行了分析：

- 业主方对进度严重失控的认识差；
- 业主方内部个人利益和部门利益保护意识强；
- 承包方对业主的信任差；
- 业主方的指挥和控制能力差；
- 业主方为项目进度服务意识差；
- 可施工面的利用差，等设计、等合同、等物资的情况严重；
- 待完成的实物量和工作量与有限的施工时间的矛盾大；
- 等设计、等业主确认、等财政审核、等物资、等资金到位、等质检、等工作面……
- 各方的指导思想不统一；
- 每天的碰头会相互推卸责任、相互指责、埋怨；
- 开放问题而不解决问题。

2) 投资报告的内容

投资报告的内容包括投资的计划值、合同执行过程中投资的变化以及对投资值变更的预测、资金的状况和结算状况等(图 3-29)。

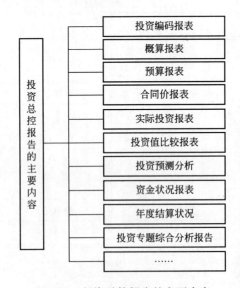

图 3-29 投资总控报告的主要内容

投资的状况是在不断地发生变化，投资报告应适时地反映这些变化，表 3-13 所示即为投资状况的有关信息。

投资状况报告表 表 3-13

项目名称：		合同号：	
承包商/供货商：		合同名称：	
项目结构：		项目部位：	
资金状况	金 额		备 注
(1) 概算值 (2) 预算值 (3) 合同价 (4) 合同变更(批准) (5) 整个合同价=(3)+(4) (6) 合同变更(提出) (7) 合同变更(估计) (8) 总发包额=(5)+(6)+(7)			
比较： (1)-(2) (1)-(5) (1)-(8) (2)-(5) (2)-(8) (5)-(8)			
所在部门：	负责人：		日期：

3) 质量报告的内容

报告的主要内容如图 3-30 所示。

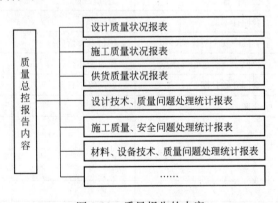

图 3-30 质量报告的内容

其中，表 3-14 和表 3-15 所示分别为设计质量状况和施工质量状况报表。

设计质量状况表 表 3-14

项目名称：			项目结构：	
合同号：			合同名称：	
设计单位名称：		专业名称：		图纸号：
存在质量问题：			处理措施：	
工程监理单位：	签字：		日期：	

施工质量状况表　　　　　　　　　　　　　　表 3-15

项目名称：		合同号：		合同名称：	
总(主)承包商：			分承包商：		
重要分项工程及分部工程名称		检查验收评定成绩	评定日期		质量问题
质量问题处理措施及结果：			质量问题涉及费用及工期处理：		
工程监理单位：		签字：		日期：	

4) 合同报告的内容

合同报告的内容反映了合同有关方风险分担的方法，确定了实现目标的责任与义务，合同执行过程中所反映的信息集中地反映了目标的信息，以及在实现目标过程中合同有关方履行责任的程度，因此合同的管理与控制是控制目标实现的关键。表 3-16 提供了该项目所用合同的有关信息。

合同基本信息表　　　　　　　　　　　　　　表 3-16

合同基础数据	合同号： 合同名称： 发包号： 承包商：		项目结构： 项目部位： 主管部门： 合同签订日期：	
合同执行状况	合同在招标		合同正在执行	合同已结束
发包种类	单价合同		总价合同	总包合同
发包程序	公开招标		协商议标	直接委托或其他
投资数据	合同计划值		投标价	发包价
合同条件	合同中安全费比例(%)		预付款扣留(%)	预付款
	合同中有否惩罚性条款		保修金扣留(%)	保修期(年/月)
进　　度	合同开始日期		合同终结日期	合同结算日期
合同变更累计	金额		日期	备注
1 2 ……				
合同付款累计				
1 2 ……				
所在部门：	签字：		日期：	

表 3-17 所示为合同签订情况汇总表。

合同签订情况汇总表　　　　　　　　　　表 3-17

项目编号	合同编号	合同名称	合同类别	乙方单位	合同额	签订日期	执行期限	备注

所在部门：　　　　　　负责人：　　　　　　日期：

表 3-18 所示为合同执行情况汇总表。

合同执行情况汇总表　　　　　　　　　　表 3-18

合同编号	合同名称	原合同额	累计变更	累计已付款	待付合同款	决算价	原合同期限	批准延期	备注

所在部门：　　　　　　负责人：　　　　　　日期：

表 3-19 所示为合同终结统计表。

合同终结汇总表　　　　　　　　　　表 3-19

合同编号	合同名称	原合同价	累计合同变更价	合同终结价	合同开始日期	合同终结日期	备注

所在部门：　　　　　　负责人：　　　　　　日期：

表 3-20 所示为合同变更原因分析表。

合同变更原因分析表　　　　　　　　　　表 3-20

	提出： 批准：	备　注
变更类型 　　补充合同 　　工程量增加合同 　　索赔 合计		
原因 　　任务改变 　　施工过程改变 　　施工风险 　　加速进度措施 　　工程量描述中的缺陷 　　新修改的规定 　　设计变更 合计		

续表

	提出： 批准：	备 注
变更提出者 　业主方 　承包商 　第三者 合计		
所在部门：	负责人：	日期：

表3-21所示为综合合同变更分析表。

综合合同变更分析表　　　　　表 3-21

变更类型	合同变更名称	变更日期	估计值	报价	批准价
补充合同 　1 　2 　……					
合计(A)					
工程量增加合同 　1 　2 　……					
合计(B)					
合同索赔 　1 　2 　……					
合计(C)					
总计					
所在部门：		负责人：		日期：	

(3) 报告系统的实现

工程的建设和实施一般分为5个阶段，包括设计准备阶段、设计阶段、采购阶段、施工阶段和动用前准备阶段，而每个阶段都有6项任务，包括组织协调、合同管理、质量控制、进度控制、投资控制和信息管理等。这其中报告系统的实现是一个层面递进的过程(图3-31)。

在目标平面，就要明确每项任务的控制目标，经过分析，得出目标控制需要的信息元素，它们构成了信息平面，再经过信息的综合和筛选，形成预见性报告，构成报告平面，最后在报告的基础上，针对不同的用户，提出不同的建议，供他们决策。

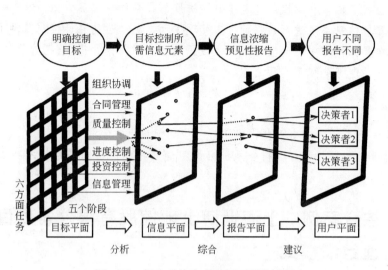

图 3-31 报告系统实现的层面递进过程

注：5 个阶段—设计准备阶段、设计阶段、采购阶段、施工阶段和动用前准备阶段。

项目总控模式的产生依赖于信息技术的发展。信息技术对项目总控的支持有多种方法，包括数据通信、信息的集中处理、远程登录以及文件传输等。信息技术的发展将为大型建设工程信息处理提供更加先进、更加可靠的技术基础。在厦门国际会展中心的项目中，总控小组运用了现代信息技术支持的报告系统，可用报告系统的组织图表示(图 3-32)。

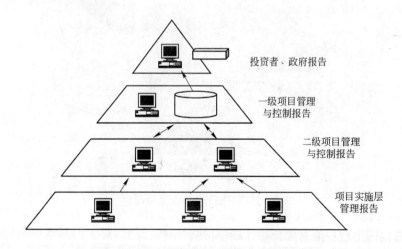

图 3-32 两级项目管理与控制报告系统组织图

小 结

本案例为项目总控模式在我国的首次应用，项目的各种报告为项目管理人员和决策人员提供了信息反馈和决策支持，也为其他项目管理模式的信息处理和报告系统的实现进行了探索和尝试,尤其是其在进度、投资和质量等方面的信息处理,以及采用计算机信息系统进行数据的加工处理方面,为项目的目标控制提供了有力的保证。但在具体操作中,尚应更加注重数据的收集,保证数据/信息的及时、准确、真实、完善,使报告成为有源之水。

思考题

1. 合同报告的报表有哪些,投资报告应如何设计?
2. 对于大型项目而言,报告系统应如何建立,如何借助信息技术实现项目报告系统?

3.7 综合案例 上海世博土地控股有限公司项目群管理组织模式

项目背景

2010年上海世博会场址规划区位于黄浦江两岸地区上游,处于城市中心区边缘,规划用地面积约6.68km²,如下图3-33所示。

图 3-33 上海世博会的选址位置

上海世博土地控股有限公司(以下简称"土控公司")是上海市政府全额投资设立的公司,于2004年1月5日注册成立。土控公司受上海市政府委托,收购储备和经营管理世博会控制区域的地块,筹集除政府投资以外的土地开发资金,主要负责世博规划园区内现有居民、企业的搬迁;世博规划园区的基础设施建设;世博国际村等园区相关配套设施建设;根据上海市城市发展总体规划,对世博会园区土地进行后续利用开发。

对于土控公司来说,其面对的是巨型项目群的管理,本案例将重点探讨企业级项目管理体系下公司层和项目层的组织设计,尤其是面对项目的数量、差异和复杂程度逐步增大的巨型项目群时,如何通过组织的变革来更好地实现组织的目标。

项目管理的组织

(1) 已采用建设模式的经验总结

土控公司从成立以来,先后成功实施了世博家园、前期动拆迁等一系列规模大、任务紧、牵涉面广的大型或特大型项目,在建设模式的探索上也进行了许多创新的尝试,取得了很多成果,积累了很多经验。

1) 世博家园建设实施的组织结构

世博家园占地 $1.5km^2$,工地上有 13 家参建施工单位,最多时有 15000 名工人集中施工,所以对工程质量的监控及对施工企业、外来农民工的管理十分复杂。为更好地进行安置基地的建设管理,土控公司多次讨论了如代建制、施工总承包、施工总承包管理等基地建设的模式问题。经过反复比较分析,最终经公司领导决策确定世博家园(即浦江镇定向安置基地)的建设模式采用建设指挥部统一协调指挥、工程管理公司统一协调管理、投资监理全过程成本控制、施工监理负责质量监督、各街坊施工总承包单位施工建设的模式。项目实施组织结构图如图3-34所示。

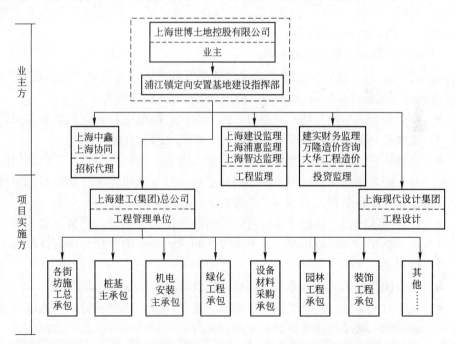

图 3-34　上海浦江镇定向安置基地项目组织结构图

2) 建设指挥部内部的组织结构

浦江镇定向安置基地建设指挥部按照科学的工程项目管理思想和理念,结合具体的工程建设管理模式,下设前期开发部、规划设计部、工程管理部、计划财务部、综合办公室,即"四部一室",如下图3-35所示。四部一室都有明确的职责分工。这里需要着重指出的是前期开发部、规划设计部、工程管理部和综合办公室接受指挥部项目负责人的指令和管理，计划财务部作为公司派出部门更好地服务现场，同时接受公司领导的直接管理，起到对项目实施控制、监督作用。

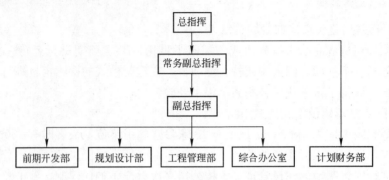

图 3-35　浦江镇定向安置基地建设指挥部组织结构图

浦江镇定向安置基地建设指挥部为加强内部控制力度，提高工作效率，防范经营风险，在实施过程重点制定了一系列工程管理制度和工程管理办法，做到有法可依、有据可查；同时体现在制度执行过程中，做到有法必依、按章办事。在项目实施过程中充分发挥重大事务集体领导、集体决策的原则，专门成立了评标小组和询价小组等，实施过程中也收到了很好的效果。

3) 世博家园建设管理的特点总结

实践证明，浦江镇定向安置基地建设指挥部组织结构的策划和实施是成功的，其优点和特点表现在以下方面。

- 项目负责人对项目拥有"绝对"的领导权。虽然项目负责人也需要向公司上级领导汇报，但是有一整套项目工作班子归其直接领导。
- 项目班子的所有成员直接对项目负责人负责。这其中弱化了职能部门的领导，面对项目实施过程中问题决策之前，没有向职能部门领导申请审批的过程。项目负责人是项目工作的真正领导人。
- 项目从职能部门移植出来以后，沟通的渠道大大缩短。项目负责人可以直接与公司领导层取得联系。上下级之间的沟通更为快捷，同时往往减少失误机会。
- 项目团队易形成有强烈的认同感，使成员迸发出强烈的责任心。
- 由于权力集中，进行快速决策的能力得到加强。整个项目团队能够对项目需求和上级要求作出更为迅速的反映。
- 指令具有统一性。
- 富有灵活性，便于理解和实施。
- 保证了项目决策的全面性。过分注重项目子系统而忽视整个项目系统观念是导致项目产生失败的主要原因之一。

所以，在考虑未来土控公司所负责的世博园区（以下简称"世博土控园区"）建设管理模式的时候，需要充分借鉴世博家园等已实施项目的建设模式。

(2) 世博土控园区建设管理面临的挑战

未来世博土控园区建设所面对的项目数量、复杂程度、综合程度相比前三年有很大的区别。总量接近 200 万 m^2 的建设规模,数量超过 200 个以上的建设项目,以及预计数以千计的参与单位,使得世博会项目群的建设过程成为一个非常复杂的开放式巨型系统工程,并具有若干不同层级结构。如何使未来的建设模式高效运作给世博土控园区的建设管理提出了挑战。

1) 建设规模庞大、种类繁多

土控公司负责世博园区内的市政及基础设施项目和部分场馆及配套设施等两部分的建设和实施。

① 基础设施项目

世博土控园区内基础设施项目主要分为 8 类共 72 项,包括:浦明路等道路及配套工程 30 项;上南路等集散广场及配套停车场工程 10 项;世博轴人行平台及综合广场工程 3 项;黄浦江水处理站等给水工程 2 项;蒙自雨水泵站等排水工程 5 项;防汛墙等水工工程 10 项;浦东世博公园等绿地工程 8 项;地下空间工程 4 项。计划于 2006 年起陆续开工建设,至 2009 年底前全部竣工交付使用。其中,第一批项目 11 条道路已于 2006 年 8 月开工建设。

② 部分场馆及配套设施

世博土控园区内部分场馆及配套设施包括亚洲区租赁馆及展馆区配套设施、国际组织租赁馆及展馆区配套设施、美洲、非洲、欧洲区租赁馆及展馆区配套设施、东南亚大洋洲租赁馆及展馆区配套设施、游乐广场、企业租赁馆及配套设施区、企业自建馆配套设施区、城市试验区、将军楼改建及配套设施区、VIP 接待区、管理中心、特钢厂改建综合项目等 26 项工程内容。其负责项目总建筑面积 87.17 万 m^2,包括新建部分 38.78 万 m^2,改建部分 48.39 万 m^2,约占世博会项目群总建筑面积的 40%。

2) 参与者众多,整体协调工作量大

就世博会直接相关的 200 多个项目的建设而言,预计参加单位数以千计,甚至有可能上万,如何从整体上来协调和安排这些参与方的工作,整体推进项目的实施,需要进行良好的组织和管理。此外,园区内还有相当数量场馆的建设是由参展国家、组织机构和企业自行修建的,这就更大增加整体建设协调工作的复杂性,譬如语言沟通、设计图纸及说明的沟通、建设标准和业主方管理方式确定等问题都需要深入研究。

要面对这些挑战,解决一系列的问题,就要求业主方的项目管理具有高效、专业的项目管理团队,强劲的多项目协调、集成和综合的能力以及清晰健全、动态灵活的组织结构和管理制度。

(3) 世博土控园区建设管理模式的探讨

世博土控项目群建设管理的实际特点和所面临的挑战,给园区建设管理的组织模式提出了很高的要求。如何来选择一个相对适合的组织架构来推进整个项目群的进行,是土控公司所面对的一个重要课题。下面分别对职能型和矩阵型的组织结构的采用进行一些分析和比较。

1) 职能组织结构

① 若采用职能组织结构，其组织结构图如图 3-36 所示。

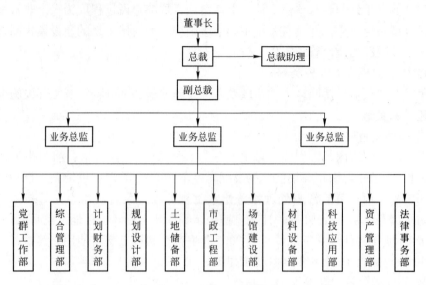

图 3-36　职能组织结构图

② 采用职能组织结构的优点

- 一旦确定某职能部门负责项目管理的某一职能，该部门就成为该项目所需相关专业人员的主要管理部门。这些专业人员被临时抽调到项目中，完成要求的任务后，又返回自己原来的工作中。在使用员工方面具有很大的灵活性。
- 职能部门拥有技术人员储备，这些人员可以相对容易地在多个不同项目之间效力。专业人员可分成小组，共享资源，分担责任。
- 职能部门成为保持技术连续性的重要依托。与保持技术连续性同样重要的是：当项目由某一特定职能部门负责实施项目管理中某一特定职能时，程序、管理和总体政策的连续性得到较好保持。
- 每个职员都有而且只有一个上级，沟通渠道是线性（垂直式）的，从这个角度来说，沟通通畅。
- 各职能部门为本职能领域内的专业人员创造了良好的成长环境。

③ 采用职能型组织结构的缺点

- 职能组织倾向于强调相互分离的职能要素而不考虑或较少考虑整个组织，没有一个直接对整个项目负责的人或职能部门，没有专门的机构或个体用于有效协调整个组织，跨职能的整合变得非常困难，高层管理者常常会陷入日常琐事之中。各个职能部门可能会因为权力争夺或责任推卸而发生冲突。
- 没有完成项目任务所必须的项目导向的重视，职能部门负责人常常倾向于选择对自己部门最有利而不是对项目最有利的决策，因此所作的计划或安排往往出于职能导向而缺少从项目全局系统考虑。
- 强化垂直指令造成项目实施过程中许多沟通都必须经过上一管理层。上一管理层充当了项目问题处理中心。由于信息必须通过多个管理层的传递,对项目需求的反映往往会变得迟钝而且容易失真。
- 很少制定项目全局通盘计划或通盘计划的制定因涉及跨职能部门的协同工作变得比较困难。计划在实施过程中的跟踪和动态调整往往成为各部门矛盾的焦点之一。
- 项目实施无法实现整体优化。属于主管职能部门利益和职责范围之内的问题往往会得到足够重视,而那些利益和职责之外的因素如果不被完全忽略,至少会被轻视。
- 项目实施效果和效率的责任难以确定,很难建立以项目目标导向为主线的员工绩效评估和考核。
- 从企业可持续发展和人才培养角度,不易于培养专家型项目管理通才,这些人才需要具备业主方项目管理的组织、计划、协调、沟通、管理等基本素质,来满足土控公司持续性项目管理人才的需求。

2) 矩阵组织结构

① 若采用矩阵型组织结构,其组织结构图如图 3-37 所示。

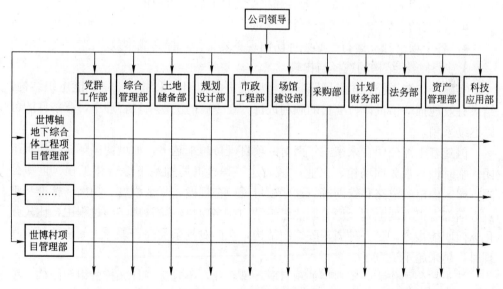

图 3-37 矩阵组织结构图

② 采用矩阵组织结构的优点
- 只要时间上不与其他项目冲突,项目经理通过职能经理有权调用公司资源。
- 可以为每个项目单独制定政策和程序,只要不与公司的政策和程序相冲突。部分成员来自行政部门,能在公司规章制度执行过程中保持与公司一致性。
- 项目组成员与项目具有很强的联系,但对职能部门也有一种"家"的感觉。个人对激励和最终项目的鉴定很敏感,能很快培养出一批专家和经理人员。

- 对变化、冲突的解决以及项目的需求能快速作出反映。
- 技术骨干充分共享，项目成本实现最小化，能够建立一个很强的技术基础。
- 可以平衡资源以保证各个项目都能完成各自的进度、费用及质量要求。
- 职能组织对项目主要起支持作用，压力分散在职能团队和项目团队之间，权力与责任共担。

③ 采用矩阵组织结构的缺点
- 信息流、工作流多维化，员工需要不断向横向项目经理和纵向职能经理报告。当需要不断向多个经理报告工作情况时，员工感觉不到对自己命运的控制。
- 不断变更优先项目，资源在不同项目中的分配较困难，容易引起项目经理之间的争斗，项目目标而非公司整体目标成为项目经理考虑的核心。职能经理由于有他们自己的一套优先顺序而可能存在偏见。
- 对项目经理与职能经理的协调提出非常高的要求，容易引起职能组织与项目组织间权力的失衡，必须注意职能组织与项目组织间的权力平衡。
- 组织开始运行以前和初期，需要更多的时间和精力来制定政策和程序，特别是项目经理和职能经理的任务分工和管理职能分工，以及确定清晰的工作流程和信息流程。在矩阵组织结构中，职员和经理比在传统组织中更不易弄清自己的角色。明确项目经理和职能经理任务和管理职能分工，并使之为职能和项目人员所理解和接受无疑是极其重要的。
- 冲突的发生和解决可能会频繁不断。
- 各个项目独立运行，必须谨防出现重复工作，提高成本效率。

3) 两种组织结构的选择与比较

实际上，在土控公司世博园区项目群推进的初期，采用的正是职能组织结构，结果有效地推动了世博村项目的顺利进行。在今后的工程项目管理中，有条件的可以继续采用。

但随着土控公司在未来三年面对的项目（群）越来越多，如世博国际村、样板组团、临时性与永久性场馆、工业厂区改建工程、世博轴地下综合体工程、世博公园、园区内市政道路和管网等。这些项目（群）在规模、复杂程度、功能、标准和难点方面都有很大的差别。原有职能组织结构在多项目（群）管理实施过程中，比较强化纵向职能指令，是一种弱矩阵组织结构，在面对复杂度高、差异大的多项目的管理时，越来越不适宜了。

而土控公司作为一家典型的项目驱动型企业，不管选择什么样的组织结构，项目应成为关注的核心和焦点，项目目标能否实现和有效控制应成为组织设计的基点。在此基础上，把"按项目进行管理（Management by Projects）"作为组织的战略，以快速反映项目需求，在过程中对不同类型的项目按照项目组合进行管理，从企业层面上有对项目管理持续发展的规划，逐步建立内部的项目管理文化，并在实务过程中结合具体项目特点积极尝试创新管理方式。

因此，随着项目的开展，土控公司开始考虑逐渐过渡到用矩阵组织结构（图3-37）作为多项目管理的基本组织模式。

这种建设模式的选择主要基于以下基本原则和出发点：

① 组织结构的三种基本组织结构模式包括职能组织结构、项目组织结构和矩阵组织结构。矩阵组织结构的基本出发点期望把纯职能组织结构和项目组织结构的优点结合，很适合于项目（群）驱动型公司。

② 根据工程项目管理的特点，采用强矩阵组织结构，即强化项目负责人在项目实施过程中的主导地位，职能部门对项目实施主要起支持和服务作用。强化项目负责人在项目实施过程中的主导地位是指有关项目前期、规划设计、发包与采购、施工过程的计划、组织、协调与控制更多发挥项目负责人领导下的项目管理班子的能动性，提高工作效率，但也不表示项目管理部拥有项目实施过程全方位的管理职责与权限。

③ 以上的强矩阵组织结构在实务过程中需要进一步细化纵向职能指令和横向项目管理指令的分工。如为了体现世博土控"从严、分权、制衡、受控"的组织实施总体原则，需要强化计划财务部和法务部的纵向指令等。

④ 根据世博园区项目或项目群的归类，将世博园区所有项目分为若干项目群（可根据项目实施的具体情况灵活设置，但要进行非常慎重仔细的项目群归集，否则会导致项目管理部数量的无限膨胀，引发一系列新的问题），如世博村项目群、世博轴地下综合体工程、世博公园等。由土控公司任命业主方项目负责人对项目实施及有效的目标控制承担责任，职能部门有责任为项目提供最好的专业和技术支持、分派到业主方项目管理部专业人员的落实等，同时相关职能部门对项目管理部的实施起监管职能。

⑤ 由业主方项目负责人总体策划每个项目业主方项目管理部的设置，向职能部门提出人员需求要求。一旦确定，来自不同职能部门的人员在项目实施过程中作为项目管理部成员参与项目实施，并接受项目经理的指令和工作安排。绩效考核由项目经理和职能经理共同承担，但以项目经理为主。来自职能部门参与项目管理部的人员可以从自己所属职能部门得到专业技术支持。

⑥ 项目负责人的组织、协调和管理的综合素质是矩阵组织结构（特别是强矩阵组织结构）顺利运行的关键，要求其对项目实施全过程具有宏观把控、计划能力，同时也需要具备良好的沟通能力（体现在来自不同职能部门成员组建的业主方项目管理班子的内部组织、协调和沟通能力、与公司层面不同职能部门管理层的沟通能力以及与公司上层领导的沟通能力）。

(4) 世博村国际项目部的组织结构及分工

对于横向的由若干项目群组成的每个项目部，就要从细部来考虑其组织结构的设置和任务分工。本部分主要选取世博国际村项目部的组织结构和任务分工设置来探讨这个问题。

1）组织结构

为实现世博国际村群体工程的进度控制、质量控制和投资控制总目标，业主方各部门和项目参与各方按合同约定的分工与协作，设置不同的管理层次，在项目实施过程中形成职责分工明确、高效的组织结构，在"项目利益高于一切"的项目文化指引下，有条不紊进行项目实施的各项工作。组织结构图如图3-38所示。

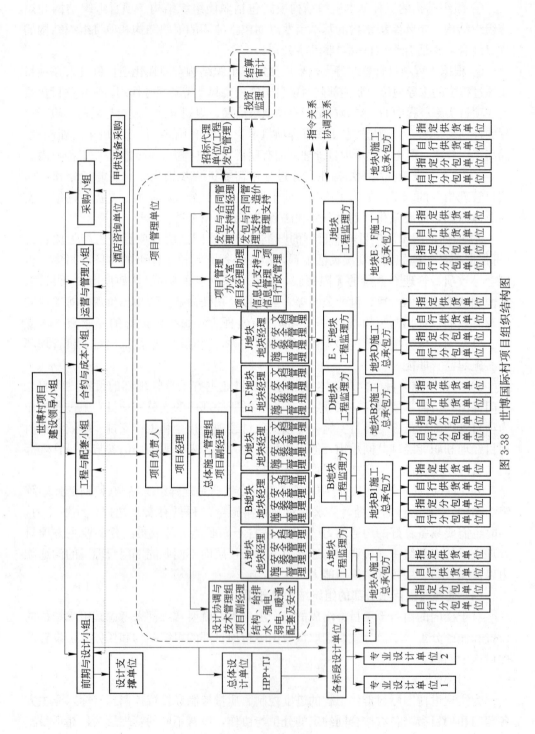

图 3-38 世博国际村项目组织结构图

2) 项目实施的组织任务分工(见表 3-22)

项目实施的组织分工表　　　　　　表 3-22

序号	部门	主要工作
1	领导小组	组长：全面负责世博国际村项目有关筹建、建设、运营管理等相关决策工作。 副组长：受组长委托，负责世博国际村项目有关筹建、建设及运营管理方面的具体组织、管理工作，包括各小组间的工作协调。
2	前期与设计小组	负责项目报批、报建及各项手续的办理，勘察设计的组织与管理工作，具体工作分工如下： 1) 负责项目建议书、可行性研究报告的编制和报批、报建工作，建设用地批文等土地手续的办理。 2) 负责选择合适的设计顾问单位。 3) 负责组织勘察、设计单位的招标、评标和定标工作。 ……
3	工程与配套小组	1) 负责施工阶段工程与配套施工的组织与管理。 2) 负责选择合适的项目管理单位、招标代理单位。 3) 负责施工监理、施工单位包括配套工程施工单位的招标、评标和定标工作。 4) 负责工程报监、施工许可证的办理，负责工程配套的申请。 ……
4	合约与成本小组	1) 负责合同管理与投资控制工作。 2) 负责审价审计单位和投资监理单位的选择。 3) 负责工程投资计划的编制和投资控制。在工程总概算范围内，分解下达年度、月度投资计划，定期对工程投资完成情况作统计分析，为领导决策提供支持。 4) 编制年度、月度财务用款计划，严格执行工程预付款保函制度，负责与各专业银行、财政、税务等有关部门进行信贷、税收等方面的业务联系。 ……
5	运营与管理小组	1) 负责酒店咨询单位的选择，责成酒店咨询单位参与项目前期设计工作，提出合理化建议。 2) 负责酒店管理单位的选择，将酒店管理单位对建设标准的要求反馈给其他职能组。 3) 参加项目竣工验收。 ……
6	采购小组	1) 负责制定各甲方供应设备材料的种类、品牌和标准。 2) 负责项目各甲方供应设备材料招标采购工作。 3) 负责制定各甲方供应设备材料的保管使用制度。 ……
7	项目管理单位	1) 负责工程建设的组织、协调和管理。 2) 编制项目管理大纲和项目管理实施细则。 3) 协助业主进行项目前期阶段的各种手续。 4) 协助业主办理开工准备阶段的专项审查等各类前期手续。 5) 协助业主进行施工前准备工作。 ……

续表

序号	部门	主要工作
8	设计顾问单位	1）协助前期与设计小组共同做好设计阶段工作。 2）参加方案设计、扩初设计、施工图设计的审图、会审、评审工作，并提出合理化建议。 3）协助前期与设计组做好设计管理工作，包括设计阶段的"三控、两管、一协调"工作。 ……
9	酒店咨询单位	1）负责编制酒店建设建议书，提出酒店设计标准和具体要求。 2）参与设计阶段方案设计、扩初设计的审图、会审和评审，向设计单位提出酒店设计过程中应注意的问题。 3）编制世博国际村运营管理建议书，向运营管理组提出合理化建议。 ……
10	招标代理单位	根据合同负责组织世博国际村项目各标段的所有招标工作。包括： 1）编制各招标书，评标标准。 2）组织各标的的开标、评标和最后发出中标通知等工作和会议。 3）完成配套和工程小组委托的各项工作。
11	投资监理单位	1）负责工程建设全过程成本控制工作。 2）协助合约与成本小组编制项目的投资匡算、投资估算、概算和预算。 3）负责对工程建设过程中发生的各类费用进行付款审核。 ……
12	结算审计单位	审核项目竣工决算。
13	施工监理单位	1）在项目管理方的统一组织和管理下，按《建设工程监理规范》和《监理合同》规定进行施工阶段的工程监理。 2）对施工过程的进度、质量、投资、现场安全文明进行监督和管理。 ……
14	施工总承包（管理）单位	1）在项目管理方的统一组织和管理下开展工程施工。 2）负责编制所中标标段的施工组织方案，并交配套和工程小组审核，根据意见调整。 3）负责按规范和图纸进行自身负责部分工程的施工。 4）负责组织对经业主批准可分包的工程的招标工作。 ……

此外，由于项目管理单位为业主方重要的管理支撑单位，因此应进行明确的项目管理内部任务及职责分工。

小 结

组织结构是企业实现战略目标和构造核心竞争力的载体，也是企业员工发挥各自优势获得自身发展的平台。组织结构设计不仅仅是描绘一张正式的企业组织结构图表，或根据企业的人员配备和职能管理需要增设或减少几个职能部门，其真正的核心目的在于使企业围绕核心业务建立强有力的组织管理体系。

由于组织目标、资源和环境的差异，为所有的组织找出一个理想的组织结构是非常困难的。实际上，组织甚至可能不存在一个理想结构。没有什么好的或坏的组织结构，而只有适合的或不适合的组织结构。当组织被认为与结构相似，分工与协作的双重需要就被看作相互矛盾的，是同一事务的两个对立面，实施起来难度很大。大多数管理者用集权—分权来描述这种两难境地。分工越多，在不同部门的协作越难。分权与管理效率也是一对矛盾，在组织设计中需要寻求妥协和平衡，甚至有时需要有所侧重。管理者在寻求集权和分权的平衡过程中会遇到挑战。

本案例就反映了在大型复杂的开放式巨型系统工程建设管理的不同阶段，要有针对性地采用与之相适应的组织架构。同时，深入分析了矩阵组织模式的应用，以及整体架构中单个项目部中的组织结构和任务分工，生动地展现了在进行项目群管理时，为了更好地达到组织的目标如何来进行组织的变革。

思考题

1. 项目管理的组织结构模式有哪些，各有什么特点？应如何根据不同的情况选取合适项目组织结构模式？

2. 对于大型项目群，应如何构建业主方的项目管理组织，以及如何进行任务分工？

3. 大型项目群管理还可以有哪些管理模式？对于该案例，应该如何应用？

第4章 项目设计管理

设计是龙头，设计工作抓好了，即意味着项目成功了一半。

对于大型项目而言，设计是龙头。设计成果的优劣对项目投资的影响起决定性作用。大量统计数据表明，一个建设项目在施工图设计完成后，通过有效的工程发包和施工管理，对投资影响的可能性仅为12％左右，可见有效的设计管理对投资控制起着决定性作用。同样，设计的优劣对质量和进度目标的最优实现也起着关键作用。

作为建设工程项目管理的重要内容，设计管理的任务仍然是设计目标的控制，即投资、进度和质量目标，主要措施仍然是管理、经济和技术措施。因此，本章案例主要阐述设计任务委托、设计过程管理、合同管理以及设计管理的重要措施——价值工程的应用等。

- 设计任务委托——如何选取最佳设计方案？传统做法是设计招标，即通过招标寻找设计单位以及设计方案，并寻求最优的设计费。这种做法没有抓住设计任务委托的核心，即方案只是创意，创意的价值不取决于设计力量的投入，而初步设计和施工图设计则包含大量的设计工作量，可通过竞标获取最低的设计成本报价。因此，应以此寻求合理的设计任务委托模式。本章选取某软件园项目正是为了说明该问题。
- 合同管理——合同是设计管理的主要依据，如果处理不当可能引起合同纠纷，影响设计质量和设计进展，在实践中也有大量此类实例。因此，应充分重视合同管理。本章选取的某软件园项目和交通银行总部大楼(上海)项目阐述了设计合同管理可能碰到的多种问题及其解决办法，尤其对中外合作设计的合同管理进行了详细的论述。
- 设计过程管理——设计过程主要在设计阶段,但不仅仅在这一阶段,它贯穿于项目的整个实施过程,甚至运营过程。在设计过程中有大量的设计协调,例如主设计与专项设计、设计与施工等,也有大量的目标控制的任务,例如设计进度控制等。因此,应建立规范的设计过程管理程序和制度。本章选取的2010年上海世博国际村群体项目对此进行了详细说明。
- 价值工程——设计挖潜是设计管理的重要任务,也是投资控制的重要措施,但设计挖潜应以不损害项目价值为前提。价值工程是寻求项目价值和成本最佳组合的重要管理技术,是目前大型项目设计管理中采用的重要措施,取得了良好效果。因此,应充分重视价值工程等先进思想和先进方法的应用。本章选取的某软件园和南宁国际会议展览中心项目说明了价值工程的具体应用。

4.1 设计委托及合同管理

案例1 某软件园

项目背景

项目概况同第1.1节案例1。

在本项目中,首先进行了软件园的前期策划,包括功能分解和面积分配(见第1.3节案例3)等。在此基础上,对软件园总体概念规划设计,综合大楼的方案设计、扩初设计和施工图设计,以及综合大楼的外立面设计和室外园林设计等分别进行了设计任务委托,各阶段设计之前都由项目管理咨询公司编制了详细而明确的设计任务书,作为项目设计工作的依据或参考。

设计委托及合同管理

(1) 概念规划设计

1) 设计任务书的编制

为编制设计任务书,首先进行了环境调查与分析,在此基础上开展了前期策划工作,包括详细的功能分析和面积分配,并形成了概念规划设计任务书,包括项目的概况、概念规划方案设计的内容、方案设计的依据、原则要求、方案设计的成果、评审、酬金和日程安排等内容。通过这些内容的详细描述,把业主对设计单位的要求、对设计目标的理解、方案评判的标准和程序都阐述清楚了。这就使得设计单位对该项目有了比较深入和全面的了解,在此基础上开展设计就比较有针对性。

2) 设计方的工作内容

在接到任务书以后，设计方的任务首先是提出规划理念，在对影响软件园发展的因素、IT人才和IT企业的需求以及本地块的特征等方面充分理解的基础上提出规划设计指导思想和原则；其次是总体布局，包括功能组成分析、用地布局、道路结构、安全网络、绿化和水体规划指标等；再次是道路交通网络和绿化生态网络。然后要求设计方对几个重点地块进行详细分析，对办公生产区、公共交流区、居住区、中心广场和公共设施等要进行重点分析，要求对建筑布置，空间形态，布局等提出构想，即从规划设计的角度来对今后单体的设计做限制，对主要空间(主路口，安全围墙，景观)要提出构想，最后要对一次规划分期实施提出构想。

3) 概念规划设计任务的委托

经过比较分析，软件园概念规划设计任务最终委托给某城市规划设计研究院，初步的概念规划设计如图4-1所示。

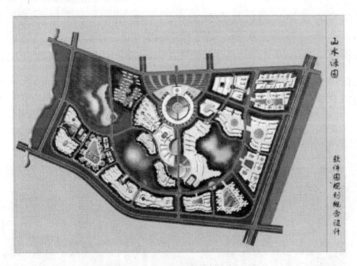

图4-1 初步概念规划设计方案

(2) 综合大楼单体的设计

综合大楼是软件园中的标志性建筑，规划建筑面积约10万 m^2，要求单体大气、壮观。考虑到总体风格的一致性，软件园综合大楼的方案设计、扩初设计和施工图设计也都委托给该城市规划设计研究院。

在方案草图阶段要求设计方提交三个不同方案进行评比，对被选中方案进行深化作为最终方案。项目管理方协助业主编制了《软件园综合大楼方案设计任务书》，对方案设计提出了相关要求。方案设计的初步成果如图4-2所示。

(3) 局部内容的优化设计

为了使建筑方案更具特色，符合软件园的总体规划要求，在方案设计基础上对局部内容进行了优化，尤其是外立面、出入口和园林景观部分，专门邀请了国外专业的设计公司进行了优化设计。

图 4-2　综合大楼方案设计的初步成果

1) 综合大楼外立面设计

软件园综合大楼外立面设计委托给德国某建筑设计所进行深化,主要负责设计综合大楼立面建筑及艺术处理,特别是外环立面、内环立面、屋面、挑檐、大楼入口以及各段建筑物之间的连接方式等。在最终成果中,外立面采用计算机穿孔带式早期存储模式的艺术化处理,符合软件园的特征;出入口的处理既满足了交通、消防等各种要求,也使大楼的 6 个部分浑然一体,营造出了壮观、大气的风格。

综合大楼外立面设计的最终成果如图 4-3 所示。

图 4-3　综合大楼外立面设计的最终成果

2) 综合大楼室外风景园林设计

本大楼室外风景园林设计委托给了德国某风景园林设计事务所。在方案设计中,设计师精心设计了高差不同的台阶、四种不同的树木、各色各样的花草以及水循环系统和中央区域的假山等。其中,台阶的高差起落形成了一个小空间,可以使得 IT 人士在其中休息、茶歇和交流，为他们提供了一个思想碰撞、产生创意的场所。所有的花草树木都经过设计师的精心挑选，在济南市可以随时买到和更新，使得园中的绿化四季如新(图 4-4)。另外，还设计了一个夜间的探光照明系统，可以通过激光和电子显示屏的 365°旋转播放和投射不同厂家的宣传广告(图 4-5)。

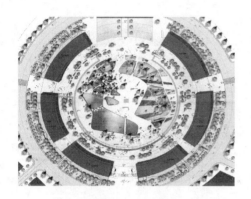 

图 4-4　园内景观和绿化设计　　　　　图 4-5　夜间探光照明系统

(4) 设计合同的签订与管理

设计是项目实施的龙头，抓好设计管理是项目管理成功的关键，而设计管理中的合同管理则是重中之重，其直接影响到项目的投资、质量、进度和安全等。本部分主要介绍软件园综合大楼方案设计、扩初设计施工图设计，以及综合大楼的外立面设计和建筑室外园林设计等合同的签订与管理。

1) 方案设计合同

方案设计合同的内容如下。

① 合同签订所依据的文件。

② 本合同工程设计项目的名称、地点、规模、投资、设计内容及标准。

③ 甲方向乙方提交的有关资料及文件：

- 委托设计任务书；
- 立项报告及上级批文；
- 选址意见书；
- 规划红线图(1∶500)。

其中，对每份文件提交的份数和时间进行了严格的限定。

④ 乙方向甲方交付的设计文件：

- 对设计任务书的意见；
- 方案设计文件；
- 估算报告。

其中，对每份文件提交的份数和时间进行了严格的限定。

⑤ 设计费用及支付方法。

⑥ 双方的责任。

⑦ 其他。

2) 扩初和施工图设计合同

该合同的主要条款项与方案设计相同,但由于设计深度不同,因此具体内容也不同。

① 甲方向乙方提交的有关资料及文件:
- 方案设计审批文件;
- 地质勘探报告;
- 市政管线接入许可文件;
- 设备清单及技术要求;
- 规划等行政主管部门意见;
- 各行政主管部门会审意见。

其中,对每份文件提交的份数和时间进行了严格的限定。

② 乙方向甲方交付的设计文件:
- 对设计任务书的意见;
- 扩初设计文件;
- 概算文件;
- 施工图设计文件;
- 预算文件;
- 桩位图;
- 地下结构施工图。

其中,对每份文件提交的份数和时间进行了严格的限定。

3) 综合大楼外立面设计合同

该合同的主要内容包括:
① 设计任务;
② 工作范围(获取项目基本信息、方案设计、深化设计);
③ 工作进度;
④ 设计酬金的分期支付;
⑤ 项目委托方的义务;
⑥ 附加条款。

4) 综合大楼建筑室外园林设计合同

该合同的主要内容如下:
① 工作范围;
② 设计酬金的分期支付;
③ 项目委托方的义务;
④ 附加条款。

小　　结

设计任务的委托模式有多种,本案例中单体建筑和总体规划均由同一家设计院完成，有利于整体风格的一致。单体建筑方案设计有多个草案，有利于方案的优选。针对其中的重要部位，由国外设计公司进行优化，则使整个单体建筑更为精致，更趋合理。

思考题

1. 设计任务书包括哪些内容，有何作用？
2. 所参与或了解的工程实例中，有没有对设计的局部内容进行优化的案例？如有，具体如何运作？效果如何？
3. 不同设计阶段的设计合同有何联系和区别？应如何做好设计阶段的合同管理？

4.2 设计过程管理

案例1　2010年上海世博国际村[1]

项目背景

项目概况同第2.1节案例1。

世博国际村项目主要分为生活区、服务及后勤配套区，共计10个地块。其中：生活区包括世博国际村 A、B、D、J 地块，建筑形态包括高层、多层，会中主要为参展者工作人员提供住宿、餐饮、购物、娱乐和商务等多种功能，会后永久保留为高品质国际社区；服务及后勤配套区包括世博国际村 C、E、F、H、I、K 地块，改建部分主要是上海港口机械制造厂、上海溶剂厂的保留厂房，会中主要为园区提供仓储物流、商业和娱乐等功能，会后部分地块结合世博国际村功能调整重新开发建设。

本案例主要介绍了世博国际村项目设计管理的原则与指导思想、设计管理的组织、各地块设计实施的计划、工作联系单及会议制度，具体回答了如何对类似于世博国际村这样的大型项目群进行有效和系统地设计过程管理。

设计过程管理

(1) 项目设计目标

1) 时间目标

世博国际村项目设计的时间目标如表 4-1 所示。

---

[1] 本案例依据的《世博国际村设计管理大纲》为 2007 年 3 月版。

世博国际村项目设计时间目标计划表　　　　　表 4-1

区　域	设计管理工作	开始时间	完成时间
总　体	规划建筑国际方案征集终期评审	2006 年 9 月 9 日	2006 年 9 月 10 日
	深化方案确认		2006 年 10 月 13 日
世博国际村 A 地块	桩基招标图		2006 年 12 月 13 日
	桩基及地下部分施工图(报审用)		2007 年 1 月 12 日
	桩基施工图正式图纸		2007 年 1 月 30 日
	地下部分施工图正式图纸		2007 年 3 月 10 日
	上部施工图正式图纸		2007 年 8 月 15 日
	总体设计		2007 年 9 月 15 日
世博国际村 D 地块	桩基招标图		2007 年 1 月 10 日
	桩基及地下部分施工图(报审用)		2007 年 1 月 20 日
	桩基施工图正式图纸		2007 年 2 月 10 日
	……		……
世博国际村 B 地块	提交扩初图纸		2007 年 2 月 5 日
	桩基招标图		2007 年 2 月 6 日
	……		……
世博国际村 J 地块	完成扩初设计		2007 年 1 月 21 日
	结构加固图		2007 年 3 月 31 日
世博国际村 E、F 地块	提交扩初图纸		2007 年 3 月 15 日
	桩基招标图		2007 年 4 月 15 日
	桩基及地下部分施工图(报审用)		2007 年 4 月 30 日
	……		……
世博国际村 C、I、H 地块	完成方案设计		2007 年 8 月 31 日
	完成扩初设计		2007 年 10 月 30 日

2) 使用功能目标

世博国际村生活区为永久性建筑，会中主要为外国官方参展工作人员提供住宿、餐饮、购物、娱乐和商务等多种功能。世博国际村 VIP 生活区包括星级酒店、保留别墅群以及景观、绿化等功能；世博国际村 B、D、E、J 地块主要包括高档公寓式酒店、中档公寓式酒店、经济型酒店及综合楼。

世博国际村服务及后勤配套区，会中主要为园区提供仓储物流、商业和娱乐等功能。

世博国际村生活区会后永久保留作为高品质国际社区。

3) 投资控制目标

以批准的设计概算为投资控制的目标，并要求设计单位进行限额设计。

(2) 设计管理原则与指导思想

1) 项目全寿命周期成本原则

世博国际村项目建设规模大、技术含量高,在设计管理过程中应考虑项目全寿命周期成本,包括工程项目策划和决策阶段、工程项目准备阶段、工程项目实施阶段、工程项目竣工验收各阶段和工程运行及维护阶段的全部成本。针对世博会项目的特殊性,还应考虑其对环境、对社会和对历史的影响,及其世博会后续利用和可持续发展的能力。

设计管理过程中运用价值工程对项目各个地块进行功能分析,从而确定其必要功能定位和实现必要功能的最低成本方案(工程概算),使其价值最大化。

根据世博国际村项目的具体情况,在设计方面根据项目功能定位,设计内容中去除不必要的功能,明确设计标准。

2) 会中以及会后使用相结合原则

本着可持续发展的原则,对世博会后续利用进行适应性分析,从整体上看,高星级酒店、高档、中高档服务式公寓及商业服务设施可作为本项目会后的主导定位方向,在前期设计中需综合考虑后续开发利用的使用功能。

(3) 设计管理的组织

1) 组织结构

由于世博国际村工程规模大、单体多、工期紧,因此设计单位及专业顾问单位也比较多,设计管理组织较为复杂。为此,世博国际村专门成立了相应的管理部门,由上海世博土地控投有限公司前期与设计部和场馆总体院(总体院由各设计单位代表组成,以方便各单位间的协调和沟通)共同组成了项目设计管理部,负责整个设计过程的管理。世博国际村项目设计实施团队的组织结构如图 4-6 所示。

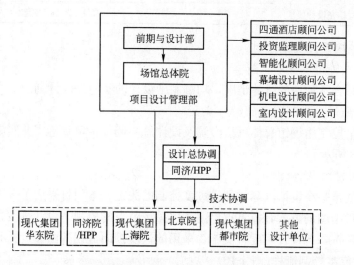

图 4-6　世博国际村项目设计实施团队的组织结构图

2) 职责分工

各参与单位的总体职责分工如表 4-2 所示。

同时,各单位内部也都制定了详细的职责分工。

3) 设计管理程序(图 4-7)

各参与单位的总体职责分工表   表 4-2

	工作内容	各地块设计单位	同济/HPP	四通等咨询单位	总体院	项目设计管理部
方案阶段	设计任务书			咨询	实施	审批
	方案设计	实施	实施、顾问			
	方案设计跟踪		协助		实施	协助
	中间成果汇报	实施	实施、顾问	咨询	组织	决策
	方案汇报	实施	实施	咨询	组织	决策
	编写深化要求		协助		实施	审批
	方案深化	实施	实施		组织	
	方案确认			审核	协助	决策
扩初阶段	扩初设计要求的编制		协助	参与	实施	决策
	扩初设计	实施	协助			
	扩初设计跟踪		实施		实施	协助
	扩初设计阶段成果汇报	实施	实施	审核	组织	决策
	编写补充设计要求		协助	参与	实施	决策
施工图阶段	施工图设计要求的编制		协助	参与	实施	决策
	施工图设计	实施	协助			
	施工图设计跟踪		实施		实施	协助
	施工图设计阶段成果汇报	实施	协助	审核	组织	决策
	编写补充设计要求		协助	参与	实施	决策

(4) 各地块设计实施计划

1) 设计实施进度计划

各地块结合本地块的具体情况,均编制了设计的实施进度计划。

2) 设计质量控制流程

设计质量控制由场馆总体(设计)院及设计总协调单位负责落实并实施,其控制流程如图 4-8 所示。

3) 设计进度控制流程

设计进度是整个世博国际村项目进度控制的关键,本项目采用了多级进度控制方法,以分批出图的方式,抓重点出图,抓关键节点的控制。设计进度控制由项目设计管理部负责,各设计院配合实施,采用的进度控制流程如图 4-9 所示。

4) 设计成本控制流程(图 4-10)

5) 设计变更管理流程(图 4-11)

(5) 工作联系与会议制度

1) 设计沟通管理的方式

工作联系单是世博国际村项目设计管理部、总体协调单位、各地块设计单位之间日常的工作沟通形式。工作联系单由各责任单位的项目负责人或项目经理签发,

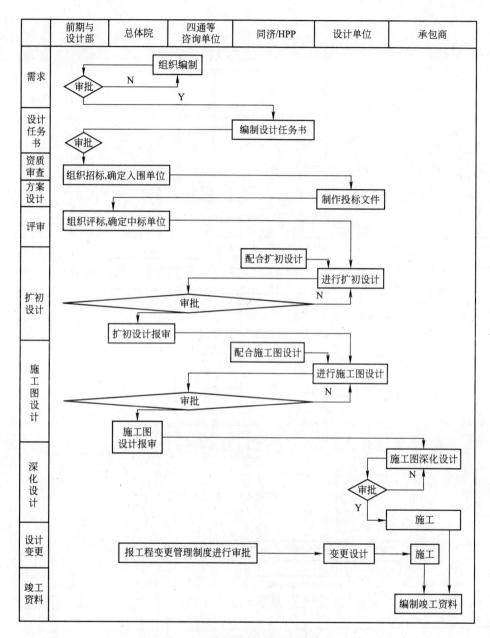

图 4-7 世博国际村设计管理程序

并加盖有效印章。工作联系单应明确任务和时间节点,并要按时答复。口头通知只能作为临时依据,事后要补书面联系单。

① 设计单位工作联系单流转程序(图 4-12)

② 项目设计管理部工作联系单流转程序(图 4-13)

其中,总体院可利用自行处理、与业主协同处理和组织配套协调会等的方式处理工作联系单,而设计总协调单位可利用的方式为自行处理或组织技术协调会。

③ 各责任体可采取的处理方式和前提条件

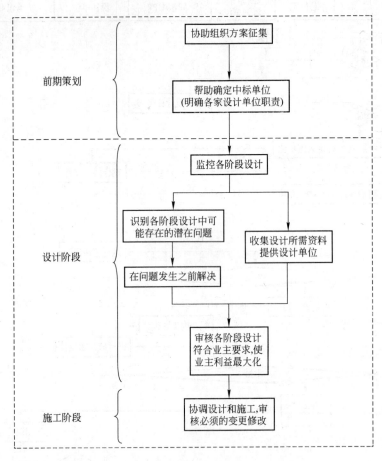

图 4-8 世博国际村设计质量控制流程

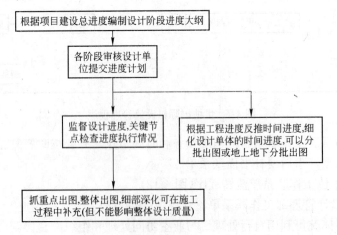

图 4-9 世博国际村设计进度控制流程

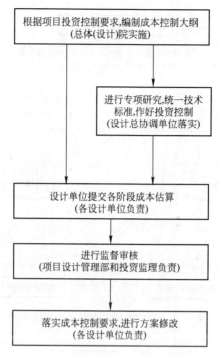

图 4-10 世博国际村设计成本控制流程

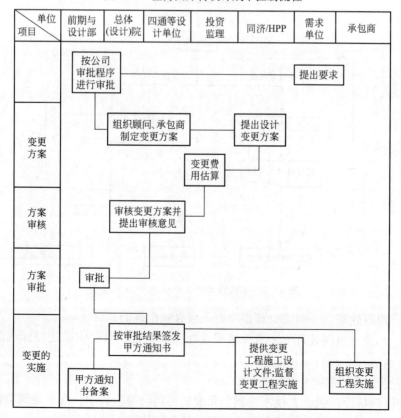

图 4-11 世博国际村设计变更管理流程

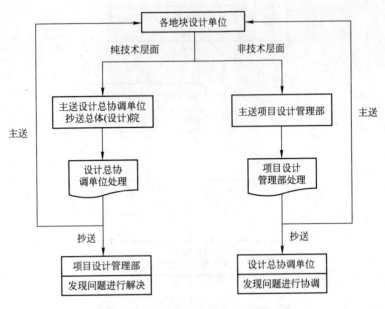

图 4-12　设计单位工作联系单流转程序

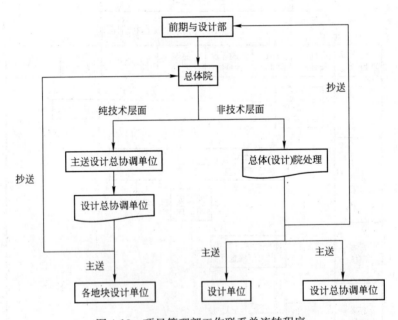

图 4-13　项目管理部工作联系单流转程序

- 自行处理——对需处理事项有正确有效把握的；
- 与业主协同处理——有关事项或处理结果会影响业主原先目标或需要业主决定的事项。

2) 设计会议制度

会议包括设计例会、技术协调会和配套协调会等。其中，配套协调会指与项目设计有关的政府主管部门或市政配套部门的沟通协调。

会议管理主要应做好会前的筹备、会议通知、会务管理和会议纪要,这也是会议管理的基本流程。

① 设计例会
- 设计例会每周一次,由部门负责人主持,日期为每周三下午,具体时间、地点、参加人员等以会议通知(通知由主持人签发)为准。
- 会议主要内容为通报近期工作情况、落实设计进度、讨论议题和解决问题。
- 设计例会由总体(设计)院负责组织(包括发会议通知、会务管理、会议签到、会议纪要起草、各方确认以及送达各方等全过程)。
- 参加单位:与会议议题有关的各方,原则上各个参会单位的人数为1~2人。
- 会议议题由总体院负责落实,初定的议题在周五确定并提交,正式议题在周一决定。议题内容为重要事项。

② 技术协调会
- 技术协调会视项目需要由各责任单位召开,会议主要解决各项具体技术问题及提交设计例会要讨论解决的议题和拟定的解决方案。议题要及时上报总体(设计)院。
- 技术协调会由总体协调单位负责组织(包括发会议通知、会务管理、会议签到、会议纪要起草、各方确认以及送达各方等全过程)。

③ 配套协调会
- 配套协调会视项目需要召开,具体时间、地点和参加人员等以会议通知为准。
- 配套协调会由前期与设计部负责召集,由总体(设计)院负责组织(包括发会议通知、会务管理、会议签到、会议纪要起草、各方确认以及送达各方等全过程)。

以上会议纪要,须于会后1个工作日完成初稿,送各相关方确认,初稿发出后2~3个工作日内由项目负责人签发正式纪要。

3) 方案、扩初、施工图文件的移交流程(图4-14)

4) 绿色通道制度

各地块设计单位建立了"世博绿色通道"制度,对涉及到项目报批送审等需要设计单位签字、盖章的工作,做到随到随办。

图4-14 方案、扩初和施工图文件的移交流程图

小　结

世博国际村项目规模大、功能复杂、目标要求严格,因此设计管理必须认真安排,精心组织。案例中利用组织论的基本原理,在设计管理的目标和原则下,明确

了组织结构、组织分工、工作流程和设计会议制度,有效地进行了设计过程管理。但是,设计管理涉及到组织、管理、经济、技术和合同等方方面面的问题,设计过程管理是一个发现问题和解决问题的过程,也是一个进行重大问题决策和事务细节处理并存的过程,甚至还要进行专题研究。因此,还应在前面的基础上深化编制设计管理程序与制度,例如设计信息管理制度、限额设计制度、价值工程的应用、全寿命周期投资控制的应用等,以尽可能实现各项设计目标。

思考题

1. 大型项目群设计过程管理的组织结构如何制定,如何界定各参与单位的职责分工?
2. 大型项目群的设计过程管理中,如何制定设计质量、设计进度和设计成本的控制流程?
3. 要做好与设计有关的各类会议的工作,应注意哪些方面?

4.3 价值工程的应用

价值工程(Value Engineering,以下简称 VE)又称为价值分析,是通过对产品的功能分析,使之以最低的寿命周期成本,可靠地实现产品的必要功能,从而提高产品价值的一套科学的技术经济分析方法。它是处理工程造价和功能矛盾的一种现代化方法。以通过产品的功能分析来实现节约资源和降低成本的目的。运用这种方法,就可以通过功能细化,把多余的功能去掉,对造价高的功能实施重点控制,从而最终降低工程造价,实现建设项目经济效益、社会效益和环境效益的最佳结合。以下以某软件园综合大楼和南宁国际会展中心两个项目为例,介绍 VE 的具体应用。

案例1　某软件园综合大楼

项目背景

某软件园的项目概况同第1.1节案例1。

综合大楼是该软件园项目中一个十分重要的工程。该工程为一集办公、教学、餐饮、展览和会议为一体的多功能办公大楼。大楼总建筑面积14600m^2,为钢筋混凝土框架结构,由6段单体连接组成圆环状的平面布置,外直径尺寸400m,内直径以 333m~340m 层层内收,如图4-2和图4-15所示。

该项目原上部主体结构方案中的楼盖方案为现浇无梁空心板,在结构设计优化中,利用 VE 的研究,提出了8种替代方案,通过计算、分析和比较,采用了单向密肋楼盖方案,仅此一项就节省成本270万元,节省占原总投资的2%,占工程费用的11%,取得了十分显著的经济效益。

图 4-15　软件园综合大楼内景图

价值工程的应用

(1) 价值工程应用的背景

1) 平面结构布置

本项目地上 5 层，地下 1 层，平面上由 A1、A2、B1、B2、C1、C2 等 6 段组成。30m 径向进深由柱网分成两边各 12m 跨的无内柱大空间和 6m 宽的内天井。其中，A1 段的平面结构如图 4-16 所示。

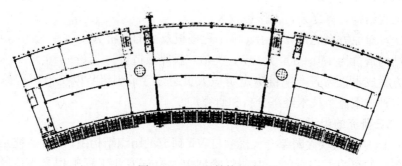

图 4-16　A1 段结构示意图

2) 原设计方案的特点和局限性

初步设计方案为现浇无梁空心板及暗梁结构。如图 4-17 所示，板厚 400mm，空心管管径为 280mm，间距 60mm，横向放置，横向柱上暗梁高 400mm、宽 800mm，纵向主梁高 800mm、宽 400mm。

该方案为一项新技术，应用在一般跨度的建筑中可以降低楼板高度、增加净空、减少自重和加快施工进度等。但在本建筑中，跨度达到 12m，板厚为 400mm，内芯管（GBF 管）直径为 280mm，必须经过特殊处理控制其变形及裂缝以满足规范要求。由于芯管（GBF 管）在管径为 280mm 时，加工质量难以控制，而且至今还没有具体有关现浇无梁空心板的施工规范，施工质量难以把握，因此不一定能充分发挥其结构优势。

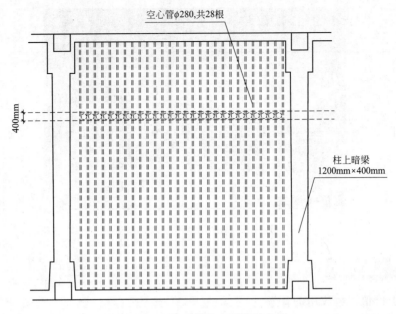

图 4-17　现浇无梁空心板设计方案

3) VE 的提出

首先,本工程设计的 12m 大跨度楼板结构能够提供大面积无内柱空间,有利于办公面积的任意分隔,提高建筑面积的利用率,但给大跨度的结构设计带来一定难度,工程结构计算复杂,工作量较大。

其次,对原方案的计算显示,本工程楼板及梁的造价为 472.6 元/m^2,而一般的梁板结构造价为 150~300 元/m^2,类似工程梁板造价为 250~350 元/m^2。所以,采用该方案成本过高。本项目决定组织人员组建 VE 小组,以价值工程原理为指导,对多种方案进行技术经济分析和研究。

(2) VE 研究的组织

图 4-18 所示为软件园综合大楼项目 VE 研究的组织结构图。VE 研究是在该项目管理单位的组织下进行的,由项目管理单位资深专业工程师担当 VE 经理,业主、设计单位和外部聘请专家共同参与 VE 的研究。

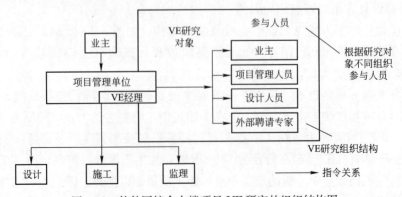

图 4-18　软件园综合大楼项目 VE 研究的组织结构图

(3) 方案的提出

1) 梁的方案

本工程纵向为弧线形，梁以折线形式连续放置，不适合用预应力先张拉，先张法工艺比较复杂，不能满足施工要求，只能采用横向后张法预应力梁。

2) 板的方案

适合大跨度的楼板有现浇空心板、双向密肋板、单纵向密肋板、单横向密肋板和井字梁及与其相适合的梁作为候选板型。双向密肋楼板中肋宽度不同，对技术及造价有很大影响，因此提出两种双向密肋楼板和两种井字梁方案，总计8个方案，如表4-3所示。

候选方案表（尺寸单位：mm） 表4-3

方案	板名称	板厚	板下梁(肋)间距或区格	板下梁(肋)断面宽×高	纵向主梁断面宽×高	横向主梁断面宽×高
F1	现浇空心板	400			400×1200	800×400
F2	SP板	300			400×850	400×850 预应力
F3	双密肋板(一)	100	1200×1200	[(125+284)/2]×500	400×850	400×850
F4	双密肋板(二)	100	1200×1200	[(185+344)/2]×500	400×850	400×850
F5	单纵向密肋板	100	1500	250×600	400×850	400×850 预应力
F6	单横向密肋板	100	1200	250×750	400×1200	250×750
F7	井字梁板(一)	100	2000×2000	250×700	400×850	400×850 预应力
F8	井字梁板(二)	100	2000×2000	250×700	400×1200	400×850 预应力

注：F3、F4方案的板下梁(肋)断面宽×高指：[(板下肋的上宽+板下肋的下宽)/2]×高。

(4) 方案选择

1) 挠度及裂缝计算

根据"结构构件的裂缝控制等级及最大裂缝宽度限值"规范，按照环境类别一级，裂缝控制等级三级，最大裂缝限值取0.3mm。根据"结构受弯构件挠度限值"规范，在$L_0>9m$时，挠度应小于$L_0/300$，即1200mm/300＝40mm。对8个方案的楼板挠度和裂缝变形进行计算，数据如表4-4所示。

8种方案挠度及裂缝变形计算结果表 表4-4

楼板	F1	F2	F3	F4	F5	F6	F7	F8
挠度(mm)	90		46	29	32	37	30	36
裂缝(mm)	<0.3	易产生裂缝	<0.3	<0.3	<0.3	<0.3	0.5	0.8

2) 经济计算

按定额规定，计算出的工程量和8个方案的经济指标如表4-5所示。

8 种方案经济比较表　　　　　　　　　　　表 4-5

方案	单价(元/m²)				板及板下梁材料用	
	合计	板及板下梁	框架梁	预应力	钢筋(kg/m²)	混凝土(m³/m²)
F1	477.57	374.3	103.27		30.8	0.224
F2	462.22	325.22	109.73	27.78	板+6.3	板+0.08
F3	397.12	283.07	114.05		23.97	0.223
F4	444.52	330.47	114.05		28.4	0.256
F5	344.09	206.58	109.73	27.78	16.35	0.166
F6	391.35	267.9	123.45		22.55	0.212
F7	430.58	262.95	139.85	27.78	22.08	0.209
F8	400.05	232.42	139.85	27.78	19.23	0.187

3) 方案分析

① F1：现浇空心板（原设计方案）

特点是不采用预应力梁，施工速度快；梁板高度小，房间净高大；暗梁形式，屋顶比较美观，可以不做吊顶。但 GBF 管制作及施工质量难以控制，且楼板挠度超出规范。在 8 个方案中本方案钢筋用量最多，造价也最高。

② F2：SP 大板方案

该方案梁楼板变形计算显示，很容易产生裂缝，不能满足设计规范，且板的形状为弧梯形（图 4-19），采用预制 SP 大板吊装施工，会有一些异形板，施工时要对板编号，施工难度大。要增加 9cm 高度用于水电管线，还要浇灌混凝土垫层，施工繁琐，而其造价排第 2，也不经济。

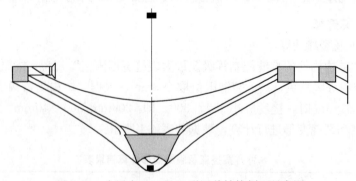

图 4-19　会展中心工程 V 形屋盖结构剖面示意图

③ F3、F4：双密肋板方案

用模壳进行施工双向密肋板，我国建筑模壳没有标准化，模数不统一，模壳费用较高。纵向 2 根大梁高度为 0.85m，散热器、喷淋、风管所占高度至少 0.7m，除去顶板厚度 0.08m，地下室净高为 3.9−0.08−0.85−0.7=2.27m，稍低；若将地下室地面降低 0.1m（减少地面垫层厚度），则层高变为 3.9m，净高 2.37m 满足使用要求。这两种肋形的双密肋板，F3 方案的肋下边宽 125mm，上边宽 284mm，

F4 方案的肋下边宽 185mm，上边宽 344mm。F3 方案的钢筋及混凝土用量虽都少于 F4 方案，造价排第 6 位，但 F3 方案计算挠度为 46mm，超出设计规范，需要技术处理就增大成本；而 F4 方案造价排第 3 位，也比较高。

④ F5：单纵向密肋板方案

结构计算显示能满足规范的各种技术要求。与 F3、F4 方案同样需将地下室地面降低 0.1m 以满足使用要求。F5 方案可以在下一层楼板及梁完成施工后，不必等到混凝土达到张拉强度，可先施工上部的墙体及梁板，等到混凝土达到张拉强度再进行张拉预应力梁施工，这样预应力张拉施工并不在关键线路上，不影响计划总工期。本方案是 8 个方案中钢筋和混凝土用量最节省的方案，造价排在第 8 位，最低。

⑤ F6：单径向密肋板方案

纵向 2 根主梁高 1.2m，为保证窗子高度，上部的两根主梁可以上翻 400mm，主梁在板下的高度为 800mm，可以满足使用要求。地下室梁板中的散热器、喷淋、风管所占高度至少 0.7m，除去顶板厚度 0.08m，地下室净高为 3.8－0.08－1.2－0.7＝1.82m，此值远小于使用要求允许值，增加层高显然不经济，因此地下室顶板不宜采用此方案。F6 方案造价虽排在第 7 位，但钢筋和混凝土用量、造价均比 F5 方案高得多。

⑥ F7、F8：井字梁板方案

纵向 2 根主梁高 1.2m，同 F6 方案一样不适合于作为地下室顶板。其板下梁取 250mm×700mm，当间距为 2m 和 2.4m 时，由结构计算裂缝变形不能满足设计规范。这两种方案的造价分别排在第 4 位和第 5 位，也不经济。

(5) 方案选择

综合比较来看，F5 方案采用单纵向密肋板及单横向预应力梁，结构安全可靠，施工质量易控制，最经济节省，为应选方案。F5 方案与原方案 F1 比较：

1）工程质量

原方案的楼板挠度 90mm，不能满足规范要求，施工质量难以控制；F5 方案满足技术规范要求，施工技术成熟，质量可以得到保证。

2）造价

F5 方案地下室层高由 3.8m 增加为 3.9m，增加费用仅约 10 万元。按楼板面积 110000m² 计算，原方案楼板造价为 477.57×110000＝5253.27 万元，F5 方案楼板造价为 344.09×110000＝3784.99 万元，可节约 5253.27－3784.99＝1468.28 万元。

3）工期

所选方案应用横向预应力梁，增加主体施工工期，但与装修进行搭接施工时并不影响整个工程的工期。

小　结

本案例以楼板为研究对象，从功能/成本的角度分析采用何种楼板为最佳方案。从案例中可以看出，价值工程的核心是对产品进行功能分析，在满足功能的基础上寻求成本的最低，且应将价值、功能和成本同时进行整体综合考虑。一般而言，价值工程可按表 4-6 所示的工作程序展开。

价值工程的工作程序　　　　　　　　　　　表 4-6

价值工程的工作阶段	工作步骤		对应问题
	基本步骤	具体步骤	
一、分析问题	1. 功能定义	(1) 选择对象	(1) 价值工程的研究对象是什么
		(2) 搜集资料	
		(3) 功能定义	(2) 这是干什么用的
		(4) 功能整理	
	2. 功能评价	(5) 功能分析及功能评价	(3) 它的成本是多少 (4) 它的价值是多少
二、综合研究		(6) 方案创造	(5) 有无其他方法实现同样功能
三、方案评价	3. 制定创新方案与评价	(7) 概括评价	(6) 新方案的成本是多少 (7) 新方案能满足要求吗
		(8) 指定具体方案	
		(9) 实验研究	
		(10) 详细评价	
		(11) 提案审批	
		(12) 方案实施	
		(13) 成果评价	

思考题

1. VE 的内涵是什么？
2. 如何在 VE 研究中进行方案的分析与选择，本案例中的比选方法对您有何启发？

案例 2　南宁国际会议展览中心

项目背景

项目概况同第 3.2 节案例 4。

本案例重点介绍南宁国际会展中心的结构方案选择、钢结构屋盖设计、轻钢结构屋面设计的 VE 研究，探讨大型会展工程的建设如何在设计过程中挖潜力，利用 VE 研究节约投资，为项目增值。

价值工程的应用

(1) 南宁会展中心钢结构设计的 VE 研究

1) 当前钢结构设计中存在的问题

首钢集团、中国钢铁工业协会和中国钢结构协会对广州、上海、北京等地的体育馆和会展中心进行的调研表明：工程施工中，设计修改量较大，钢材代用和不合理选材的情况时有发生。钢结构设计中存在着很多问题，比如：

① 设计过程中，结构设计让步于建筑方案，使得结构设计起初就很困难；

② 结构布置不合理，方案存在明显缺陷；

③ 设计过于保守，很多构件都不能充分发挥其功能，存在着严重的钢材浪费现象。

2) 大跨度钢结构设计开展 VE 研究的步骤

大跨度钢结构设计开展 VE 研究的中心任务是优化结构布置，合理选取钢材，一般可分为以下两步分别进行：

第一步：大跨度结构方案选择的 VE 研究

① 收集信息。

② 功能分析，调查确定最终用户的需求，进行建筑和结构的整体优化，在满足建筑功能的前提下，尽量使得柱网间距和楼层高度在经济尺寸范围内，在此基础上确定结构设计的荷载取值及其他结构设计是否合理等。

③ 结构方案选择，对预应力钢筋混凝土结构、钢骨结构和钢结构三者之间进行比较分析，确定采用钢结构方案是否更加合理。

第二步：钢结构设计的 VE 研究

① 收集信息，包括类似项目信息和钢材信息等等。

② 功能分析。

③ 钢结构方案的整体优化，包括杆件的布置、间距等等。

④ 合理选择钢材，充分发挥材料性能。

3) 南宁会展中心钢结构设计的 VE 研究

在本项目中，进行了结构方案的选择、钢结构屋盖设计和轻钢结构屋面的 VE 研究与应用，取得了很好的效果。

(2) 结构方案选择的 VE 研究

1) 大跨度结构方案选择的功能分析

功能分析是在项目目标已经确定的前提下，根据最终用户的需求而进行的。在满足建筑功能的前提下，尽量使得柱网间距和楼层高度在经济尺寸范围内，寻求达到美观、实用和经济的方案。

大跨度钢结构方案选择 VE 研究的功能分析可以从建筑物的用途、美观效果、符合国家有关规范规定和结构合理布置等方面入手。

2) 大跨度结构方案的比较

一个成功的设计必须选择一个经济合理的结构方案，即要选择一个切实可行的结构形式和结构体系。适用于大跨度结构的体系有预应力钢筋混凝土结构、钢结构、钢结构和钢筋混凝土结构的组合结构(钢骨混凝土结构)。在本项目中，对三者分别从造价、可施工性以及施工质量三方面进行了比较分析。

3) 南宁会展中心工程结构方案的选择分析

南宁国际会展中心的展览中心项目原 GMP 设计方案为首层和二层都为预应力钢筋混凝土楼盖结构，柱网间距为 18m×18m 和 18m×36m，圆柱直径 1.2m，采用有粘结预应力梁和 V 形折板屋盖结构（图 4-19）。

V 形折板屋盖结构的底部和脊部均设有纵向梁，纵向梁之间通过 200mm 厚的斜板连成整体，共同作用。斜板下每隔 6m 设有肋梁，为加强 V 形屋盖结构的整体性，每隔一定距离在斜板顶面上还设有加劲肋。V 形折板屋盖结构共由 6 根框架柱支承，其跨度分别为 18m 和 36m，两端各悬挑 9m，总长 180m。设在脊部和底部的纵向梁均分别配置有预应力钢筋，通过分别施加预应力来确保 V 形折板屋盖结构的混凝土不出现裂缝，以确保其刚度和整体性。

为了实现真正意义上的大跨度无柱展厅，有利于布展，二层展厅屋盖的钢筋混凝土结构改为钢网架结构屋盖；二层展厅两侧柱子改为 18m×18m 和 18m×72m 柱距。采用钢网架支撑屋盖，优点表现在：

① 有利于布展

国际标准展位是以 3m 为模数设计的，按照钢筋混凝土结构，柱距 18m×18m，减去柱的直径为 1.8m 所占空间，不合 3m 模数，在排布展览位置时会有空间浪费。采用大跨度空间网壳结构 18m×72m 的跨度，展览席位设置变得方便自如。

采用钢结构网壳，设备管线都可以方便地通过钢结构杆件之间来布置，展览厅内的灯具亦可以设置在钢结构构件之间，有利于布置设备管线，方便布展灯具、广播及展品的吊挂。

② 空间加大

柱子个数由原来的 50 根减少为 24 根，减少了 26 根，不仅仅面积增加，同时因为柱子的减少，展位的布置更加方便，而且还增加了一些布展面积。

楼板厚度与柱的尺寸能减小到最低程度，从而提供更多的使用空间。

③ 减轻结构自重

混凝土屋面方案计算的单柱承担荷载压力为 185.4t，钢结构屋面方案计算的单柱承担荷载压力为 48.6t，单柱承担荷载降低，轻巧的结构减轻了对地基的荷载，从而节省了由此而产生的地基成本，基础采用人工挖孔桩，桩身直径和扩底直径以及桩身的配筋量都减小。

④ 外形更加美观和更具有现代化特色

(3) 钢结构屋盖设计的 VE 研究

1) 收集信息

信息是 VE 研究的依据，在我国钢结构设计并不太成熟的情况下信息收集显得尤为重要。参与本项目 VE 研究的人员要掌握和熟悉广泛和深入的工程信息。首先是要熟悉本工程的设计图纸、概预算数据、基于概预算整理的成本模型、地址水文资料、当地的气候和风险等。第二，要具备钢结构设计和施工的规范，钢材、型材的相关规定和规范等。除此之外，收集一个或多个类似钢结构项目的设计信息、造价信息和设计施工经验，对本项目的 VE 研究也很有指导和借鉴意义。

在南宁国际会展中心项目中,业主咨询单位项目总控组成员多年从事钢结构设计和管理,对钢结构项目的经验数据较熟悉,掌握了厦门国际会展中心大跨度悬索钢结构设计和很多其他类似项目的设计方案、造价和项目管理经验,从而为VE研究的成功奠定了坚实的基础。

2) 南宁会展中心钢结构屋盖设计的优化分析

根据大量的工程经验来看,钢结构屋盖设计方案的整体优化要分步骤进行:首先,需审查钢结构(钢网壳)的跨度和结构高度是否合理;其次,要审核上弦杆、下弦杆、腹杆及支撑的间距及角度是否合适;第三,根据结构计算数据,验算杆件的内力是否能满足内力要求,是否有很大的功能剩余。

对于南宁会展中心钢结构屋盖设计的优化分析可按照以下几点来进行。

① 结构优化

- 下弦方钢管($2 \times 400 \times 400$ 进口直缝热成型方钢管)在支座范围内流动浇灌 C50 混凝土无收缩,微膨胀,自流淌高强混凝土,以提高其局部承压性能,如图4-20所示。

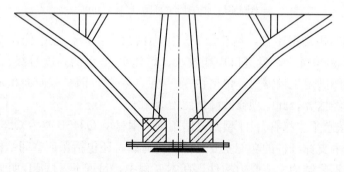

图 4-20 下弦方钢管支座范围内流动浇灌高强混凝土示意图

原设计中12跨V形钢网壳支撑在柱子上,3跨为1组,每跨下面有8根柱子,单柱承压35t,如图4-19所示,对钢网壳的下弦杆(矩形口 400mm×400mm×12.5mm)孔腔矩形杆的压力过大,有受压剪切破坏的可能,利用混凝土受压性能好的特点,在矩形杆件内灌注混凝土以提高其局部抗压受剪能力。

- 屋盖钢结构与钢筋混凝土核心筒连接起来,提高其水平刚度,减小水平方向位移。

原设计方案中,控制每组水平位移的结构只有与钢结构铰接的下面的24根柱子(每跨8根),水平刚度不够,风荷载作用易产生扭转,引起扭曲位移。与设备核心筒连接,可以固定钢网壳增强抵抗风荷载的能力,减小水平方向的位移,增加刚度。

- 上弦檩条热轧矩形钢管改为 H 型钢,同时加大间距,使其由 3m 改为 6m。

本工程屋面为不上人屋面,没有大型设备,承受的荷载值不大,因此其传递和受力值也不是太大,计算的荷载值(结构计算时要根据荷载分项系数,进行荷载组合计算)分别是恒荷载：$0.4kN/m^2$；纵荷载：$0.8kN/m^2$；活荷载：$0.7kN/m^2$。

与本工程相类似的深圳游泳跳水馆屋盖设计中采用了纵横向主体络架体系，4根桅杆及16根斜拉钢棒（其中4根又各再分3根）组合的杂交空间结构，菱形主体纺架一榀跨度76m，主络架断面为倒梯形，高度5.4m，屋面上弦杆由方钢管组成，间距4.2m。方钢管为Q345，250mm×150mm×4mm～700mm×400mm×12mm不等，一般为20mm×300mm×5mm。参照该工程的设计经验，可以看出本项目中Q345B矩形钢管400mm×40mm×16mm功能有剩余。所以最后采用H型钢，间距由3m改为6m，如图4-21所示。

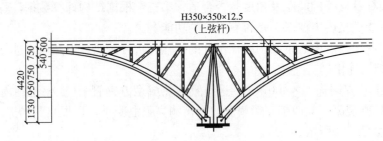

图4-21 钢结构示意图（单位：mm）

H型钢与矩形钢比较，热轧型矩形钢国内没有生产供应单位，需要进口，成本较高，要5000元/t，且进口周期较长。热轧H型钢的强度等级、规格、质量、供货期基本能满足工程需要，价格在3500元/t左右。钢材截面面积减小一半，用钢量降低，经估算，此一项修改降低用钢3000t。

● 上弦水平支撑杆件H型钢改用角钢，钢材由Q345B改为Q235B。

上弦水平支撑杆件的功能主要是传递风荷载，还包括保证空间结构，增强侧向刚度等，它不是结构主要受力构件，在本工程中，H型钢Q345B明显的强度没有发挥其强度和功能，按照通常做法采用角钢Q235B就能够满足功能要求。

● Q345C钢材改为Q345B钢材，尽可能多选国产钢材。

因为Q345B钢材比Q345C钢材的屈服强度高，价格相当，只是Q345C钢材在0℃以下其强度不会发生降低，而Q345B钢材适宜的工作温度为20℃，不适合在低温地区应用。南宁终年气温在0℃以上，因此选用Q345B钢材更加合理。

● 展厅屋盖的支撑结构中X向和Y向的刚度差异甚大，容易产生应力集中，不利于抗震，宜大大减弱。

本工程内部是大面积的空间，在外墙X向是大面积的玻璃窗，两端有2根柱子，中间有3根，刚度较弱，在Y向是大面积的墙体，刚度较大。建议Y向墙改为弱连梁的联肢墙或者密柱，减小Y向刚度和与X向的刚度差异。

② 试验及计算后的设计优化

会展中心工程屋盖的钢结构形式的水平刚度较差，风荷载有关参数规范上不明确，因此补充做了风洞试验。展厅中心屋面风洞试验分"完整状态"和"施工状态"两种。在两种试验状态中，会展中心屋面上表面的风压有较大变化，但规律较接近。多数风向角下，来流发生较强烈的分离，负压较大，边缘附近更大。在一定的风向角下，来流受东部山丘的阻挡严重，屋面上表面大部分区域分布为不大的正压，其他区域的负压也不大。在两种试验状态下，屋面悬挑边缘最大负压出现的部位不太一致，"完整状态"比"施工状态"稍大。屋面部分的最大负压为－2.95(风压系数)。计算钢屋盖结构风荷载时，将内、外(或上、下)表面的风压峰值取最不利组合叠加，按叠加后的值进行整体组合计算。

建筑场地所在地区抗震设防基本烈度按6度计算，抗震措施则应提高1度，即按7度确定抗震等级并采取相应的抗震构造措施。

按照原设计方案，进行结构计算。对荷载按照规范规定记取其分项系数和组合，输入支座边界，和材料性质与型材截面特征，建立结构计算模型进行计算。因平面尺寸较大、体形复杂，整体结构分析用美国 ANSYS(结构分析)软件进行计算校核，大跨度屋该部分采用 STAAD/CHINA 软件。

计算结构显示不光VE研究提出的修改意见值得采纳，还有一些值得改进的地方：

- 横向纷架腹杆可改为角钢。
- 展厅屋盖的支撑结构明显偏弱，外侧柱的长细比过大，对抗震和抗风均不利，应加强侧向刚度和承载力，并按水平力的传递途径采取加强措施，如柱子加粗等。
- 顶层展厅侧向位移偏大，初步设计原展厅部分钢结构沿纵向由3个独立的V形单元组成，与设备核心筒的混凝土墙没有连接。在地震力及风荷载作用下，计算结果表明展厅顶层X向层间位移偏大。处理措施包括：

——在展厅部分屋盖钢结构的23轴、30轴、37轴处核心筒墙各设6个支撑点，以减少顶点侧向位移。这条方案与先前提出的在通过核心筒的所有轴线与核心筒交点处增设支撑点数目少了1/2。

——在展厅部分的混凝土柱截面加大，由原来的直径1.2m，改为直径1.5m。通过计算，得到X向层间位移由1/703降至1/959，表明位移能够满足规范要求。

——核心筒23轴、24轴、30轴、31轴处混凝土墙上突出的牛腿对墙受力不利，混凝土墙伸出由原来的1.5m改为1m的牛腿，墙厚0.5m。

(4) 南宁国会中心轻钢结构屋面的VE研究

1) 面向顾客的功能要求分析

本项目的钢结构屋面面向顾客的功能要求分析示意图如图4-22所示。

2) 钢结构屋面的VE研究

本项目采用钢结构屋盖，轻钢结构屋面，屋面面积为 300000m^2。采用虹吸式排水方式，屋面坡度只有1%。原设计方案：8mm厚热镀锌压型钢板；3mm厚耐渗PVC防辐射卷材；1.5mm厚合成高分子防水卷材的防水层；80mm厚环保挤压聚苯乙烯泡沫保温板。

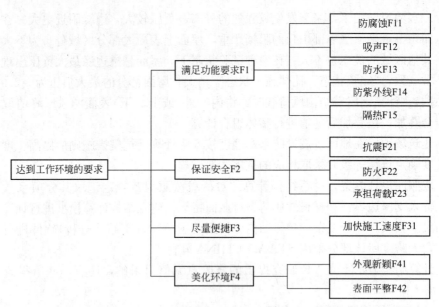

图 4-22 钢结构屋面面向顾客的功能要求分析

改进分析：

① 8mm 厚的压型板在生产和应用中都是不现实的，改为 0.8mm 厚。

在《轻钢结构》一书中提到，压型钢板一般用于屋面时的厚度不宜小于 0.8mm，用于墙面时厚度不宜小于 0.6mm。0.8mm 厚热镀锌压型钢板承担上部荷载，具备防火、抗震等功能，其表面的有机涂料可满足耐久性的功能，采用 0.6mm 的热镀铝钢板就能够满足强度和耐腐蚀性要求，但用螺栓与檩条连接要求最小厚度为 0.8mm，综合比较选用 0.8mm 热镀锌钢板比较合适。

② 3mm 厚耐渗 PVC 防辐射卷材一道加一道 1.5mm 厚合成高分子防水卷材的防水层改为单层 1.5mm 厚的聚氯乙烯复合防水 PVC 卷材。

3mm 厚耐渗 PVC 防辐射卷材一道加一道 1.5mm 厚合成高分子防水卷材的防水的功能包括防辐射和防水，其中防水是主要功能。参照其他项目屋面设计经验（表 4-7），改这两层为单层 1.5mm 厚的聚氯乙烯复合防水 PVC 卷材。这种防水卷材具有可塑性好，适应复杂的防雨板和边角细部处理，具有耐火性，离火自熄，浅颜色表面，反射紫外线照射，吸热最少，接缝通过热风焊接与母材形成一体，牢固可靠，施工机具简便，施工速度快捷等特点。而原设计中的 3mm 厚耐渗 PVC 防辐射卷材的功能多余，这样，最终节省约 80 元/m^2。

一些轻钢结构的屋面做法　　　　表 4-7

项目名称	建设时间	屋面面积	结 构 层 次
北京 NOKIA 厂房	2000 年	22000m^2	1.5mm 厚合成高分子防水卷材
			80 厚环保挤压聚苯乙烯泡沫保温板
			0.3PE 膜隔汽层
			0.8mm 厚热镀锌压型钢板

续表

项目名称	建设时间	屋面面积	结 构 层 次
深圳富士康厂房	2001年~2002年	6000m²	1.2mm厚合成高分子防水卷材
			25厚环保挤压聚苯乙烯泡沫保温板
			0.2PE膜隔汽层
			0.6mm厚热镀锌压型钢板
青岛体育馆	1999年	8000m²	1.5mm厚合成高分子防水卷材
			25厚环保挤压聚苯乙烯泡沫保温板
			0.8mm厚热镀锌压型钢板
广州新机场航材库	2002年10月开始施工	10000m²	1.5mm厚合成高分子防水卷材
			100mm厚岩棉保温板
			0.3PE膜隔汽层
			1mm平钢板
			0.8mm厚热镀锌压型钢板

③ 80mm厚环保挤压聚苯乙烯保温板改为60mm厚。

南宁地处亚热带海洋性气候，终年气温在0℃以上，经过热功计算采用60mm厚就已经能够满足保温功能。将80mm厚环保挤压聚苯乙烯泡沫保温板改为60mm厚，按照市场价格1400元/立方米计算，每1m²可节省20元。

(5) VE成果

南宁国际会展中心项目在钢结构设计部分开展了VE研究，取得了十分良好的效果。按照展厅钢结构中标价1.03万元/t，展厅屋面压型板1.06万元/t，拱顶钢结构1.24万元/t计算，施工图设计比方案设计节省投资约6087万元，比初步设计节省投资约1473万元。具体的研究和应用成果如表4-8所示。

南宁国际会展中心钢结构设计VE的成果 表4-8

序号	项目名称	单位	方案设计	初步设计		施工图设计		增减量		
			合计	合计	其中进口	合计	其中进口	7—5	8—6	7—4
1	展厅	t								
1.1	展厅钢结构	t	6600	3611	2690	3272	870	−339	−1820	−3328
	用钢量指标	kg/m²	220	124		112		−12		−108
1.2	屋面压型板	t	2691	1346		269		−1077		−2422
1.3	檩条及拉条	t	192	192		192		0		0
1.4	天沟	t	78	78		78		0		0
1.5	展厅钢结构合计	t	9561	5227	2690	3811	870	−1416	−1820	−5750
2	拱顶									
2.1	拱顶钢结构	t	763	675.21	657.44	689	7	13.79	−650	−74
2.2	梯子、平台	t	13	13		13		0		0
2.3	天沟	t	22	22		22		0		0
2.4	拱顶钢结构合计	t	798	710.21	657.44	724	7	13.79	−650	−74
	总计	t	10359	5937.21	3347.44	4535	877	−1402	−2470	−5824

小 结

采用价值工程的基本理论,本案例系统地介绍了该管理技术在大型会展工程项目中的多项应用,并取得了良好的经济效益。当前我国大型建设项目价值工程的应用还不够深入,还没有充分利用该管理技术的应用价值,尤其是基础工程、钢结构网架和屋面系统、大型设备等技术方案多、投资大、全寿命周期成本高的项目,应作为价值工程应用的重点。

思考题

1. 大跨度钢结构设计的 VE 研究如何开展?
2. 在您的实际工作中,有哪些可以采用 VE 进行研究的工作对象?请写出 VE 的具体应用方案。

4.4 综合案例 交银金融大厦

项目背景

上海交银金融大厦(图 4-23)位于原浦东烟台路、北护塘路转角处的陆家嘴金融贸易区中心地区内 B1-3 地块,是向国内外金融界、贸易界提供具有一流设备和管理水平的综合性、多功能、智能型的超高层金融、贸易办公楼。地上建筑面积约 8.5 万 m^2,由两栋分别是 52 层和 44 层的塔楼及 5 层裙房组成,总高度为 230.35m,地下建筑面积约 2 万 m^2,分为二层,局部三、四层。本项目于 1997 年 4 月开工,2002 年 10 月竣工。

本项目由交通金融大厦有限公司负责开发建设,由德国 ABB/Obermeyer 设计联合体和华东建筑设计研究院组成的联合体负责设计,并分别聘请了项目管理单位和施工监理单位,项目管理单位主要负责设计管理。

图 4-23 交银金融大厦

在本项目采用中外合作设计模式,设计量大、时间紧、协调任务重。由于该项目是国内较早采用的中外合作设计模式,因此面临着一些新问题,需要采取新的方法和措施。为了保证项目的设计取得圆满成果,本项目编制和签订了基于 FIDIC 条款的设计委托合同、及时有效的补充协议,各阶段分别编制了设计任务书,列出了细致的专业设计目录等,这些也是该项目设计过程项目管理的特色所在。

项目设计管理

(1) 设计委托合同

本项目的设计委托合同由业主交银金融大厦有限公司与中外设计联合体协商后于 1996 年 10 月签订。联合体作为设计方,由德国的 ABB/OBERMEYER 和华东建筑设计研究院组成。该合同采用 FIDIC 体系中《业主/咨询方标准服务协议书》的合同条件,包括标准合同条件和特殊应用条件以及附件 A、B、C、D、E、F、G、H。

通过合同约定,业主请设计方承担在上海浦东陆家嘴金融贸易区 B1-3 地块建造的交银金融大厦项目(建筑面积约 10 万 m^2,总投资约 1 亿美元)的方案设计、扩初设计、施工图设计(各阶段内容包括精装修设计)以及估算、概算、预算、施工期间和保修期的服务等全过程设计及咨询工作。

1) 标准合同条件

包括定义及解释,设计方的义务,业主的义务,职员,责任和保险,协议书的开始、完成、变更与终止,支付,一般规定和争端的解决。

2) 特殊应用条件

① 参照第一部分条款

该部分在参照第一部分文本条件的基础上,又对有必要作特殊规定的部分进行了细致和具体的说明,包括设备和设施,业主的职员,其他人员的服务,职员的提供,职员的更换,双方之间的责任,对责任的保险与保障,协议书生效,开始和完成,延误,撤销,暂停或终止,额外的服务,支付时间、货币形式及过期补偿,支付的货币,有关第三方对设计方的收费,语言和法律,立法的变动,版权,通知,仲裁规则、地点和语言等。

② 附加条款 B

- 合同结构。合同由业主、设计外方、中方三方签订。合同中对设计外方与中方的设计阶段和责任作了说明:外方是设计合作体的主体单位,承担方案设计和扩初设计及精装修设计的责任,中方承担施工图设计及精装修施工图设计的责任。
- 履约责任。设计外方必须对方案设计、扩初设计承担的法律和经济责任,设计外方对中方关键图纸要进行认可。设计中方对施工图设计承担履约的法律和经济责任,必须对设计外方所作的方案设计和扩初设计部分进行复核。
- 合同酬金。规定了本项目设计总酬金和外、中两方的比例金额。这些费用中已包括室外照明、绿化、道路等总体设计、室内外精装修以及智能化控制系统的设计等。
- 设计中外方的任务分工。该部分对各阶段设计的深度、设计质量、常设代表的配备、设计方与施工单位的现场配合等作了详细规定。
- 合同文本本设计合同采用 FIDIC 标准文本,其中特殊应用条款按中国有关规定起草。

- 设计组织。本部分对设计联合体的主体单位、外方设计单位的牵头单位，中外设计联合体的组织结构图（在附件 D 中列出）、扩初设计、施工图设计的工作方式，中外设计班子的人员组成等进行了说明。
- 合同方式。本部分列出了两家外方设计单位之间的合作合同的原则条款（在附件 E 中列出），设计外、中两方之间合作设计合同的原则条款（在附件 F 中列出），本合同所遵循的文件以及设计中方向设计外方提供的规范。
- 设计进度。本部分给出了设计总进度计划，规定了设计方向业主提供月度设计报告的要求，因设计方原因未按时交付图纸及文件的罚款比例，因设计方原因而延迟交图给施工单位造成损失的索赔方式等。
- 设计酬金。本部分对设计方额外服务酬金的给付方式，专业责任保险购买情况，给设计方的定金等进行了说明。
- 技术问题。业主负责向设计方提供经过复测的规划平面图，在每个设计阶段前向设计方提出设计要求，并在设计后提出确认意见。本部分还对属于精装修部分的主要空间，精装修部分个设计阶段的深度，弱电系统（包括智能化系统）各设计阶段的深度，限额设计的情况作了具体说明。

3) 附件

① 附件 A

本部分对服务范围进行了详细的说明，包括：可遵循的文件；服务范围（包括工作范围，设计内容和图纸份数）；中外设计方服务内容的分工；设计双方的责任；设计进度。

② 附件 C

本部分主要为酬金与支付的情况，而且还编制了设计酬金分期支付表。

③ 附件 D：中外设计班子组织结构图及人员组成。

④ 附件 E：ABB 与 OBERMEYER 合作合同原则条款。

⑤ 附件 F：设计外方和设计中方合作设计合同原则条款。

⑥ 交银金融大厦设计总进度计划。

⑦ 附件 H：意向书。

(2) 设计委托合同的补充协议

根据在方案设计阶段原设计委托合同的履行情况，再加上由于国家间的差异，外方负责的扩初设计一直达不到国内进行施工图设计的深度，为了确保扩初设计的质量和进度，保证方案设计思想的实现，业主与设计中、外方在 1997 年 5 月 12 日经友好协商，一致同意调整扩初设计、施工图设计和施工阶段中的设计双方的责任、分工、组织、进度、酬金，并以补充协议的形式发出。

1) 设计双方的责任

① 原由设计外方承担扩初设计的法律和经济责任，现改为由设计中方承担。

② 设计中方承担扩初设计责任的具体内容，按原合同第二部分特殊应用条款 B. 附加条款第 2.1 条执行。

③ 设计中、外方各自对其设计部分承担技术责任，对因设计质量深度原因和

设备选用(业主造成的除外)造成的返工或修改，属设计中方承担设计的部分由中方无偿修改，属设计外方承担设计的部分，由中方督促设计外方无偿修改。在以后的设计过程、施工配合及保修期中，任何设计变更若涉及到扩初设计，由设计中方负责修改或督促外方修改，并承担由于修改图纸造成时间拖延的罚款。

④ 设计中方应按本补充协议的期限，确保每一工作步骤按时顺利进行，保证按时向业主交付完整的扩初设计文件(包括设计中、外方分别承担的部分，并已进行总体协调、双方各专业工种均已进行全面沟通、并已翻译成中文)，否则按本合同规定的比例向业主支付罚款。

⑤ 凡原合同中有关设计外方承担整个扩初设计责任相关联的条款，均应改为设计中方承担而作相应调整。

2) 服务内容分工

① 原合同规定，设计外方必须对设计中方承担的扩初设计部分进行认可，现改为由设计外方对设计中方提供咨询，最终扩初文本由设计中、外方共同审核。

② 整个扩初设计质量若不符合政府有关规定，达不到业主要求，不能履行进度计划，均由设计中方承担。

③ 取消原定设计外方对设计中方所做的施工图设计的关键图纸进行认可。

④ 取消原定设计外方必须在施工阶段提供的服务。

⑤ 原定设计外方在扩初阶段承担的建筑、弱电(包括智能化系统)、精装修及完成室外总体设计，仍由设计外方负责。其深度必须符合中国建设部规定的扩初设计深度(中国的扩初设计深度与德国不同)，功能必须满足业主要求，并严格履行进度计划，否则按原合同规定承担相应的罚款。

⑥ 凡原合同中涉及到设计中、外方服务内容分工的条款，均按此补充协议进行相应的调整。

⑦ 设计中、外方若对各自服务内容分工中的某专项设计无法完成，业主有权进行调整，重新委托其他单位来完成，并相应调整设计酬金。

3) 设计组织及合作方式

① 设计中方为扩初设计的总协调者，负责与设计外方的协调、负责各专业工种的技术协调和进度协调。设计中外方的合作原则为互相支持、互相配合、密切合作。

② 设计外方首先进行建筑、室外总体设计和弱电系统的设计，按合作设计合同约定的时间与设计中方各专业工种进行协调，并最终完善这部分设计。

③ 设计中方开始进行结构设计及其他机电设备设计，并在合作设计合同规定的时间与外方建筑师进行专业工种协调。

④ 设计中方负责各专业工种设计的汇总，负责外方设计部分的翻译工作，并汇总制作扩初审批文本和概算。

⑤ 设计中方负责与规划及市政部门的咨询和协调，负责扩初设计审批的准备工作和组织工作，负责向政府部门的图纸介绍、回答问题、向业主交底等。设计外方的设计负责人到上海参与扩初设计审批。

⑥ 根据政府有关部门的意见，对扩初设计图纸由中、外方对各自的设计负责调

整,由设计中方负责汇总制作完整的扩初设计文本,直至扩初设计审批得以通过。

⑦ 凡原合同中涉及到设计中、外方在扩初设计阶段的设计组织及合作方式的有关条款,均按此补充协议进行相应调整。

⑧ 如果因不可抗力造成设计有较大变动,应与设计外方讨论。

⑨ 设计中方对人员组成进行了一定的调整。

4) 设计进度

根据设计的开展情况,又编了项目设计总进度计划,扩初设计阶段进度计划和施工图设计阶段的进度计划,并且具体列出了一些关键节点的必须完成时间。

5) 酬金与支付

根据该补充协议对设计外方和中方的服务范围和所承担责任的调整,原合同所规定的设计酬金要进行一定的调整,具体方案此处省略,并且相应地对设计酬金分期支付表进行了调整。

6) 凡本补充协议未对各方责任、任务分工等进行修改的其他部分,均按原合同执行,合同各方均应严格遵守,承担各自的责任,履行各自的义务。

7) 本补充协议是原合同的一个不可分割的组成部分,具有同等的法律效力。

8) 本补充协议以中、英文编制,以中文本为准。

9) 本补充协议经三方签字之日起生效。

(3) 设计任务书

本项目中,对于方案设计、优化方案设计、扩初设计和施工图设计,都相应地编制了设计任务书,以充分反映业主的要求,指导设计方的设计。

1) 建筑方案设计征集文件

本文件于1996年3月发布,主要内容包括工程概况、建筑方案设计征集依据、建筑方案设计征集要求、建筑方案设计成果要求和设计任务书。

① 工程概况

本部分介绍了建设单位,项目性质,基地概况,投资来源及控制款额,开工日期及建设周期。

② 建筑方案设计征集依据

本部分列出了方案设计的征集依据,主要有:项目建议书,可行性报告的批准文件,规划建设管理部门划定的工程建设地点、位置、用地范围红线图和建设工程规划设计要求,水、电、动力来源等有关主管部门的意向书等。

③ 建筑方案设计征集要求

本部分说明了所邀请的应征单位名单,日程安排,参赛单位保证金,提交方法和匿名保护,评审原则及标准,报酬,关于中选的设计单位等内容。

④ 建筑方案设计成果要求

本部分要求设计方提供设计报告,包括方案设计的特点和各工种综合说明,功能分项及各楼层建筑面积明细表,技术经济指标,工程项目估价,主要施工技术说明,为确保质量和建设周期拟采取的配套服务措施。

同时,还有图纸及模型的要求,建筑方案成果提交的份额及注意事项,投标公函的内容等。

⑤ 设计任务书

本部分说明了基地位置和原有条件，规划技术经济指标，市政设施现状，自然条件，建筑功能组成，设计要求，建筑安装工程的估价等内容。

2) 优化方案设计任务书

根据中选的设计方案，并综合两次专家评审的意见和业主的决策意见，于1996年10月发布了此文件，以全面地调整好方案优化设计。本任务书是对原有方案设计征集文件的初步意见，其中，主要对规划技术经济指标，建筑功能组成，设计要求进行了调整和详细的规定，其他项与原有方案设计征集文件相同。

3) 扩初设计要求文件

本文件于1997年2月发布，规定了在扩初设计阶段，应该遵守的原则和要求，主要包括：项目组织结构、建筑设计要求、结构设计要求、机电设计要求和扩初设计总概算要求。

4) 施工图设计要求文件

本文件于1997年6月发布，规定了在施工图设计阶段，对总平面、建筑、结构、给水排水、暖通空调、动力设计、电气、弱电和预算的具体要求。

(4) 专业设计目录列表

根据项目的实际情况和以往的项目管理经验，项目管理方在1997年8月向业主发布了《设计项目管理经理函》，列出了除主设计以外，还应委托的专业设计，内容包括专业设计的完成单位、确认单位和审批单位以及计划完成日期，供业主参考。专业设计目录如表4-9所示。

交银金融大厦专业设计目录(A版)(年 月 日)　　　　　　表4-9

序号	专业设计名称	专业设计单位	最迟完成时间	确认单位	审批单位	备注
1.0	建筑(结构部分)					
1.1	室外装饰：幕墙(玻璃、铝材、石材)，铝合金门窗，顶棚，大厦勒脚花岗石细部设计	幕墙承包商(或由其委托专业设计单位)	1998年3月	华东院，ABB	市建管办	
1.2	零星钢结构细部深化设计：大厦入口挑篷，屋顶天线塔，裙房球形屋盖，南北楼之间钢架及支撑等	承包商(钢结构)	1998年3月	华东院，ABB		
1.3	人防地下室	华东院	1997年9月		市人防办	
1.4	金库门	供应商	1998年6月		公安局技防办	
1.5	拱廊地下室及中国银行连接天桥					暂不进行
1.6	厨房工艺	物业公司	1997年10月		市防疫站	
2.0	室外总体部分					
2.1	大厦泛光照明	专业公司	1998年12月	华东院	陆家嘴管理处	

续表

序号	专业设计名称	专业设计单位	最迟完成时间	确认单位	审批单位	备注
2.2	小区道路	陆家嘴开发公司	1998年10月			
2.3	红线外市政管线：给水，雨水，污水，供电，电话	各专业公司（市政、电力、电话）	1998年12月	华东院		
2.4	绿化设计	市园林局	1998年10月	华东院		
2.5	交银大厦标志	专业公司	1998年8月	华东院，ABB		
3.0	机电及电梯部分					
3.1	污水处理中心工艺机电设计	设备供应，安装，承包单位	1997年10月	华东院	市环保局	设计可委托同济
3.2	燃（煤）气管线（室内，外）燃（煤）气表房设计	市燃（煤）气公司	1998年9月	华东院		
3.3	冷却吊顶	专业公司（德国）	1998年6月	华东院，ABB		
3.4	电梯及自动扶梯设计	电梯供应商	1997年9月	华东院	市劳动局	
3.5	擦窗机	供应商	1998年8月	华东院		
4.0	弱电智能化部分					
4.1	通信机房，程控交换机系统	电话局	1997年8月	华东院	邮电管理局	
4.2	综合布线系统	专业公司	1998年8月	华东院	市技术监督局	
4.3	消防报警系统	专业公司	1998年8月	华东院	市消防局	
4.4	水喷淋控制系统	专业公司	1998年8月	华东院	市消防局	
4.5	清水泡沫消防控制系统（CO_2）	专业公司	1998年8月	华东院	市消防局	
4.6	闭路电视监控及电子巡更系统	专业公司	1998年8月	华东院	公安局技防办	
4.7	防盗报警系统	专业公司	1998年8月	华东院	公安局技防办	
4.8	卫星及公用天线系统	专业公司	1998年8月	华东院	市音像管理处	
4.9	背景广播音响系统	专业公司	1998年8月	华东院		
4.10	多媒体会议系统（同声翻译及投影音响设备）	专业公司	1998年8月	华东院		
4.11	车库计费管理系统	专业公司	1998年12月	华东院		
4.12	办公自动化网络管理中心(OA)-包括软件设计	专业公司	1998年12月	华东院		
4.13	北塔三楼银行计算机管理中心	由银行委托专业设计	1999年3月	华东院		另行委托
4.14	南塔三楼专用计算机管理中心	另行委托专业设计	1999年3月	华东院		另行委托

续表

序号	专业设计名称	专业设计单位	最迟完成时间	确认单位	审批单位	备注
4.15	楼宇自动化管理系统(BA)-包括软件设计、中央监控站及分站设计	专业公司	1998年12月	华东院		
	范围包括(1)变配电控制系统					
	(2)照明控制系统					
	(3)空调水控制系统					
	(4)锅炉控制系统					
	(5)空调机站控制系统					
	(6)给水排水控制系统					
	(7)游泳池控制系统					
	(8)电梯监控系统(由电梯供应商提供)					
	备注:各部分预埋件、管线、留孔等必须在华东院所做的施工图设计中预先确定					

小　结

中外合作设计按照不同的联合方式可分为三种模式，分别是外方做到底、方案买断（即外方只做方案设计，然后转交中方做扩初设计和施工图设计）和合作扩初设计。上海金融大厦合作设计合同模式所采用的是上述第三种：外方承担方案设计和扩初设计的建筑专业、智能化专业部分，中方承担扩初设计的结构专业、设备系统专业和整个施工图设计。在关键的扩初设计阶段按专业分工，采取紧密合作的方式，这相当于在接力赛交接过程中，接棒运动员有了一段助跑，对后续阶段设计工作的顺利进行大有裨益。但中外合作设计管理工作不仅仅是合同模式的选择，还涉及到设计任务书的编制、专业设计目录的确定等内容。

通过本案例，对设计过程的项目管理会有如下几点体会：

- 设计环节在整个建设过程中的作用很重要；
- 设计合同和施工合同是性质完全不同的两种合同；
- 设计委托合同结构非常重要；
- 业主方在设计过程中所起的作用不容忽视；
- 设计产品有一个不断优化的过程。

思考题

1. 设计管理有哪些任务？
2. 如何选择中外合作设计的模式？
3. 中外合作设计管理当中最重要和最困难的是哪些方面？应分别如何解决？

第5章 项目目标控制

变是绝对的，不变是相对的，惟一不变的是变化。

项目管理的核心任务是项目的目标控制，这种控制是在变化的环境下的动态控制，是通过实际值计划值相比较，发现偏差，不断地纠偏，从而实现项目最终目标的过程，该原理可用图 5-1 表示。项目的目标包括投资、质量、进度、安全和环境保护等方面。

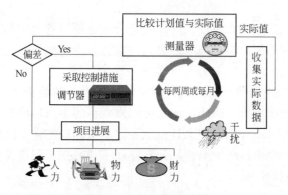

图 5-1 动态控制原理

虽然基本原理相同，但项目不同目标的控制应采用不同的方法，纠偏的具体组织、管理、经济和技术措施也有所不同。本章主要根据各类目标控制的特点，介绍目标控制的具体工作程序、实现方法和保证措施等。

- 进度控制：进度控制的首要任务是论证目标实现的可能性，或通过论证从而确定科学合理的进度目标，即总进度目标策划。当前大型项目进度失控的一个重要原因就是没有对总进度目标进行充分论证，进度目标的制定随意性较大。此外，通过对进度控制重点和难点的分析，建立完善的进度保证措施也是进度控制的重要内容。本章选取的某国际机场迁建工程案例对大型项目总进度目标的策划、进度纲要的编制以及如何实现这些重要节点目标等内容进行了阐述。

- 投资控制:投资控制的重点是投资目标分解,即投资切块,然后通过落实组织、管理、经济和技术措施实现项目的目标控制。对于建设工程而言,投资控制的目标应是全寿命周期的投资目标,而不是项目建设期的投资目标,因此价值工程、全寿命周期成本控制和限额设计等投资控制管理技术是投资控制的重要方法。本章选取的长沙卷烟厂联合工房一期工程案例详细地描述了投资控制的具体做法。
- 质量控制:质量是建筑产品的生命线,但质量控制并不仅仅是建筑产品的质量控制,也包括生产活动和管理活动的质量控制。从质量的形成过程来看,设计过程和施工过程的质量控制同样重要,因此质量控制应建立全员、全过程和全方位的质量控制体系,采用事前、事中和事后控制的方法,实现明确和隐含的质量目标。本章选取的长沙卷烟厂联合工房一期工程案例对此进行了详述。
- 安全管理:安全涉及到人的生命和财产,因此安全管理是项目管理中最重要的任务,逐渐为人们所重视。本章选取东海大桥项目,论述如何在恶劣外部环境下进行安全管理。
- 环境保护管理:随着社会经济的发展,人们对自然环境索取的越来越多,对自然环境的破坏也越来越严重,因此保护人类赖以生存的生态环境形势日益严峻,从这一层面上讲,环境保护也日益重要。本章选取的青藏铁路项目和洋山深水港一期工程项目两个案例,分别详述了如何在工程建设中保护高原地区和海洋水域的生态环境。

5.1 进度控制

案例1 某国际机场迁建工程

项目背景

项目概况同第3.5节案例3。

该机场迁建工程的工程量大,交叉作业多,有些分部工程(如钢结构、玻璃幕墙等)技术难度高,工程风险大,工期相当紧迫,因此应该采取多种措施保证目标的实现。但要实现项目的总进度目标,首先应进行总进度目标的论证,即通过编制总进度纲要来论证目标实现的可能性。

本案例重点介绍了总进度纲要的编制、总进度目标的论证分析、确保总进度目标实现的措施以及对影响项目总进度目标的有关问题的分析。

进度控制

(1) 总进度纲要编制的指导思想

大型建设项目的进度计划构成一个系统,在不同的时间,针对不同的项目应编制不同深度的进度计划,如图 5-2 所示。对于该项目,进度计划可形成总进度纲要、总进度规划、分区进度计划和单体进度计划等 4 个层面。

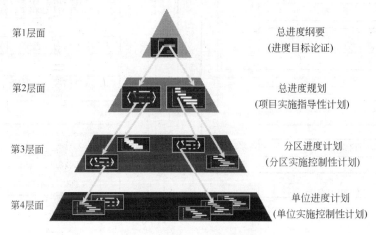

图 5-2 总进度计划的体系

编制总进度纲要的目的是进行工程总进度目标的论证。因此,在本总进度纲要中,全部的工作时间均以最早可能开始时间、最早可能完成时间进行安排。在总进度目标论证时,往往还不掌握比较详细的设计资料,也缺乏比较全面的有关工程发包的组织、施工组织和施工技术等方面的资料,以及其他有关项目实施条件的资料。因此,总进度目标论证并不是单纯的总进度规划的编制工作,它涉及许多工程实施的条件分析和工程实施策划等方面的问题。

(2) 总进度纲要编制的依据

总进度纲要的编制过程并不仅仅是总目标的分解过程,必须首先对项目目标、项目概况、项目特征、建设环境、项目现状和项目资料等进行详尽分析,论证项目建设的合理工期,因此对影响项目进度的环境调查应作为编制总进度纲要的第一步,环境调查及分析的成果也应是总进度纲要编制的依据。在本项目中,近一周的现场调研所收集到的大量信息和资料是总进度纲要编制的依据。

1) 指挥部各级领导的意见和设想

调研对象包括指挥部的指挥长、副指挥长、总工程师、副总工程师、总经济师和各部门有关负责人员,以了解对总进度纲要编制的具体要求和意见、总体分区设想、总目标要求、各分区计划安排、工程现状和可能影响进度目标的重大事件等。

2) 项目实施的计划和实际进展状况

项目实施的计划和实际进展调研状况:设计已有计划、施工已有计划、招标已有计划、设备采购已有计划、施工基地条件、设计进展情况、施工进展情况、招标进展情况、设备采购情况。

3）图纸和文字资料（图5-3）

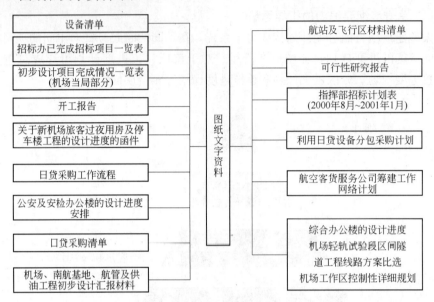

图5-3 图纸和文字资料示意图

（3）总进度目标的论证分析

1）总进度纲要的结构

鉴于该项目的复杂性，应建立各子系统相互关联的进度计划体系，以助于进度计划的编制和协调，如图5-4所示。

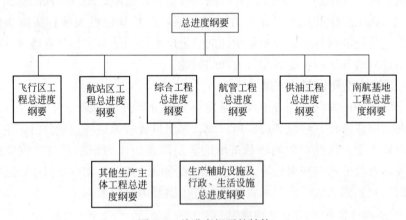

图5-4 总进度纲要的结构

飞行区工程和航站区工程是决定机场建设总工期的关键工程，因此，在总进度纲要中，重点分析了影响总进度目标的关键工程——飞行区工程、航站区工程，同时兼顾其他工程对总进度的影响。

2）机场迁建工程的"五大战役"和"十大里程碑"

为实现2003年10月底航站楼竣工初验、飞行区完成试飞以及各项配套设施基本完成的总目标,必须确定若干控制节点。经论证,机场迁建工程可分为"五大战役",重点应抓"十大里程碑"事件。

① 航站区建设总进度的五大战役

工程可分为"五大战役"(图 5-5),具体如表 5-1 所示。

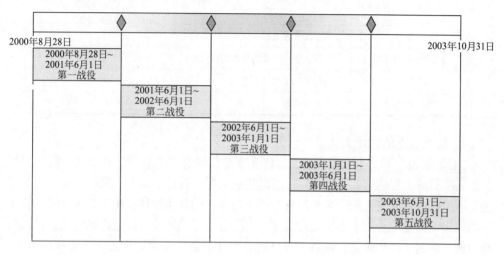

图 5-5 航站区工程的"五大战役"

航站区工程的"五大战役" 表 5-1

名称	时 间	工 作 内 容
第一战役	2000 年 9 月—2001 年 5 月 31 日	完成航站楼±0.000 以下结构工程;完成总承包管理单位招标;完成钢结构细部设计、制作及安装招标;完成幕墙招标
第二战役	2001 年 6 月 1 日—2002 年 5 月 31 日	完成航站楼±0.000 以上结构工程(特别是钢结构的制作、吊装施工)
第三战役	2002 年 6 月 1 日—2002 年 12 月 31 日	完成航站主楼玻璃幕墙施工;完成东西连接楼、指廊施工;全面展开航站楼机电安装工程;基本完成±0.000 以下装饰工程
第四战役	2003 年 1 月 1 日—2003 年 5 月 31 日	全面展开精装修及弱电工程施工;2003 年 5 月底航站区主楼土建施工基本完成;机电安装完成单机及系统调试
第五战役	2003 年 6 月 1 日—2003 年 10 月 31 日	全面完成航站楼、精装修及收尾工作;机电安装及智能化弱电工程进行联动调试;工程交付初验

② 工程建设的"十大里程碑"

要实现总目标,机场迁建工程必须按期完成"十个里程碑"事件(表 5-2)。

机场迁建工程的"十大里程碑"事件 表 5-2

序号	时 间	事 件
01	2001 年 5 月 31 日	完成航站楼±0.000 以下结构工程,完成全场地势及土方工程
02	2002 年 6 月 30 日	航站楼封顶,即完成航站楼±0.000 以上结构工程
03	2002 年 12 月 31 日	完成航站楼主楼玻璃幕墙施工工程,基本完成连廊及指廊的施工
04	2003 年 5 月 31 日	航站主楼土建基本完成

续表

序号	时 间	事 件
05	2003年7月31日	机电安装完成单机及系统调试
06	2003年10月31日	全面完成航站楼、精装修及收尾工作；机电安装及智能化弱电工程进行联动调试；工程交付初验
07	2001年3月31日	飞行区土方工程和排水工程完成
08	2002年9月30日	跑道、滑行道及联络道工程完成
09	2003年1月31日	飞行区试飞调试完成
10	2003年3月31日	飞行区验收

③ 关键节点的确定方法

"五大战役"和"十大里程碑"事件并不是靠经验"拍脑袋"确定的，而是根据各分区项目的工程内容及工程量，工程的进展情况，设计、招标、采购供应，安装及施工等工作内容的论证结果，根据各分区项目采取的具体设计、施工方案，根据各工作的搭接安排等综合因素确定合理工期，再结合项目总进度目标最终确定的。以航站楼为例，编制了用于论证该项目工程里程碑事件的数据字典，如表5-3所示。

航站楼进度计划编制数据字典　　　　　　表5-3

工程内容及工程量		施工图设计	细部设计	招投标	采购供应	加工制作	现场安装及施工
±0.000以下混凝土结构	桩基、桩承台、-1层底板、侧墙	已完	无	省水电二局中标，8298万元	无	无	合同工期：2000年8月29日—2001年4月30日
±0.000以上混凝土结构	地上1层4.5万m²；2层0.4万m²；3层4.9万m²；合计9.8万m²；3层楼板及混凝土柱（1m直径）	2000年12月31日	无	2000年1月10日—2000年2月28日	无	无	2001年5月1日—2001年9月31日（5个月）
钢结构	人字形钢柱，南段及北楼70m钢屋架，加最大23m悬挑，中段钢屋架，用钢量共10482.44t＝71kg/m²×147640m²	2000年12月31日	2001年3月1日—2001年6月30日（4个月）1个月以后拿出钢材清单用于采购	2001年1月1日—2001年2月28日	2001年4月1日—2001年9月30日（6个月）假定日本供应	2001年8月1日—2002年3月31日（7个月）	2001年10月1日—2001年5月31日（8个月）原设计高空就位拼装，建议采用端头高合拼装、整品水平滑移就位850t/跨（不包括挑檐）吊装顺序：南段—北段—中段（两班制）

续表

工程内容及工程量		施工图设计	细部设计	招投标	采购供应	加工制作	现场安装及施工
屋面工程	南段屋面、北段屋面、中段屋面（压型钢板、粒膜）500t	同上	同上	同上	同上	无	2002年2月1日—2002年6月30日（5个月）开始后4个月与钢结构搭接，顺序同钢结构
玻璃幕墙	2.56万 m²，南立面、北立面、西立面、东立面	2001年1月—2001年1月31日	2001年6月1日—2001年9月30日（4个月）	2001年2月1日—2001年5月31日（4个月）	2001年10月1日—2002年3月31日（6个月）		2002年6月1日—2002年12月31日（7个月），开始后4个月与屋面搭接
通风空调	DX空调系统14台，烟雾排气扇7台，排气扇10台	2001年1月1日—2001年2月28日		2001年3月1日—2001年4月30日（2个月）	2001年5月1日—2001年11月30日（7个月）		2002年4月1日—2003年5月30日与屋面工程搭接2个月（14个月）

(4) 确保总进度目标实现的措施

为确保总进度目标的实现，应该采取相应的组织措施、管理措施、经济措施和技术措施。

1）组织措施

组织措施是实现进度目标的决定性措施，按照组织论的基本理论，确保总进度目标实现的组织措施如图5-6所示。因此，本项目的进度控制应该重视指挥部的组织结构设计和机场建设工作的工作流程组织设计。

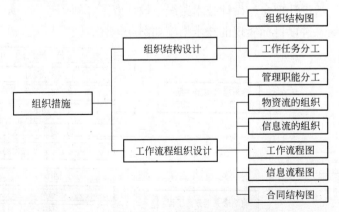

图 5-6　确保总进度目标实现的组织措施

2）管理措施

管理措施涉及管理的思想、管理的方法、合同管理、采取合理的承发包模式以及应用网络计划技术及先进的计算机辅助技术等，本项目的管理措施具体如图5-7所示。

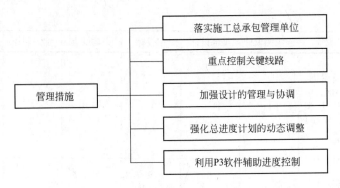

图 5-7　确保总进度目标实现的管理措施

3）经济措施

为确保工程进度目标的实现，必须在资金上提供保证，并降低资金使用成本，充分发挥投资效益。确保总进度实现的经济措施如图 5-8 所示。

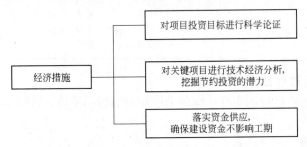

图 5-8　确保总进度目标实现的经济措施

4）技术措施

为确保工程进度目标的实现，必须在各个技术环节上进行控制，并落实合理的技术方案，包括设计理念、设计技术路线、设计方案、施工技术、施工方法和施工机械等。确保总进度目标实现的技术措施如图 5-9 所示。

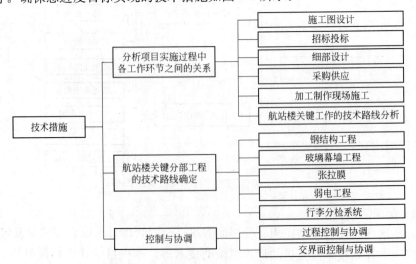

图 5-9　确保总进度目标实现的技术措施

(5) 影响项目总进度目标的有关问题分析

应着重关注以下一些因素对总进度目标的影响：

① 雨季对地基基础工程施工的影响；
② 地铁对相关工程施工的影响；
③ 航站楼钢结构工程的问题；
④ 航站楼玻璃幕墙工程的问题；
⑤ 设备采购和订货的问题。

小 结

大型建设项目进度目标的控制往往要求十分严格，因此必须采取科学合理的方法，而总进度目标的论证是进度控制的第一步。本案例系统地介绍了总进度纲要的编制方法和编制程序，包括项目环境调查、进度计划系统的建立、关键节点的确定和论证、确保总进度目标实现的措施及影响总进度目标的关键问题分析等。然而影响大型建设项目总进度目标实现的因素十分复杂，潜在的未知因素也非常多，因此应随着工程的进展，采用动态控制原理不断进行纠偏和调整，做好事前预控和风险控制，使总目标始终处于可控范围以内。

思考题

1. 总进度纲要编制的依据有哪些？
2. 大型建设项目进度的关键节点如何确定？如何确保这些关键节点目标的实现？

5.2 投资控制

案例 1　长沙卷烟厂联合工房一期工程[❶]

项目背景

项目概况同第 2 章综合案例。

长沙卷烟厂联合工房一期工程既有新厂房施工，又有工艺设备的采购和安装调试，还有其他配套设施的更新改造，项目范围广、子项目众多、相应的资金投入也大。

联合工房一期工程从决策阶段就开始注重项目的投资控制，通过决策阶段和设计阶段的投资控制工作，最大可能地充分发挥一期工程投资效益，在招标投标和施

---

❶ 本案例参考黄昂主编《卷烟厂工程建设与管理——长沙卷烟厂联合工房一期工程建设管理之实践》。

工阶段运用组织、方法和手段等各种措施进行投资控制,从竣工阶段的审计结果看,一期工程投资控制效果显著,节省总造价 300 多万元。

投资控制

(1) 决策与设计阶段的投资控制

决策与设计阶段的投资控制是联合工房一期工程投资控制的重点,也是全过程投资控制的基础。在这一阶段,一期工程主要从全寿命周期视角出发,运用价值工程、专家咨询等方法,通过编制投资规划、投资结构分解、多方案比较分析、方案优化、图纸会审、专家咨询、投资控制措施等多种手段实现了该阶段的投资控制目标。

1) 投资规划的制定

投资规划是项目投资控制的重要内容之一,该工作主要在决策与设计阶段完成,并在项目实施过程中不断进行调整、优化。一期工程在项目前期就认真论证了项目的投资规划,通过投资目标的分析和论证、投资目标的分解以及投资控制方案的制定等各种工作来实现决策阶段投资控制的目标。

投资目标分解,是将投资目标值按照一定方式的进行细分,以达到可控制的目的,它是投资控制的依据和前提。一期工程实施前,在投资估算和投资概算的基础上,业主方投资控制人员和总控方投资控制专家进行了一期工程投资费用分解,总体结构见图 5-10。

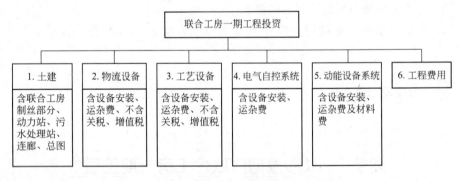

图 5-10　联合工房一期工程投资总体分解结构

结合估算和概算的分解方法以及标段划分的原则,在投资分解总体结构的基础上,对一期的投资进行进一步分解,以有效的控制投资。投资分解结构按照技改办公室已有专业组的分工,根据批准概算进行的投资分解,由各专业组对本组承担工程任务及相应的工程概算进行统一管理,其效果与自身的经济效益挂钩,使专业组内部人人关心投资控制问题,避免了技术与经济的脱节。

2) 多方案比较分析与方案优化

不同的设计方案其设计理念、工艺路线等差别很大,由此造成的投资也可能相差悬殊。多方案比较与方案优化的目的不是寻求投资的最低,而是寻求成本的最优化,即不仅寻求设计方案的先进合理,也寻求投资的最佳。

联合工房一期工程技术改造的理念是"市场决定产品,产品决定工艺,工艺决定设备"，一期技改工艺设备投资占整个投资的近50%，因此工艺方案的最优化会对投资产生重要的影响。在方案设计阶段，卷烟厂工艺、设备专业人员和设计人员一起进行方案分析、论证和优化，取得了良好的效果。经过认真研究和比较分析，联合工房一期工程对于重大方案进行了方案优化，比如：取消了干冰膨胀线；原打算设置的一卡通系统采纳了生产管理部门的意见而取消了；无线通信系统在生产管理中已有该部分设备，故取消了；对于生产过程视频监控系统，通过优化设计，调整网络设备、配电线路、控制设备的布置，节省了大量投资。

此外，投资节约的另外一个方面是设备选型的优化。一般而言，进口设备的性能等各方面都优于国产设备，因此对于关键设备一般优先选择进口设备，但进口设备往往价格昂贵，增加了大量投资。联合工房一期工程针对部分设备进行了进口设备和国产设备的比较分析，根据功能需要进行了设备的优化配置，节省了大量投资。

3) 从全寿命周期角度进行投资控制

价值工程是运用集体智慧和有组织的活动，对所研究对象的功能与费用进行系统分析并不断创新，使研究对象以最低的总费用可靠地实现其必要的功能，以提高研究对象价值的思想方法和管理技术。联合工房一期工程在该方面主要采用了两项措施。

① 注重功能分析

功能分析是价值工程的核心，其目的是以使用者的功能需求为出发点对研究的对象进行功能分析，在满足功能的前提下降低成本，实现设计与价值的统一。长沙卷烟厂联合工房一期工程是一个涉及多专业、多系统的项目，项目中有工艺、建筑、物流、公用工程、控制等专业。在设计过程中，设计师通过与业主各层次、各专业的人员充分沟通，了解其需求和期望，通过对项目进行功能分析，得出功能的必要性和不必要性，对资源进行合理配置。

② 专业参与设计

价值工程是一项集体性、有组织的管理活动，需要各专业技术人员积极参与进来，发挥集体的力量。在项目的设计过程中，烟厂将设计人员请到现场办公，为设计人员与业主的专业技术人员搭建沟通平台。在设计过程中让各专业相互配合，及时协调有关问题，依靠集体的力量选择最佳设计方案。实现设计阶段的投资控制目标。

配方库项目的优化就是采用了这一理念和方法。配方库主要的特点是采用了无托盘烟包处理技术，这种工艺在行业内是首次采用，因此风险较大。由于此种方案的诸多优点，在招标后卷烟厂与昆船公司对方案可行性进行了反复的评估和论证，并决定采用无托盘方案，为了保证方案的万无一失，合作双方还共同制定了周密的实施计划。在设计阶段，卷烟厂与昆船公司共同对设计方案进行了评审。同时，为了保证工艺方案的可靠，在设备的制造期间，双方决定先在昆船公司制造一条实验线设备，在研制期间，双方对实验设备存在的问题及烟包的运行特点提出了许多改进意见。事实证明，以上采取的措施是十分有效的，设备在现场没有进行任何改动，一次投入生产即获得了成功。

该配方库在投资控制方面具有以下特点：总成本较少、运行费用较低、设备维护简单。从实际使用效果来看，系统运行稳定，设备故障率很低，达到了预期的设计要求，并节省了全寿命周期费用。

4) 图纸会审和专家咨询

联合工房一期工程采用项目总控模式，总控组配置了投资控制专家，全程参与项目的投资控制。尤其在决策和设计阶段，提出了大量有价值的建议，并制定了投资控制具体方案和措施，根据项目进展的需要，定期或不定期的提出投资预测，有效地避免了投资失控现象。总控专家的咨询任务主要包括：进行项目总投资目标的分析、论证；编制项目总投资切块、分解规划，并在设计过程中控制其执行；审核项目概算，对设计概算作出评价报告和建议；在设计深化过程中协助业主控制总概算所确定的投资计划值；审核施工图预算，调整总投资计划；采用价值工程方法，在充分满足项目功能的条件下考虑进一步挖掘节约投资的潜力；进行投资计划值和实际值的动态跟踪比较，并提交各种投资控制报表和报告；制定投资控制管理制度等。

5) 制定投资控制管理规划与控制制度

在项目决策和设计阶段，业主和项目总控单位编制了《项目管理规划与控制制度——投资控制篇》，规定了以下内容：

- 投资控制的目的和范围；
- 投资控制的方法和手段；
- 投资控制的组织及任务人工；
- 投资控制的目标设置；
- 投资控制的过程控制。

同时，还制定了相关工作流程，包括：投资控制总流程；投资计划、分析、控制流程；合同付款流程；变更投资控制流程和工程结算流程等，有效地规范了投资控制工作程序。通过投资控制与绩效挂钩，提高了参与单位和参与人员投资控制的积极性和主动性。

(2) 招标投标阶段的投资控制

招标投标阶段主要是通过招投标策略的制定和竞价的方式实现投资控制的目标。联合工房一期工程在该阶段主要通过工程量清单法的运用、招标文件的编制策略、合同谈判以及物资采购模式的策划等多种模式实现投资目标的控制。

1) 对投标单位进行严格的资格预审

联合工房一期工程对投标单位进行严格的资格预审，经过多方考察和认真筛选，保证入围单位的企业都是资质较高、信誉优良、业绩突出的大企业，在理论上先排除企业采取不正当竞争行为的隐患，并为后期项目的投资控制带来极大的方便。

2) 工程量清单法的运用

工程量清单在我国的招标中尚处于初期运用阶段，因此联合工房一期工程中根据项目的情况进行了探索，主要工作包括以下内容。

① 纪审部的管理职能定位

在专业组提出招标要求、组织讨论招标公告和招标文件的同时，纪审部全程参与，了解工程要求、特点；设计完毕后，由纪审部负责委托造价咨询公司编制工程量清单，在这个过程中，纪审部不但起着桥梁的作用，同时因为对工程有着相当的了解和对工程结算富有经验,所以要发挥指导和审核工程量清单的作用。纪审部积极地参与工程量清单法的运用,一是弥补各方的不足,二是对工程有更细致的了解,以便在工程发生变化时能迅速作出反应,对工程的总投资进行适时的调整,为决策层提供服务。

② 造价计算的时效性控制

根据工程量清单法的要求,造价咨询公司根据市场情况来编制上限值。例如,土方外运每 $1m^3$ 定额价达到 30 多元,而市场上一般为 25 元。

③ 工程量清单的编制和造价的确定

委托具有资质的实力较强的代理单位编制工程量清单,在发放招标文件时,要求投标单位对清单进行复核,由代理单位将意见反馈汇总,复核后形成修正工程量清单。

根据现行的施工图预算定额,以及正常的市场材料价格、工程类别编制工程造价,即最高投标限价,并向各投标方公布,对于一些档次、价格差距较大的主要材料,尤其是一些装潢和安装材料,确定一个基本标准(档次、品牌或价位)。

3) 招标文件的编制模式

招标文件的编制是一个技术性极强的工作,尤其是工艺设备和进口机电设备等,需要借助于专业招标投标代理公司的技术力量来进行。按技术改造办公室各专业组的分工,由各专业组对本组分管的分部分项工程中需进行招标投标的项目,按总进度要求,计算提前期,提出招标计划,并准备该项目的技术规格书,组织监理、设计和总控等单位的专业技术人员讨论。定稿后交招标代理单位编写招标文件(草案),再经专业技术人员和纪审部讨论修改后,按规定的程序及时间要求负责招标的各项工作,组织评委开标、评标和公示后,下达中标通知书,确保招投标工作符合国家、省市有关规定,避免暗箱操作。该模式充分发挥了招标代理公司、业主、设计和总控专家的优势,保证了招标文件的严谨性和合理性。

4) 合同谈判

合同谈判是确定投资的关键环节,联合工房一期工程在合同谈判时注重谈判策略的制定,节省了大量投资,仅 COMAS 制丝工艺设备一项报价与合同差价就达到 1400 多万欧元。

5) 物资采购模式的策划

采用大宗配件采购模式不仅有助于产品质量的控制,也有助于投资控制。例如:生产过程的视频监控系统总共节省投资近 1500 万元,节省率为 46%,主要是采用了以下措施:一是通过与西门子等大公司签订大宗配件采购合作协议,争取较低的元器件采购价格,其中西门子的元器件采购价格平均降低了 30%;二是优化采购方式降低工程造价,设计中原在 COMAS 公司采购的网络设备改由国内集成采购,大幅度降低了网络部分的造价;三是通过优化设计,调整网络设备、配电线路、控制设备的布置,降低了工程费用。

(3) 施工阶段的投资控制

联合工房一期工程在该阶段主要采用了投资控制的组织保证措施、严格控制工程变更以及投资控制的信息管理等多项措施确保投资目标的实现。

1）投资控制的组织

组织仍然是投资控制的关键因素，图 5-11 为项目投资控制的组织结构图，任务分工见表 5-4。

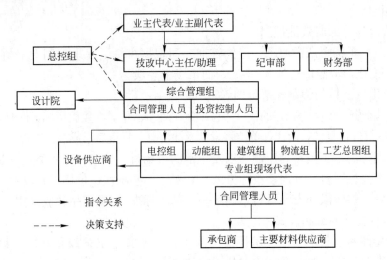

图 5-11　联合工房一期工程投资控制的组织

联合工房一期工程投资控制的组织分工　　　　表 5-4

单位/部门	投资控制的主要任务
业主代表/副代表	· 批准的初步设计概算进行项目投资控制 · 审批月/年度资金预算 · 审批投资控制报表 · 审批付款内容及金额 · 审批或授权审批变更内容及金额 · 审批工程结算报告
专业组	· 根据项目要求选派现场代表 · 组长组织实现本组的投资控制目标 · 向投资控制员及时提供投资信息和数据 ……
…	…

2）严格控制工程变更

由于最终需求、施工条件、设计图纸质量等问题的产生，难免出现工程变更，但工程变更必须进行严格控制，否则工程变更所增加的费用可能超过投资控制的合理范围。设计变更必须注明设计变更原因，相关专业须互相签认，保证施工图深度符合建设部有关要求，并确保施工图质量，以免施工中出现差错和返工，造成不必要的造价上升。图 5-12 为设计变更流程。

为加快施工进度，规定施工工程款 10 万元内，由业主方工地代表审批，超出 10 万元的由业主方主管领导审批，同时在审批过程中，采取措施避免施工方化整为零，将清单报价中未明确的地方，采取移花接木的方式来虚报或增加有关费用。

在变更处理过程中，信息的及时汇报和反馈至关重要。在一期工程实践中，卷

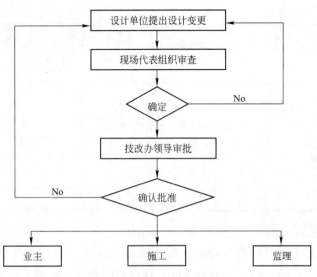

图 5-12 设计变更流程

烟厂审计和造价人员现场跟踪施工方设计变更和工程洽商全过程,掌握第一材料配合监理共同把关,及时向主管领导反馈造价变化信息。技术改造办公室现场土建组和监理共同确认工程洽商,及时进行变更确认的定期上报工作。

3) 投资预测

投资是一个动态过程,要使项目投资控制在总投资目标范围内,必须进行投资的预控,即进行投资预测,并在此基础上采用相关措施。投资预测可以有效地对投资进行预先控制,为工程变更控制和现场签证管理提供依据。在实施过程中,项目总控单位每个月提供投资预测分析报告,供业主投资控制人员和领导层决策之用,表 5-5 为投资预测表部分样表。

联合工房一期工程投资预测表样表(部分)　　单位:元　**表 5-5**

序号	内容	批准概算	调整概算 (第 3 版)	合同已签及预测			备注
				合计	已签 合同	合同执行 预测增减	
一	土建						
1	场地平整						
1.1	联合工房爆破						合同决算审计增加
1.2	围墙拆除						合同决算审计增加
1.3	锅炉厂建筑爆破						
2	地基处理						
2.1	联合工房						合同决算审计增加
2.2	动力中心						合同决算审计减少
2.3	地沟支护						新增支护费用
2.4	其他						污水处理站配电室绿化

续表

序号	内容	批准概算	调整概算（第3版）	合同已签及预测			备注
				合计	已签合同	合同执行预测增减	
3	联合工房						
3.1	人工挖孔桩						合同决算审计增加
3.2	主体工程						
3.2.1	主体合同						土建预留
3.2.2	补充协议（1）						
……	……	……	……	……	……	……	……

（4）投资控制效果

投资控制并不是投资越少越好，而是充分发挥投资效益，在计划投资的范围内，通过控制的手段，以实现项目功能、建筑造型和材料质量的优化，实现项目全寿命周期费用的节省。通过两年的施工建设，联合工房一期工程如期竣工，并为项目总投资节约300多万元，获得了鲁班奖、芙蓉奖，达到了预期目的。

小 结

投资控制涉及项目建设全过程，投资控制的措施包括组织、管理、经济和技术措施。本案例在决策、设计、招标投标和施工阶段等不同阶段采用了不同措施，取得了明显的效果，尤其是设计和招投标阶段的投资控制，为整个项目投资控制目标的实现打下良好的基础。当前大型项目很多出现超投资以及投资浪费的现象。本案例的实践经验可为其他项目提供借鉴。

思考题

1. 项目前期、设计、招标投标和施工阶段投资控制的具体措施有哪些？
2. 除案例中介绍的这些措施外，还有哪些投资控制的措施，如何应用？

5.3 质量控制

案例1 长沙卷烟厂联合工房一期工程[1]

项目背景

项目概况同第2章综合案例。

---

[1] 本案例参考黄昂主编《卷烟厂工程建设与管理——长沙卷烟厂联合工房一期工程简单管理之实践》。

该项目引进国外先进技术，安装工程量大，安装调试复杂，技术要求高。项目所在地地质条件复杂，设计采用了人工挖孔灌注桩、CFG 桩、砂桩、高压注浆、地基换填等多种处理方法，施工难度大。卷烟厂车间采用大面积网架胎架，滑移安装难度大，金属屋面构造复杂，面积超大，防水要求高。此外，该项目还有大量分包单位，协调复杂，管理难度大。

该工程重点推广应用了"建筑业 10 项新技术"，以及其他新技术 2 项，重点创新成果 2 项。通过新技术、新材料、新工艺的推广应用，取得了良好的效果；不仅为创优质工程奠定了基础，而且缩短工期 30 天，节约成本近 300 万元。

项目质量控制

在建设项目实施过程中，项目建设参与各方包括建设单位、设计单位、施工单位和材料设备供应单位都必须进行工程质量控制。同时，工程质量控制必须贯穿于工程建设的全过程之中，包括决策阶段的质量控制、工程勘察设计阶段和工程施工阶段的质量控制。本案例主要分析在长沙卷烟厂联合工房一期工程中，工程勘察设计阶段和工程施工阶段的质量控制。

(1) 工程勘察设计的质量控制

长沙卷烟厂联合工房一期工程勘察设计的质量控制是通过制定质量目标体系，明确控制任务和采取质量控制措施来实现的。

1) 工程勘察设计质量目标

明确的质量目标是实施工程质量控制的前提。工程项目质量控制就是不断地把质量实际值与质量目标值进行比较并不断纠偏的过程。长沙卷烟厂联合工房一期工程勘察设计质量目标分为直接效用质量目标和间接效用质量目标两方面，该项目的勘察设计阶段质量目标体系如图 5-13 所示。

2) 工程勘察设计质量控制的任务

工程勘察设计的质量控制需要业主方、项目总控单位和设计方相互配合、共同参与。

① 工程勘察设计业主方质量控制的任务
- 设计方需要了解现场情况和现有资源时，业主方应积极支持和配合。
- 业主向设计院提供的原始设计资料必须及时、准确，并签字负责。
- 业主所属的各专业组（含专业顾问）开展对工程设计中一些重大技术问题的调研和研讨，以优化设计。
- 跟踪审核设计图纸，发现图纸中的问题，及时向设计单位提出。
- 在施工图设计阶段进行设计协调，督促设计单位完成设计工作。
- 组织专家对各阶段设计进行评审，审核各专业工种设计是否符合规范要求。
- 审核各特殊工艺设计、设备选型，提出合理化建议。

② 工程勘察设计总控组质量控制的任务

联合工房一期工程总控组在勘察设计阶段专门成立了设计管理部门，负责勘察设计阶段的项目咨询工作。其在该阶段的质量控制的任务包括：

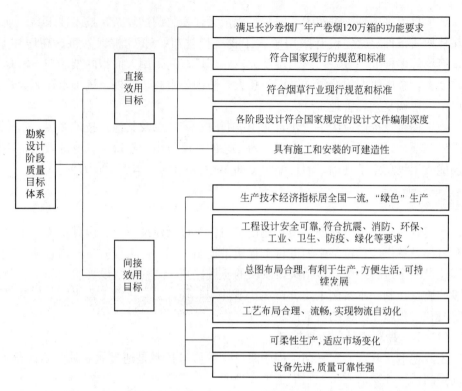

图 5-13　长沙卷烟厂联合工房一期工程勘察设计阶段质量目标体系

- 协助业主组织各阶段（包括方案设计、技术设计和施工图设计）的评审，根据评审结果，编制下一阶段设计要求文件；
- 审核设计各阶段的图纸、技术说明和计算书等设计文件是否符合国家有关设计规范、有关设计质量要求和标准，并根据需要提出修改意见；
- 在设计进展过程中，协助审核设计是否符合业主对设计质量的要求，并根据需要提出修改意见；
- 协助业主组织有关专家对设计进行分析、论证，以优化设计；
- 对设备系统的技术经济进行分析，并提出改进意见。

在勘察设计阶段，总控组利用价值工程等各种方法提出优化设计意见，得到了业主的认可并为设计单位所接受。如：为方便制冷机组的安装、使用、维护和检修，与动能组、动力车间一起提出了将动力中心的柱距由 8m×9m 改为 12m×9m 的建议，并与土建组讨论了其实现的可能性；对电制冷机组与直燃式溴化锂制冷机组进行技术、经济的全寿命比较，得出了电制冷优于直燃式溴化锂制冷机组的结论，避免了动力中心可能给设计带来的重大变化；联合工房生活辅房"门厅雨篷采用膜结构不理想，建议采用轻钢结构"、"取消螺旋楼梯，改为封闭间设楼梯"的建议也被设计院采纳；等等。这些调整意见既优化了设计，提高了设计质量，也有助于后期施工，还节约了投资。

③ 工程勘察设计设计方质量控制的任务分工

长沙卷烟厂联合工房一期工程勘察设计任务由五洲工程设计院和湖南省轻工纺

织设计院共同承担,同时由郑州烟草研究院承担从完标到施工图设计交底(含施工图外部审核)阶段全过程的工艺设计咨询。设计及设计咨询单位主要承担各自合同约定的质量控制任务。

3) 工程勘察设计阶段质量控制方法

长沙卷烟厂联合工房一期工程勘察设计阶段的工程质量动态控制流程如图5-14所示。在每一阶段的设计任务完成后,专家组对其进行评审,提出评审意见,设计方再对该阶段的设计进行完善,最后与长沙卷烟厂商定,对该阶段的设计达成一致,进入下一阶段的设计。

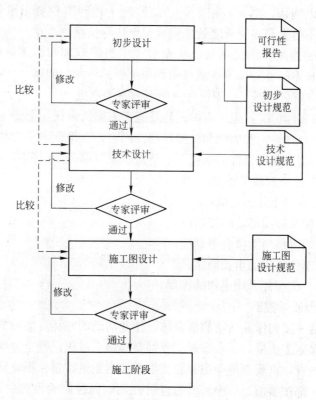

图 5-14　勘察设计阶段质量动态控制流程

(2) 工程施工阶段的质量控制

1) 施工准备阶段的质量控制

在施工准备阶段,质量控制主要包括以下内容:

- 施工单位需向业主和监理单位提交质量保证体系和施工组织设计方案,由监理单位负责组织,业主、总控和专家进行审查,并签署意见;
- 由业主组织设计交底及施工图会审;
- 正式开工前,由监理单位组织,业主和总控组参加对施工单位的质量计划及相关内容的实施细则、质保体系措施和开工准备进行联合检查,只有检查合格,落实了开工条件,才允许开工。

① 施工单位资质的核查

由监理组织业主、总控组、专家认真核查各中标进场施工单位的质量管理体系，重点对现场项目部质量管理体系进行严格的核查，主要控制点在以下几个方面：

- 督促各承包单位及时向监理工程师报送项目经理部质量管理体系的有关资料，包括组织机构、各项制度、管理人员、专职质检员、特种作业人员的资格证和上岗证；
- 对报送的相关资料进行认真审核，并实地检查落实，人员逐一核对；
- 在审核、检查与落实后，对满足工程质量管理要求的承包单位，总监理工程师予以确认，对不合格人员，总监理工程师有权要求承包单位予以撤换，对不健全和不完善之处督促承包单位尽快整改；
- 对重要的检测和调试项目，必须由业主组织监理和施工单位进行实地考查，选择本行业资深的权威机构参与工程的检测与调试。

② 承包单位提交的施工组织设计及施工方案的审批

结合工程的实际情况，施工组织设计及施工方案的审核，主要侧重于编制的规范性、先进性、合理性、实效性和可操作性。同时，在符合国家技术政策、合同条件、法规条件和施工现场条件的前提下，坚持"质量第一，安全第一"的原则。

③ 现场施工准备的质量控制

主要控制点在以下几个方面：

- 工程定位及标高基准的控制；
- 施工图的审核与图纸会审制度；
- 对分包单位资质的审核确认；
- 对材料、构配件采购定货的控制。

2) 施工过程质量控制

施工过程是一系列作业活动的集合体，作业活动的好坏直接影响施工过程的施工质量。为确保施工质量，要求监理工程师要对施工过程进行全过程、全方位的质量监督控制与检查，重要部位业主和总控组要参与质量控制。不论是施工过程还是某一作业活动，都按事前、事中和事后进行控制，而控制的重点主要是围绕事前、事中控制进行。

① 事前控制——作业技术准备状态控制

事前控制，应着重抓好以下环节的工作：质量控制点的设置；作业技术交底的控制；进场材料、构配件、设备的质量控制；施工现场劳动组织及作业人员上岗资格的控制。

对于作业技术交底的控制要注重以下几个方面：

- 技术交底书必须由项目经理部主管技术人员编制，并经项目总工程师批准；
- 技术交底书的编制要全面、具体和明确；
- 关键部位或技术难度大、施工复杂的检验批，分项工程施工前，承包单位的作业指导书要报监理工程师审查，经审查，不能保证作业活动质量要求的部分,承包单位要进行修改补充,没有做好技术交底的工序或分项工程不得进行正式实施。

② 事中控制——作业技术活动运行过程的控制

- 监督承包单位自检系统的完善,强化自检工作

承包单位是施工质量的直接实施者和责任人,主要抓以下几方面工作:施工活动的作业者在作业结束后必须自检;不同工序的交接、转换必须由相关人员交接检查;承包单位专职质检员的专检;报监理工程师和业主方检查验收时,除提交工程报验单外,必须提交有专职质检员签字的自检报告书,将自检中存在的问题,整改情况在自检报告中如实记录。

- 技术复核工作的监控

在该方面主要抓以下几方面工作:综合管线、地下管网、输配电线路交汇点,变电、配电位置、高低压进出口方向,送电方向等。

- 强化过程检查,对施工过程进行巡视检查和旁站

强化过程控制可采取以下措施:

——强化对施工单位自检体系的监督与管理,强化项目监理部内部对过程控制的管理,使各专业工程师能坚持原则,各负其责。同时,积极支持与配合专家对质量的监管工作,与专家一道狠抓质量,发现问题相互及时沟通与解决,并共同督促整改,增加质量的监管力度;

——对施工过程中屡次出现的质量问题,要及时下发指令性文件;对出现问题较多且不听指令的施工单位,可暂停施工进行整顿或停止支付本月进度款;

——对施工中出现的各种技术难点、施工难点或工程中难以协调的问题,监理单位可及时组织各方召开专题研讨会议,并邀请有关专家参加,集思广义,使问题尽快得以解决;

——每月组织一次全面的质量检查,将检查结果进行通报,并将本月工程中常见的质量通病以图片的形式在工地展示,通报与工程考核相结合,使工程质量上新台阶;

——对不称职的施工管理人员、监理人员,总监理工程师要不留情面,及时撤换。

- 对建筑、安装工程质量问题的预防措施及处理方法

工程开工前,业主方组织总控组编制了《项目管理规范与控制制度——质量控制篇》。对相关参与方的质量责任和义务、质量目标、质量控制,包括设备安装的质量控制、整体竣工验收和工程备案及保修阶段的质量控制等进行了规范。监理单位根据国家规范并结合烟厂工程特点,编制了各专业的监理实施细则,对各专业常见的质量通病进行了全面的分析,制定了相应的预防措施。

在施工过程中,业主和总控组从总体上把握质量控制的落实和检查,项目监理部将监理实施细则落实到实处,做到全方位和全过程的质量控制。对施工中出现的细小的质量问题,各专业工程师应尽可能在日常巡视、旁站、隐检、预检、

分项/分部工程验收过程中通过口头指令、下发书面通知等形式及时解决。对难以解决或难以落实整改的质量问题，监理单位及时组织各方召开质量专题会解决。

③ 事后控制——作业技术活动结果的控制
- 在长沙卷烟厂一期工程中，施工单位昼夜施工，因此监理工程师也需跟班作业，进行旁站和隐蔽验收工作，对重要的结构部位跟踪检查，反复督促整改和复查，直到工程质量合格后方可进入下道工序的施工。
- 根据卷烟厂工程工期紧，交叉作业多，点多面广的特点，应有序地交叉施工和及时、有序地组织各项验收。
- 工程扫尾的基本思路是分三个阶段进行，第一阶段是现场的工序交接验收及分项工程验收；第二阶段是现场的分部工程验收及各系统验收；第三阶段是竣工图及工程竣工技术资料的扫尾。
- 在联动试车或设备的试运转前，要求承包单位根据本工程特点、生产情况及设备性能，编制详细的联动试车及设备的试运转方案。然后，由监理组织各方对方案进行反复讨论，使方案更加细化和切实可行。另外，对设备的各零部件安装的关键部位进行复查，对系统各分项工程的验收及各项试验情况重新进行核查和落实。
- 对联动试车或设备试运转的组织机构、人员配备、技术准备情况进行落实，做到每个操作控制点落实到人，操作步骤清晰，运行安全措施可靠。一切准备工作就绪，且经各方签字同意方可进入联动试车及设备的试运转阶段。在联动试车及设备的试运转过程中，各方必须坚守现场，全过程跟踪，并督促相关的承包单位及时、真实地做好各项检查记录，若发现异常，立即停机，认真分析其原因后再进行调试。

(3) 竣工验收阶段的质量控制

整个工程项目完成以后，监理单位组织各方进行竣工预验收，其主要工作包括以下几方面：
- 督促施工承包单位进行竣工自检，自检合格后，向监理单位提交《工程竣工报验单》；
- 审查承包单位提交的竣工验收所需的文件资料；
- 总监理工程师组织对现场进行检查，发现质量问题指令承包单位进行整改；
- 对拟验收项目初验合格后，总监理工程师对承包单位的《工程竣工报验单》予以签认并上报建设单位，同时提出"工程质量评估报告"，建设单位再组织正式的竣工验收。

小 结

质量是项目的生命线。和投资、进度控制不同的是质量控制更强调事前控制。将质量问题在设计阶段解决有助于减少浪费、提高工程质量水平，从而为建设项目增值。在质量形成的各个阶段,现场施工控制是质量控制的核心。因此本案例着重从设计阶段质量控制和施工阶段质量控制两方面进行了分析。设计阶段重点采用了组织和管理方法,而施工阶段采用了事前、事中和事后控制的三阶段控制方法。从影响质量的因素看,质量控制应进行全过程、全方位和全员参与的控制,因此质量控制的相关措施应尽可能地深入、全面和具体并具有可操作性。

思考题

1. 建设项目质量控制的基本原理和基本方法是什么?
2. 设计和施工阶段质量控制的重点各是什么,有哪些具体措施?

5.4 安全管理

案例 1 东海大桥工程[1]

项目背景

东海大桥始于上海市南汇区芦潮港,北与通达内陆腹地的上海 A2 高速公路(沪芦高速公路)相连,南跨杭州湾北部的海域,直达位于浙江省嵊泗县崎岖列岛小洋山岛的洋山深水港区,全长 32.5km(图 5-15)。

图 5-15 东海大桥

东海大桥建设规模巨大。工程施打各类桩基 8712 根,共浇筑海工混凝土 138 万 m³、普通钢筋 20 万 t、高强钢材 3 万 t、钢结构 33.4 万 t。同时,本项目施工环

---

[1] 本案例参考《会战洋山:上海洋山深水港建设纪实》。

境恶劣、技术难度高、工期紧迫、船机设备大量使用，每天数百艘施工船舶往来穿梭于远离海岸的桥线和陆地之间，历经17次台风洗礼，670片超常箱梁依靠大型起重船吊装，工程每天都面对无数风险。然而自始至终，工程都平稳推进，这得益于有效的安全管理。本案例重点介绍东海大桥工程的安全管理体系，包括常规安全管理和重点安全管理两部分。

安全管理

(1) 安全管理总述

成功的安全管理是战胜工程风险的法宝，科学的施工风险分析是本工程安全管理的前提。东海大桥工程十分重视三个风险。一是天气和海况。工程所处海区平均水深达10m，两侧无任何岛链遮蔽，冬、夏季风引起的涌浪对施工船舶及海上施工的安全造成长久的影响；频繁发生的台风、雾和强对流天气则构成短期的严重威胁；而海区潮流流速急，不仅影响海上吊装作业，还造成船只撞击施工平台、海上高桩平台的隐患。二是施工单位普遍缺乏海上施工装备和海上作业经验丰富的人员。工程起步之初，除负责非通航孔桩基和承台的中港集团项目部外，其他施工单位都非常缺乏海上施工经验和装备，难以在复杂的海况条件下保持正常施工节奏。三是广泛采用大型设备。其中，包括沈家湾预制厂的移梁设施、吊装70m箱梁的2500t浮吊、吊装400t结合梁块段的桥面吊机、5000t级运梁的驳船、桩架高达70m～93m的6艘大型打桩船等。

为了有效防范风险，工程的安全管理分为两个层面，即常规安全管理和重点安全管理。

(2) 常规安全管理

东海大桥工程常规安全管理具有长效性和务实性，基本内容是：坚持"安全第一，预防为主"的方针和"谁施工，谁负责"的原则，认真贯彻执行《安全生产法》、《建筑法》、《海上交通法》和《安全生产管理条例》等有关法律法规和有关行业规定，贯彻落实大桥分指挥部既定的月度安全例会制度，以项目部的安全基础管理为抓手，严格督促各项安全制度和安全措施的落实。

1) 安全基础管理体系

工程安全基础管理体系包括：完善安全生产责任制、安全管理网络、专项安全管理制度、专项安全施工组织管理，设立分管安全领导、专业安全员和安全监理等。安全员负责工地日常巡检，识别危险源并及时排除，纠正违章操作。工序转换前，安全员协同项目经理分析下道工序的潜在威胁源，向作业人员进行安全防范交底。分管安全领导帮助安全员排除管理中的障碍，解决重点、难点问题。驻地安全监理对安全管理工作进行有效监督。

2) 安全生产工作的检查与奖惩

分指挥部组织总监办、市安检站、驻地安全监理进行定期全线安全工作检查、季度评分考核检查和不定期巡查，重点检查项目部的安全生产责任制和各项安全制度的落实、安全专项方案的编报等基础管理工作，以及现场安全措施是否到位等。

查出问题后,由驻地安全监理发出整改通知单,要求项目部及时整改。每季度进行一次考核检查评分,对季度安全生产前三名标段给予奖励。对安全生产管理不善、施工现场秩序混乱、安全隐患严重,或发生重大险情、发生重大事故的标段给予处罚。由于检查力度严,整改要求高,奖罚分明,各标段都把安全工作作为重点来抓。

3) 安全生产例会

分指挥部每月定期召开安全生产例会和海事例会。在例会上评析当月安全生产工作情况,总结经验,发现问题,找出潜在危险源以及控制点,布置落实下月安全工作重点,使管理人员牢牢把握各阶段的重点。

4) 安全教育与培训

开展一线生产操作人员安全生产基础知识教育培训工作;举办《建设工程安全生产管理条例》学习班;开展"安全生产月"宣传教育活动;开展标段之间的观摩、学习和交流活动。

5) 海上施工安全管理

① 海上安全作业基本要素的完备

根据投标合同,各标段配置与海上桥梁工程相配套的船机设备。参加东海大桥工程施工的 40 余艘大型、非自航船舶中,有 2/3 是新建的,使工程具备了大规模作战的能力。同时,在大桥分指挥部的督促下,各标段配置海上作业经验丰富的人员,负责施工船舶和海上施工的管理。将桥轴线两侧各 1000m 设定为海上施工安全作业区,该区域两侧各 600m 为安全航行区;设立了 24 座警戒灯浮和 43 座助导航标志,以划定海上安全作业区和临时航道的范围;对上述区域进行扫海,以确保施工船舶作业和过往船舶的航行安全;设置了浮标链,以标明 6 根穿越桥轴线的海底管线的走向,加强对海底管线的保护;出版了大比例尺的东海大桥工程施工专用海图,供施工船舶和过往船舶使用;根据工程进展情况,及时联系海事部门,进行航道转换。

② 海上安全基础管理

严格执行船舶的安全准入制度;大力加强施工人员海上作业安全培训;分指挥部特别要求各标段编制防台应急预案,并严格督促应急预案的实施。

③ 船机调度管理

各施工标段均建立起调度室,调集海上作业专业人员昼夜值班,与此同时,落实了以下 4 项船机调度管理规定:一是安全通信保障。施工单位均建立了不同频道的水上甚高频无线电话通信网,保障了施工船舶之间及海岸之间昼夜联络畅通。二是安全信息保障。每天搜集气象、水文预报资料,收阅航行通告,以便根据最佳调度船舶实施海上施工作业。三是调度室规范运作制度,目的是统一协调本单位每天的船舶航线和作业布置计划。四是安全警戒保障。调度室根据对建桥构筑物安全警戒保护的统一要求,组织人员定期检查本项目部设置的构筑物警戒标志(灯),防止外来船舶损害构筑物。

跨海大桥的特殊性决定了海上安全管理的重要地位。由于及时建立了与跨海工程相适应的海上常规安全管理体系,大大降低了海洋环境给工程带来的风险。

(3) 重点安全管理

有些特殊情况,例如大型设备在复杂海况下的施工,以及迎战恶劣天气等,具有高风险、高突发性的特点。在东海大桥施工期间,这些情况的出现频率远高于一般工程,单靠常规安全管理已经无法有效应对这些挑战。为了应对这些特殊情况,东海大桥形成了一套独特的重点安全管理体制。这种体制的本质,就是把某个特殊时间点(如台风、主航道内的大型浮吊吊装)作为一个项目,建设方、施工方、监理方主要领导亲自督战、靠前指挥,使反应速度最优化。

比如,主通航孔空斜拉桥 0 号段共 10 片结合梁块段,需要用大型浮吊吊装。当时,正值台风与季风多发时期,浮吊要占据主航道(每天平均过往船只达 300 艘)。吊装前数周,指挥部就及时组织讨论吊装封行方案,请海上作业行家出谋划策,并参与方案审核。吊装前,成立了吊装封行领导小组和工作小组,领导小组由指挥部、海事处、总监理工程师办公室和施工单位领导组成,负责发布吊装令和总体协调;工作小组由指挥部项目经理、驻地高级监理工程师、施工单位项目经理、船机调度员、船长和施工员组成,负责现场指挥。有了这样的精心组织和管理,建设者们克服多次恶劣天气的影响,安全完成了吊装任务。

再比如,为了有效防抗恶劣天气,指挥部要求各标段根据"风前、风来、风后"三阶段的总要求,结合实际,编制海上防台、防冬雾强风和防突风三项海上安全施工预案。对于海上防台,指挥部组织各标段到舟山、岱山和上海考察,选择岱山县长途港作为非自航船舶防台的首选地点。指挥部和有关标段同上海气象台建立联系,以便及时获得施工区域每天天气信息。此外,充分利用网上气象资源。各单位均专设气象数据采集、分析人员。台风来临前,各级领导坚守阵地,密切关注台风动向,根据台风对施工区域的影响程度,作出人员撤离或原地避风的决策。由于措施得力,组织到位,东海大桥工程在一次次与台风的较量中,均取得了胜利。

小　　结

由于涉及到人身安全和财产安全,安全管理是项目管理各项任务中最重要的一项任务。安全管理应充分重视"安全第一,预防为主"的方针,努力消灭一切安全隐患。东海大桥所处环境恶劣,安全管理不容闪失,项目建立了常规安全管理和重点安全管理体系,取得了良好的效果,不仅为同类项目提供了很好的参考借鉴,也为其他项目的安全管理积累了经验。

思考题

1. 大型桥梁施工建设的安全管理体系如何建立?

2. 如何将常规安全管理和重点安全管理结合起来,本案例中的重点安全管理有哪些值得借鉴的地方?

5.5 环境保护管理

案例1 青藏铁路[1]

项目背景

青藏铁路格尔木至拉萨段(简称格拉段)全长1142km,全部处于3000m以上的高海拔地区,其中有960km在海拔4000m以上,线路穿越550km的连续多年冻土区,是世界上海拔最高、线路最长的高原铁路。生态脆弱、多年冻土和高寒缺氧是铁路建设中遇到的"三大难题"。图5-16为青藏铁路的高原雄姿。

图5-16 青藏铁路雄姿

青藏铁路格尔木至拉萨段总投资330.9亿元,其中环境保护投资15.4亿元,占总投资的4.6%。青藏铁路在中国铁路建设史上首次引入环保监理制度,创造性地建立了建设、施工、工程监理、环保监理"四位一体"的环保管理体制。

青藏铁路环境影响评价是我国铁路史上最特殊、要求最高、工作内容最复杂的一次环境影响评价。青藏线格尔木至拉萨段环境影响评价工作体现了预防为主、保护优先、开发与保护并重及环评指导设计、施工、环境管理的原则。从审计调查情况看,青藏铁路环境保护工作达到了环境影响评价报告的要求,为我国重大项目的工程建设与环境保护协调开展积累了宝贵经验。

---

[1] 本案例参考李耀增编《青藏铁路的环境监理》。

工程建设与环境保护

(1) 工程建设环境保护任务

青藏铁路格拉段跨越"世界屋脊"青藏高原腹地,沿线穿越高寒荒漠、高寒草原、高寒草甸、高寒湿地等不同的高寒生态系统,经过可可西里国家级自然保护区和三江源自然保护区边缘,紧邻色林错黑颈鹤自然保护区,沿线分布有极具保护价值的珍稀濒危野生动植物物种资源。独特的气候条件,连片的多年冻土、湖盆、湿地及缓丘构成的原始高原地貌,使其成为我国及南亚地区重要的"江河源"和"生态源"。自然生态环境原始、独特、敏感、脆弱。

为保护好青藏高原非常独特的生态环境,青藏铁路建设过程中按照"预防为主,保护优先,开发与保护并重"的环保工作原则,明确提出了确保野生动物迁徙不受影响,江河源水质不受污染,多年冻土环境、植被和湿地环境、铁路两侧自然景观不受破坏,努力建设具有高原特色的生态环保型铁路的环境保护总目标。

(2) 工程建设环境监理机制

1) 基于"四位一体"的环境管理体系的全过程监控

面对青藏铁路建设中环境保护工作的艰巨性和复杂性,为确保青藏铁路施工对沿线区域原始生态环境的影响程度减至最小,在中国铁路建设史上,青藏铁路首次引入环境监理制度。青藏铁路环保监理工作基本程序如图5-17所示。

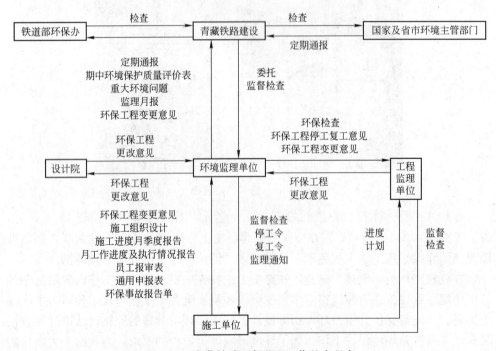

图5-17 青藏铁路环保监理工作基本程序

2) 环境监理的工作依据、工作内容和职责

① 环境监理的工作依据

青藏铁路环境监理的依据主要为环境影响报告书、水土保持方案及批复文件、环保监理指南及实施细则、设计文件及相关法律法规。工作范围为青藏铁路格尔木至拉萨段的设计范围，主要包括：主体工程、临时工程、生态恢复工程及野生动物通道等。

② 环境监理的工作内容

监理内容包括三个方面。

- 施工准备阶段：施工营地、便道和场地等临时用地的选址是否合理及环境保护措施落实情况，施工环境保护方案。
- 施工期：在自然保护区内的施工行为和生活行为的环保措施落实情况；工程设计提出的环保措施落实情况；施工营地、场所污水和处置情况；砂石料厂开采、加工、贮存情况；取、弃土（渣）场的防护措施落实情况及施工材料运输过程中的防护问题；取、弃土（渣）场选址变更情况；施工便道修筑和使用情况（尤其在生态环境脆弱、敏感地带）；临时用地植被处理、恢复及水保措施；其他（施工、监理单位日志等）。
- 竣工收尾阶段：施工营地移交或场地恢复情况；环保工程、生物措施、野生动物通道落实情况；取、弃土场的平整、恢复情况。

③ 环境保护监理的职责

环境保护监理职责：履行现场监督检查职能；重大环保问题及时向青藏铁路建设总指挥部汇报；定期向青藏铁路总指挥部提交环境保护监理月报、季报；监督整改施工管理中存在的环保问题；参加优质样板工程评选，具有一票否决权。

青藏铁路环保监理站实行总监理工程师负责制。环境总监理工程师全面负责并保证按合同要求规范地开展环境保护监理工作，为此制定了14条总监职责；环境保护监理工程师在环境总监理工程师指导下，具体执行环境保护、水土保持等监理任务，据此规定了7条监理工程师的职责。

3) 环境监理的工作方式

青藏铁路环保监理站采取文件核对与现场检查相结合的工作方式，辅以工程监理的现场监督。环保监理以沿线地表植被、珍稀野生动物、湿地、原始景观地貌、河流源头水质、地表土壤及水土保持功能为重点保护对象。对施工单位的环境保护工作质量、工程监理单位的监理效果和监理质量进行检查和评价。

环境监理的工作方式以现场检查为主，对每个标段都列出较详尽的工作计划，如工程重点、环境敏感点、取弃土场等。对检查中做得好的工点予以肯定，对检查过程中发现的环境问题以及总指、工程监理单位和其他有关单位发现和提出的环境问题下发《环境监理通知书》或《监理备忘录》，及时督促施工单位进行整改并进行追踪检查和作为下一次检查重点。每月、每季度完成环境监理月报、季报，上报总指。另外，环保监理单位还结合现场检查情况，与施工单位进行相关技术培训、技术研讨工作，以利于提高环境保护工作的管理水平。督促检查及整改的结果及时通报青藏总指及有关单位。

监理工作开展过程中还建立了一系列工作制度以保证环境监理工作规范、有序地进行。监理工作制度主要包括会议(首次会议、监理例会、专题会议等)、记录、报告、档案管理制度等。会议讨论和研究的问题及情况完整地记录下来,形成文字材料,成为约束相关方行为的依据。

4) 环境监理工作取得的成效

从5年多的现场环境保护监理工作实践看,设立环保监理机制是十分必要的。青藏铁路建设总指挥部、环保监理单位、工程监理单位以及施工单位克服了任务重、高原生存环境恶劣等不利因素,对环境保护工作给予了充分重视,采取了切实可行的保护措施,将铁路建设对环境的影响降低到最低限度,保持了施工沿线的生态平衡。在工作过程中环境保护监理发挥了实效。例如,通过宣传与不断强调环境保护的重要性,筑路工人自觉保护野生动物,每年6月和8月两次主动停工保证藏羚羊迁徙;又如,环保监理及时制止违规取土行为,并责成相关单位予以恢复,保护了植被与冻土环境;通过加强管理,施工单位做到了垃圾归池并进行可降解与不可降解垃圾分类;通过监理活动促进了停用大临工程的植被恢复,使之成为青藏铁路环保工作的亮点和特色。

环保监理的作用具有不可替代性。由于环保监理的介入,使得施工期环境管理纳入程序,强化了生态水土流失保护和野生动植物保护,工程中的环境问题得以及时反馈,使施工过程中的环境问题得以控制,生态、景观环境和施工过程污染物的排放得以有效控制,把环保部门被动外部环境控制,转变为施工过程中内部主动环境控制;施工期间环境问题广泛、复杂,涉及区域大,关系敏感,施工对环境有直接和潜在的深远影响,而环保监理工作的范围决定环保监理可以对主体工程质量以外的施工期环境保护起到保护作用,对施工监理工作起到补充、监督、指导作用,架起了工程环保与当地环境保护主管部门的桥梁,使国家和地方的环保政策法规得以落实。

青藏铁路建设中环保监理的引入,建立了施工期的环保工作制约机制,使得施工单位、工程监理单位环保意识明显加强,同时各单位也完善了相应的环境管理制度,保证了各项环保措施的落实,青藏铁路建设的环境保护工作也因此取得了令人瞩目的可喜成绩。

小　　结

环境保护越来越为人们所重视。预防为主、防治结合、综合治理是环境保护的重要原则。但在工程建设过程中,要控制好工程对资源环境污染和损害程度,必须采用组织、管理、经济、技术和法律的手段。该案例中采取的环保监理是一个有益的尝试。

思考题

1. 环境监理与建设工程监理工作有何区别和联系?如何看待青藏铁路环境监理机制的引入?

2. 在本案例中有哪些环境保护的具体措施可以借鉴?

案例2 洋山深水港一期工程❶

项目背景

作为上海国际航运中心的重点建设工程,洋山深水港区位于浙江省嵊泗县崎岖列岛海域,处于杭州湾东北部,距上海市芦潮港约30km,一期工程由港区、东海大桥、进港航道、芦潮港辅助作业区及相关市政配套等项目组成。该工程需要大量的爆破炸礁、陆域吹填、施工人员众多,极容易产生水域污染。而该工程又靠近我国著名的舟山渔场,周边海洋渔业资源极其丰富,因此对岛上建筑及周边海域的环境保护提出了更高的要求。

工程建设与环境保护

(1) 工程建设环境保护组织管理

1) 环保组织机构健全,责任明确

洋山深水港区一期工程实施期环保管理组织结构如图5-18所示。该项目采用的是项目经理负责制,即项目经理对施工期内与环境保护有关的工作全面负责,每个施工项目部均安排一名副经理分管环保,并且配备一名环保专员。环境监理对业主项目经理负责,对施工期的日常环境保护工作进行监督管理。

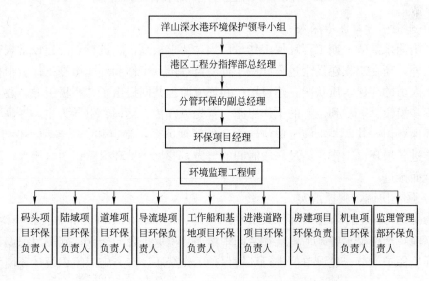

图5-18 洋山深水港区一期工程实施期环保组织结构图

---

❶ 本案例参考《会战洋山:上海洋山深水港建设纪实》。

为了使环保措施能够有效落实,分指挥部还建立了实施期各项管理制度,包括:制订环保工作责任制;建立环境保护宣传教育制度,提倡"从我做起,争做合格环保人"的理念;建立健全环境保护月报制度和月度例会制度;建立工程环保竣工预验收规程和档案制度等。

在组织机构方面,建立了由公司总经理、副总经理、部门经理组成的环保管理组织网络,公司的环境保护管理工作纳入工程技术部,由工程技术职能部门负责全公司的日常环境保护工作,设兼职环境保护管理员,具体负责日常环境保护管理工作,如图 5-19 所示。此外,为了将环境保护工作贯穿于日常运营管理中,运营单位上海盛东国际集装箱码头有限公司建立了环保管理网,制定了一系列环境保护管理制度。

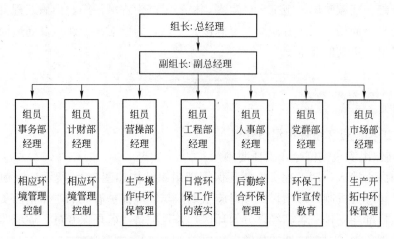

图 5-19 洋山港一期工程运营期环保管理组织网络

2) 积极引导,逐步深入

洋山深水港区一期工程环保工作量巨大,要求很高,除进行工程建设常规环保工作以外,还在工程建设全过程开展了环境监理试点工作和环境检测工作。根据现场施工人员的环保素质状况,建设单位和环境监理共同提出了"积极引导、逐步认识、逐步摸索、逐步到位"的工作思路,首先以宣传、培训、引导为主,提高参建人员环保意识;其次要求施工单位建立环保管理体系,制定和完善各项环保制度,逐步推进各项环保工作。经过一段时间的努力,参见人员环保意识明显增强,环保工作全面推进。

3) 强化协调,狠抓落实

为做好环保工作,各级环保人员利用监理、检查、工作例会等方式积极沟通。在开工前,严格要求各施工单位在合同中增加环境保护合同条款,施工组织设计中编制环境保护章节;建设单位进行环境保护工作交底,参与施工组织设计环境保护分内容的审核工作。施工过程中,现场监理、检查各项环保措施落实情况,使环保工作真正落到实处。

4) 定期汇报,接受督察

指挥部定期向国家环境保护总局、交通部环境保护办公室、上海市环境保护局、浙江省环境保护局上报环境保护工作报告。此外，积极接受环保主管部门对工地现场环境保护工作的监督、检查和指导。

(2) 工程建设主要环境保护措施

1) 制定合理的水下爆破炸礁方案，减少生态影响

水下爆破炸礁施工前，组织海洋检测单位进行了两次爆破试验。施工过程中，严格按照试爆数据对起爆药量进行合理调整，采用水下钻孔爆破和延时爆破等先进的施工工艺，减缓冲击波对鱼类的影响，合理安排爆破、炸礁、清礁等施工作业时间和周期，回避鱼类产卵和索饵期，减少对周围生态环境的影响。

2) 采用先进疏浚和吹填工艺，严控水域污染

在陆域形成吹填标段施工中，采用了先进的自航耙吸式挖泥船装舱溢流施工方法，为避开鱼类的产卵和索饵期，改变了施工作业时间和周期。疏浚土用于陆域回填，避免外抛，减少资源浪费和对海域环境的扰动，严格监控吹填区溢流口悬浮物排放浓度，控制疏浚施工和疏浚物质转移工程中因装舱溢流、疏浚物溢出及泄漏等。

3) 优化施工方案，减少环境污染

以初步设计为基础，优化了港口、大桥、芦潮港辅助作业区的施工方案，采用了先进的施工工艺，进口锤击能量大的打桩船，兴建重量大的浮吊，大大缩短了水下作业时间，减少了施工对海洋生态环境的影响。在施工过程中产生的淤泥、泥浆、废渣运送到岸边指定区域堆放，禁止直接向水中排放。水上平台施工的生活污水和生活垃圾进行集中收集，禁止直接排放和抛弃。施工单位采取措施加强了对施工设备的管理和保养，杜绝油类物质的泄漏。

4) 集中管理，合理使用土地

为减少施工占地，集中建设了施工管理人员营地。施工结束后及时进行平整、恢复植被。在局部开山爆破中，采取了严控爆破作业量、石方及时填筑、堆放有序、山坡固土绿化等措施，防止山体坍塌和泥石流。合理选择堆弃场地，构筑围堰，防止被雨水冲刷入水体。对石方开挖和取弃石场采取工程防护和植被恢复等措施，防止水土流失。采取洒水等有效措施防止施工扬尘，调整施工工艺，降低机械噪声。

5) 开展施工期环境监测，掌握环境状况

组织上海市环境检测中心、国家海洋局东海监测中心、农业部东海渔业生态环境监测中心、上海港环境保护中心和浙江省舟山海洋生态环境监测站完成了水质与沉积物监测、水生生态监测、渔业资源监测、陆域环境监测和海域生态环境监测工作，对一期工程施工全过程进行环境监测，及时掌握工程施工海域渔业生态、渔业资源的实际变动状况，完善施工期污染防治和生态保护对策措施。

6) 开展工程环境监测试点，积累宝贵经验

2002年10月，国家环保总局与交通部等六部委联合发布了《关于在重点建设项目中开展环境监理试点的通知》，作为国内水运工程惟一的试点项目，在有关各方的大力支持下，经历了宣传、教育、引导、培训和整改等过程，认真完成了环境

监理试点工作，取得了阶段性成果，为建设项目环境监理试点工作积累了经验，得到了主管部门的肯定。

7) 实施增殖放流，恢复生态环境

在农业部东海区渔政渔港监督管理局的监督管理下，在 2004 年～2006 年间，累计投入 1200 万元，通过苗种增殖放流等手段，放流了大黄鱼、黑鱼、日本对虾、梭子蟹和海蜇等苗种，加快生态环境恢复。

8) 成立专门队伍，收集处理固体废物

按固体废物分类收集、统一集中处理的有关规定，港区成立了保洁队伍，建设垃圾中转站，进行施工垃圾的收集和分类，将垃圾集中后装船运至陆地垃圾处理站统一处理。一期工程配套项目工程建设了垃圾库，由有资质收集部门进行了收集处理。

9) 设置污水处理设施，处理港区污水

按照"统一接收、集中处理、一次规划、分期实施"的原则，在施工基地建设了生活污水处理站，处理后达标排放。针对工程水上作业多、线长的特点，配套专门的生活垃圾、含油污水收集船舶，对大型船舶生活垃圾和含有污水进行收集。

统筹安排了港区、芦潮港辅助作业区生产污水处理设施，落实了集装箱冲洗废水、油污水和生活污水处理等环保措施。

10) 配置专门设备，预防船舶溢油事件发生

在施工过程中，按海事部门要求编制施工船舶防污染应急预案（计划），船舶油污水和生活垃圾集中收集处理。

港口运营期有关环境风险防范措施方案已经完成，与突发性化学品和溢油事故反映体系有关的港区海事管理办公室、船舶交通管制调度指挥系统（VTS 系统）、围油栏等设施建成使用。

11) 绿化植树，修复植被

小洋山岛原始地貌大多为岩石裸露，加之岛上水源缺乏、土质较差，工程建设采用了固土绿化措施，尽最大可能完成绿化植树等植被恢复工作。

12) 以人为本，提高环境质量

2003 年 6 月，小洋衫岛 1423 户共 3553 名居民动迁工作提前半年实现了"人走岛空"的目标，原有居民全部搬迁至浙江省嵊泗县和上海市南汇区，两地现有土地及其他资源、环境质量等都可以接受，移民的生活质量总体得到了提高。参建单位进驻小洋山岛后，建起了垃圾中转站、污水处理站，清运了居民多年积累的垃圾，进行了杀菌灭害等卫生防疫工作，改变了小洋衫岛原来生活垃圾、污水随意直接排放的原状，岛上的环境卫生面貌得到了根本改变，有力的保护了小洋山岛陆域及其周围海域的生态环境。

13) 采取工程措施，保护风景名胜

小洋山岛是嵊泗列岛国家级风景名胜区，本着既促进工程建设又保护风景名胜原则，在规划阶段，已充分考虑港区范围尽量避开岛上自然和人文景观。在施工过

程中，尽最大可能保护自然景观，对"姐妹石"等景点采取了专家论证、周围垒沙袋保护等措施，以防因施工震动造成损坏。投入约6000万元将进港高架、地面道路由原批准的开山筑路方案调整为隧道方案，开凿了4条高架和地面道路隧道，1条管线辅助隧道，保护了小洋山原是地貌。

(3) 环境保护效果评价

洋山深水港一期工程环保投入1.4亿元，工程建设采取的一系列环保措施取得了明显的成效，工程陆域、海域环境检测结果表明：

- 洋山深水港区一期工程开展施工至今未对一期工程海域水质、沉积物和水生生物产生明显不利影响。
- 项目建设对杭州湾水域的整体生态环境影响不大，工程所在区域不处于舟山渔场的中心产卵场，且影响方位较小，在严格落实环境影响报告书提出的各项环境保护对策建议后，对区域渔业资源的直接影响控制在可接受范围内。

洋山深水港区一期工程的环境保护工作，全面实现环保工程与主体工程"同时设计、同时施工、同时投产"的目标。

小　　结

和青藏铁路不同的是，洋山深水港一期工程需要保护丰富的近海资源。如此大规模的近海施工在我国尚属首次。案例采取了系统措施，全面保护了生态资源，其采取的环境监理试点工作，是我国港口工程建设中第一个环境监理项目，是一个开创性工作，为海上施工中的环境保护提供了宝贵经验。

思考题

1. 环境保护的基本出发点是什么？
2. 在工程建设环境保护的13条具体措施中，哪几条是值得特别推广的？

5.6　综合案例　香港迪斯尼乐园[❶]

项目背景

香港迪尼斯乐园工程(图5-20)由香港特别行政区政府与美国华特迪斯尼公司共同投资建设，总投资额达224亿港元，位于香港大屿山竹篙湾。该项目工程内容分为土木及基础设施工程、主体公园工程和配套及服务设施工程3个部分，总体上分3个阶段实施和完成。在第一阶段，迪斯尼将主要工程项目分为11个标段进行招标，总计合约额约为70亿港元。

中国建筑工程(香港)有限公司(以下简称"中建")共计中标5个标段，其所承

---

❶ 本案例参考姚先成编《国际工程管理项目案例——香港迪斯尼乐园工程综合技术》。

建的工程项目中，包含的专业类型有：海事工程、土木工程、道路及桥梁工程、地基工程、给水排水工程、园艺工程、楼宇建筑工程、化学工程、电信工程和特殊装饰工程等。各专业工程项目必须在合约规定的时间内完成，加上工作的时间和空间是有限的和额定的，所以各工序之间在时间序列中前后交叉，平面交叉；在同一平面范围内，各工序同时作业，平面交叉和

图5-20　香港迪斯尼乐园

立面交叉现象同时存在，给施工技术和施工组织管理带来了挑战。科学而严谨的组织管理，先进而可行的施工技术是使工序之间良性互动和实施过程连续平稳的前提条件。

本案例重点介绍中建在香港迪斯尼乐园工程项目中的施工生产管理体系，即通过流程保证体系、过程保证体系和责任保证体系将进度、质量、成本、安全和环保等5个管理要素平衡统一的"5＋3工程管理模式"（图5-21）。其中，进度管理是项目生产管理的主线，质量管理和成本管理是项目生产管理的核心，安全管理和环保管理是项目生产管理的前提和保证。

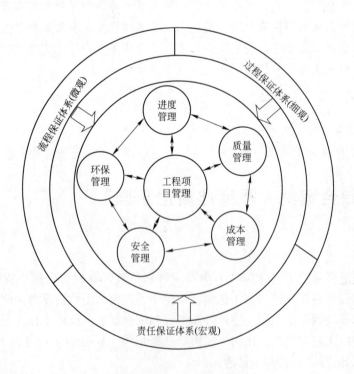

图5-21　5＋3工程管理模式

项目目标控制

(1) 项目管理组织架构

迪斯尼乐园工程项目具有工程规模大、专业内容多、质量标准高等众多特点，为保证该项目的顺利实施并达到预期目标，针对该项目，借助中建总部的管理、信息技术等方面的支持，按国际工程项目管理通用模式，采用了平衡矩阵管理模式组建项目管理班子，组织结构如图 5-22 所示。

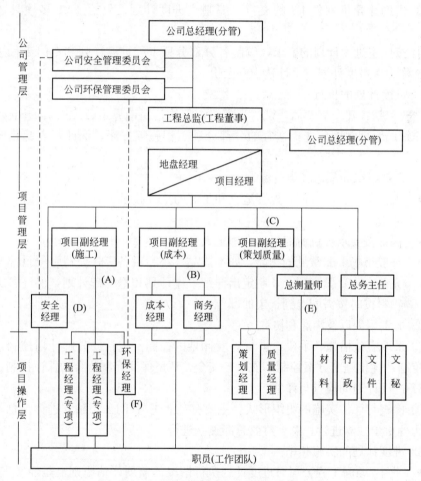

图 5-22 项目管理班子的组织结构图

根据组织架构，该项目设置了两个管理控制层次，以适应迪斯尼乐园工程的不同特点。

(2) 进度管理

1) 主进度计划的编制

迪斯尼乐园工程进度控制十分严格。尽管在项目管理过程中，工程设计变更内容繁多，但由于完工日期是定死的，而且业主对项目工期延误的罚款数目惊人，所以在项目进度风险随时都可能失控的条件下，对工程总承建商项目管理班子的综合管理水平和操控能力是极大的考验。中标后到正式开工 90 天的时间段内，30 名各类管理和专业技术人员协同进行主进度的编制工作，主要经过了以下一些步骤。

① 收集和整理总进度计划的依据。主要包括：合约要求；迪斯尼工程本身的特点、难点和分部分项工程量；环境条件；一些暂时的未知因素的合理假设；内部资源（包括人才、物资、资金等）的现状和可投入的现状。

② 在承建商顾问工程师的参与下，编制施工方案，包括总体施工方案、分部分项施工方案和专项施工方案。

③ 借助计算机软件 P3 的支持，编制主进度计划，包括 3000 多项具体工程活动。

④ 按照主进度计划的要求，编制各分部分项工程进度计划和专门工程进度计划，统称为次进度计划，总计达 500 余份。

2) 进度计划的执行

主要包括：建立科学而严密的管理组织架构；明确界定各类人员的岗位职责，制定详细的管理制度；选择适宜的分部分项工程施工方法，保证符合起止时间的要求。

① 合理组织和配送各类资源
- 人力资源分配方面，保证适宜和足够的工程技术和管理人员按时上岗履行职责。
- 保证按要求提供所需要的合理工人数。
- 一般市场上非常见的物品，如半成品、小型设备等，公司和项目部要做到充分合作，紧密配合，制定出详细工序计划和里程碑计划，保证各类建筑物料按时按需配置到指定的部位。

② 员工培训以及沟通和协调。

③ 采取有效措施和手段，进行进度计划的控制。包括：分解计划控制；资源保证控制；优化施工方案控制；质量、安全、环境保证控制；合约保证控制。

3) 进度计划的检查与评估

① 检查与评估实施的组织形式。主要有：业主/顾问公司独立进行；总承建商项目管理班子独立进行；总承建商总部独立进行。

② 进度计划的实施频率
- 业主/顾问工程公司对进度计划执行情况的监测评估原则上是经常进行的，但正式评估则按月、季进行，重点是季度评估。
- 总承建商项目管理班子对进度计划执行情况的监测评估原则上是经常进行，但正式评估有 7d 评估、15d 评估和月评估，重点是月评估。
- 总承建商总部对进度计划执行情况的监测评估原则上也是经常进行，但重点是按月进行。

③ 检查、评估的依据。主要有：经公司总部和顾问公司批准同意实施的主进度计划；经专门小组或主管领导审核同意实施的月、旬施工进度计划；经专门小组或主管领导审核同意实施的专项工程施工进度计划；经专门小组或主管领导审核、

批准同意实施的总体施工方案和各分部分项施工方案等。

④ 检查、评估的内容

主要是对进度计划在执行过程中工期有无延误，延误的影响程度，延误的原因分析、改善措施与办法等内容进行检查和评估。

⑤ 检查、评估的方法

主要包括：形象进度评估、经济曲线评估和现金流量评估等三种方法。

⑥ 工程延误的原因分析

监测、评估的结果，往往发现部分项目、工序存在明显问题，尤其是工程延误。监测、评估小组有责任同项目管理班子一起分析原因、研究对策。迪斯尼乐园工程个别分项目在某一阶段出现过工期延误。这些工程延误的主要原因包括：进度计划管理不到位；部分分项目责任人领导能力弱，执行力不强，未形成团队作用；风险管理不到位；工期索赔工作未做好；施工组织、品质管理、安全和成本管理等的失误。

4) 进度管理工作的改进

① 改进管理体系。主要包括：修改项目管理架构，使其运行路线更加合理畅通；进一步合理配置人力资源，强化执行力；调整关键岗位人员，使其个人的业务能力与其承担的职责相匹配；修改部分不合理的管理制度；调整部分人员的岗位职责。

② 调整施工方案

由于工期延误，用余下的时间要完成余下的工作内容，必须在施工顺序、施工手段、资源配置等方面重新计划和安排，故总的施工方案、分项和专项施工方案均须作出调整和改变，以适应变化了的情况。

③ 重新编制物资需用计划

由于工期延误，施工方案已调整，各类物资的需求将发生改变，导致整个物资供应链都将发生改变，所以项目管理班子应与公司主管部门共同编制出新的物资需用计划，确保工程的顺利进行。

④ 强化上级部门对项目的支持与监管力度

⑤ 培训。主要针对一些新入职的员工进行基本管理方法、管理制度的培训，对技术工人进行技能培训。

(3) 质量管理

迪斯尼乐园工程质量管理的运行模式如图 5-23 所示。

1) 质量管理计划的编制

产品质量管理计划是执行的根据，所以编制一份科学可行的产品质量管理计划十分重要。

① 编制产品质量管理计划的依据

主要包括：合同文件；设计图纸；业主要求；公司总部的质量管理政策、目标和质量保证体系等。

② 产品质量管理计划的内容（表 5-6）

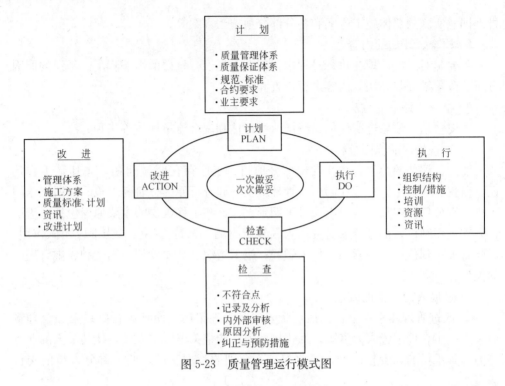

图 5-23 质量管理运行模式图

产品质量管理计划的内容 表 5-6

类别	内 容
管理体系	质量管理组织架构分为两个层次建立： 一是公司设质量管理委员会，由公司分管总经理担任主席，由相关职能部门负责人、质量经理参与组成，日常工作由质量经理负责运作。 二是项目上设质量管理小组，由项目经理担任组长，组员由项目副经理、工程经理、质量经理和分包商代表组成，日常工作由项目质量经理及相关项目副经理负责
风险评估	针对一些质量标准要求很高、操作难度大、首次涉及的工程项目类别，市场社会资源的配合等可能不利于保证工程产品质量的事项，要进行全面深入的分析和评估，并制定出防范和应变措施
培训计划	主要是两大类型的培训： 一是管理培训；二是对实施操作的工人进行技术培训
保证措施	主要包括图纸会审、技术保证、过程保证以及行政保证等

2）质量保证计划的实施

① 建立质量管理小组

首先，确定了质量管理小组的组织架构。第二，明确了各类人员的岗位职责。第三，根据公司总部体系，建立了相关的管理制度。

② 管理培训和技术培训

培训员工及工人，旨在提高员工和工人的质量意识，严格按照质量交底卡施工，提高工人的操作水平和对质量标准的认识。

③ 建立信息流通机制和纵横向沟通机制

④ 执行过程

香港迪斯尼乐园工程的质量计划编制过程中，采用了国际通用的规范标准，而同条款中特别规范标准，美国规范标准，迪斯尼公司自身的规范标准等十分繁杂，给执行过程增加了极大的困难，稍有不慎，就会出差错，这是该项目工程质量管理的重点和难点。

3) 质量管理工作的检查

① 实施检查的组织形式

对质量的检查和评估基本上与进度计划的检查、评估相同，也有业主/顾问公司独立进行，总承建商项目管理班子独立进行和总承建商总部独立进行等三种组织形式。

② 实施检查、评估的依据

主要包括：总承包合同（有关产品质量规范及标准部分）；总体施工方案；分部分项施工方案；总体工程产品质量管理计划；分部分项工程产品质量管理计划；公司相关管理制度。

③ 检查、评估的内容

主要有：原材料的质量；成品与半成品的质量；工人操作时的成型质量；相关的组织管理体系；相关的管理制度；保证工程质量的相关措施。

④ 检查、评估方法

主要包括感官检查法和实测实量法。

4) 质量管理工作的改进

根据产品质量问题存在的广度和深度，详细分析产生这些产品质量问题的原因以后，就要提出改进措施，实施改进。

① 改进管理体系

包括：调整质量管理流程，加强信息的流通和反馈，以便及时发现质量问题，及时改进；调整个别不适合的管理人员，强化质量管理的力度；加强施工过程中的质量监督、检查和评估；对质量检查的标准、方法也应进行一次评估，不当者，应予调整。

② 调整施工方案

由于在施工方案中所策划的施工顺序、操作方法可能不当，而造成质量问题的机率就高，应作调整。

③ 严格控制对原材料质量的检查、检验、验收等各个环节

④ 培训

⑤ 更换操作水准不达标的工人

(4) 成本管理

迪斯尼乐园工程成本管理的运行模式如图 5-24 所示。

1) 成本管理计划的编制

本项目最初由投标部计算出投标金额共 24 亿多港元，经策略性减款后，最后以 20.86 亿中标，两者之间相差约 4 亿，当中尤以花泥分项账面亏损严重，初期预测亏损会超过 1 亿，另外开办费初期预测亏损超过 2 亿。所以一开始时便以"预计

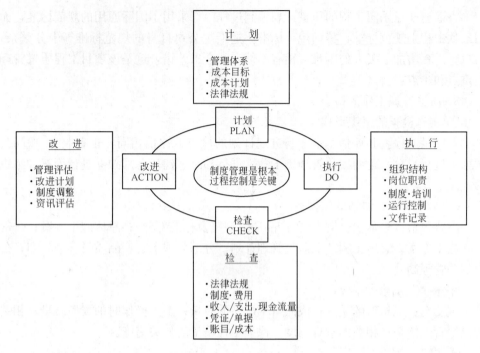

图 5-24 成本管理运行模式图

亏损 4 亿"来规范、策划、管理和控制整个项目的工程成本,包括成本目标的制定,成本计划的编制等。

① 成本管理目标

在成本状况严峻的情形下,除了严格控制支出外,主要就是增加收入来源。一期工程是一个很典型的大型基建项目,工程种类繁杂而且数量巨大,这些大型工程在实施过程中必然会出现很多变化与变更,而冗长的标书文件中有可能出现大量的疏忽和漏项。项目实施初期就要抓住一切机会,务求在额外工程中争取增加收入;另一方面,由专业人士周密部署及策划合约商务管理体系和方法,极力从合约管理过程中找出可能获利空间;中段目标是希望达到收支平衡,有微薄利润;最终目标是收支平衡,略有营利。

② 成本计划的主要内容

- 投标资料清单。主要包括投标前的有关单价、工程量方面的原始资料,与报价有关的信件、已发现的合约漏洞等,以此进行投标成本预测。
- 由业主进度计划衍生出的资源计划。根据主进度计划中的工程项目的内容、工期及所处的季节、环境,及可以动员的资源来源,来确定每项工作的资源配置,形成资源计划。当由于资源紧缺而与进度计划发生冲突时,可能需要重新调整主进度计划,初步确定资源计划对成本计划的影响。
- 由资源计划、定额等衍生出的支出计划。
- 由主进度计划和工程量清单衍生出的收入计划。
- 具体到每项工作内容的收支对比明细表,及相应的成本分析。对比每项工作的收支,对于收入低于支出的工作项目要给与特别关注,特别是工作量较大的项目,更应采取相应的措施减少亏损,由此制定出减亏计划。
- 整体的收支预测。收入支出累计"香蕉圆"可以直观地观察到收支随时间的变化,是项目融资计划的基本依据,也是监督工程进度的基准。
- 成本管理制度。将成本管理工作制度化,便于堵塞漏洞,减少人为因素,提高成本计划的准确度。通常包括:资源采购的流程、成本和工期的索赔流程、有关文件归档要求等。
- 开源节流措施。根据成本分析,针对性地采取新技术、更改计划、替换材料、减少损耗、查缺补漏、最低价采购等措施,达到开源节流的目的。
- 风险分析。在制定成本计划时,需要对各种成本风险做出定性、定量的评估,并给与充分重视,并制定出相应的风险管理计划。

2)成本管理计划的执行

① 成本管理的组织架构

② 管理制度的建立和完善

项目部在工程实施过程中,各项管理制度基本沿用公司颁布的相关管理制度和办法,结合实际,项目部主要做好以下工作:

- 由于该项目的管理班子大多是由全新人员临时组合而成,项目部在工程开工前和开工初期,组织全体管理人员认真学习了公司有关成本管理的制度,使他们掌握并在实践工作中贯彻执行。
- 根据本工程特点和本项目管理班子的管理作风,起草和出台了一些新的办法、规定,对公司的管理制度进行了一定的补充和完善。

③ 主要人员职责

- 地盘经理,是项目的最高行政领导,项目成本管理的第一执行人和责任人。
- 以项目经理为代表的施工生产线,主要职责是协助地盘经理做好项目成本管理工作,主要包括对进度、质量、安全生产和环境保护的管理和控制,以防这些因素出现问题,影响到成本。
- 以合约/商务经理为代表的合约管理业务线,主要职责是协助地盘经理做好合约管理、索赔管理、对分包商的管理。
- 以项目成本会计为代表的财务资金管理业务线,主要职责是协助地盘经理做好建立项目成本台帐、编写费用管理实施细则和财务监管制度执行情况等工作。
- 以行政经理/总务为代表的行政、后勤业务线,主要职责是协助地盘经理做好控制工地办公、汽车、零星物品、员工交通差旅等费用。

④ 成本控制措施

主要包括:对工程成本定期进行分析;以策划管理为代表,进行综合成本控制;在资源采购、材料现场管理和节约管理费用等方面实施开源节流措施。

⑤ 成本核算

各种费用发生后,及时进行成本核算,并与公司或项目的成本计划与指标、其他类似工程的资料进行比较,通过各种详细的数据及分析,显示出项目实施过程中成本管理方面存在的问题,提出改进措施,进一步提高成本管理水平,更好地实现成本目标。

3) 成本管理工作的检查、评估

① 实施检查的组织形式

检查评估在承建商内部进行,包括总承建商项目管理班子独立进行和总承建商总部独立进行两种组织形式。

② 成本管理工作检查评估的依据

公司制定的项目的成本管理计划和目标;公司相关的管理制度;政府相关法例法规;项目已发生的各项费用的原始单据;近期的成本预测数据;其他。

③ 检查、评估的内容

主要包括:公司有关管理制度的执行情况;工程款收入与支出情况分析对比;经常性开支的控制措施,有关费用的申请、审核、批准等手续是否完备和符合规定;现金流量;项目管理费、开办费和人工费指标的执行和完成情况;成本预测。

4) 成本管理工作的改进

根据检查、评估的结果,项目管理班子根据在成本管理方面存在的问题,认真分析原因,提出切实可行的改进措施。改进的内容和方法是:

① 成本管理培训

- 对相关人员进行规章制度学习、培训。成本管理工作中存在各种问题,部分是由于有关人员不明确公司、项目部的有关管理制度的内容和规定所造成的。
- 对相关人员详细交代总承包合约、各分包合约和物资设备采购合约中的内容,让他们在具体工作过程中头脑清醒,严格把握尺度,有章可依,不致出错。
- 对相关人员进行必要的会计知识、记帐方法、成本核算和基本专业知识等方面的培训,提高业务能力,避免出错。

② 严格执行公司有关制度

通过检查与评估,对项目部存在的制度执行上的缺失和不足,做到逐项梳理,及时改进。

- 分包制度在执行过程中,容易出现的偏差较多,为项目的成本留下隐患和风险,应重点纠正和改进。
- 各项费用的审核权限和额度把握不严,时有越权、违规和先斩后奏现象,要及时改正,不能任其存在,以免铸成大错。
- 管理费用突破指标,要严格执行公司规定的指标控制人员的数量,严格控制加班加点,使管理费不超标。
- 对于经过努力很难达到的有关指标、规定,要实事求是地进行调整,减少项目管理人员不应承受的心理压力,有利于成本管理工作正常进行。

③ 成本管理体系的改进
- 总部应随项目成本管理过程不断地促使公司相关部门对项目部在成本管理方面的指导、支持、监察和服务等一整套体系的顺畅性进行检讨和改进。
- 建立和完善施工过程每一环节间的交流体系、工作质量监察体系、工作行为的沟通体系，从而消除彼此之间交流的盲点和断带，及时地发现和解决问题。
- 提高人员素质，适时地对人员做出适度调整。
- 对公司某些制度和指标进行必要的修正和调整，使之更加符合该项目的管理实际，以利于调动和激励项目管理班子的积极性。

(5) 安全管理

迪斯尼乐园工程安全管理的流程运行模式如图 5-25 所示。

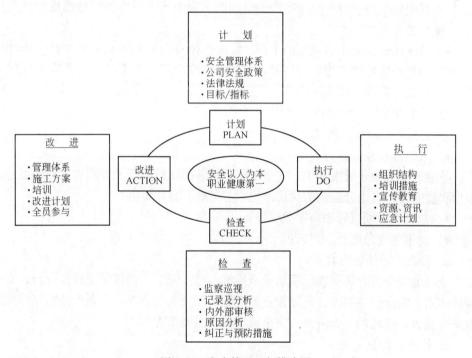

图 5-25 安全管理运行模式图

1) 安全管理计划的制定

项目安全管理计划，体现了项目管理者对于安全管理的目标、总体思路和具体实施原则的承诺与承担，是工地安全管理的指南，也是安全管理计划执行的依据。安全管理计划的主要内容如下。

- 安全管理的目标

提供符合标准的、安全和健康的工作环境，提供必要的培训和安全防护用具，确保公司员工、分包商工人、与工地有关的第三者的人身安全和健康，持续降低工伤意外率，杜绝严重安全事故，减少违例检控，将意外率控制在合理水平。

- 安全管理指标

每千人工伤意外率低于25宗,每年递减5%;经独立安全审核的平均分数不低于75分,每年递增5%;成功定罪宗数,比去年发生数字递减5%。

2) 安全管理计划的实施

① 组织架构

安全管理包括两种组织,一是以项目经理为首,由承建商和分包商联合组成的安全生产管理委员会,由安全主任主持日常工作;另一个是在项目经理直接领导之下,由项目管理成员构成的安全管理小组。两者都要在项目经理的领导之下工作。

② 安全管理措施

- 物质保证。包括急救设备、个人防护用具、消防器材和安全措施材料等的保证。
- 制度保证。每个项目都按照所制定的保证安全生产的规章制度严格实施,其中包括定期召开安全生产会议制度、安全培训制度、奖惩制度和安全违例警告书制度等。
- 技术保证。对于高风险的工作,需要作出专门风险评估;对于其工作环境需要作出特别安排,必要时,需要制定安全工作方案并经专业安全顾问公司或合格的专业人士确认。

3) 安全管理计划的检查和评估

① 实施检查的组织形式

- 政府部门独立进行

香港政府对职业健康和工业安全工作是跟随国际最新管理方式和管理动态进行管理和监管的,有十分强劲的执法部门"劳工处"具体负责。

- 总承建商项目管理班子独立进行。
- 总承建商总部独立进行。

② 检查、评估的内容

全员的安全教育和培训、现场安全措施、过往安全违例情况统计及分析、安全管理体系、安全管理制度、机械设备的完好状况及安全装置、电器产品的完好状况及安全装置、现场的平面管理、安全通道和文明施工等等。

③ 检查、评估的方法

对项目安全管理的检查和评估方法,主要是实地检查,内容包括安全管理性质不同的专项检查、评估方法和对过往安全违例情况进行统计的数据分析方法。

④ 安全问题的原因分析

从对项目安全管理的检查、评价结果中,会发现许多许多隐患和安全管理方面的问题,存在问题的原因主要是:全员的安全教育和培训不足;管理体系存在缺失、安全管理措施不足和资源投入不足等。

4) 安全管理工作的改进

改进是总结和新一轮循环的起点,是安全管理的关键,具体措施主要有以下几点。

① 进一步进行全员安全培训

培训的重点应是提高对安全重要性的认识,进一步掌握安全操作规程和安全防范知识。培训的方式可以多种多样,如集中时间分期学习培训,教育宣传,结合实际地举办安全工作交流会、工作访谈,编写印发安全生产手册等。

② 改进管理体系

包括调整项目组织管理架构,改善管理流程,修改部分不适合的管理制度,调整部分岗位的管理人员和岗位职责等。

③ 改进资源的配置计划

对于确保安全生产所必须的人员要配置足够,所需的资金要全数投入和增加,对于无效的资源应予以撤离,避免造成浪费。

④ 对于多发性的安全问题和重复多次发生的同一类型安全问题,要组织专人进行分析和研究,制定专门改进措施,专人跟进,限期改善。

(6) 环保管理

迪斯尼乐园工程是个典型的绿色建筑,要求总承建商必须解决在建筑工程实施过程中出现的一切环境问题。

1) 环保管理计划的制定

项目环保管理计划,是项目环保管理的指南,也是环保管理计划执行的依据。

环保管理计划的内容主要包括:环保管理政策;环境因素的认识与评估;环境目标和指标的制定。

2) 环保管理计划的实施

环保管理计划付诸行动的动态过程伴随着工程项目实施的全过程。

① 项目环保管理的组织架构

② 环保意识及能力培训

工地有关员工必须接受公司组织的环保管理培训,包括环境意识、环境管理体系、环境技术和技能等的培训。

③ 资讯传递

环保小组每月定期开会,讨论环保事项;内部传递环保资讯,如文件传阅、张贴报告等。

④ 环保管理文件及文件控制

工地应备齐有效版本的《环保政策》、《环保管理手册》和《标准工作程式》等环保管理文件。作废的或过时的文件应撤走,需要保存的任何过期文件应有适当标记。

⑤ 环保运行控制措施

根据当地政府的相关规定和文件,编制并实施《环境管理计划表》,指派合适的检验人员进行检验和填写。

⑥ 应急准备与应变措施

工地要设立紧急应变小组,就紧急事故编写"环保紧急事故处理流程表",并在工地环保会议上找出与主要环境因素有关的紧急事故。

⑦ 项目特别的环保工作

在香港特别行政区政府宣布主题公园的兴建计划的同时,也对整项工程进行了环境影响评估。在研究报告中指出,工程可能会对环境造成不良影响。中建在施工期间就主要针对土地污染、空气质量影响、水质影响、噪声污染、废弃物影响和对生态的影响等实施了相应的缓解措施，使工程所引起的不良影响减低到可接受的程度。

3）环保管理工作的监察和审核

① 实施检查的组织形式

本项目实施过程中，对环保管理的监察和评估也是有三种组织形式，一是政府部门独立进行，二是总承建商项目管理班子独立进行，三是总承建商总部独立进行。

② 检查、评估的内容

- 环保检查：专门人员到工地上巡察施工情况，如发现违反环保法例等的事项发生，即发出不符合点的部位和内容的书面通知，责令工地跟进、改善。
- 环保审核：工地定期进行内部审核，以验证各有关部门和人员是否有效地执行环保管理体系，及是否满足国际标准 ISO 14001 的要求。审核报告须定时提交，给有关机构和公司作为评定环保管理体系的依据。
- 不符合情况、纠正及预防措施：工地在审核或巡查中发现不符合情况时，审核员或检查员对每项不符合情况均应提出纠正措施要求，并由受审方制定出纠正措施计划并加以实施，以便进行跟踪检查。

③ 环境监察与审核

施工期间，承建商对于土地污染、空气质量、水质、废物管理和生态情况等进行定期的环境监察与审核。基于公众对本项目的关注，为确保工程的透明度，承建商在工地内安装网路摄影机系统，以供公众人士在互联网上及时监察工地施工的情况。

4）环保管理工作的改进

改进工作从总结环境管理体系运行中出现的问题所得到的经验教训入手，检查和评价项目环境管理体系的持续适用性及实施的有效性，调节和改善环境管理体系，最终达到使项目的环境管理和环境绩效持续改进。

小　结

香港迪斯尼乐园项目工程规模大，施工期短，施工工程式复杂及活动密集，而且工程的进展备受公众的关注。中建作为承建商，在项目的目标控制中，全面实行"5＋3"的工程项目管理模式，而且在对五大目标要素的控制中，采用了"计划（PLAN）、实施（DO）、检查（CHECK）和改进（ACTION）"流程运行模式，保证了项目管理对目标控制的循环性和改进性，使所中标的项目均优质准时地完成了施工建造任务，确保了迪斯尼乐园的按时开业，赢得了良好的社会信誉。

思考题

1. 目标控制的基本程序是什么？
2. 如何系统地策划项目目标控制体系？如何保证这些体系的落实？

第6章 项目采购管理

不让承包商赚钱的合同不是好合同,好的采购模式应是多方共赢。

建设工程项目采购则有广义和狭义之分。狭义的采购是指购买工程实施所需要的材料、设备等物资。广义的采购则还包括委托设计单位、委托咨询服务单位、工程施工任务的委托等,如图6-1所示。由于采购对象的广泛性,采购工作的结果将直接影响项目的投资、进度和质量目标的实现。

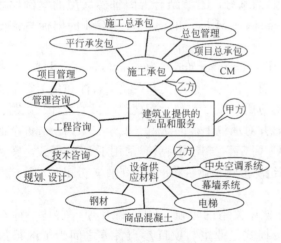

图 6-1 建设项目采购的对象

项目采购管理的关键是确定采购策略。对物资采购而言,主要是确定采购的对象及品质、采购效益、采购方式(招标、议价、单一来源等)、采购及供应计划等;对工程服务采购而言,主要是工程管理的委托、设计任务的委托和工程施工任务的委托等❶。而每一类物资或服务的采购都有多种模式,因此采取合理的采购模式就成了采购策略制定的重点。本章选取主要的承发包模式应用案例进行了介绍,同时,也对建设项目的物资采购进行了阐述。

- 施工总承包管理(Managing Contractor)——

---

❶ 一般而言,工程承发包指的是设计和施工任务的委托。

简称 MC，即"管理型承包"，它不同于施工总承包模式。采用该模式时，业主与某个具有丰富施工管理经验的单位或联合体签订施工总承包管理协议，负责整个建设项目的施工组织与管理。一般情况下，施工总承包管理单位不参与具体工程的施工，而是将工程实体再分包。本章选取的上海浦东机场二期航站楼工程案例介绍了施工总承包管理模式的选择、合同结构的确定和总承包管理单位组织结构的设计等。

- CM 模式(Construction Management)——由业主委托 CM 单位，以一个承包商的身份，采取有条件的"边设计、边施工"，即"快速路径法"的生产组织方式，来进行施工管理，直接指挥施工活动，在一定程度上影响设计活动。CM 单位与业主的合同通常采用"成本＋利润(Cost Plus Fee)"的方式。CM 模式的出发点和最大特点就是缩短建设周期，而且对投资控制十分有利，比较适合于一些大型复杂项目，尤其是工期要求紧的项目。上海证券大厦的建设管理就采用了这种模式，这在国内还属于首次，为 CM 在我国的应用奠定了良好的基础。本章结合上海证券大厦的案例详述了 CM 模式的合同结构与条件、CM 模式的组织以及 CM 的招标与评标等内容。

- EPC 模式(Engineering，Procurement and Construction)——设计、采购和施工总承包，是建设项目总承包的一种方式，在我国石油和化工等工业建设项目中已得到了成功的应用。EPC 单位承担建设项目的设计、采购、施工、试运行服务等工作，并对承包工程的质量、安全、工期、造价全面负责。本章选取的 WEPEC "十五"二期项目就是采用了 EPC 模式，案例阐述了该项目采用 EPC 的组织形式、业主和承包商的任务分工及对分包商的要求等。

- Partnering 模式——基于伙伴关系的建设工程项目管理，它是一种新的承发包模式。Partnering 模式是业主与项目参与各方之间为了取得最大的资源效益，在相互信任、资源共享的基础上达成的一种短期或长期的相互协定。这种协定突破了传统的组织界限，在充分考虑参与各方利益的基础上通过确定共同的项目目标，建立工作小组，及时地沟通，以避免争议和诉讼的发生，培育相互合作的良好工作关系，共同解决项目中的问题，共同分担风险和成本以促使在实现项目目标的同时也保证参与各方目标和利益的实现。本章选取了岭澳核电站一期工程项目，重点介绍了体现 Partnering 管理思想和方法方面的实践经验，探讨了该项目体现 Partnering 理念的成因。该项目是 Partnering 的管理思想和方法的具体应用。

- 物资采购——如何做好物资采购工作？本章选取的两个案例通过分别详述水利工程中设备材料供应与管理的"三控制"工作和大型机电设备的国际招标管理，对该问题进行了具体阐述。

6.1 施工总承包管理

案例 1　上海浦东机场二期航站楼工程

项目背景

上海浦东国际机场二期工程的建设是为了实现上海市构建经济、金融、贸易、航运"四个中心"的总体目标，进而带动长江三角洲地区经济、社会的总体发展。同时，本项目的建设也是实现上海浦东国际机场构建亚太地区航空枢纽港发展战略目标的保证。此外上海浦东国际机场二期工程对于迎接 2008 年北京奥运会和 2010 年上海世博会的举办，也具有重要的战略意义。

上海浦东国际机场二期建设项目主要由新建 2 号航站楼、第三跑道及相应的滑行道系统及配套设施、西区货运和相应的配套设施、航站区站坪及配套设施、供油工程、地面综合交通系统、停车设施、地面支持、生产辅助、办公生活及公用配套设施等项目组成。航站楼是浦东机场扩建工程建设中的核心工程，总建筑面积约 48 万 m^2，属于超大型建筑施工项目，整个工期为 3 年零 4 个月。图 6-2 所示即为机场二期航站楼工程的效果图。该项目工程规模巨大、涉及专业面广、建设工期紧、施工技术复杂，因此需要合理选择承发包模式。

图 6-2　浦东机场二期航站楼工程效果图

施工总承包管理模式有利于项目的总进度控制，有利于项目的组织与协调，是较为新型的承发包模式，适用于浦东国际机场二期航站楼工程。那么，该项目如何选择总承包管理单位？合同结构如何？总承包管理单位应建立何种组织结构模式以适应项目的需要？本案例将给予详细分析。

施工总承包管理

(1) 工程承发包模式的选择

浦东国际机场二期航站楼工程项目的特点对承发包模式的选择提出了以下的要求：
- 要求实现"边设计、边施工"的协调；
- 要求总承包管理单位前期介入；
- 要求总承包管理单位具备很高的施工管理水平。

因此，针对这些要求，应选择目前常用的施工总承包管理模式。

(2) 施工总承包管理模式

浦东国际机场二期航站楼工程所采用的施工总承包管理模式，是由上海机场（集团）有限公司机场指挥部与具有丰富施工管理经验的上海建工（集团）总公司签订施工总承包管理合同，负责整个项目的施工组织与管理，但不承包工程费用。根据这种模式的特点，施工总承包管理单位一般不参与具体工程的施工，如图 6-3 所示。

图 6-3　施工总承包管理与业主关系示意图

施工总承包管理模式的出发点是为了缩短建设周期，其基本思想是通过进行施工管理，直接指挥施工活动，在一定程度上影响设计活动，实现设计与施工的充分搭接，实现有条件的"边设计、边施工"。其特点是在整个设计尚未结束前，当工程某些部分的施工图设计已经完成，即先进行该部分工程的施工招标，从而使这部分工程施工提前到项目尚处于设计阶段时即开始，项目的设计过程被分解成若干部分，每一部分施工图设计后面都紧跟着进行这部分施工招标，如图 6-4 所示。

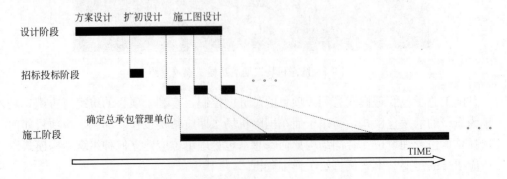

图 6-4　施工总承包管理的项目开展顺序

项目采购管理

(3) 施工总承包管理的合同结构

该项目采用施工总承包管理模式对浦东国际机场二期航站楼工程进行管理,其项目合同结构如图 6-5 所示。

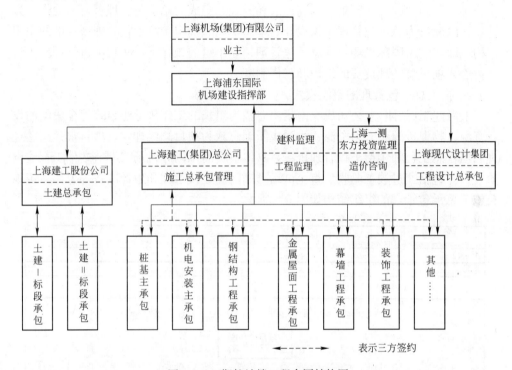

图 6-5　二期航站楼工程合同结构图

该合同结构归纳起来具备以下特点:

- 业主直接与上海建工(集团)总公司签订施工管理总承包合同,并会同上海建工(集团)总公司除土建主承包外,与负责桩基工程、机电安装、钢结构工程、屋面工程、幕墙工程和装饰工程等主承包商分别签订三方合同。
- 业主与上海建工股份签订土建主承包合同,减少了业主土建分包合同量和土建施工合同管理工作量。
- 总承包管理单位副签,将分包商纳入总承包管理方的统一管理和协调之中。对业主来说,合同关系相对简单,对各分包商/供货商组织协调工作量较小。
- 业主与设计单位签订两方合同,总承包管理单位与设计单位之间没有合同关系,并且也不能向设计单位发指令,它们之间是协调关系。

(4) 施工总承包管理的组织

总承包管理单位结合浦东国际机场一期工程建设的经验,在一期总承包管理组织结构模式的基础上,在总承包管理组织架构的设置和管理班子的组建方面,进行了进一步的完善,明确了项目的组织结构、任务分工、管理职能分工和工作流程。

1) 施工总承包管理的组织设计理念

总承包管理单位针对施工管理设定"四高"标准：高起点规划、高标准管理、高质量建设、高水平协调，并坚持对工程实行"统一规划、统一管理、统一标准、统一协调"的"四统"原则。四高标准和四统原则成为总承包管理项目部的指导方针，并以此作为总承包管理组织设计的理念，以此确定了总承包管理项目部的组织结构，即：浦东国际机场二期总承包管理领导小组的领导下，实行项目管理班子集体讨论、项目总经理负责的组织和工作制度。

2) 施工总承包管理的组织模式

上海建工（集团）总公司成立由集团总裁为组长的工作领导小组统筹全集团的设备资源、物资资源和人力资源；委派集团副总裁为项目总经理，以项目常务副总经理和项目总工程师领衔工程管理班子，具体负责浦东国际机场二期航站楼工程建设阶段，并包括通过竣工验收后直至试运行期间的建设管理和生产准备等工作。该项目施工总承包管理的组织结构如图6-6所示。

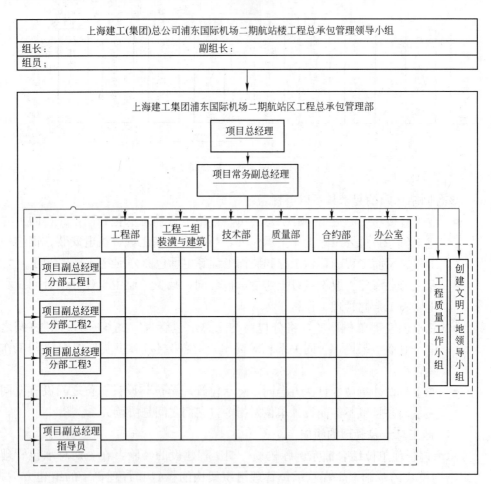

图6-6 施工总承包管理组织结构图

上述浦东国际机场二期航站楼施工总承包管理的组织结构具有以下特点：
- 施工总承包管理组织结构共分为总承包管理领导小组和总承包管理项目部两个层次，项目总经理受项目领导小组的委托，行使总承包管理的权利和义务，项目部是总承包管理的实施工作机构。
- 总承包管理领导小组人员由集团任定，采用季度例会、项目特殊会议和临时召集等形式对重大问题进行协调，从集团层面加强资源的配置；集团下属各职能部门给予政策、管理上的支持与协助。
- 总承包管理项目部原设一室四部，后随装饰工程的开展，增设负责装饰工程的工程二部。根据现场空间小、管理区域广、参与单位多和技术难度高的工程特点，划分形成几个子项目部，实行项目副总经理主管制，即每一个项目副总经理主管一个分部工程，而总承包管理项目部的职能部门负责提供技术和管理支持，在总承包管理实施层面采用了矩阵组织结构，实现了对外协调的一致和组织的高效运作。
- 总承包管理班子配备了优秀的人才，大多数成员是参与一期工程的管理骨干、专家，在机场建设方面积累了丰富的经验，对二期工程周边环境和地质水文情况等都十分熟悉。
- 工程建设过程中成立"工程质量工作小组"、"创建文明工地领导小组"等专项小组，负责工程质量及创文明工地的工作。
- 总承包管理部编制了详细的管理规章制度和工作流程，明确了任务分工和管理职能分工，落实了项目副总经理和各部室的职责，负责实施对各施工单位的管理、协调、指导、监督和考核工作。

小 结

施工总承包管理模式是施工任务委托的重要模式之一，但和平行发包、施工总承包相比，其是一种新型的承发包模式。它也不同于CM、施工总承包、代建制、项目管理等模式，既没有成熟的经验，也没有明确的合同示范文本。浦东国际机场二期航站楼工程项目对该模式作了很好的实践探索，积累了经验，但也发现了一些问题，在有些方面还需要进一步探索，如招投标方面、参与设计的深度方面、合同价的确定方面等，以便更好地发挥施工总承包管理的优势，为项目的增值服务。

思考题

1. 施工总承包管理与施工总承包两种模式之间有何区别？
2. 施工总承包管理的组织模式有哪些特点？如何具体确定其组织模式？

6.2 CM 模式

案例1 上海证券大厦[1]

项目背景

上海证券大厦(图 6-7)位于上海浦东新区陆家嘴金融贸易区,总建筑面积约 10 万 m^2,总投资超过 1 亿美元,由亚洲最大的证券交易所和高档次的综合办公楼两大部分组成,拥有亚洲最大的 $3600m^2$ 的无柱交易大厅。

图 6-7 上海证券大厦

上海证券大厦项目规模大、工期紧、技术复杂,并且主要使用单位对工艺设计又不能及时提供,若等到全部设计图纸完成后再进行施工总承包发包,时间不允许;在图纸尚未完成的情况下进行施工总承包,风险又太大,因此尝试采用 CM 模式,这在国内尚属首次,它引起了国际建筑工程界的关注。本案例介绍该项目 CM 模式的合同结构与条件、CM 模式的组织以及 CM 的招标与评标。

CM 模式

(1) 上海证券大厦 CM 模式的合同结构与条件

1) 合同结构

国际上 CM 模式的合同结构分为 CM/Non-Agency(非代理型 CM)(图 6-8)和 CM/Agency(代理型 CM)(图 6-9)两种基本类型。它们最大的区别在于前者由 CM

---

[1] 本案例参考乐云编《国际新型建筑工程 CM 承发包模式》。

单位直接与分包商签订分包合同，而后者由业主直接与分包商签订合同。

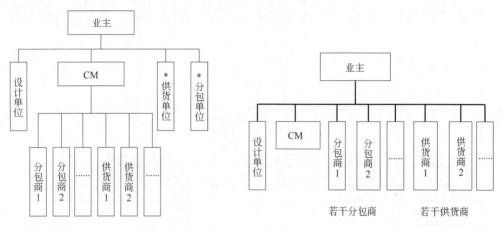

图 6-8　CM/Non-Agency 合同结构　　图 6-9　CM/Agency 的合同结构
注：＊为业主自行采购和自行分包的部分。

由于上海证券大厦是国内试行CM模式的第一个项目，CM单位对CM模式在中国的应用特点不熟悉，业主方也想通过控制与分包商的签约权来强化业主班子的总体控制能力，因此，选择采用代理型的CM模式，即CM/Agency对该项目进行建设管理。

2) 合同条件

CM模式产生于美国，并且在北美得到了广泛的应用，在AIA(美国建筑学会)体系中于1992年颁布了专门适用于CM/Angency的标准合同文本。但在FIDIC(国际咨询工程师联合会)体系、JCT(英国联合合同法庭)和ICE体系中尚没有专门适用于CM模式的标准合同文本。因此，当时在1992年，国际上采用CM模式的项目中通常采用或参考美国AIA合同条件。当时，我国惟一的建设工程施工标准合同文本是建设部、国家工商行政管理局于1991年3月制定的《建设工程施工合同》示范文本(GF-91-0201)，而CM承包是一种与传统承包有很大区别的特殊承包，不可能直接套用这些合同条件。

因此，在上海证券大厦的项目中，综合国外已有的标准文本和我国的具体情况，拟定了适用于我国的CM/Agency合同条件(建议稿)，即业主和CM经理协议书标准文本。主要内容包括：CM经理的职责；CM经理的基本服务范围(包括施工前和施工阶段)；CM经理的额外服务范围；业主的职责；工程费用；CM经理直接参与施工活动；图纸、技术说明和其他设计文件的所有权和使用；争议、索赔或其他问题的解决；协议书的中止或终止；其他规定；保险；CM经理服务费的支付；CM经理服务费的付款依据；其他服务或条件。

(2) 上海证券大厦CM模式的组织

1) CM组织结构(图6-10)

2) CM班子的任务与分工

该项目中对CM班子在施工前和施工阶段的任务进行了详细的规定，一共列出了57条。总括起来，CM班子所承担的工作任务主要有8个方面，如图6-11所示。

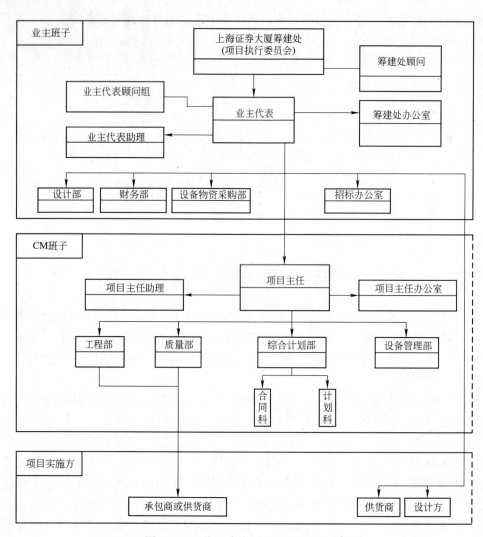

图 6-10 上海证券大厦 CM 组织结构图

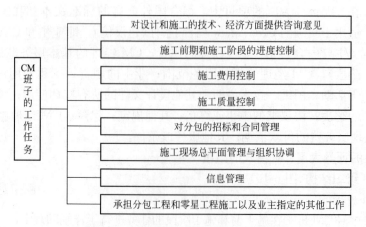

图 6-11 CM 班子工作任务汇总示意图

另外，对CM班子各部门的职责也进行了规定，形成了任务分工表。

3）CM班子的管理职能分工

为界定各工作部门在每一项任务中的管理职能，制定了CM班子管理职能分工表（表6-1）。

CM班子管理职能分工表　　　　　　　　　　　　表6-1

工作任务	职能代号 P-规划； E-决策； D-执行； C-检查； I-信息； Ke-了解 工作任务分工		CM经理	CM经理助理	CM经理办公室	技术部经理	技术部	施工部经理	进度工程师	质量控制人员	现场协调人员	合同部经理	建安合同管理人员	设备合同管理人员	费用控制工程师	行政部经理	财务人员
设计咨询	1	分析业主资料			I	C	D										
设计咨询	2	对设计提建议	C			D	C	D	Ke								
进度控制	3	编制初步进度计划	E	I				P	D			Ke					
进度控制	4	研究Fast-Track方案	E	I		D	C	D	D			Ke					
进度控制	5	召集进度协调会		Ke		Ke		C	D		Ke						
进度控制	6	修改进度计划	E	I				P	D			Ke					
进度控制	7	施工进度协调		Ke				D	D								
进度控制	8	编制月进度计划	E	I				C	D			Ke					
费用控制	9	编制初步估计	E	I											P	D	Ke
费用控制	10	修改费用估计	E	I											P	D	
费用控制	11	编制GMP	E	I											P	D	
费用控制	12	采用VE方法提建议				C	D	Ke				Ke			D		
费用控制	13	费用动态比较		Ke	I							C			D		Ke
费用控制	14	编制标底	E	I								C	Ke	Ke	D		Ke
费用控制	15	审价	E									C	Ke	Ke	D		
费用控制	16	审核付款申请	E									C	Ke	Ke	D		Ke
费用控制	17	资金流量计划		I								C			D		Ke
费用控制	18	记录实际费用数据	C													C	D
质量控制	19	向设计提建议				D/C		D/C		D							
质量控制	20	编制招标文件中技术部分				C	D			D		Ke					
质量控制	21	主持和参与技术谈判				C	D			D		Ke					
质量控制	22	确定质量标准	E	I		D/C		D		P							
质量控制	23	建立质量控制程序		I				C		D							
质量控制	24	编制质量控制报告		I				C		D							

续表

工作任务	职能代号 P-规划; E-决策; D-执行; C-检查; I-信息; Ke-了解 工作任务分工		CM经理	CM经理助理	CM经理办公室	技术部经理	技术部	施工部经理	进度工程师	质量控制人员	现场协调人员	合同部经理	建安合同管理人员	设备合同管理人员	费用控制工程师	行政部经理	财务人员
合同管理	25	提出分包商名单	E									DC	D	D			
	26	编制招标文件	E	Ke	I							DC	D	D			
	27	主持招标、评标	E		I							D					
	28	主持合同谈判	E		I							D					
	29	合同跟踪管理										C	PD	PD			
	30	处理纠纷和索赔	C		I	Ke		Ke		Ke	Ke	E	D	D	Ke		
现场管理	31	安排场地布置	C					P				D					
	32	完成施工准备工作	C					P				D					Ke
	33	编制现场总平面图	E					CD				D					
	34	现场指挥和协调						ED				D					
	35	安全、保卫工作						EC				D					Ke
	36	零星施工	E					PC				D					Ke

4) CM的工作流程组织

该项目中,CM班子对很多连续性、经常性的工作编制了工作流程图,例如招标工作流程、编制GMP的工作流程、工程变更处理流程、设计变更处理流程、对工程款支付的审核流程和协调会议纪要签发流程等,从中可以很清楚地反映出CM模式在各项工作中的逻辑顺序、负责单位等方面的特点。其中,招标工作流程如图6-12所示。

5) CM组织工作手册

CM组织工作手册是在分析和制定CM班子的组织结构以及工作流程的基础上,由CM经理主持编制的,用于指导CM班子全过程工作的文件。本项目CM组织工作手册由8个部分组成,如图6-13所示。

(3) 上海证券大厦CM招标与评标

1) CM招标准备工作的特点

CM招标准备工作的内容主要有确定招标方式和成立招标小组。

① 确定招标方式

第 6 章　项目采购管理

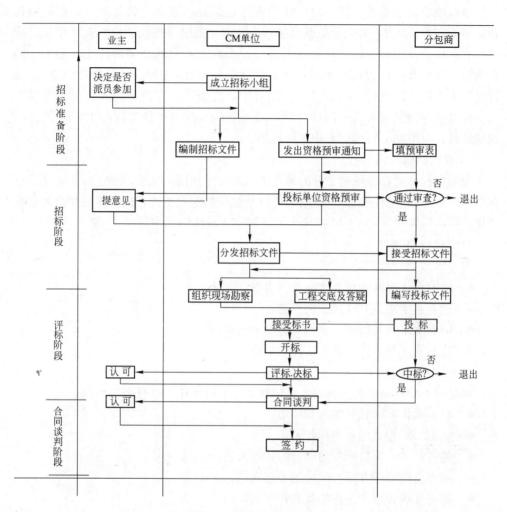

图 6-12　招标工作流程图

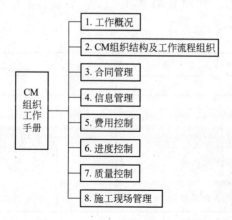

图 6-13　CM 组织工作手册的主要内容

与其他承发包模式一样,对 CM 单位进行招标,通常有公开招标、邀请招标和议标等 3 种方式❶。为充分鼓励竞争,也使业主能够选择到适合的 CM 单位,应尽可能采用公开招标。但具体到本项目,考虑到 CM 模式在国内还比较陌生,能够承担 CM 任务的承包商还不多,而若进行国际招标,国内业主对国外 CM 市场情况也不了解。因此在上海证券大厦项目中,邀请国外有声誉的大公司来参加投标,并邀请国内公司与之组建联合体,通过实践来学习和借鉴国际上 CM 模式的成功经验,以推动 CM 模式在中国的应用。

② 成立招标小组

为确保投标者在尽可能平等的条件下竞争,按照国际惯例,在招标前成立了招标小组。为了做好整个招标过程的文件以及会议的保密工作,确保答疑和洽谈过程严格按照国际常规进行,CM 招标小组还制定了具体的工作制度。

2) CM 资格预审

① CM 资格预审的特点

- 应着重于对其管理人才资源的审查;
- 应着重于对其 CM 经验的审查;
- 应着重于对其招标、合同管理能力的审查;
- 应着重于对其合作伙伴情况的审查。

② CM 单位的基本资格

满足以下基本条件的承包商,可以被认为具有承担 CM 任务的资格。

- 具有承担 CM 任务的成功经历;
- 掌握 CM 模式的管理操作;
- 拥有从事三大目标控制经验的管理人员;
- 拥有合同管理方面有经验的管理人员;
- 拥有现场管理和指挥经验的管理人员。

本项目中,设计了《CM 资格预审表》(表 6-2),收到承包商填报的预审表和提供的相关资料后,填写"CM 资格预审汇总表",进行汇总和比较。

CM 资格预审汇总表　　　　　表 6-2

投标商 审查方面		A	B	C	D
国外公司	公司总体水平 CM 经理资质 CM 实践经验 大型项目施工和管理经验 在中国施工的经验 拟投入本项目的人员实力				

---

❶ 按照 2000 年 1 月 1 日起实施的《招标投标法》第 2 章第 10 条规定,仅有公开招标和邀请招标两种。

续表

投标商 审查方面		A	B	C	D
国内公司	公司总体水平 CM 副经理资质 总承包管理经验 大型项目施工和管理经验 在项目所在地施工的经验 拟投入本项目的人员实力				

3）CM 招标文件的编制

① CM 招标文件的特点

CM 招标文件与普通施工招标文件有很大区别，其最大特点是不依赖于设计图纸和技术文件，不受设计进度的限制，也不一定要求投标商提供详细的施工技术方案，而仅要求提出项目分项招标及总体施工管理方案。

由于 CM 是一种管理型承包模式，因此其招标文件中也不需要功能描述书，而重点应向投标商说明项目所拟采用的组织结构和合同结构，以及要求投标商提供 CM 服务的范围。在 CM 招标文件中，应提供项目的基本概况和业主在投资、进度和质量方面的基本要求，使承包商了解项目的规模以及复杂程度，以便其考虑和制定 CM 班子组织结构，以及管理人员的配备。在招标文件中没有工程量清单，也不需要以此作为投标商报价的依据，而应要求投标商按 CM 模式特有的合同价方式报价。

② CM 招标文件的内容

CM 招标文件内容通常由 7 个部分组成，如图 6-14 所示。

4）CM 评标

在本项目中，采用议标，由招标小组直接对各投标文件进行评标，然后在此基础上与各投标商进行多论议标谈判，最后决定出中标单位。

① CM 评标的特点

CM 评标的内容相对比较复杂，要对投标者从各个方面进行综合评审和比较。

首先，CM 招标小组成员应认真阅读和分析各投标书，将每本投标书按组织、人员、CM 酬金等方面进行分析和列表，并在此基础上，给出对每个投标人的初审评语。

接下来，招标小组应对所有的标书进行综合比较，分析各个标书所提供的 CM 组织结构和工作方案的利弊，并分析报价，特别是对其中的 CMcost 和 CM-fee 作进一步详细分析和比较，对各投标商所编制的 Budget0 进行逐项分析和比较。

最后，CM 工作小组应总结编写 CM 评标报告，选出若干名候选中标单位，与

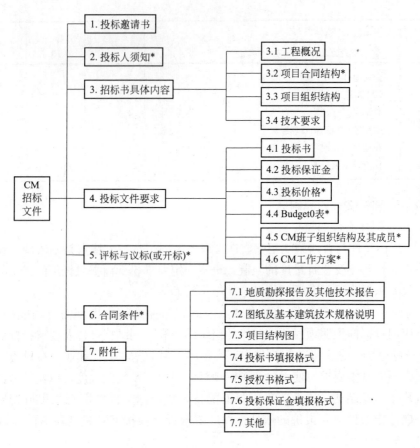

图 6-14 CM 招标文件的主要内容
注：＊与常规招标区别较大的部分

之分别进行谈判和答辩，并根据谈判情况，择优选择和确定中标单位。

总之，对 CM 模式评标的重点不是在经济方面（报价），而是在管理方面（组织、人员、目标控制能力）。

② CM 评标文档

在上海证券大厦项目中，设计和编制了一系列"CM 评标文档"，主要为《投标书索引表》、《CM 酬金汇总表》、《投标商 CMcost 比较表》、《投标商 Budget0 汇总表》、《投标书汇总表》等。《投标书索引表》汇总和归纳了各投标书的主要信息和数据；《CM 酬金汇总表》汇总了各投标商的 CM 酬金（CMcost 和 CMfee）报价，以及相互之间的比较；《投标商 CMcost 比较表》详细汇总和比较了各投标商有关 CMcost 的标价及详细组成；《投标商 Buget0 汇总表》是各投标商的 Buget0 的详细报价，以及各标书 Buget0 报价的逐项分类比较；《投标书汇总表》是对各投标书情况的汇总。

这些表格对招标小组的评标工作起到了很大的帮助，受到了业主的好评。表 6-3 为上海证券大厦招标小组对当时三家投标书进行评标的结果汇总表。

评标结果汇总表　　　　　　　　　　　　　　　　表 6-3

序号	内容		A 公司	B 公司	C 公司
1.	投标模式		CM/Non-Agency	CM/Non-Agency	PM*
2.	合同条款		FIDIC	尊重业主意见	自己公司文本**
3.	CM 班子	外方人数	全职 9 人，兼职 2 人	全职 8 人，兼职 8 人	全职 5 人
		中方人数	21 人	30 人	无
		中方合作伙伴	某公司	某公司	无
4.	CM 酬金	CMcost	中、外方单价均高	与左边公司相近似	单价最高
		CMfee	最高	最低	中
		其他取费	有一系列报价	未提及	未提及
5.	Budget 0		9500 万左右	与左边公司相近似	无
6.	Control Budget***		对控制投资具有很强的约束性 ——节约提成 ——CMfee 计算依据	—	—
7.	对公司的总体评价		• 投标积极、夺标强烈 • 信心足，报高标，对报价有误解 • 熟悉 CM 模式	• 信心不足，报低标 • CM 方案详细	• 王牌公司，很自信 • 准备不足，投标书像建议书； • 曾经不想投标； • 未按招标书要求做

注：* 招标文件已注明投标模式为 CM/Non-Agency，该公司却报 PM，这是不正常的。
　　** 招标文件已注明拟采用的合同文本，该公司却提出采用自己的文本，这也是不正常的。
　　*** 该公司提出了用于取代 GMP 的"控制预算"。

③ CM 议标谈判

CM 议标谈判阶段是业主选择中标单位，并与之建立合同关系的关键性阶段，同时也是合同谈判的准备阶段和过渡阶段，其谈判的范围和深度涉及到 CM 合同范围内的方方面面。因此，无论是对业主，还是对 CM 投标商来说，CM 议标谈判都将是一个非常艰苦的过程。

双方谈判的重点主要有：能否接受 GMP；CMfee 的费率；CMcost 的取费；投标商的其他收费。

例如，在上海证券大厦 CM 招标中，某外国投标商提出不愿承担 GMP，而用 C. Budget(控制预算)代替 GMP。如果最终结算价高于 C. Budget，且不是 CM 方的原因，则由业主承担；如果最终结算价低于 C. Buget 时，CM 单位对节约额提成 40%。招标小组对承包商提出，如果取消 GMP，则 CM 方对节约的提成比例应下降。在谈判过程中，投标方又提出新的方案：为调动设计方节约挖潜的积极性，节约额中提取 15% 给设计方，CM 方取其中 35%，另 50% 是业主真正的节约额。业主未表示同意。

在下一轮谈判中，投标方提出对节约成本的提成应与 CMfee 联系起来谈，并又提出一个更新的方案：

——如果成本节约额在 500 万美元之内，CM 方与业主三七开，即 CM 方最大
　　奖励额为 500×30%＝150(万美元)；

——节约成本超过 500 万美元以上部分，CM 方不提成；

——在此基础上 CMfee 费率取 3%。

招标小组分析，此时投标方综合报价水平为：CMcost 为 3.35%，CMfee 为 3%。节约奖励（最大）为 1.5%（150 万美元占 Budget 的比例），三项合计 7.85%，尚不包括业主提供的一系列设施和条件，因此很难接受。招标小组向投标商建议：对节约成本的最大奖励不超过 50 万美元。

最后，投标商提出，对节约成本的提成比例为 40%，但奖励的最高总数不超过 80 万美元。招标小组综合考虑其 CMcost，CMfee 下降的幅度，表示同意此报价。

通过对以上的谈判过程的分析，可得出如下结论：

- 为了鼓励 CM 方努力降低工程造价，宜采取有奖有罚的原则，如果经 CM 方努力确实使工程费用小于 GMP，可对其进行一定的奖励。
- 奖金占全部节约额比例的大小，宜联系 CMfee 的费用一同考虑。一般情况下，CM 单位的节约奖励为节约额的 40% 以下。
- 对节约提成的最大值要作限制，其数值大小也应同 CMfee 的取费一同考虑。建议节约提成的绝对值最大不超过 GMP 数值的 1%。

小　　结

CM 为新型承发包模式，在国内应用还不多，该模式在进度和投资控制方面具有独特的优势。本案例为国内首次采用 CM 模式的大型项目，为 CM 模式在我国的应用作了一些实践探索。特别是在招标组织方面，积累了宝贵的经验，同时也为其他管理型承包模式的招标投标提供了借鉴。

思考题

1. CM 模式的两种合同结构有何异同点？
2. 如何确定 CM 班子的组织结构、任务分工和管理职能分工？
3. CM 单位的招标与评标有哪些特点？

6.3　EPC 模式

案例 1　WEPEC "十五" 二期项目[1]

项目背景

WEPEC "十五" 二期项目包括新建一套 8 万 t/a 硫磺回收装置、150 万 t/a 加

---

[1] WEPEC 意为：大连西太平洋石油化工有限公司。

氢裂化项目、7.2万标立/小时制氢装置、200万t/a柴油加氢项目以及配套的电力系统改造项目和公用工程改造项目，其中加氢裂化、制氢及柴油加氢项目采用了EPC承发包模式，公用工程采用了以EPC为主的承发包模式。所谓EPC，即设计采购施工总承包，是指工程总承包企业按照合同约定，承担工程项目的设计、采购、施工、试运行服务等工作，并对承包工程的质量安全工期造价全面负责。本案例主要介绍EPC模式的组织形式及EPC模式下业主方和承包商的工作任务分工。

EPC模式在石化工程的应用

工程项目的实施是一个复杂的系统工程，有其内在的客观规律，必须采用与之相适应的管理模式和管理方法去实现。WEPEC借鉴国内外石化工程上所采用的项目管理模式，结合WEPEC项目的实际情况，选择了具有WEPEC特色的"酬金＋分成"的EPC总承包管理模式：风险承担上基本等同于传统的EPC总承包管理模式；合同价格采用服务酬金与投资节余分成之和；EPC总承包单位主体工作到工程中交（中石化162号文）为止，但责任点直至竣工验收；过程管理类似于IPMT（工程一体化项目管理），业主全过程参与。但只进行监督、检查、把关和服务，不过多干涉EPC总承包单位的项目管理工作。

(1) EPC模式的组织形式

EPC总承包管理方式与传统的管理模式不同，业主重点对质量进行把关、对安全实施监控，一般不直接进行干预总包的具体工作，由总承包商按其选择的管理方式进行工作，管理各级供货商和施工分包商。同时，业主有一定的项目管理经验和能力，派出管理项目的授权代表进行现场管理，并聘请监理公司作为第三方实施工程监理工作，代表业主的利益来管理工程。

WEPEC"十五"二期项目的建设是在现有装置正常运行的情况下进行的，项目管理人员力量不足，根据实际情况，只能派出很少管理人员。EPC总承包商现场派出经验丰富的采购、施工管理人员，负责组织采购招标、合同签订、施工分包商的选择和管理等。项目的建设管理以总承包商和监理公司为主，业主只对建设过程进行总体控制和把关。

WEPEC项目EPC模式的组织形式如图6-15所示。

(2) EPC模式中业主方的工作

1) 全面合同化管理

在确定EPC总承包商后，WEPEC筹划总承包合同的起草、审定和签订工作。通过艰苦的谈判后，签订了总承包合同。针对WEPEC三个总承包项目，界定了双方在项目实施过程中的责任与风险划分，确定了安全、质量、进度、费用"四大要素"的控制目标，明确了项目实施中原则性的工作程序要求和奖惩制度等等。同时，在项目实施过程中，严格检查和落实EPC总承包合同的执行情况，为项目建设提供有力保证。

2) 明确管理界面，理顺工作程序

在WEPEC总承包项目中，参建单位包括业主、EPC总承包商、监理单位、

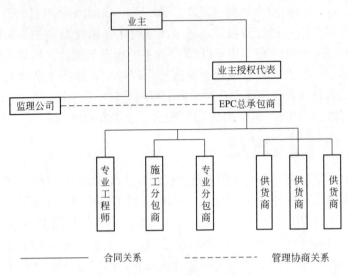

图 6-15 EPC 模式的组织形式

供货商、施工分包商、质量监督站和第三方无损检测单位等，工作界面错综复杂，业主的首要任务就是要明确各级参建单位之间的管理界面，避免"政从多出"和管理脱节。WEPEC 项目部组织 EPC 总承包商、监理单位制定了项目管理手册和各类管理规定，理顺了各级工作程序，各参建单位明确了自己在本项目中所要承担的工作和责任。

3) 过程监督、检查、把关和服务

WEPEC 在项目建设过程中只进行总体控制和把关，不直接干预项目的具体管理。WEPEC 对质量和安全环节严格要求，在设备材料的采购环节，招标和合同签订工作由 EPC 总承包商负责，WEPEC 对询价厂家和中标单位进行审查确认，并同样对施工中的关键环节进行检查和监督，对需要决策性的工作按照总承包合同进行把关。在此基础上，为 EPC 总承包商提供服务，包括提供合理的办公设施、协调与监理公司的工作关系、加快施工环节的支持等，外部环境包括与当地政府部门、专业管理部门等协调联系，构建和谐、愉快的工作氛围。

(3) EPC 模式中承包商的工作

EPC 总承包模式的最大优点就是设计、采购和施工有机结合，总承包商在项目初期和设计时就考虑到采购和施工的影响，避免了设计和采购、施工脱节的矛盾，减少了由于设计错误、疏忽引起的变更，可以显著减少项目成本，缩短工期。一方面整个工程可以提前投产，另一方面减少了由于市场通货膨胀等不利因素造成的影响。从 WEPEC 总承包项目的运作来看，EPC 总承包商自身各部门相互约束，加大了设计、采购和施工的控制协调力度，设计进度能够基本满足采购和施工进度要求。

在 EPC 总承包模式下，传统合同模式中的外界（包括自然）风险、经济风险（除设备材料涨价风险外）要求承包商来承担，这样，项目的风险大部分转嫁给了承包商。对承包商来说，承担 EPC 项目无疑是对自己管理水平的一项挑战，充满了高风险，也带来高收益的机遇。

WEPEC项目中EPC总承包合同中明确规定，EPC总承包商通过自身努力实现投资节余后将得到一定的分成。从而能够促进EPC总承包商通过优化设计，使设计方案更加经济合理，并在采购和施工招标中严格执行限额制度，使费用得到有效控制。同时对提高设计质量，也会起到促进作用，有效控制设计变更数量。

当前的供货市场属于卖方市场，WEPEC项目采购大多属于一次性采购，很多知名厂家不太感兴趣。但是，EPC总承包商在国内外承揽了众多项目，供货商会鉴于在其他项目上长远合作的角度出发，积极参与EPC总承包商组织的采购招标，充分发挥EPC总承包商采购优势，保证采购到性价比合理的设备材料。

(4) EPC模式对专业分包商的要求

由于EPC管理模式主要适用于化工、电站等大型工程项目，承包商不仅承担项目实施，还要负责技术专利转让、对业主方人员的技术培训和操作指导、设备正常运行的管理等等。而对分包商而言，EPC管理模式对专业分包商的要求重在以下3个方面。

1) 金融支撑要求强。工程项目越大，需要的流动资金越多。

2) 技术层面要求高。在EPC管理模式中，首先要求专业分包商熟悉国际通行的管理模式及技术标准，因为在国际工程承包项目中，往往采取国际通用的FIDIC合同管理模式及欧美日等发达国家的技术标准；其次，专业分包商要有一定的设计力量作支持，在实际工作中，有很多施工节点需要分包商完成设计、报承包商批准后才能实施；第三，专业分包商还要有相当的国际通行的项目管理经验及先进的工程项目计算机管理系统和国际承包市场信息体系；第四，专业分包商应具备国际采购网络系统和国际采购经验。

3) 人才队伍要求精。富有海外施工管理经验的国际工程项目经理、各施工阶段的核心管理人员、通晓国际工程法律的人员、项目风险评估人员、国际工程合同管理人员、国际工程造价估算和报价人员是实施EPC管理的基础条件。倘若各类管理人员外语沟通能力相对较差，将导致其良好的技术管理素质难以在项目管理中充分发挥，甚至影响到工作正常开展。

小　　结

工程项目总承包是我国目前大力推广的一种承发包模式，该模式的主要出发点是借鉴工业制造业的经验，通过设计与施工的组织集成，克服两者分离所带来的进度、投资和质量等方面的问题，提高生产效率，达到为建设项目增值的目的。工程总承包主要有设计采购施工(EPC)/交钥匙总承包和设计-施工(D-B)总承包两种方式。根据工程项目的不同规模、类型和业主要求，工程总承包还可采用设计-采购总承包(E-P)、采购-施工总承包(P-C)等方式。EPC是工程项目总承包的一种主要形式，主要应用于石油化工、发电厂、石油开发和基础设施等领域，在我国许多大型项目上得到了成功的应用，取得了良好的效果。本案例分析了EPC模式的几个重要内容，即组织形式、业主和承包商的任务分工及对分包商的要求等，对EPC的应用及工程总承包模式的研究和实践都有借鉴意义。但 EPC 的应用涉及到组织、管理、合同和法律等诸多问题,还有很多内容需要进一步探索和研究。

思考题

1. EPC 模式相比于其他承发包模式有何特点?
2. EPC 模式中,业主方和总承包商应如何做好各自的工作?
3. EPC 模式对专业分包商有何要求?

6.4 Partnering 模式

案例1 岭澳核电站[1]

项目背景

岭澳核电站(图 6-16)位于深圳市大鹏湾半岛,距大亚湾核电站 1.2km,是继大亚湾核电站之后在广东省建设的第 2 座大型商用核电站,是我国"九五"计划期间大型能源项目之一。岭澳核电站规划建设 4 台百万千瓦的压水堆核电机组,首期建设 2 台,总投资 40.25 亿美元,工程于 1997 年 5 月开工,2002 年 7 月和 2003 年 3 月两台机组分别投入商业运行。

图 6-16 岭澳核电站

---

[1] 本案例参考赵振宇、刘伊生编著《基于伙伴关系 Partnering 的建设工程项目管理》。

核电站项目具有工程量大、施工强度高、技术复杂、工期长和常有随机干扰因素等特征,这些特征决定了在建设工程项目准备和实施过程中,各参与方之间存在着冲突。而 Partnering 管理方式可以有效地化解冲突,促使参与各方积极地协作与协调,提高各方的综合效益和项目效益。所谓 Partnering 模式,即伙伴式管理,是指在两个或两个以上的组织之间为了获取特定的商业利益,最大化地利用各组织的资源而作出的一种长期承诺。

岭澳核电站项目由岭澳核电有限公司负责建设与经营,在实践中大量地应用了 Partnering 的管理思想和方法。本案例重点介绍岭澳核电站一期工程体现 Partnering 管理思想和方法方面的实践经验,探讨岭澳核电工程体现 Partnering 理念的成因。

Partnering 模式

本项目的建设和管理是一个复杂的系统工程,不论业主还是承包商,都把合作、沟通和共赢视作该项目成功的最为重要的因素之一。

(1) 体现 Partnering 的管理思想和方法实践

1) 共同的目标

合同签订后,无论是业主、债权人、供应商、承包商,都以实现"电站质量好、工期短、投资省、效率高"和"二核要比一核强"为宗旨;以工程全面创优和投产后前三年能力因子不低于 80% 为共同目标,明确提出用并网发电商业运行的业绩来最终评价工程的营造水平。

共同的目标把工程、生产和各个承包商融合成一个同舟共济的大团队。如电站辅助设备和系统承包商——东北核电建设公司根据工程最终业绩目标制定"电站辅助设备和系统安装工程全面创优指标实施方案",在质量、安全、环保和工程管理四个方面提出了一系列创优的目标和指标体系。各方一旦实现共同目标,所有的参与者都将是最终的大赢家。

2) 透明的文化

核电站的建造和营运以"安全第一"为主导思想,通过核安全文化建设,要求每个人应该有质疑的工作态度,严谨的工作方法,沟通交流的工作习惯,以满足生产运行的安全可靠为宗旨,突出蓝色的文化,即安全、环保、透明的文化。项目中决不允许隐瞒任何质量问题,用户和参建伙伴间保持透明,及时发现问题、准确定性、快速处理、及时反馈(各方共提出 26000 多条意见,处理了 23000 多条),欢迎检查,欢迎挑毛病,做到保持透明。

3) 资源的共享

为实现大亚湾核电现场资源共享、优势互补,形成规模经济效益,广东核电合营有限公司(一核)与岭澳核电有限公司(二核)签订了"一、二核相互支持协议",双方通过虚拟资产组合,结成紧密联盟,降低成本、提高效率,达到双赢。在此基础上,一、二核还签订了"群堆管理委托协议"。

4) 信息的共享

在工程信息管理系统的应用上,建成业主内部、业主和各承包商、承包商内部各种信息指令传递、交换的渠道。按照工程管理信息一体化的原则,提出了计算机集成工程管理信息系统的概念,建立了统一的数据库模型,将整个工程管理计算机信息系统分为工程管理部分、综合办公信息系统和决策支持系统。投资300多万美元,建立了经济高效的计算机网络和数据库技术平台,有效地实现了对工程的信息管理。工程计划应用P3和Project98等国际先进计划管理软件编制,应用6级计划管理模式,实行各级计划的网络共享,并与业主和设计供货方共同应用各级计划进行设备供货、设计资料交付和土建移交等的跟踪和协调。

5) 工作的协调

发扬核电大团队精神,提出"工作协调,多走一步",做好各方面的接口协调,在工作范围、工作职责和接口管理上,各方提出"多做一些,多让一些,主动一些,抓紧一些"。在工程建设过程中,有些重要里程碑需要多个部门、多个承包商协同努力才能完成,为了加强横向协调沟通,成立了专项协调委员会,如:第1罐混凝土、泵房土建开工、穹顶整体吊装、1号机泵房进水、核回路冲洗、冷试、热试等都成立了专项协调委员会。该委员会定期召开协调会,全面负责有关专项的施工进度、设计审查和施工技术方面的协调工作。

6) 争议的处理

不管合同如何严谨、翔实,由于实际执行情况的复杂性和变化性,各种争议仍难以避免。本着对工程负责的精神,项目在实施中坚持"原则性与灵活性相结合",承包商与业主对具体问题具体对待,创造性、艺术性地解决了诸如供货拖期、设备缺陷修复和设计变更等诸多问题,取得了业主、承包商和供货商多赢的效果。

7) 风险评估会

一旦发现某项运作可能影响关键路径或承包商准备不够充分时,及时召开风险评估会。风险评估会前各方充分沟通和准备,在风险评估会上对风险处理达成共识并排出落实各项措施的进度。

8) 价值工程

通过技术革新,采用优化设计、施工工艺等方法降低工程费用,如海工二期施工,由于改进了岭澳核电站取排水工程设计,并对施工方案进行了革新,节约工程投资约6000万元人民币。

9) 持续的改进

如在岭澳常规岛安装工程开工前,既参加了大亚湾核电工程建设又是岭澳工程承包商的山东核电工程公司对大亚湾的经验进行了认真总结,编写了大亚湾核电站常规岛安装经验反馈资料,并提出了改进措施,经过在岭澳中的实施,明显提高了项目管理水平。

(2) 体现Partnering理念的成因探讨

1) 业主有持续的工程项目投资活动

对供货商、承包商而言,本工程的工作效果直接关系到能否承揽下一期工程,能否有发挥本期工程建设经验在下期继续获得收益(可能是更大的收益)的机会,如图6-17所示。

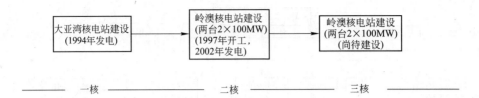

图 6-17 从大亚湾到岭澳的三期建设活动

如常规岛土建工程承包商则确定了"二核要比一核干得好，出人才，出效益，拿到三核"四项任务目标。业主有连续的投资活动对承包商和供货商与业主进行良好合作起到了很大的激励作用。

2) 有信任合作基础

业主方的成员大都曾经在广东核电合营有限公司工作过，具有大亚湾核电站的建设经验。业主方与核岛供应商、常规岛供应商以及绝大多数的土建施工、设备安装承包商有过在大亚湾核电站工程的合作经历，相互了解，建立了信任，图 6-18 和图 6-19 列出了两电站合同结构和主要承包商概况。

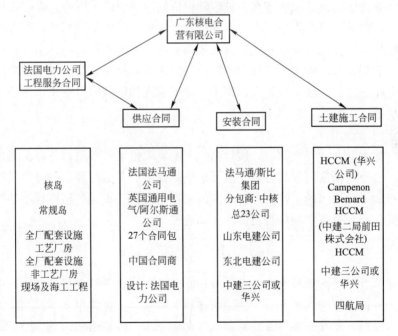

图 6-18 大亚湾核电站主要合同结构

3) 政府重视

1994 年通过两次总理办公会，确定了"以核养核、滚动发展"的方针。原国家计委提出在大亚湾核电基础上，岭澳项目要实现工程管理、建筑安装、生产准备自主化，部分设备制造国产化，质量全面创优，工期、投资均少于大亚湾建设的工程目标。政府确定的目标对项目各方共同目标的确定和实现形成强大的引导和约束力，使各方认识到必须通过合作实现目标。

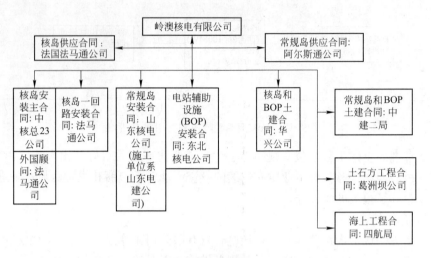

图 6-19 岭澳核电站主要合同结构

4）业主和承包商具备了较高的科学管理水平

在大亚湾核电站建设时即在引进国外设备的同时引进了国外先进的项目管理和施工技术，强化严格按程序办事、贯彻核安全文化、提倡团队精神，实行经验反馈制度和自我评估方法。业主和承包商通过大亚湾核电站的建设培养了一大批工程管理人员、监理人员、施工人员和生产运行维修人员，具备较高的科学管理水平，为岭澳核电站的建造实现工程管理、施工、施工监理和运行的自主化、科学化打下了坚实的基础。

5）核安全文化

核电站本身对"安全第一，质量第一"的要求也是岭澳项目各方实施合作的重要动力，一个对精度要求高、对安全要求绝对保证、对运行要求绝对可靠的项目会无形中形成一种严谨的工作氛围、严肃的工作态度，会提高严格按程序办事的自觉性，并强化相互合作实现项目目标的主动性。

小 结

目前，我国尚未系统地引入 Partnering 管理方式，但已有项目在实践中已经贯穿了 Partnering 的管理理念和方法，岭澳核电站项目就是其中之一。该项目中共同的目标、透明的文化和资源与信息的共享等都体现了 Partnering 管理思想和方法，而具有信任合作基础、政府重视等因素也是能够体现出本项目中 Partnering 理念的原因。本项目的实践和经验也为国内今后推行和发展 Partnering 管理模式提供了参考。

思考题

1. 与传统的建设管理模式相比，Partnering 管理模式的最大特点是什么？
2. Partnering 的理念在岭澳核电站项目中是如何体现的？

3. Partnering 的理念中，哪些可以在建设管理实践中进行借鉴？

6.5 物资采购

案例1　沧州引大入港输水工程[1]

项目背景

沧州引大（大浪淀）入港（沧州港）输水工程是河北省沧州市为振兴该市东部地区经济发展，筹集 1.6 亿元兴建的大型压力管道输水工程。该工程由取水构筑物、供水泵站和 80km 的输水管道组成。工程于 2005 年底建成，将大浪淀蓄存的黄河水输送到了沧州东部的港口、城市和工业用水区。

该工程规模大、分布区域广，为确保施工质量、避免业主与施工方在设备材料选择使用上出现矛盾，该工程在合同文件中就设备材料进行了约定，规定除了土建用材以外，其余工程用材均由业主自行采购供应。为了保质保量完成设备材料的供应与管理，业主方采用了"三控制"模式：即开工前的计划控制、施工中的管理控制和竣工后的核算控制，做到了无失误、无差错、无浪费，圆满完成了任务，达到了工程结束"材料零库存"的目标。

物资采购

（1）开工前的计划控制

沧州引大入港工程需业主自己采购供应的设备材料种类多、数量大，招标后汇总统计其总价值多达 0.7 亿元人民币。完成这项供应管理工作，难度很大。因此，做好开工前的计划控制非常必要。

1）组织高素质的业务人员负责项目实施

设备材料供应是保证工程质量与工期的一项核心工作。为此，该项目组织了精通业务技术且精干的班子——设备材料科来负责具体工作的开展。同时，明确了科室的责任和任务。业务人员多次召开会议，研究制定设备材料供应管理办法和解决设备材料供应中遇到的难题。

2）熟悉和深入分析招标投标及合同文件

所有工程文件对设备材料管理人员都是非常有用的，尤其合同文件和施工图纸更为重要。其中合同与图纸中的供货（用料）种类、规格、型号、质量、数量、交接方式、工期时间和各方的责任义务等，都是设备材料管理人员必须把握和熟悉的重要信息资料。同时，发现校核工程文件中特别是施工图上的疑点问题也是一项基

---

[1] 本案例参考王元行、王敏华论文"水利工程施工中设备材料的供应与管理"。

本工作。如发现图纸上有数据计算疑点，经校核确认后马上提交设计单位对问题进行修定，以确保工程的正常进行。

3) 复核确认施工单位的用料计划

施工单位按合同条款和施工图纸制定上报的用料计划，经监理部核对转交业主后，需要进行复核确认。主要是按合同与施工图的相关信息资料，逐一复核用料时间，用料的种类、规格、型号和数量等。如复核某倒虹吸上下翻转点用弯头，首先按施工合同与图纸确认用料的时间和数量，其次校核弯头的直径、壁厚、角度和有效利用长度等，全部无误后签字确认。

4) 科学制定用料计划

供货合同文件、施工合同文件、施工设计文件和施工用料计划是编制供料计划的基础和依据。通过熟悉上述文件，在仔细了解供货时间和施工工期，认真把握供应与使用设备材料种类数量的基础上，科学合理地制定出切实可行且周密细致的供料计划，才能确保工程用材按期按量到位，使工程有条不紊地按计划保质保量进行。

(2) 施工中的管理控制

开工前的计划控制与施工中的管理控制是一个有机的衔接。它既是水利工程施工中设备材料供应与管理的中心工作，又是工程质量与工期保证的核心工作。

1) 掌握供货商的供货信息

通过招标确定的沧州引大入港输水工程设备材料供应商有30多家，涉及电力、机械、自动化控制、管材、管件、阀门、计量和监测设施等众多门类。为了做好施工中设备材料的管理控制，设备材料管理人员必须清楚地掌握各供应商的供货时间、种类、名称、数量及交货方式、地点等信息资料。

2) 把握施工队的施工用料计划

通过招标确定的沧州引大入港输水工程建设施工队有10多家。他们分别担负着土建、安装、防腐和装修工程等。其用料的时间、名称、规格、数量等，设备材料管理人员应熟悉了解，并且必须做到不误施工队的施工用料，避免引起矛盾、纠纷和索赔事件的发生。

3) 了解施工中的用料变化

由于种种原因，施工中经常会出现设计变更和不可预见事件，由此会产生施工用料的变化。因此，应通过相关的变更资料文件和现场查看，将增加和减少的设备材料统计、汇总，及时调整供料计划，做到既不误工也不废料。

4) 做好工地管理工作

工程开始后，要依据用料计划、供料计划与实际的工程进度，开展设备材料的供应管理工作。

① 组织好货源，即按计划通知、督导供货商履行合同的约定和做出的承诺，并按时保质保量完成合同。

② 通知施工单位甲方供材的进场时间，并说明物料的名称数量及应配合的工作和该注意的事项。

③ 协调工程监理与设计代表，配合甲方供材进场后的检查、检验和确认。

④ 认真督导做好甲方供材的现场交接工作，并向有关方讲明业主方、施工方、监理方和设计方等四方会签确认件作为结算凭证。

⑤ 及时掌握计划执行的情况，每天通过上午和下午两次统计，准确掌握工程进度、材料消耗、材料进（存）量，确保计划的落实和工程进度。

⑥ 建立与施工、监理、设计和地方等单位及个人的友好协作关系，并取得他们的配合与支持。

⑦ 及时应付、解决随时出现的难题和突发事件。

5) 按供料计划做到科学调配

对于10多家施工队同时施工，30多家供应商一起供料且工期紧、标准高的大工程，按计划科学调配设备材料的进场是十分必要的。

① 遵循供在用前、供需见面、不搞储料、省工省钱的原则开展工作，即设备材料在使用前进场，供货商与施工单位直接交接不搞储存和二次装运，以实现简便快捷和节省。

② 随时根据电话、传真和手机等通信工具，了解掌握与设备材料有关的各种信息，来确定是按计划供料还是需要调整计划，用以保障供给。

③ 通过细心合理调度，做到了仅用两三个人租用一个 $30m^2$ 的车库搞仓储就圆满完成了多达 0.17 亿元甲方供材的任务。相对同类工程，节省了大量人力、物力和临时征占场地费用，并且避免了因储料和二次装运发生的损耗与浪费。

(3) 竣工后的核算控制

工程竣工后应立即着手进行核算控制，既要统计、汇总设备材料的消耗量，又要复核施工图、用料计划和供料计划的执行情况。

1) 核对设备材料的发运与接受情况

工程结束后，应立即着手设备材料的发运与交接手续的核对与确认，主要是认定它的可靠性与真实性，即业主与供用双方是否共同承认手续的真实可信。

2) 汇总设备材料的品种数量

按种类、规格和型号等汇总业主与供用双方共同确认的设备材料的数量，并分别统计出按厂家、按施工队和按标段的供应量和使用量。

3) 复核和确认用料、供料计划的执行情况

根据统计汇总的结果，检查供料计划的执行情况，复核用料计划的实施结果，确认供用各方是否履行完成了合同文件的约定和承诺。

4) 为决算提供设备材料的供用情况

完成上述工作后，还要进行设备材料招标量、施工图量、设计变更量、供应进货量、施工应用量和施工实用量的统计对比与分析。尤其施工应用量和施工实用量的统计对比结果更为重要，它是竣工后与供货商、施工单位结算的依据。

小　　结

沧州引大入港输水工程是新中国成立以来，河北省沧州市继20世纪末投资318

亿元兴建了大浪淀水库工程后的第2大水利工程。它建成后的意义和效益是非常巨大的。工程建设中设备材料的管理工作，既是考核工程成本进行经济核算的依据，又是总结和衡量企业管理水平的依据。因此，在建设施工的全过程采取了对设备材料实行"三控制"管理模式贯穿整个工程的办法，即开工前的计划控制、施工中的管理控制和竣工后的核算控制。"三控制"管理模式避免了过去人们习惯上只在水利工程施工中进行控制所产生的诸多弊端，并且实现了既无失误、无差错，又节俭、无浪费地完成任务的既定目标。

思考题

1. 本案例中业主如何来确定自行采购和供应的设备、材料的范围？
2. 本案例中业主方的"三控制"模式具体如何操作，其具体作用体现在哪里？

案例2　长江三峡水利枢纽工程[1]

项目背景

长江三峡水利枢纽工程（图6-20，以下简称三峡工程）包括一座混凝重力式大坝，泄水闸，一座堤后式水电站，一座永久性通航船闸和一架升船机。三峡工程建筑由大坝、水电站厂房和通航建筑物三大部分组成，分为3期，总工期18年，枢纽工程静态总投资为500.9亿元人民币（按1993年5月末价格水平）。

图6-20　三峡工程雄姿

中国三峡总公司作为三峡工程的业主，全面负责工程建设的组织实施和所需资金的筹集、使用、偿还以及工程建成后的经营管理。三峡工程建设，利用国际招标

---

[1] 本案例参考于滨论文"三峡工程机电设备国际招标实践"。

方式进行设备采购已有数年的历史。特别是机电设备的采购,自 1996 年 6 月发标的左岸电站 14 台套水轮发电机组的采购开始,其后于 1998 年 12 月发标的高压电气设备的采购和 1999 年 12 月发标的与 14 台套水轮发电机组配套的调速、励磁系统及其附属设备的采购,均采用了国际招标的方式,为三峡工程的建设节约了资金,提高了采购质量,保证了在对供货厂商的选择上的"公开、公平、公正",为确保三峡工程获得一流的供货厂商和一流的设备提供了有效的选择手段。本案例介绍三峡工程机电设备国际招标与采购的实践。

物资采购

三峡工程机电设备国际招标由于采购设备性质不同,潜在的投标商数量不同,竞争环境不同等原因,在三峡总公司领导的慎重决策下,分别对水轮发电机组、高压电器设备和调速、励磁系统及其辅助设备采取了公开开标、议标决策,国际竞争性招标和邀请招标等三种不同的招标采购方式。

(1) 水轮发电机组的招标

1) 招标文件

三峡总公司对水轮发电机组的招标文件最终定稿工作是 1996 年 6 月中旬完成的。招标文件明确规定,三峡机组招标采用公开开标、议标决策的方式。1996 年 6 月 24 日,正式向国际上潜在的投标厂商发售了招标文件。招标分 IFB1 标(14 台套水轮机及其辅助设备)和 IFB2 标(发电机及其辅助设备)两个标段进行。

招标文件规定,中国国外的制造厂商为投标责任方,14 台套机组设备中的前 12 台套以中国国外制造厂商为主制造,中国制造厂商参与,中国制造厂商分包份额的比例不低于 25%。同时,要求中国国外供货部分按 CIF 班轮条件上海港或 DAF 满洲里站或 CIP 三峡机场报价,中国国内供货部分按 CPT 三峡工地报价。

2) 投标情况

在经过 6 个月的投标准备之后,12 月 18 日,6 家公司或联合体对 IFB1 标进行了投标(表 6-4)。

三峡工程机电设备采购 IFB1 标投标人一览表　　　　　表 6-4

公司/联合体	组　成
GANP 联合体	法国的 GEC 阿尔斯通耐尔皮克、巴西圣保罗金属公司
VGS 联合体	德国伏伊特、加拿大 GE、德国西门子
克瓦纳能源公司	
三峡日本水轮机联合体	伊藤忠、日立、东芝、三菱重工、三井物产、三菱商社
IMPSA(银萨)公司	代理乌克兰 TURBOATOM 科技工业公司、美国伍德沃德公司
俄德联合体	俄罗斯动力机械出口有限公司、德国苏尔寿

同时,6 家公司或联合体对 IFB2 标进行了投标(表 6-5)。

三峡工程机电设备采购 IFB2 标投标人一览表　　　　　　表 6-5

公司/联合体	组 成
GAE 联合体	法国阿尔斯通发电公司、加拿大的 GEC 阿尔斯通能源公司
VGS 联合体	德国伏伊特、加拿大 GE、德国西门子
ABB 发电有限公司	
三峡日本发电机联合体	三井物产、东芝、日立、三菱电气、伊藤忠、三菱商事、住友商事
IMPSA（银萨）公司	代理加拿大西屋有限公司、捷克斯哥达电气公司
俄罗斯动力机械出口有限公司	代理俄罗斯电力工厂

3) 评标与谈判

整个机组的评标工作基本上是在全封闭的状态下进行的。从开标到合同小签，历时 8 个月。经对投标文件的核查，各投标人所提供的投标文件都合格有效。并且各家都按照招标文件的规定，提供了融资方案，明确了向中国国内的制造厂商转让技术。同时，各投标人在商务条件上都不同程度地提出了偏差。这些偏差主要集中在违约赔偿、争端解决、适用法律、仲裁地点及适用的仲裁规则、对变更指令的执行等条款上。由于三峡机组招标采用的是议标方式，各投标人报价都比较高，需要通过澄清，大幅度削减其投标报价。

在与投标人就价格、商务条件、技术条件和技术转让等内容进行艰苦而激烈的三轮澄清后，投标人的投标内容有了很大的修正，价格明显降低。

4) 定标与融资方案

在对资格、技术、技术转让、融资和商务 5 个因素综合评议的基础上，通过定量评分和定性分析打分，以及出于对供货风险、引进技术的合理性以及履行合同的过程中竞争性的考虑，三峡总公司最终决定，重新调整水轮机与发电机的供货组合，将 14 台套的水轮发电机组供货合同分别授予阿尔斯通-ABB 供货集团和 VGS 联合体。此授标决定事前取得了国务院三峡工程建设委员会的批准。其中，阿尔斯通-ABB 供货集团负责提供 8 台套的水轮发电机组设备，VGS 联合体负责提供 6 台套的水轮发电机组设备。

两个供货集团提供的融资方案均为买方出口信贷，阿尔斯通-ABB 供货集团提供的融资银行是法国兴业银行、挪威出口公司、巴黎国民银行和瑞士联合银行等，提供与出口信贷相配套的商业贷款的银行是法国兴业银行、瑞士联合银行和巴黎国民银行。VGS 联合体提供的融资银行是德国复兴信贷银行、加拿大 EDC 和巴西 BNDES，提供商业贷款的银行是德雷斯顿银行。这些出口信贷和商贷覆盖了整个合同所需款额和供货期。

(2) 高压电器设备的招标

1) 开标与投标厂商

高压电气设备完全采用国际竞争性招标，1998 年 12 月发布招标通告，1999 年 2 月发售招标文件，1999 年 5 月 31 日在湖北宜昌公开开标。参加投标的厂商有：德国西门子，法国阿尔斯通，乌克兰扎布罗热，瑞士 ABB 和日本的三菱、东芝、日立共 7 家公司。国内的沈阳、保定、西安等变压器厂和沈阳、西安、平顶山等高压开关厂，作为分包厂分别参与国外厂商的投标。

2) 评标与融资方案

评标同水轮发电机组的评标原则一致。三峡总公司和三峡招标公司组织技术和商务专家从资信、技术性能、商务条件及价格、技术转让和融资 5 个因素进行了综合评价。根据采购设备的特点，制定了适合于评定变压器和 GIS 设备的各项评标权重。经过定性分析和定量打分，并结合融资条件和风险等因素，得出综合得分的厂家顺序，最终把合同授予了综合评比的最优者：15 台变压器合同授予了德国西门子公司，39 个间隔的 GIS 采购合同授予了瑞士 ABB。招标文件要求投标人分别报出安装服务和安装技术指导服务两种选择报价，最终确定变压器采用安装技术指导服务方案，GIS 设备本体采用安装服务方案，其相应价格进入了合同总价。

两个合同中合同设备的买方负担了一定金额的技术转让费，变压器的技术转让受让方分别为保定变压器厂和沈阳变压器厂。GIS 的技术转让受让方为沈阳高压开关厂和西安高压开关厂。变压器合同提供买方信贷的出口信贷机构为德国 Hermes，贷款银行为德国复兴信贷银行(KFW)，提供的融资覆盖了全部合同所需资金额度。GIS 合同提供买方信贷的出口信贷机构为瑞士 ERG，贷款银行为法国兴业银行，信贷不能覆盖的部分由中国银行提供现汇和人民币贷款支付。

(3) 调速、励磁系统及其辅助设备的招标

1) 招标要求与投标厂商

调速、励磁系统招标采用的是邀请招标，这种方式在电力行业应用广泛。此次招标在技术转让方面与以往不同，要求投标人在向中国国内分包商转让技术的同时，向业主也要转让技术、签订技术转让协议，使业主与中国国内分包商同样拥有相应的软件制造技术、图纸和技术资料。同时，要求中国国内分包制造厂商在中国国内成套 5 台套合同设备。

1999 年 12 月 15 日在北京发售招标文件，2000 年 3 月 20 日在湖北宜昌开标。对 IFB1 调速器采购标投标的厂商有德国伏伊特水电集团(现更名为伏伊特西门子水电公司)、法国 ABB ALSTOM POWER 水电公司(现更名为 ALSTOM 水电设备公司)、德国 VA TECH 公司；对 IFB2 励磁标投标的厂商有 VA TECH 集团奥地利伊林公司、德国西门子公司(现更名为伏伊特西门子水电集团)、ABB ALSTOM 发电公司。南瑞集团公司和同为机组设备分包商的哈尔滨电机厂股份有限公司、东方电机股份有限责任公司作为分包商参与了投标活动。

2) 评标与合同授予

由于是自有资金采购，不涉及融资，评标主要从资信、商务及价格、技术、技术转让 4 个方面进行综合评议，并在招标文件中明确规定买方将把合同授予综合评议最优者。

经过澄清、评议和合同预谈判，2000 年 5 月 17 日上午，三峡国际招标公司向中标厂商发出了中标通知：14 台套调速系统及其附属设备合同授予 ALSTOM 水电设备公司(中国国内分包厂商为哈尔滨电机厂)，14 台套励磁系统及其附属设备合同授予伏伊特西门子水电集团(中国国内分包厂商为东方电机厂)。

(4) 招标基本做法的总结

1) 规范评标和正确决策

历次评标工作展开之前,在三峡总公司领导的决策下,设置招标领导小组、评标委员会。由招标领导小组指导评标委员会的各项工作,组长由总公司领导亲自担任,招标领导小组成员为各有关部门负责人。

招标领导小组对作为招标机构的三峡国际招标公司会同三峡总公司有关部门,按照国家《招标投标法》和外经贸部《机电产品国际招标管理办法》所编制的《评标和合同谈判工作方案》进行审核和确认,对招标和合同谈判全过程作出总体工作安排。

评标委员会充分依靠专家的集体智慧进行评议。评议的结果经招标领导小组报总经理办公会议决策。评标过程中遇到的重大技术、商务问题,三峡总公司领导亲自过问,适时决策,必要时向国家三峡建设委员会汇报,保证了招标工作始终按照正确的途径顺利开展。

2) 采取灵活的招标对策,确保招标成功

为避免潜在投标人届时由于信心不足不参与竞标导致招标失败的情况出现,使得在公开招标方式下所报出的具有竞争性的价格可以继续为招标人所用,三峡总公司在调速、励磁设备的招标文件中明确规定,当投标人数量不足3家时,招标人将不组织公开开标,届时公开招标将自动转变为议标,原投标报价有效。这种做法使有兴趣投标的厂商也避免了再次耗时投标,节省了再次招标投标的费用。这种方法无论对招标人还是投标人来说,都是一种有益的招标对策。

3) 明确规定投标者资格

企业不会轻易放过可能带来利润的一切机会,特别是像三峡这样会带来巨大的无形效益的投标项目,制造厂商会在项目的前期阶段密切跟踪,不惜采用一切手段,以期进入三峡市场。三峡工程国际招标的每个项目,都极为慎重地确定了投标人资格和分包商资格,划分出潜在投标厂商的范围,不排斥潜在的投标人,以保证招标的成功。

4) 注重对原产地或制造产地的规定,确保采购设备质量

在编制招标文件时,对原产地的要求要十分明确地提出。对国外供货部分部件原产地的规定和对此部分的投报文件的审核须极为谨慎。在调速、励磁系统的招标文件中,就明确提出了"未经买方同意,卖方不得随意更改所供合同设备部件的原产地",并要求投标人必须明确填报投报设备每一部件的产地,并经业主和买方确认,以避免投标商中标后向第三国厂商转包部件和材料,降低合同设备的质量。

5) 适时确定权重分配系数,公平、公正地对待每一个投标人

三峡机电招标项目均采用了综合评标法。通过实践的逐渐积累,形成了自身独特的经验。已采取的做法是在招标文件中向投标人明确评标各因素,只是权重系数的确定在时间前后上各标略微有所差别。

三峡水轮发电机组招标采用的是议标方式,投标技术含量高,故而采取了在评

标过程中确定权重系数的做法。在调速、励磁的招标中，为适应我国新颁布并已实施的《招标投标法》，在开标之前，由评标委员会的专家集体讨论，确定了资信、商务条件及价格、技术和技术转让的各项权重系数的分配，这样做避免了倾向性意见对打分造成的影响，使得对各投标人的评价更趋合理和公正。同时，也避免了由于在招标文件中公布权数对投标人造成误导，致使投标人或是为竞标在保技术的同时故意抬高价格，使用户承担本不需要承担的经济代价；或是为保价格优势极力压低投标报价，报出不合理的价格，对招标或投标或合同执行造成不良影响。

小　　结

三峡工程左岸电站14台套的水轮机、发电机、高压电气设备、调速系统、励磁系统及辅助设备均采用了国际招标采购。在招标工作中明确规定了投标人资格，采取了灵活的招标对策，规范了评标组织，特别注重采购质量，适时确定权重系数，进行科学决策，体现了公开、公平、公正地对待每一个投标人。三峡工程机电设备国际招标的案例对于大型工程项目的设备招标，尤其是国际性的招标提供了借鉴和参考。

思考题

1. 本案例中三种不同招标方式选择的依据是什么？
2. 三峡工程机电设备的国际招标中值得借鉴的经验有哪些？

6.6　综合案例　2010年上海世博国际村

项目背景

项目概况同第2.1节案例1。

在本项目的前期决策阶段，进行了世博国际村建设项目管理模式的分析。针对项目的实际情况，具体分析了采用传统建设管理模式、采用代建制模式和采用项目管理模式的优缺点分析，最后鉴于世博国际村项目的背景和工程特点、难点，决定采用项目管理的建设管理模式，聘用专业的、具有丰富经验的项目管理公司作为管理单位，对工程项目的全过程进行管理服务。

本案例主要介绍在世博国际村项目工期紧、工程量大、工程复杂的条件下，如何做好项目管理服务、施工和监理的采购，即如何选择项目管理单位，以及该项目如何进行工程发包并选择施工单位和监理单位。

项目采购管理

(1) 项目管理单位的选择

为了理顺项目实施的组织结构，构建业主方、项目管理单位(包括招标代理、造价咨询等)、工程监理单位、施工总承包单位项目实施系统，建立各司其职的组织架构，避免复杂的界面管理，在充分考虑世博国际村项目的特点、重点和难点，结合国内项目管理单位、工程监理单位和施工总承包单位提供服务的现状，提出了个性化的工程管理模式解决方案。

1）方案1：选择一家项目管理单位

① 优点

- 世博国际村项目属于大型群体项目，项目管理单位对上接受场馆建设部的领导，同时在施工过程中需要与业主方相关职能部门进行实时沟通和协调；对下要在充分发挥工程监理、造价单位能动性的基础上，有效推进项目的实施。从这个方面来说，一家项目管理单位能最大限度提高效率，实现集成化管理。
- 从业主方自身管理班子的组织协调角度来说，一家项目管理公司比多家更易于业主方进行管理。
- 由一家项目管理单位管理，有利于实施项目管理的规范化、制度化和标准化。
- 采用一家项目管理单位，有利于业主方合同的谈判与管理。

② 缺点

对项目管理单位要求高，对人力资源的配置具有一定的挑战性。业主方对项目管理单位的依赖性较大，在某种程度上业主对项目实施中信息获得的渠道较单一。在这种模式中，业主和项目管理单位要在充分信任和尊重的前提下开展工作。

2）方案2

选择两家项目管理单位，一家为主（如承担第一、第二、第三和第四标段），一家为辅（如承担第五、第六标段）。

① 优点

- 在一定程度上可缓解项目管理单位人力资源配备的压力。
- 业主获得项目实施信息渠道较方案一多。

② 缺点

- 不利于项目管理统一制度、流程的制定和实施。
- 业主方管理协调难度增加。
- 可能增加项目管理费用的支出。

综上所述，选择一家项目管理公司对世博国际村项目进行统一管理比较合适。

(2) 工程发包分析

1）施工总承包单位的选择

① 方案1

由一家具有施工总承包特级或一级资质的大型建筑施工企业作为6个标段的施工总承包单位。施工总承包单位既要承担承包范围内的施工任务，同时还要承担专业分包的施工总承包管理任务。

该方案的优点在于：

- 业主、项目管理单位、工程监理单位面向该施工总承包单位，管理界面清楚，业主方组织协调量少，参与施工单位少，便于管理，可降低管理成本；
- 自上而下的指令关系和自下而上的报告系统简单，责任明确；
- 有利于施工现场的总体部署，实现施工管理的规范化和标准化。

同时，其缺点在于：
- 6个标段的项目开工时间不同，业主很难对6个标段一起进行施工总承包单位的招标投标工作；
- 对施工总承包单位的资源调配，强有力的施工总承包管理班子的组建提出了极大挑战；
- 从可操作性角度来看，整个建设工期非常紧张，由一家施工总承包单位施工不利于形成竞争机制，业主对该施工总承包单位的依赖性太大，从而对项目目标实现带来极大的隐患和风险。

② 方案2

分别选择施工总承包单位分标段负责世博国际村的施工组织和管理。由具有施工总承包特级或一级资质的大型企业分别作为一、二、三、四、五标段的施工总承包单位；采用EPC的模式，由一家改造工程项目施工经验丰富的施工单位作为6个标段的设计-采购-施工承包单位。

该方案的优点在于：
- 业主可以根据项目计划开工时间的要求，有条不紊开展施工招标投标的组织；
- 根据4个标段的不同特征，分别选择符合各标段项目特征的施工总承包单位，有利于项目目标的实现；
- 从可操作性角度来看，由多家施工总承包单位承包，符合项目的特点，有利于保证工程的施工进度；
- 从业主方规避项目实施风险的角度来看，对业主方比较有利；
- 有利于形成竞争机制。

同时，也存在着缺点，表现在业主方组织协调量较方案一增大。

综上所述，根据各标段的规模和性质分别选择施工总承包单位分标段负责世博国际村的施工组织和管理较为合理。

2）工程监理单位的选择分析

① 方案1：选择一家监理单位负责世博国际村的施工监理

该方案的优点在于：
- 参与工程监理单位少，便于管理，可降低管理成本；
- 由一家监理单位进行施工监理，易于统一政策，实现工程监理的规范化、制度化和标准化。

同时，也存在着缺点，从可操作性角度来看，由于工程庞大，一家监理单位力量不够，特别是在施工高峰期，所需监理人员众多，一家监理单位很难满足要求，因此本方案并不可取。

② 方案2：分别选择监理单位负责世博国际村各标段的施工监理

由于一、二、三、四标段标准较高，规模也很大，建议委托上海本地规模比较大、实力较强的监理单位，该监理单位应为在高等级酒店和公寓工程监理中拥有丰富经验的监理单位。第五标段和第六标段委托一家改造工程监理拥有丰富经验的监理单位承担。

该方案的优点在于：
- 根据6个标段的不同特点，有针对性选择承接某一标段最合适的监理单位来承担工程监理任务；
- 能有效缓解方案1工程监理单位人力资源调配上的困难；
- 业主方可以根据4个标段先后开展顺序开展监理单位的招标工作。

同时，也存在着缺点，即增加了项目管理单位和工程监理单位之间的界面管理。

综上所述，分别选择监理单位负责世博国际村各标段的施工监理较为合理。

(3) 实际采用方案

针对世博国际村项目工期紧、工程量大、工程复杂的特点，采用项目管理的建设管理模式。通过平行发包的模式分别对6个标段进行发包，然后根据各地块的特点，采用施工总承包和EPC的模式发包，确定6家工程监理单位和5家施工总承包单位及1家EPC承包单位。这种管理模式的优点如下：

1) 该模式可使业主自身管理班子在项目实施过程中事务管理工作量大大减少，最大程度提高项目管理工作的效率和效果。业主自身管理班子可以集中精力进行重大问题决策，在整个建设过程中定思路、定标准、定制度，这样在总体上就把握住了世博国际村建设的方向和核心。

2) 由一家项目管理单位总体管理协调，有利于统一建设标准，降低管理成本，提高管理水平，形成对各标段管理的优势互补。

3) 由于工程规模大，单体多(其中B地块有21个单体，D地块有7个单体)，各标段又各具特点，因此分别选择6家监理单位负责各标段的施工监理，可以保证监理工作深入、到位。

4) 由于各标段在功能、形式和性质上存在较大差异，工程进度要求全面开工，并且工程量庞大，整个建设工期又非常紧张，因此分别选择6家施工总承包单位分标段负责施工，可以有效保证各单位对施工力量、施工材料的投入。

5) 项目管理单位、工程监理单位及施工总承包单位在统一的规范和规则下，各司其职，负责相应管理层面上的管理工作和具体实施工作。特别是项目管理单位承担日常实务项目管理工作，同时为业主方提供及时、准确的决策支持。

6) 有利于形成竞争机制，可有效控制进度目标，节约成本。

小　　结

世博国际村的建设管理模式充分体现了项目群管理的特色。项目管理和监理单位的委托、施工承发包模式的选择是项目群管理的关键。本案例详述了各种方案的优缺点，并进行了采购模式的策划，为大型群体项目的建设管理提供了可借鉴的经验。但除了该内容以外,项目采购还包括物资采购,尤其是大宗设备的采购,也需要根据项目实际情况进行策划,例如标段划分、国内外采购内容划分和采购策略等,为项目的目标控制及项目增值提供服务。

思考题

1. 在大型项目群管理中,如何选择合适的建设管理模式?
2. 作为业主方来讲,在施工单位和监理单位的选择中应注意哪些问题?

第 7 章 项目文化

项目利益高于一切，但项目的利益并不等于业主的利益。

项目目标的有效控制离不开项目文化的保障和推动。由于项目参与各方来自于不同的单位，具有不同的甚至是相互冲突的理念和价值观，这些单位通常又是第一次合作，有一个协同适应的阶段，这些往往难以通过合同关系来解决。现代项目管理越来越强调使利益相关者满意，注重以人为本，注重柔性管理等等。在一个大型复杂工程中，项目管理需要通过项目文化来融合参与各方的企业文化，在参与各方之间形成共同的项目精神、价值观念、项目道德及一系列的项目行为准则和传统习惯等，以此来减少参与各方相互之间的矛盾和冲突，增强合作精神。因此，在项目管理过程中项目文化的建设必不可少。

项目文化是一种从参与建设项目的组织中形成的组织文化。它所包含的文化观念、道德规范、价值观和行为准则等意识形态和物质形态均为参与项目建设的各组织成员所共同认可。它以项目利益高于一切的指导思想统一参与项目建设的各组织成员的力量和行动。如将每个参与项目的组织成员看作一个个小系统，那么项目文化是大系统中这些小系统利益对立和统一的润滑剂，是各组织成员所共同形成的建设项目组织这个大系统得以稳定发展、充满活力的保证。

面对飞速发展的世界以及知识经济和全球经济一体化的挑战，在建设工程中切实加强项目文化的建设将显得越来越重要。它是体现建设工程项目新思想、新观念的有效途径，是提高项目管理水平、提高项目管理效益的良好机制，是现代工程项目建设的内在需求。那么什么是项目文化的核心理念，如何构建项目文化的核心理念，大型重点建设项目如何营造良好的项目文化,以及项目文化的作用到底体现在哪里,如何将一些传统生产制造业中的优秀文化融入到建设项目中,使项目的建设增值等等,都是本章中关于项目文化的案例所要研究和探讨的问题。本章案例中所要描述的主要内容见表 7-1。

本章案例的主要内容 表 7-1

章 节	项目文化建设	案 例 名 称	案例主要内容
7.1	项目文化核心理念的形成	长沙卷烟厂联合工房一期工程	如何围绕业主的企业文化核心价值观,统一各方利益和各企业文化,创建共赢、和谐的项目文化
7.2	项目文化的营造	洋山深水港一期工程	如何营造特殊背景下大型基础设施项目的项目文化
7.3	项目文化的价值	本田斯文顿新工厂建设项目	如何营造"One Team One Goal"的项目文化,项目文化的价值如何体现
7.4	综合案例	2010 年上海世博会浦江世博家园	如何组织和开展立功竞赛?如何结合廉政建设来营造大型政府工程项目和谐奋进的项目管理文化

7.1 项目文化核心理念的形成

案例 1 长沙卷烟厂联合工房一期工程

项目背景

项目概况同第 2 章综合案例。

白沙集团以优秀的企业精神和企业文化著称,作为该项目的建设单位(业主),业主方的企业文化将对项目文化产生很大影响,而业主方的企业文化必须和其他参建单位的企业文化在该项目上寻求核心价值观的一致,这是一个动态的过程。本案例将介绍如何寻求和形成利益一致的项目文化。

项目文化核心理念的形成

(1) 项目文化的内涵

项目文化是在特定的文化背景和项目管理环境下形成的一种与项目管理实践紧密结合的应用型文化。项目及项目管理独有的特征是项目文化必须要面对的,因为这是项目文化研究和建设的起点,是保证项目文化的针对性及实用性的重要因素。

项目文化和企业文化具有紧密的关系,项目文化离不开企业文化。企业文化是一种从实际从事经济活动的组织之中形成的组织文化。它所包含的价值观念、行为准则等意识形态和物质形态均为该组织成员所共同认可。但项目文化和企业文化又有一定的区别。企业文化是一个组织内的文化，而项目文化是多个组织共同形成的组织文化，即跨组织的文化。

由于项目具有一次性，具有不同企业文化的项目参与各方临时组成了项目团队，因此项目文化也具有一次性的特点，它的形成可能是冲突、适应和融合的过程。项目文化具有下列特征和内涵：

- 项目文化是一种从参与项目建设的组织中形成的组织文化，它所包含的文化观念、道德规范、价值观和行为准则等意识形态和物质形态均为参与项目建设的各组织成员所共同认可；
- 项目文化以项目利益高于一切的项目实施指导思想统一参与项目建设的各组织成员的力量和行动；
- 项目文化涉及多个学科领域，包括社会学、心理学、管理学、行为学、组织论和哲学等；
- 项目文化的边界是开放的；
- 项目文化的建设是动态的，它随着项目的推进而不断发展。

(2) 白沙项目文化

作为参与项目的任何一方，都需要认同"白沙项目文化"，遵循"项目利益高于一切"的原则，参建各方应以保证"项目建设和运营的增值"为工作出发点，在相互理解、相互尊重、相互信任的工作氛围中，以无缝协同的工作方式，求真求美的心境，否定自我、挑战自我和超越自我的心态参与项目建设，使项目实施过程成为优秀团队之间思想、灵感和智慧碰撞、融合的过程，最终圆满完成建设目标，充分体现"以人为本"、"绿色烟草"的建设理念。

1) 白沙集团的企业文化

白沙集团企业文化的内容包括：3A、HOT、20∶80原则和快乐原则以及简单管理等，如图7-1所示。

2) 白沙项目文化的核心价值观

项目文化是白沙集团核心理念在长沙卷烟厂联合工房一期工程项目中的文化表现。项目文化的实施更好地使各参与方按共有的价值理念和行为准则进行项目建设，是各方项目管理的指导思想和原则，白沙的项目文化贯穿整个项目实施和运营的全过程。

① 白沙项目文化的核心理念：项目利益高于一切

项目参与各方的利益是存在矛盾的，但又是统一的，统一于项目利益，即只有实现项目的利益才能实现项目参与各方自身的利益。项目利益包括两个方面，一是有利于实现工程建设目标，二是有利于生产经营。

② 项目利益高于一切的内涵

项目利益高于一切并不是业主的利益高于一切，它的内涵是：

- 当项目利益与个人利益相矛盾时，以项目利益为重；
- 当项目利益与小集体利益相矛盾时，以项目利益为重；

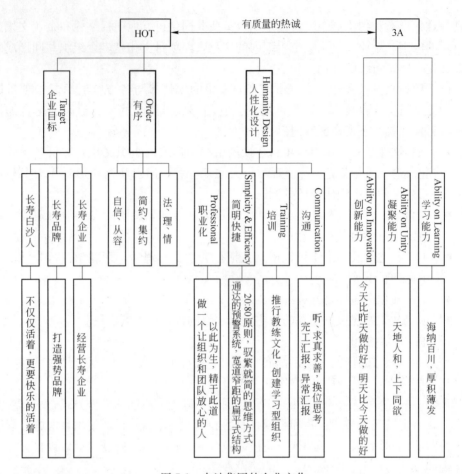

图 7-1 白沙集团的企业文化

- 当项目利益与项目参与各方利益相矛盾时，以项目利益为重；
- 在项目实施过程中（设计、施工和采购过程中），对组织、管理、经济和技术问题处理和决策时以有利于实现工程建设目标和有利于物业的运营为第一判别原则。

③ 确立项目利益高于一切指导思想的意义

建设项目的实施具有其特殊性，对于这种特殊性要有正确的认识，主要包括：

- 项目的一次性，这种一次性导致在项目的实施过程中存在大量的决策问题；
- 设计、施工和生产经营主体的分离；
- 政府层面上的多头管理；
- 参与项目的各方都是第一次合作，有一个协同适应的过程；
- 参与项目各方的利益冲突；
- 工程建设目标和物业运营的矛盾，导致建设成本和运营成本的矛盾等等。

3）白沙项目文化的内容

在白沙企业文化和"项目利益高于一切"的核心价值观的指导下，长沙卷烟厂联合工房一期工程成功打造了系统而完整的白沙项目文化，该内容可用"11233"概括，即：一个方针、一个中心、两个原则、三大目标和三种能力。

① 一个方针

即 20 字方针："系统思考、大胆设计、小心求证、柔性操作、风险防范"。

② 一个中心

即项目利益高于一切，以项目利益高于一切作为项目文化的中心，包括：

- 自主管理、技术负责；
- 无边界协同、知识共享；
- 求真求善、换位思考；
- 宽道窄距、有效沟通；
- 对项目终身负责，责任唯一；
- 对质量终身负责，项目唯一。

③ 20：80 原则

- 关键技术和核心流程达到最优：追踪世界先进技术；最先进不一定是最好的；采用可靠、成熟的技术。
- 追求功能的完善：注重实效性，满足用户需求，集约、简约、不求豪华；注重人性化，满足人性需求，简捷、流畅，追求零缺陷；注重整体性，满足系统设计，技术、管理同步推进。
- 追求质量的完美：质量承诺未来，百年大计、质量第一，进度服从品质。
- 追求效益的最大化：存量和增量有机结合，延续、稳定、合法、安全，以最小投入获取最大收入。

④ 快乐原则

- 与自己奋斗，其乐无穷：充满激情、否定自我、挑战自我、超越自我。
- 与优秀的团队合作，其乐无穷：聚集优秀的人才组成团队；与项目参与各方建立健康的业务关系和良好的人际关系，共享快乐项目。

⑤ 三大目标

- 提高白沙核心竞争力：通过改进工艺技术，优化管理流程，提升品牌竞争力，实施绿色烟草，争创世界一流。
- 培养职业化的人才队伍：技改的过程是学习的机会，是提高员工职业化素养的过程，使白沙培育一批精于此道的职业化人才。
- 奠定白沙可持续发展的基石：通过企业在高新起点上的二次创业，为白沙拓展更广阔的发展空间，使白沙明天更美好。

⑥ 三种能力

- 学习能力：勤学肯钻，善于总结，学以致用；厚积薄发，海纳百川。
- 凝聚能力：心手相牵，上下同欲，同舟共济。
- 创新能力：今天比昨天做得好，明天比今天做得更好；以批判、否定的眼光看待过去，以空杯的心境审视自我。

(3) 白沙项目文化的塑造

1) 从组织上保证项目文化的推进

由于项目文化是一种跨组织的一次性文化,因此要求项目文化要快速形成并稳步推进,组织的保证是一个关键要素。联合工房一期工程在项目实施前就成立了项目文化推进小组,专门负责项目文化的实质性推进和落实工作。小组由业主代表、副代表分别任组长、副组长,技改办分工会书记任执行副组长,组员包括各专业组主要负责人和项目总控组。

项目文化推进小组实行不定期例会制,主要任务是:完善项目文化内涵,宣传厂长对"十五"技改的指令,推进"白沙项目文化",告知"十五"技改工作进程,充分调动参与"十五"技改人员的工作积极性,主持"十五"技改宣传的策划。

2) 项目文化的体制、机制和法制保证

① 体制上

建立严谨的项目组织系统,包括组织结构、任务分工和工作流程等。

② 机制上

充分运用调整生产关系促进生产力发展的激励机制。

③ 法制上

制定严格的项目工作纪律和处罚条例;建立项目文化不断完善的方法和制度;项目文化尽可能在各项合同中得以体现。项目参与各方在参与建设过程中均有各自的利益,通过在组织和合同管理中建立共同管理成效观念,形成良性的"风险共担、利益共享"的项目实施机制,最后达到业主方和项目参与各方共赢的结果。

3) 加强项目管理和项目文化的培训,统一各方的思想和行动

首先对项目参与各方进行了《项目文化在大型建设项目实施中的应用》的培训,强调"项目利益高于一切"的核心价值观,指出业主在推广项目文化上起着关键的作用,应该把企业文化融入到项目中,形成各方都认同的项目文化。

在工程管理的培训方面,还进行了很多个性化的工程管理专题研讨和培训,主要包括:

- 项目总控管理研讨与培训——分析了大中型建设项目决策和实施中的通病和误区,项目总控模式的应用,根据大型建设项目项目管理发展的需要注重战略性、宏观性、总体性的定量分析,从而强化目标控制,使项目增值;
- 设计管理研讨与培训——强调了设计阶段在项目建设中的重要性,并且结合实例说明在设计阶段如何控制三大目标;
- 投资规划与控制研讨与培训——对全寿命周期的投资管理进行了详细的阐述,重点说明在设计阶段的投资应该如何控制;
- 招投标与合同管理研讨与培训——结合相关案例,在比较分析国内常见发包模式的基础上提出了"十五"技改项目工程发包模式框架;
- 工程建设监理、总承包管理的培训——分析工程建设监理的地位、职业道德和工作范围,以及施工总承包管理的责任、工作任务、指令关系、人员

配备和工程款的支付程序等；
- P3（P3E/C）系列项目管理软件培训——针对不同层次和不同部门的人员进行多次培训，对本项目的 P3（P3E/C）应用模式进行了规划，提出了"十五"技改项目 WBS 的框架构想，并且制定了 P3（P3E/C）在项目中的实施计划，为 P3（P3E/C）的应用起到了推动作用；
- 信息管理研讨与培训，主要讨论了项目信息管理与信息平台 PICCS 系统的应用，使大家真正认识到工程建设信息沟通中存在的问题，而项目沟通与协作平台 PICCS 系统可以为项目参与各方提供信息服务，推动项目文化的建设和实施，创造良好的项目沟通和协同工作环境。

项目参与各方通过培训，将项目实施过程中重大问题以研讨的方式来寻求共同的理解并最终提出优化解决方案，真正体现了"项目利益高于一切"的核心价值观。

4）充分调动一切宣传工具和手段，强化项目参与各方对项目文化的认同

好的项目文化只有得到项目参与各方的认同，并形成共同的行为规范，才能在项目实施中形成协作、自由沟通、互相支持和互相配合的良好氛围。

为了强化参与各方对项目文化的认同，项目文化小组举办了项目文化协同动员大会，旨在让项目参与各方共同学习项目文化，以"项目利益高于一切"为宗旨，统一项目参与各方的思想和行动，激发项目参与者的积极性；实施项目文化，协同、快乐打造"十五"技改工作；打造"十五"技改声势，全员动员，关注、关心、协同、支持"十五"技改工作。在会上所有项目参与方都进行了"项目利益高于一切，协同、快乐打造'十五'技改"的宣誓和签名。

5）塑造项目形象

首先，白沙集团恪守诚信原则，树立良好经营形象，联合工房一期工程秉承这一原则。

其次，白沙集团宣传力度大，塑造良好的项目形象。项目社会形象的塑造对于增强项目成员自身荣誉感，提升项目影响力起着非常重要的作用。

工程项目形象塑造，主要是指项目现场的形象塑造。项目团队积极引导、配合并督促项目现场人员在以下方面做好项目形象的塑造工作：
- 优化项目现场宣传环境；
- 优化现场卫生环境，倡导文明意识；
- 优化现场周边人际环境。

（4）白沙项目文化的效果

长沙卷烟厂联合工房一期工程在项目文化建设方面成果显著，从项目文化的核心价值观到一般理念，从具体模式到最终实施，项目参与各方都进行了一次成功的探索和实践。长沙卷烟厂联合工房一期工程的项目文化基于对项目参与的每个成员的尊重、平等、信任，营造了一种和谐、向上的氛围，将几十个施工团队、几千名施工人员凝聚在一起，使长沙卷烟厂联合工房一期工程得以在阳光下高效、优质和健康地推进和完成。

小　结

长沙卷烟厂联合工房一期工程不仅取得了多种奖项，获得各方的肯定，而且在烟厂建设领域中也颇有影响。各参建单位从该项目中积累了经验、锻炼了队伍、实现了合同目标、获得了良好的企业声誉。融洽的项目文化是该项目得以成功的坚定基石。案例详细阐述了如何围绕业主的企业文化核心价值观，统一各方利益和各企业文化，创建共赢、和谐的项目文化。本案例对于培育我国良好的建设项目文化氛围、减少利益冲突以及为项目建设增值都具有可借鉴意义。

思考题

1. 企业文化和项目文化有何区别？它们之间是如何关系？
2. 良好的项目文化可以促进项目的成功，那么如何创建良好的项目文化？除了案例中列举的方法之外，还有什么好的建议？

7.2　项目文化的营造

案例1　洋山深水港一期工程

项目背景

项目概况同第 5.5 节案例 2。

该工程参建单位众多，建设条件艰苦，技术难度高，工期紧，只有团结各方力量，鼓舞各方士气，群策群力，才能建成洋山深水港"世纪精品工程"。指挥部通过开展党风廉政建设、立功竞赛和争创"文明工地"等活动进行项目文化的建设，取得了良好的效果。

项目文化的营造

(1) 党风廉政建设

洋山深水港工程是国家战略工程，因此，工程建设和人才的教育培养同样重要。开展了以"工程优质、干部优秀"的"双优"为主要内容的党风廉政建设活动，实施的主要途径如下。

- 通过广泛宣传和教育使项目参与各方充分认识开展"双优"活动的重要性和必要性，如利用基地内部专用频道组织员工观看廉政教育片；在施工现场巡回展示正、反面案例；每年进行"五个一"教育即"上一堂廉政教育课、进行一次廉政谈话、搞一次警示教育、重温一次廉政承诺、召开一次廉政专题民主会"等等。

- 建立工程廉政建设的组织推进机制，完善廉政建设责任体系和制度体系。一方面，建立健全两个层面的"党组织联席会议"，即指挥部党组织和各总包单位、总包单位项目部与分包单位的联席会议，并以章程的形式固定下来；另一方面将廉政制度作为工程管理制度体系的重要组成部分，违规违纪纳入考核、遵纪守法纳入评优。
- 提出"管好指挥部、带好项目部"，努力建立业主与施工、设计和监理等单位之间的健康工作关系，提出"三个必须"，即必须及时协调解决有碍工程进度、质量和安全的相关问题；必须及时组织研究施工过程中出现的技术难题；必须及时会同相关单位现场落实重要节点施工方案。

(2) 文明工地建设

按照市"重大办""关于《上海市重大工程文明工地实施细则》的通知"的要求，指挥部成立了文明工地创建领导小组和工作办公室，明确工作内容和要求，制定年度创建工作计划、目标和实施措施，并将责任落实到人。根据创建"文明工地"的具体要求，港口工程辖区的14个参建工程项目部100%申报了"文明工地"创建工作。本项目指挥部要求70%以上的项目部达到市重大项目"文明工地"标准，确保整个洋山港区一期工程被评为上海市"文明工地"。

(3) 立功竞赛活动

立功竞赛活动主要通过互帮互学，结对竞赛的形式，以建一流工程、创一流管理、育一流人才、出一流技术为宗旨；以进度、质量、安全、管理、科技创新为重点，设立5个竞赛"优胜杯"；以文明工地建设为抓手，带动文明宿舍和文明工友的评比活动。通过更新理念、创新机制，使立功竞赛活动成为工程建设的发动机；成为建设者弘扬"洋山精神"、展现洋山风采的载体；成为工程技术人员攻克难题，实施创新的平台；成为培养各类人才的大讲堂，将组织文化贯穿到整个工程建设过程中。

小 结

洋山深水港工程是一项重大的国家战略工程，是上海建设国际航运中心的关键举措之一，关系着上海、长三角乃至整个长江流域的经济发展。伟大的工程需要伟大的精神作支撑。在波澜壮阔的工程实践中培育形成了"洋山精神"，即"不辱使命的负责精神、勇挑重担的拼搏精神、保持本色的奉献精神、求真务实的科学精神、团结协作的大局精神"。它是洋山港项目文化营造的重要成果。

思考题

1. 在洋山深水港这种超大型项目上，有着许许多多的参建单位，在这种项目环境下如何营造良好的项目文化和项目精神？
2. 如何具体开展党风廉政建设？实施文明工地建设的过程中需要注意哪些方面？

7.3 项目文化的价值

案例1 本田斯文顿新工厂建设项目[1]

项目背景

2001年9月,本田公司在处于欧洲的英国斯文顿地区(Swindon)完成了新工厂项目(Construction of Honda's New European Car Plant,以下简称NEP项目)的建设(图7-2),总投资1.3亿欧元。

图7-2 本田斯文顿新工厂

NEP项目拥有一条巨大的装配线(可以容纳汽车、职工和机械设备),长400m,宽125m,其中还包括深沟、中间层和油漆车间的地下室,容纳了各种复杂的工艺、机械和机器人。因此,工程包含了许多重型的土木工程,如深开挖、钢板桩、混泥土螺旋钻孔桩、重钢筋混凝土基础、带有悬挂传送带的钢框架和大量的基础设施建设等。工程还包括复杂的机械、电力和工艺的服务设施建设。

该项目是本田在斯文顿地区的第2个汽车工厂,总建筑面积达50000m^2。项目

---

[1] 本案例参考 "Construction of Honda's New European Car Plant-DTI Fast Track Project April 2002", Paul Roberts, Richard Bayfield.

的建设和管理给人留下了深刻的印象。包括设计在内,该项目的建设成本仅仅稍多于 3500 万元人民币,相当于 701 欧元/m^2。这个关键指标是一个新的记录,因为相比较从 1988 年到 1992 年间,在斯文顿地区的相同地点、几乎同样的工厂,建设成本为 1173 欧元/m^2。而且在 1998 年最初成本估算时,大多数英国和日本公司都认为成本应在 800 欧元/m^2 ~ 1000 欧元/m^2 的范围内。当本田在全世界修建类似工厂时,它就如同其汽车制造成本一样,也设立了自己的建筑费用标杆。更为重要的是这种进步并没有以消减建筑功能为代价,也并没有减少承包商(供货商)的利润。

那么本田为什么能够在建筑行业中取得如此巨大的成功呢?因为他们把在汽车工业中合作、开放和沟通的项目文化带到了建筑业中,实现了良好的进度和投资效果,这种文化就是本案例所要介绍的本田公司"One Team One Goal"(同一个团队,同一个目标)的项目文化,正是这种文化实现了 NEP 项目的增值。

项目文化的价值

(1) NEP 项目的组织结构与核心文化

1) 组织结构

在 NEP 项目中,本田有效地扮演了业主和项目经理的角色,并且利用了大量的外部支持,用在被认为是缺乏专家和资源的领域。该项目的组织结构如图 7-3 所示。

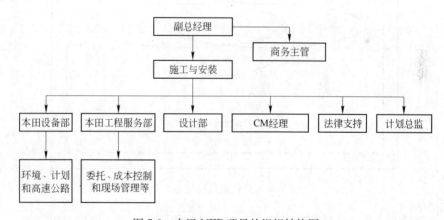

图 7-3 本田 NEP 项目的组织结构图

2) CM 经理的选择

本田公司的战略是尽早地确定建设项目经理,从而可以和设计队伍共同工作,从价值工程和可建造性两方面对设计过程起到好的作用。因此,他们选择了 CM 模式进行该项目的建设和管理。

本项目中,CM 单位的选择是一个创新性的过程。

① 邀请来自全球的 14 家顶尖的建设工程管理公司做项目报告。询问的过程在远程举行,并且一开始故意隐去了本田公司的名字。

② 对于最先回应的 10 家公司,要求他们对 CM 服务进行投标,并对一个实际上是几年前已经建好的汽车工厂——"假建筑"提供所需的建设管理计划和费用。

③ 邀请6家候选公司的项目经理现场陈述。本田的面试小组成员包括自己商业和建设部分的代表、(美国SSOE建筑设计咨询公司的)设计人员和当时与本田在其他项目上合作的第二顾问。面试时，每位项目经理用30分钟阐述他们的背景和相关项目的经验，之后，有15分钟是结构化的问题。本田希望衡量CM团队的能力，达到项目整体的要求，并且测量他们关于"团队合作，成本控制，灵活性和公司管理结构"方面的态度和能力。

④ 有3家CM公司过关继续参加下一轮更加严格的评审，这次仍将由同一个面试小组成员进行2~3个小时的评估，直至最终选定CM单位。本项目最终选定的CM单位为Vanbot公司。

3) 项目的核心文化

就像CM单位的选择标准一样，本田非常强调成员具有"同一个团队，同一个目标"的意识。在NEP项目中，这也即该项目的核心文化之所在，如图7-4所示。

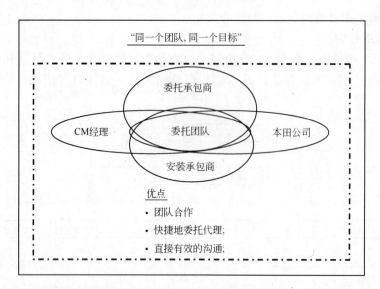

图7-4　NEP项目的核心文化

这种核心文化主要体现在对作为业主方自身角色的认识、价值工程会议、与参建方间的沟通和协调、团队精神和交互式智能白板的应用等方面。

(2) 本田作为业主方的角色认知

1) 本田自身的建筑知识是其项目成功的重大因素

作为整个项目的组织者，本田比大多数建设单位更亲自地参与到了项目中。这并非是微观管理，而反映出他们是消息灵通、知识渊博、很有经验的业主，他们知道自己想要什么。他们并不特别关注于那些已经强调或应该怎么做的地方，而随时关注不同寻常的事物。总的来说，这些认知和态度在客户组织中运行得十分顺利。

本田的独到之处还表现在他们知道组建一个项目团队需要些什么。例如，有一个共同的目标；选择正确的队伍；队伍参与到(战略)计划中；接受团队成员的承诺;和所有参与方交流(分解)目标;专业、公平地对待团队成员等等。

2) 与参建各方共同制定目标,并追踪实施

本田在项目开始时就明确制定了项目的理念和建设目标以及取得这些目标所应采取的战略,然后亲自参与到由战略演变出的具体策略中去。他们确保每个目标的制定都是和项目团队的所有成员(设计方,项目经理和承包商)进行了良好沟通的结果。本田和设计方、项目经理一起建立成功关键指标,通过指标来追踪项目目标的进度情况。

3) 对现有程序和传统文化的挑战

本田并不接受现状,有时他们会像测试汽车零件一样测试事物的极限。但他们的方法并不是对抗,而是将顾问和供应商作为队伍的一部分进行对待。他们的文化是积极主动、预先察觉的,而不是消极的,有时候会议上"创造的紧张气氛"反映了成功所需的漫长道路。但是,本田不害怕犯错误,鼓励不断地挑战自我、超越自我。

(3) 价值工程会议

1) 会议的时间与参加单位

作为一项基本政策,所有本田的项目都要经历价值工程程序,在此程序中建议方案会被所有股东审查。本项目有3个原则性的价值工程会议,第1个于1998年6月在位于美国俄亥俄州的SSOE设计办公室举行,第2个于1998年7月在瑞士举行,第3个于1998年8月在Vanbot的多伦多办公室举行。每个会议持续3~4天,包括设计单位、本田和Vanbot的主要代表,由4~6个小型特殊利益集团和大约20个大一些的审查组混合组成,审查组通常在每天快结束的时候开始工作。

2) 会议的组织与程序

这些会议并没有像一些大型项目通常的做法那样,而是采用一个外部的调解者,会议的主要调解者是SSOE,但是每一个小组的主席定期更换以保证合适的专家在领导着讨论。

SSOE作为会议的调解者记录各方的想法和评价。每个会议的时间通过电子白板控制,以头脑风暴的形式激励起所有与会者的想法。然后提出的建议会由SSOE对其技术优势和可行性进行评价,Vanbot评价其成本和施工性,本田评价其大致的可接受性及其对项目增值性的贡献,最终实施的决定权交给本田。

3) 会议的成果

① 本项目中价值工程会议的关键成果之一是关于地下室部分建设油漆车间(占了汽车厂的很大一部分)的决定。传统油漆车间是建在地面水平以上的夹层中的,但在本项目中,价值工程组很早就在会议中证实了如果将车间降低到主楼以下将会有可观的成本节约。最终,通过调整设计方案以适应现场的地形,大大节省了土方上的资金,而项目整体保持不变。由于选址的天然倾斜,这样可以节省相当多的土方回填,这一概念也挑战了本田油漆车间的范式。

② 其他成果主要是通过把结构钢从43级改变为50级和对悬负荷进行严格评估而取得的。在之前的汽车厂有一些对屋面结构过剩功能的设计以允许未来在额外

设施、高架人行道和输送机上悬负荷的增加，在这种情况下项目的理念是要将增加的功能控制到最小但是取而代之的是允许在未来悬负需要增加的地方能够进行独立的加强。

（4）与参建方间的沟通与协调

1) Vanbot 所主持的各方协调会议

本田自20世纪早期就采用了一套开放的管理哲学，最早运用于汽车供应商。这意味着所有现场的参建方共享他们各自计划和问题的信息。这对于很多英国建设项目来说是一种危险或者高风险的方式。而对于 CM 单位 Vanbot 来说，其很多在加拿大进行的项目都是以一种更简单的、开放的方式进行的，因此对 Vanbot 来说引进本田的文化没有障碍。

作为建设管理者的 Vanbot 采取了先发制人和积极主动解决问题的方法。协调会议的哲学就是将所有的问题呈现出来寻求对策来解决风险。在由 Vanbot 主持的和所有承包商的周例会上，所有对于整个现场"向前看"的方案会被投影到一个大屏幕上，所有的难题在开放的峰会中讨论。这样，交货延迟的承包商，设计延迟的设计单位都没有藏身之处。这种普遍存在于所有承包商中的项目文化是各方联合起来共同解决问题，而不是利用它们作为延迟和索赔的理由。

2) 建造方与设计方间的协调

本田和 SSOE 曾和选定的钢结构承包商 Severfield Reeve 在一些项目上合作过，所以对它的设计能力很有信心。这样，SSOE 和 Severfield Reeve 之间建立起了直接沟通链，本田和 SSOE 可以保持对钢结构设计进展情况的了解和掌控。然而，这些关键专家之间直接沟通的有效性意味着更畅通、更有效的信息流和设计的重整。

具体而言，建造者和设计者之间的误会会比在更传统组织下可能出现的情况少，在那种情况下承包商和专业设计者之间隔着"数臂之远"。这样积极沟通的价值很大，普遍认为直接沟通会使一层图纸从整个程序中节省下来。

（5）团队精神

1) 团队合作

为了体现"同一个团队，同一个目标"，在 Vanbots 公司的接待处安放着一个巨大的展示工程图表和相关信息的写字板，所有的员工、承包商和来访者都能看到它。所有工程的参与者都被邀请在板上签名，板上写的内容如下："我们签名的人负责将工程顺利完成，以相互尊重、公平的精神共同合作，并用柔性的态度来完成目标，以确保各方的利益。"

Vanbots 与本田的团队合作，是工程中最积极的一个方面。双方共用办公室和共同的白色制服，坦诚地交流，使得任何小的提议都和建设目标以及本田的目标相一致，同时还控制了成本，也使承包商之间可以分享信息而不用感到害怕。特别在问题发生时，大家也都能保留自己的意见，尽快解决问题，而不是在这件事情上争论不休。

Vanbots 的工作地点是一个开放的办公室，这个办公室还与业主的外部顾问（设计方）共享。他们每天早上都要开一个简短的交流会议（最多20分钟），用来通知当天的工作和工作中的困难。项目团队的所有人员都可以获得不论手写的还是通过 Vanbots 公司电脑网络所获得的信件、计划和数据。

2）专项支持人员

本田用了很多年来完善自己内部的专项团队，比如成本控制、程序编制和安全保证，以便在需要的时间就能得到专项支持。除了保持内部员工较高的水平之外，本田还从这种方法中找到了知识交叉和柔性控制的好处，所有中层员工共享本田的企业文化。

NEP 项目使中层员工作为业主团队的一部分，在风险管理、项目计划、安全和成本控制方面展开工作。所有工作都要以项目利益最大化为目标，即意味着他们要扮演推动者的角色，并找出内外部交流需要改进的地方。同时，他们还负责找出那些还处于萌芽状态时的潜在问题。

(6) 交互式智能白板的应用

本田多年来都将投影仪和白板作为汽车生意的一部分，运用到他们在斯文顿和其他地方的会议室中。不管这些会议是内部的还是外部的，不管是关于供应商的、设计方的、还是承包方的，白板为大多数会议提供了焦点。同样，他们也把白板运用到了项目的建设中。

1）本田的白板文化

白板的目的是为会议提供一个技术环境。白板使与会者能够画出图表、计划和草图，就像活动挂图的使用方法一样。白板同样可以简要地记录与会者是谁，会议作出了什么关键的决定。所有这些白板都有一个投影设备，在会议结束的时候，每一个与会者都带走未来行动的计划。

理论上会议的主席可以将相同的记录打印在 A4 纸上并将它们复印后分发给与会的人员，但实际上白板更好地达到了这一点，因为它有更好的可视性。这意味着所有的与会者都是有效率的股东。所以如果有人对白板上的内容有异议的话，问题将被讨论并得到修正，如果是通过主席的私人笔记本，这种效果是很难达到的。更重要的是，每个与会者感觉到他的声音被倾听，会议可以比在其他环境下更具有建设性。在这种高度可视化的环境下，做笔记和制定行动计划往往会达成意见上的一致。如果不能达成一致，那么不同意见仍然被记录下来。

2）运用白板的优势

本田发现延长会议时间几乎没有收益，所以白板就成了会议的记录。这种方法的优势在于它的速度，在最终打印之前，现在的会议决定被记录下来，每个人都带着书面记录离开会议，管理的方式是以未来行动为目标而不是针对过去的总结。白板在本质上反映了本田公司开放和透明的公司文化。

3）"交互智能"白板在 NEP 项目中的应用

在 NEP 项目上，用白板来管理会议被提升到了一个更高的技术层次，被称为"交互智能白板"。这实际上是"活动挂图"和计算机屏幕的一种结合。个人可以将手写版放在上面也可以将计算机生成的图片放在上面。

这表明项目会议上有图表、程序、照片和文本，这都可以展示在屏幕上。这些图像经过注释和修改,有更高的可视化程度,展示了与会者达到的一致。在会议结束时,所有重要的行动节点和注释过的图表、程序将会以常规的方式打印出来。另外,这些记录和注释的附件将会以电子邮件的形式传给项目团队的其他成员。

更重要的是,运用白板的计算机可以通过互联网与其他地方建立联系,举行"可视会议"。所以在项目实施的时候,每周项目会议时,Vanbots 和加拿大以及美国的 SSOE 办公室都可进行联系。远在美国的设计团队通过白板可以看到和斯文顿项目办公室一样的图像,通过扬声装置就可以讨论解决问题的方法。这种方法大大提高了决策的速度并大大地改善了沟通。这些措施极大地提高了项目团队整体的效率。

小　　结

汽车工业的表现在过去 20 多年中发生了翻天覆地的变化,建筑业能不能有这样大的变化呢?本田的 NEP 项目给出了肯定的回答。项目文化的价值体现在哪里?本案例给出了精彩的诠释。本田将自己在汽车工业中的企业文化,创造性地运用到了建设项目上,产生了"同一个团队,同一个目标"的项目建设文化,调动参建各方取得了良好的经济和社会效益。他们的业主角色认知、价值工程会议、各方沟通协调、团队合作精神以及交互式智能型白板等措施,都在该项目文化理念发挥了重要作用,为项目造价目标的实行创造了良好的条件。

思考题

1. 本田公司为什么要以"同一个团队,同一个目标"作为他们的核心文化,这种文化对于 NEP 建设项目产生了哪些价值?
2. 交互式智能白板能解决哪些问题,该方法如何应用到工程项目管理中?

7.4　综合案例　2010 年上海世博会浦江世博家园

项目背景

浦江世博家园(图 7-5)是上海世博会浦江镇定向安置基地,是为配合世博园区土地前期开发而建设的大型居住社区,主要用于集中安置世博会园区黄浦区和卢湾区的动迁居民。作为世博会的第一块大型动迁安置基地,该项目已经不是一般的民居工程,它是关系世博大局的重点工程,具有重要的政治意义。

浦江世博家园规划总用地面积为 1.5 km^2,公建面积 25 万 m^2,总建筑面积约为 124 万 m^2,共有 15 个街坊,其中住宅面积约 89 万 m^2,规划居住人

图 7-5　浦江世博家园

口 2.76 万。

上海世博会土地控股有限公司（以下简称土控公司）全面主持本项目的开发建设。该项目的特点是时间紧、任务重、要求高，土控公司以"城市，让生活更美好"的世博理念以及构建和谐社会的城市发展理念为指导，充分发挥世博项目的政治优势和品牌效应，采用大基地建设的管理模式，在世博家园的建设过程中创造了优秀的企业文化和基地文化。本案例介绍特殊背景下的大型项目项目文化的营造及所取得的效果。

项目文化

(1) 浦江世博家园项目的特点

1）工程规模大、工期紧张

浦江世博家园工程是一项超大型住宅工程，工程体量大，尤其是要在一年左右的时间内完成首批 15 万 m^2 住宅和配套设施，具备入住条件；要在 20 个月内完成 100 多万 m^2 的住宅和相应的公建配套设施。这使得项目建设管理的难度相当大，工期极其紧张，对建设方的管理提出了巨大的挑战。由于工期紧，为保证进度，市政道路和街坊土建是同步进行的，这些困难对于各参建单位都是一种挑战。

2）参与单位众多、管理难度高

由于世博家园占地 1.5km^2，工地上有 13 家参建单位，最多时有 15000 名工人集中施工，所以对工程质量的监控及对施工企业、外来民工的管理是一件十分复杂的事情。虽然这样的住宅工程施工技术难度不算高，但是"大兵团"作战的协调管理难度却是少见的。对施工过程的协调，施工流程和搭接、工程质量、安全文明标准化管理等工作提出了更高的挑战和要求。

3）目标要求高

浦江世博家园作为上海世博会的重点工程之一，关注度广，在质量、安全、文明施工方面提出了高要求，对于节能技术材料的采用极为关注，因此对建设方的技术管理具有更大的挑战性。

(2) 浦江世博家园项目实施的组织结构

面对要求高、时间紧、任务重和关注面广的特点，这一特殊项目在建设过程中初步形成了"大兵团"作战的管理经验。确立了该项目实施的组织结构，如图 7-6 所示。

该组织结构图主要表示了浦江世博家园建设单位、工程管理单位、设计单位、投资监理单位和分包商之间的指令关系，即建设指挥部统一协调指挥、工程管理公司统一协调管理、投资监理全过程成本控制、施工监理负责质量监督、各街坊施工总承包单位和专业施工单位施工建设。

(3) 浦江世博家园项目文化的组成

综合上述的项目特点来看，建设管理方在实施科学而有效的建设管理的同时，还必须创造良好的项目文化作为引导，贯穿到世博家园建设的参建各方和整个过程中去，才能出色地完成这样的精品工程和重大工程。

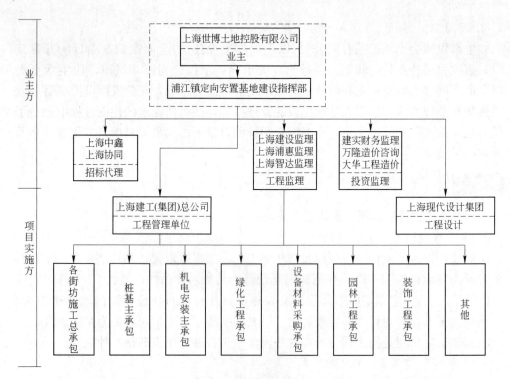

图 7-6　上海浦江镇定向安置基地项目组织结构图

世博家园的项目文化总结起来，主要有：团结协作的和谐奋进文化、积极拼搏的立功竞赛文化、无私奉献的政治品牌文化和健康规范的廉政建设文化。

(4) 团结协作的和谐奋进文化

1) 高效、精干的指挥部

为了不辜负世博动迁居民的厚望，土控公司以创建一流的动迁住宅为本工程的最终追求目标，本着"高起点规划、高水平设计、高质量施工、高标准管理"的宗旨，力求"造价不高水平高、占地不多环境美、面积不大功能全"，成为上海配套商品房的样板。四高标准成为指挥部的指导方针，从思想层次上为指挥部的建设管理指明方向，从而统一全体参建人员的思想，并以此作为指挥部管理组织设计的理念，以此确定了指挥部的组织结构(图 7-7)。

土控公司以奋力拼搏、艰苦创业的团队精神，集思广益、群策群力，集聚优势兵力，集聚员工智慧，集聚管理之长，对内抽调施工管理、安全、财务法律等方面的精兵强将，对外引进中高级施工管理人员，组成强有力的规划、设计和建设的管理团队，通过良好的指挥部的内部关系的确定以及职责的落实，为浦江世博家园建设管理工作的有效开展奠定了基础。浦江世博家园项目指挥部这个充满活力、坚强有力的团队，自始至终都是团结协作、和谐共进。

2) 激流勇进的团队精神

面对浦江世博家园建设项目的特殊困难，建设者们不畏艰难，永不言退，创造性地开展工作，并在工作中摸索出了一套行之有效的做法。一是打破常规，交叉作

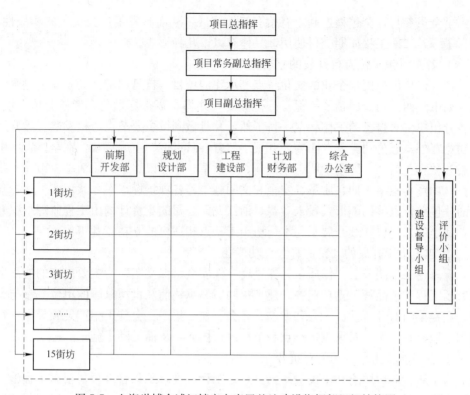

图 7-7　上海世博会浦江镇定向安置基地建设指挥部组织结构图

业。例如办理土地证手续与土地上动迁工作交叉进行；打桩工程与建筑设计工作交叉进行；科学研究与工程施工结合进行等。二是循序渐进，突出重点。在工程建设的各个阶段把握不同的重点，从一开始的设计工作，到建筑主体工程施工，配套工程施工，绿化景观工程施工，居民入住手续办理，小区物业管理，都踏准工作节拍，使工作有条不紊地进行。另外，在工作中大家还创造了一系列有趣的顺口溜，形象生动地反映了大家勇于克服困难，开拓进取的工作精神和作风。例如工作中要做到"说尽千言万语，想尽千方百计，排除千难万险，不怕千辛万苦"；"看见绿灯大步走，看见黄灯抢步走，看见红灯绕着走"；"一天当做两天干，白天不行晚上干，一人不行两人干，自己不行找人干"，并形象地把建设团队比作足球队，职责虽有分工，但工作中要善于及时补位，做好配合……，确保工作任务能够及时完成。

(5) 积极拼搏的立功竞赛文化

1) 多种形式的立功竞赛

结合项目的的特点，工程管理公司在指挥部的领导下，采用"以点带面，推动全局"的竞赛思路，针对各期工程建设的实际，制定了浦江世博家园立功竞赛方案。竞赛以科学发展观为指导，以上海立功竞赛 20 年的经验为借鉴，以市领导"质量好、环境好、配套好、中低价"的要求为准绳，以进度快、质量好、安全好、文明施工好、团结协作好为目标。在工程管理部精心组织、精心协调下，立功竞赛做到了全员参与，全过程控制，有始有终地开展，从而激发了广大员工的积极性，确保了一、二期工程如期交付使用。具体有以下几种形式。

① 各总承包单位自行开展的立功竞赛

各参建单位根据本企业的文化特点和承建的项目，自己内部开展了立功竞赛活动。如市建四公司开展了"一保三好"竞赛，并将竞赛指标量化，考核分值上墙，使各分包单位对自己的工作状况一目了然，并且做到按主要节点考核发奖。除开展立功竞赛外，五公司党委、团委还开展了"青春献世博"主题活动，在全体青年中开展五"小"活动，即小发明、小创新、小改革、小建议、小窍门活动。市建一公司在立功竞赛中将工期、质量、安全和文明施工等各项指标以军令状形式下达，参赛的分包单位以签约的形式投入竞赛。浙江龙元公司的竞赛计划由工程监理组织开展，其他的总包也陆续开展了与本街坊施工特点相适应的立功竞赛工作。

② 建工集团开展的"精品杯"立功竞赛

上海建工集团开展"保质量、保进度、保安全、保文明"为主要内容的浦江世博家园工程"精品杯"立功竞赛。建工集团所属承建浦江世博家园的单位都参与竞赛，竞赛期间召开了动员大会和专题检查会。建工集团工会施工生产处领导做到每周到工地检查一次，对重点、难点和节点进行协调，从而推动了施工。

③ 各街坊施工单位间的对抗赛

为了履行对市政府和市民的承诺，推进工程进度，工程管理公司根据工程施工交付使用的时间节点开展了一、二期工程各街坊之间的对抗赛。对抗赛以工程的形象进度为主要考核指标，每月考核一次。

④ 监理单位间的对抗赛

为了推动监理工作，在各监理单位之间开展了立功竞赛。工程管理公司具体制定了考核内容及评分标准，每月进行一次考评，表扬好的，激励一般的，批评差的。

⑤ 配套工程的立功竞赛

根据指挥部的要求，工程管理公司组织召开了配套工程立功竞赛大会，提出了以"进度节点好、团结协作好、施工质量好、安全工作好、文明施工好、治安廉政好"的"六好"竞赛要求。在管理部的协调下，立功竞赛的动力引导下，各配套单位互谦互让，确立了"为别人解决难题就是为自己创造条件"的理念，使各配套单位保质保量地完成了施工任务，创造了一个奇迹。

2) 立功竞赛所取得的成效

① 增强了政治责任感。

② 加快了施工进度。

③ 各单位在工程进度，工程质量，文明、安全施工等方面都有了不同程度的提高。

④ 提高了工程质量。

⑤ 形成了良好的合作氛围。各施工单位发扬互相协作的精神，群策群力，为工程排忧解难。

⑥ 涌现了一批先进集体和个人,起到了很好的模范带头作用。

(6) 无私奉献的政治品牌文化

1) 无私奉献的良好风貌

广大建设者发扬"不辱使命的奉献精神,排除万难的进取精神,求真务实的科学精神和连续作战的拼搏精神",战严寒、斗酷暑、出大力、流大汗、舍小家、为大家、夜以继日、艰苦卓绝,涌现出一个个可歌可泣的感人事迹,涌现出一个个身先士卒,敢打硬仗、善打硬仗的领军人物。

他们的言传身教,使参建的全体人员深受教育,倍受鼓舞,群情振奋,激发了为浦江世博家园建设而忘我工作的热情。大家为了做好工作而加班加点已成为自觉的习惯,不少同志带病坚持上班,不少同志舍小家为大家。一年多来,大家风里来,雨里去,战严寒,斗酷暑,有的同志脸晒黑了,有的同志头发花白了,有的同志体质明显下降了,有的同志人憔悴了……然而,"衣带渐宽终不悔,为伊消得人憔悴",为了宏伟的世博会事业,大家甘于奉献,无怨无悔!

2) 政治优势和品牌效应

讲政治,贯穿工程建设的始终。指挥部以开展保持共产党员先进性为契机,进一步提高党组织的凝聚力和战斗力,充分发挥党组织的战斗堡垒作用和党员的先锋模范作用,充分发挥全体建设者的创造性、积极性和主动性。大家怀着对党、国家、人民高度负责的精神,面对困难不退缩,碰到问题不绕道,迎难而上,知难而进,咬住工程质量、时间节点不放松,各级领导紧密团结,积极协作,有效沟通,聚焦能量,形成合力,破解了一个又一个难题,推动工程建设按照既定的目标前进。

基于项目的实际特点,指挥部充分发挥了世博项目的政治优势和品牌效应。

- 坚定地依靠政府部门,依靠市政府各有关委办局、区、镇等各级人民政府;
- 充分依靠广大干部群众的政治觉悟,多次组织召开工程建设誓师大会和动员大会,鼓舞干部群众的士气,激发斗志;
- 加强工作的主动性,主动到有关配套工程单位宣传世博会的重要意义,以及浦江世博家园建设项目的重要意义,使每个参战的员工认识到此工程只能做好,不能做坏的政治意义,使每个与该工程有关的人员都增强配合做好与本工程有关工作的政治责任感。

精诚所至,金石为开,最后终于得到了方方面面有关同志的理解和支持,使工程建设一路绿灯,畅通无阻。

(7) 健康规范的廉政建设文化

"工程优质、干部优秀",为浦江世博家园工程的建设开创了廉政建设的新风尚。建设指挥部与工程管理部携手以"双优"的工作形式来鞭策基地建设顺着健康、规范的道路向前发展。具体做到了以下几点:

- 每期工程开工时,召开廉政工作会议,以宣誓的形式,作出廉政承诺;以检察院授课的形式加强思想设防;以廉政协议书的形式,明确合约关系。

- 与区检察院联手共建。基本上做到每月有一个活动安排，比如读书活动，各总承包单位组织学习检察院下发的廉政建设的材料，撰写学习心得。贯彻世博召开的廉政保障会议，明确该如何做，不该如何做。
- 做到不请吃、不送礼，严格按规定办事。通过"双优"活动，使各家单位在思想、组织、工作、制度上设置了防线，为工程的顺利开展保驾护航。

小　　结

浦江世博家园工程被列为上海市 2005 年的重大、实事工程，得到了上海市各级领导，各级职能部门的关心和支持，这是少有的；该工程的建设引起了社会的广泛关注和百姓的积极参与，广大市民到现场参观，几乎"监督"了工程建设的整个过程也是罕见的；一个动迁安置基地被规划设计成"标准不高水平高，造价不高质量好，面积不大功能全，占地不多环境美"的典范，而且规划设计处处体现出"城市让生活更美好"的办博主题也是首创的；在一年多的时间内保质保量地拿下 15 个街坊并能让百姓舒适地入住，建筑施工队伍的"大兵团"协同作战，且两战台风的经历，也创下了项目管理的先例。

这些都与项目文化的建设和实施密不可分，世博家园必将成为我国住宅建设中的又一精品工程，而其团结协作的和谐奋进文化、积极拼搏的立功竞赛文化、无私奉献的政治品牌文化和健康规范的廉政建设文化也必将会成为国内同类型建设项目文化建设的典范。

思考题

1. 大型政府工程建设项目如何营造团结协作的和谐项目管理文化？
2. 如何组织参建各方的立功竞赛，如何做好政府工程的廉政建设，它们对于项目的顺利开展有哪些作用？

第8章 项目管理软件系统及应用

好的项目管理软件会增加项目数据的价值,如果这些数据被适当地组织和加工,项目管理团队就有了一种有价值的资源。但是应将项目管理软件作为一种工具,而不是一种计划,或人际关系技巧的替代品来使用。

项目管理的应用越来越广泛,尤其在工程界和IT界,项目管理的应用逐渐成为一种趋势。而另一方面,信息通信技术(ICT)得到了飞速发展。从发展过程看,项目管理软件系统是随着项目管理理论和实践的发展、计算机技术和信息技术的变革而不断发展的。

(1) 项目管理软件系统的分类

项目管理软件系统的分类方法有多种,如按照功能、价格水平和面向对象等的分类。但主要还是依据功能来划分,有以下划分方法:

① 功能是否单一。可以分为单功能项目管理软件和集成型项目管理软件(系统),前者包括进度计划软件(如梦龙等)、文档管理软件(如普华的Powercom等)、投资控制软件(如C3A等)、合同管理软件(如Primavera的Exp等);后者往往表现为这些功能的综合,如Primavera的P3E/C套件、Microsoft的Project2003套件,以及其他EPM(Enterprise Project Management,企业级项目管理)软件等。一般而言,单功能项目管理软件价格比较低,而集成型项目管理软件(系统)相对较高。

② 功能面向对象。由于逐渐出现一些新的项目管理模式,如多项目管理、企业级项目管理和项目组合管理等,因此,项目管理软件系统又可以根据其功能面向的对象(项目管理模式或用户特征)来划分。

项目协同平台一般限制多项目管理功能,但提供基于WEB的项目协同平台,如文档管理、工作流管理、主体讨论和即时信息等。主要用于日常工作。

单项目——项目管理系统支持传统的项目计划和项目控制功能，可以支持单个项目或多个项目，但每个项目一般被认为是独立的。系统功能包括基于工作分解结构 WBS 的进度控制、投资控制和资源分配、合同管理等，提供甘特图和网络图等。

多项目——项目管理系统又可以分为 3 类：基于计划管理的项目管理系统、基于过程管理的项目管理系统和基于资源管理的项目管理系统。

企业级——项目管理系统支持整个项目生命周期，尤其是项目组合的计划和控制，系统的用户也不仅仅是项目经理，而包括项目办公室经理、投资组合经理、企业的高层决策者、利益相关者以及企业的客户等。

(2) 项目管理软件系统的发展趋势

① 项目管理理论和实践发展的趋势。项目管理软件系统总是伴随着项目管理理论和实践的发展而发展，如多项目管理系统和企业级项目管理软件系统的出现，项目投资组合分析工具的应用，远程协作平台的开发和应用等。因此，项目管理软件系统的发展会和项目管理理论和实践的发展保持一致。

② 项目特征变化的趋势。近几年来由于项目管理的广泛采用，项目型公司逐渐涌现出来，这些项目往往分散在全国甚至世界各地，此外，虚拟团队、虚拟建设也逐渐得到应用，大型复杂群体项目越来越多，例如三峡水利枢纽工程、2008年北京奥运会建设项目、2010年上海世博会建设项目等，因此，虚拟化、分布化、群体化成为一个趋势，项目管理软件的系统的功能也将逐渐增加相应功能。

③ 技术进步的趋势。ICT 技术（Information and Communications Technology, 简称 ICT）的发展相当快，随着 JAVA 技术的成熟，C/S 结构的项目管理软件系统逐步转向了 B/S 结构，如 Primavera 公司的投资控制和合同管理软件 Expedition9.0 已经由 C/S 改进为 B/S 结构模式，目前大多数项目管理软件平台都支持 B/S 结构模式。另外，随着项目管理软件系统的种类越来越多，各个软件之间的数据交换成为一大问题，因此，制定数据交换标准成为将来的又一趋势，例如 IFC 的出现和应用等。

④ 客户应用需求的趋势。项目管理软件系统是面向客户的，客户的需求往往带来软件功能的变化，虽然目前一些沟通与协同功能还没有完全提供，如聊天、在线会议、专题讨论等，但随着项目特征的变化，沟通与协同功能将会得到加强。

⑤ 系统集成化的趋势。对于一个组织来说，存在各类软件系统，这些系统的集成是一大难题，例如设计、施工和运营全寿命周期集成系统的集成；投资、合同、进度和文档管理的集成等。因此，项目管理软件系统的发展趋势之一就是提供越来越灵活的集成化渠道。

此外，随着社会化、专业化分工的加剧，信息化应用咨询和服务逐渐成为一项单独的服务，这些咨询人员既具备软件技术知识，也具有建设项目管理的实践经验，因此逐步与软件的开发和销售独立开来，为建设项目业主方或软件开发方提供专门的应用支持或咨询服务。尤其对于建设工程项目管理而言，应用咨询和应用服务更为重要。

(3) 项目管理软件的应用现状

目前国外应用的项目管理软件很多，涉及到 PMBOK 中 9 大知识领域内的各个方面，以及这些方面的集成。项目管理软件可以用百花齐放来形容，软件的级别和应用范围也各不相同，如何选择项目管理软件本身就是一项很重要的工作。国内目前应用较为广泛的有 Primavera 公司的项目管理系列软件（如：P3、P3E、P3E/C、EXP 等）、Microsoft 公司的 Microsoft Project 等国外引进软件，以及国内自主开发的一些软件。

从目前的情况看，项目管理软件主要用于：

- 项目前期应用，如用于项目投标，提供丰富的数据视图；
- 进行工程进度、投资、质量、合同的动态控制和管理；
- 用于文档管理、信息的沟通和协调；
- 项目管理的数据与企业管理信息系统（MIS）集成，实现数据共享；
- 企业级项目管理或多项目管理（Program Management）；
- 一些软件通过 Internet 和 Intranet 实现了对远程项目进行控制和沟通；
- 其他应用：如知识管理、后期索赔等。

项目管理软件的应用解决了组织的很多问题，提高了工作效率和项目控制水平，但项目管理软件的应用还存在很多问题，项目管理软件的应用效果并没有人们期望的那么理想，实践中有大量的软件应用失败案例，从而造成人力、财力的浪费，甚至影响了整个项目管理工作，有人提出 Pareto 原理是适用的：90％的用户只使用了项目管理软件提供的 10％的功能，只有 10％的用户似乎充分利用了大多数功能。项目管理软件应用存在的问题主要表现在：

- 对项目管理软件的理解问题：目前存在两种典型的错误认识，一是偏重于"软件"，认为项目管理软件的应用是软件人员的事情，这种认识导致软件得不到数据支持，最终使项目管理软件的应用局限在很小的范围内，甚至无疾而终；另一种观点偏重于"项目管理"，认为项目管理软件能解决项目管理中存在的很多问题，甚至无所不能，结果由于在组织和项目管理模式方面没有得到有效支持，最终导致对软件失去信心，软件的应用也没有得到最大程度的展开；
- 软件选择问题：由于一些项目没有选择合适的项目管理软件或者采用恰当的软件引进模式，导致项目管理软件的投入偏大、周期偏长，给后期数据处理带来困难；
- 软件应用模式问题：目前软件的应用一般采取软件供应商或开发商提供技术支持和技术服务，因此都属于点式咨询服务，从根本上说还在"软件"应用范畴，和整个项目管理的过程脱节，制约了项目管理软件的成功应用；
- 人员问题：由于项目管理和项目管理软件在国内都是最近几年才广泛应用的新生事物，因此既有项目管理经验，又熟悉项目管理软件的人员相当少，这给项目管理软件的应用实施带来很大困难；
- 组织问题：项目管理软件作为一个工具，事实上为组织的项目管理提供辅助作用，并不能取代项目管理本身，因此作为项目管理软件的应用组织环境，应具备必要的组织制度保证，由于组织问题比较复杂，目前国内现存的这类问题比较多；
- 数据模板和知识管理问题：项目管理软件输出的产品就是各种分析报表，如果没有及时、准确、翔实的数据作支撑，所有的结果都失去了意义，因此数据处理和数据维护的工作量很大，由于目前国内工程管理领域对知识管理重视的还不够，因此大量的支撑数据需从零开始，这样就增加了软件应用的难度。

(4) 项目管理软件应用成功的影响因素分析

项目管理软件现存的一些问题绝不是偶然的，项目管理软件应用是否成功实际上取决于一个组织进行项目管理的能力（成熟度），从某种意义上也折射了一个组织的项目管理水平。从实际情况看，很多人使用项目管理软件主要有下面三个原因：
- 他的工作要求其使用这个软件；
- 提高了工作效率；
- 避免了一些不愉快的事情发生，如组织的要求、制度上的要求等。

此外，项目管理软件的应用可能会改变组织的工作方式和工作流程，因此会遇到各种困难和阻力，获得组织的认可和支持是项目管理软件应用的关键。下面几个自然定律是具有哲学意义和管理意义的，也许可以从中获得一点启示：
- 一个物体在没有外力作用下保持其原来的运动状态，即如果外界不施加压力，一个组织/人员不会改变其原来的工作模式和工作状态；
- 物体运动的加速度和外力成正比，和自身的质量成反比，即如果要变革，要考虑变革的力度和变革对象的难度（如权力、地位等）；
- 向一个物体施加一个作用力，会产生反作用力，且方向相反，即软件的应用肯定会带来阻力，如何避免和最小化这种阻力，需要采取相关措施。

因此，需要细化这些影响因素，这样有助于制定相关措施和规划，使应用效果最大化，主要影响因素如表 8-1 所示。

项目管理软件应用成功的影响因素　　　　表 8-1

影响因素	影响因素展开	
1. 组织/人员	组织结构 组织的管理模式和成熟度 组织的信息管理/沟通模式和水平 组织的知识管理模式和水平 组织的学习模式 组织应用项目管理软件的经验	组织的关心和重视程度 人员的配备（模式） 人员的知识结构和水平 项目参与方的特点 项目参与方的项目管理能力 软件应用的专门组织构成

续表

影响因素	影响因素展开	
2. 软硬件	软件的选择模式 软件的商业成熟度 软件的功能和实用性 软件的通用性和个性化灵活度 软件的升级和二次开发模式	软件的费用(含运行和升级) 组织现存的相关软件(系统) 配套软件(系统) 硬件系统
3. 项目对象	项目历史数据库/项目模板的成熟度 项目的规模、特点和复杂程度 项目所属领域的项目管理水平	同类项目数据的可参考程度 同类项目的应用经验和应用水平
4. 模式	项目管理模式和成熟度 软件引进模式 软件的应用范围(组织内/外) 组织对应用过程的关心和重视	软件应用模式 软件应用和项目管理的结合程度 应用规划的合理性和实用程度

(5) 项目管理软件应用模式分析

从以上因素可以看出，项目管理软件的应用涉及到项目管理的方方面面，并不仅仅是软件的引进和操作，其具有复杂性、一次性、时间和投资有限性的特点，符合"项目"的定义要素，因此可以采用项目管理的方式进行运作。

目前大多数项目管理软件的应用只是某个阶段的细化，没有全过程规划和管理、没有统一的负责组织，因此出现软件应用基础没有打好、后期维护没有跟上、软件应用和项目管理工作脱离等问题，有的甚至导致应用的最终失败。所以，我们有必要采用项目化管理，对软件的应用实现全过程控制和管理。

目前一些项目管理软件供应商也在探索软件的应用方法，有的在逐步推行软件应用的项目化运作，实现从软件供应、咨询到软件应用和项目管理咨询相结合的转变。从应用过程项目化的意义来看，以上分析的生命周期的各个阶段还需要进一步细化和分解，并需进一步探讨相应实施方法和措施，实际上应用生命周期各个阶段并没有严格的时间界限，整个生命周期是各个阶段相互重叠的过程，具体如图8-1分析。

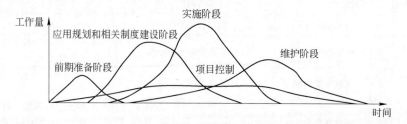

图 8-1 项目管理软件应用生命周期各阶段分布示意图

由于各个阶段是重叠的，因此应用过程中界面管理也是极其重要的，从图8-1可以看出，控制要贯穿于整个项目生命周期过程中，用于各个阶段和界面间管理和协调。理清项目管理软件的应用过程和影响因素，有助于我们进行分析各个阶段的实施方法。结合目前项目管理软件的实际情况和经验教训，项目管理软件应用各个阶段细分及实施方法见表8-2。

项目管理软件应用各个阶段细分及实施方法分析表　　　表8-2

阶段			阶段细分	阶段成果	说明(方法、技术和工具)
1	前期准备	1	项目提出	• 得到整个组织的支持	• 自上而下获得组织的支持
		2	应用组织的初步建立	• 以项目管理专业为主的应用组织	
		3	考察、交流或咨询	• 报告	
		4	组织/项目环境评测	• 组织的项目管理能力评测 • 组织的项目管理/信息沟通现状调查 • 同类项目的软件应用水平 • 软件应用环境评测	• 自评或专业咨询 • 可参考OPM3体系
		5	软件和应用模式选择	• 软件引进模式分析报告(引进/开发) • 软件比较分析、选择报告 • 软件应用模式选择(自己组织/引进咨询单位/引进项目管理单位)	• 充分发挥组织现存的信息系统 • 注意软件应用和项目管理的结合
		6	应用组织的调整	• 项目管理能力和软件应用能力结合的组织	• 适当增加软件应用方面的人员
		7	应用组织的培训	• 软、硬件准备 • 对应用组织进行项目管理和软件应用培训 • 建立学习型组织模式	• 多次、多种形式培训 • 专业咨询和自我学习结合
2	应用规划和相关制度建设	1	编制准备	• 资料(经验借鉴、相关数据/信息等) • 编制方法和编制人员准备	• 考察、咨询或交流
		2	应用规划编制/相关制度建设	• 应用规划 • 相关制度	• 统一规划、分部编制、集中讨论 • 和项目管理制度结合 • 绩效结合
		3	应用规划/相关制度批准	• 应用规划(批准稿) • 批准的相关制度	• 取得项目高层支持
		4	操作和帮助手册编制	• 操作和帮助手册	• 简单、实用
3	实施	1	应用组织的完善	• 扩大为试运行小组	• 含大部分项目管理人员
		2	实施方案的制定	• 实施方案	• 分步实施、逐步推进
		3	运行前准备	• 数据准备 • 组织/人员准备	• 规划、制度培训 • 项目管理和软件培训
		4	试运行	• 应用规划、相关制度、操作手册等更新版本	• 由点到面、由浅入深逐步实施
		5	正式运行	• 数据、信息处理 • 报告、报表 • 组织的最终确定	• 总结、完善 • 软件应用和项目管理最大化结合

续表

阶段		阶段细分	阶段成果	说明(方法、技术和工具)
4	维护	1 软件维护和升级方案确定	• 软件维护和升级方案	• 数据维护
		2 知识管理	• 数据模板	• 逐步完善
		3 全部运行结束	• 数据库、信息库	

每个项目都具有一次的特点，项目管理软件的应用同样如此，软件和软件引进模式的不同会导致各个阶段工作包和工作重点的不同，上述表中并不是惟一标准，也并不仅仅包括这些内容，它只是项目管理软件应用生命周期中的主要部分，各个阶段也是相互重叠、相互影响的，尤其是应用规划的编制和实施可能是一个反复的过程，因为项目的实施本身就会碰到各种未知因素，方案进行调整是必要的，这之中也是组织中的各个人员参与应用的过程，应用规划和制度应为组织中的各个人员所熟知和支持，否则项目管理软件的应用无法继续下去。

项目管理软件应用失败最根本的原因不是软件是否先进，而是软件的应用环境和应用模式，前者包括组织的项目管理能力(成熟度)和项目的信息管理水平(成熟度)，后者包括自主应用或引进专业的咨询公司辅助应用等。一个具有很高项目管理能力的组织能够最大限度的发挥软件的作用，反过来一个好的项目管理软件的应用也提高了组织的项目管理效率和项目管理水平，因此一个组织应该以项目管理软件的应用为契机，提高自身的项目管理能力和项目管理水平。

那么项目管理软件在具体工程项目中如何应用？如何在业主方和项目参与方多层次协同工作平台上完成项目管理信息系统的集成开发？基于互联网的项目管理软件系统如何实施？如何进行大型群体项目信息系统的开发和应用？以及如何通过项目管理软件系统的应用切实提供建设工程项目的信息化水平，给项目带来巨大的效益？这些问题都在本章的案例中进行了分析和探讨。本章案例中所要阐述的主要内容见表8-3。

本章案例的主要内容　　　　表8-3

章节	项目管理软件系统及应用	案例名称	案例主要内容
8.1	项目管理软件的应用	长沙卷烟厂一期联合工房	P3E/C的应用组织结构、计划的结构层次、进度计划和报表设置的管理等
		苏通大桥	STPMS系统构成、主要功能等
8.2	基于网络平台的项目管理系统	烟台万华集团MIDI工程	PIP和PKM的简介、应用PIP的关键要素和组织结构、PIP的应用价值等
		北京奥运工程建设管理信息平台	信息平台总体构思原则、项目定义、建立平台的技术路线、平台开发的组织模式等
8.3	综合案例	长江口深水航道治理工程	信息化建设的思路和原则、信息化管理系统的组成、投资控制与合同管理系统的功能介绍等

8.1 项目管理软件的应用

案例1　长沙卷烟厂联合工房一期工程

项目背景

项目概况同第2章综合案例。

长沙卷烟厂联合工房一期工程采用先进的进度控制软件，即 Primavera Project Planner(简称 P3)，后升级到 P3E/C。P3E/C 的应用有助于进度计划的分析，也提高了进度计划的编制、检查和更新的效率。P3E/C 的应用阶段包括项目准备阶段和项目实施阶段，其中包括工程管理计划和项目实施计划，应用对象为业主方(包括总控组)、监理单位、施工总承包商等其他必要的数据相干单位。业主方(包括总控组)、监理单位和总承包单位共用一个网络版 P3E/C。

通过 P3E/C 软件实现以网络计划技术使项目参与各方紧密联系在一起，全面参与项目的进度控制，实现项目进度分层管理、明确职责、规范工程进度信息，实现项目进度的实时控制和动态控制，变被动控制为主动控制、变结果控制为过程控制，最终保证项目进度目标的实现。

项目管理软件的应用

(1) P3E/C 的应用组织结构

P3E/C 的全面实施需要有强有力的组织进行保证。P3E/C 的应用涉及到几乎全部项目参与单位/职能部门与参与人员。建立两个小组：P3E/C 领导小组和P3E/C 操作小组。

- P3E/C 领导小组：各单位/职能部门的第一或第二负责人，负责 P3E/C 应用过程中的组织方面的协调、重要制度的制定和进度计划内容的协调等。
- P3E/C 操作小组：各单位/职能部门的 P3E/C 操作人员，负责解决 P3E/C 操作过程中出现的技术问题、起草操作手册、维护进度计划数据、进行进度计划的管理以及提出进度计划编制的优化意见等。

(2) 计划的结构层次

根据进度控制制度要求，进度计划分为五个层次两个系统进行管理，因此 P3E/C 中的计划结构层次也采用这种分类方法。图 8-2 为计划体系在 P3E/C 中的结构层次表现。其中 EPS(Enterprise Project Structure)表示企业项目结构，反映企业内部多项目的结构分解层次。WBS(Work Breakdown Structure)表示工作分解结构，是对项目范围的一种逐级分解的层次化结构编码。

1) 管理类设置

第8章 项目管理软件系统及应用

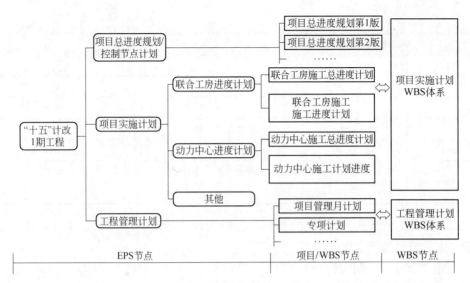

图 8-2 计划的结构层次

管理类设置包括"管理设置"、"管理类别"。

2) 项目分类码

项目分类码的主要作用是对计划文件的管理。

3) 作业编码规定

作业编码的长度由各实施单位自行规定,但必须遵守简洁、可读、可扩充以及排序方便的原则。

作业编码的设置必须满足:用编码的前2~3位表示项目/WBS节点所包含的意义。

例如:

XZZB01:项目总进度规划中某项招标工作;

312A012:2003年12月工程管理月计划要点中的某项工作;

LHZ023:联合工房施工总进度计划中的某项工作等。

4) WBS

WBS体系分为工程管理计划WBS体系和项目实施计划WBS体系。

① 工程管理计划WBS体系含年月份、计划层次和专业组三个要素。如表8-4所示。

工程管理计划 WBS 体系示意表 表 8-4

WBS结构			名 称	长度	类 别
年月	计划层次	专业组			
0311			2003年11月前	4	项目/WBS节点
	1		工程管理月工作计划要点	1	WBS
	2		专业组/总控组月计划	1	WBS
		ZH	综合管理组月计划	2	WBS

续表

WBS结构			名　称	长度	类　别
年月	计划层次	专业组			
		JZ	建筑组月计划	2	WBS
		……	……	……	……
	3		工程管理月工作计划		
0312			2003年12月	4	项目/WBS节点
	1		工程管理月工作计划要点	1	WBS
		……	……	……	……

② 项目实施计划 WBS 反映整个项目的管理方法和管理体系。项目实施计划 WBS 体系前两级规定如下：

1　"十五"一期工程
1.1　一期工程联合工房
1.2　一期工程动力中心
1.3　一期工程室外管线及污水处理站
1.4　一期工程室外总体及附属工程

具体 WBS 体系由总承包单位提出初稿，经讨论批准后作为计划管理的依据。

5）OBS

OBS（Organization Breakdown，组织分解结构）反映的是整个项目的管理层次和 P3E/C 的权限设定，因此它不仅仅是项目组织结构图的转换，还要考虑 P3E/C 权限设定的方便。

6）作业分类码

作业分类码包括工程管理计划代码和项目实施计划分类码。

项目实施分类码包括责任分类码、质检分类码、计划级别分类码、里程碑对应码、阶段分类码、专业分类码、依据图纸的编号、所需物资与设备分类码和安全控制分类码等。例如表 8-5 为质检分类码。

质检分类码示意表　　　　表 8-5

作业分类码	最大长度	码　值	说　明
质检类型	14	停工检查点	
		隐蔽工程检查点	
		旁站点	
质检级别	12	一级验收等级	班组验收
		二级验收等级	施工队验收
		三级验收等级	总承包验收
		四级验收等级	监理验收
		五级验收等级	联合验收

7) 资源代码及资源分类码

包括资源代码及资源分类码体系、工程量代码、人工资源代码和机械设备代码等。

(3) 进度计划管理

进度计划的整个过程包括进度计划的编制、进度计划的审查、进度计划的确定、进度计划的执行和进度计划执行结果的检查。要保持整个过程的顺畅进行，除对计划的静态内容进行规定以外，还要对动态的过程进行规定。

1) 各级计划的关联

计划的系统性要求必须把各级计划管理起来，具体如表 8-6 所示。

计 划 关 联 表　　　　　　　　　　表 8-6

	一级节点计划	二级项目总进度规划	三级施工总进度计划	四级施工月度计划	五级施工周计划	五级施工日计划	三级项目管理计划
一级节点计划		作业关联					
二级项目总进度规划			WBS关联				作业关联
三级施工总进度计划				作业关联			作业关联
四级施工月度计划					作业关联		作业关联
五级施工周计划						作业关联	

WBS 关联是指：两者必须有统一的 WBS 编码，并且两级 WBS 作业必须包含相同的项目内容（作业细度和作业数目可不同）。

作业关联是指：来源于上一级的下一级计划中的作业编码前几位必须和对应的上一级作业编码一致。

2) 各个计划编制、更新的操作流程

① 一级、二级计划：按版本更新

② 项目实施计划系统

- 三级计划：根据二级总进度规划编制完毕，报监理和业主审批后转为目标工程，并标识版本，按版本更新，更新后设置为目标工程；
- 四级计划：把三级计划内容全部拷贝过来，将与本月相关的作业属性改为配合作业，并取消原来的逻辑关系，将三级计划中的内容细化并建立逻辑关系，完成后与三级目标工程比较，无误后转为目标工程，按月更新，更新后设置为目标工程；
- 五级计划：将和本周相关的作业改为配合作业，并取消原来的逻辑关系，将四级计划中的内容细化并建立逻辑关系，完成后与四级目标工程比较，无误后即可，如需要转为目标工程，按周更新。

③ 项目管理计划系统

四级计划：采用原来的操作流程不变。

3）进度计划的编制

进度计划是整个工程得以顺利进展的依据，因此进度计划的编制是个严肃的过程，否则编制的计划就没有实际意义。要编制出科学、合理、符合实际的进度计划有很多影响因素和必要条件，为保证长沙卷烟厂"十五"技改项目各项进度计划的科学合理并具有可操作性，规定每个单位/职能部门在编制各项进度计划时必须具备以下条件：人员准备、数据准备和逻辑关系分析。

4）进度计划的审查

进度计划必须经过审查，上一级单位/职能部门为下一级编制的计划负责。对于付诸实施的计划必须有审查意见，并有审查人签字认可，审查人对审查的内容负责。

① 对于工程管理计划，审查的内容包括：
- 进度计划数据字典的审查；
- 进度计划作业间逻辑关系表的审查；
- 关键线路的审查；
- 作业分类码加载的审查。

② 对于项目实施计划，审查的内容包括：
- 进度计划编制依据的审查；
- 进度计划数据字典的审查；
- 承包商资源配置的审查；
- 进度计划逻辑关系的审查；
- 施工工序的限制条件的审查；
- 施工工序的作业分类码加载的审查；
- 施工日历的审查；
- 施工工序浮时的审查；
- 承包商交接点的审查；
- 承包商与业主/监理/设计院等关联事项的审查。

5）进度计划的执行

进度计划一经编制审查完毕，就可以付诸执行，执行不得随意变动工作内容，如有必要可以更改计划内容，但重要计划的更改必须经过讨论同意后方可更改。对于5级以下的计划不予限制，可以根据项目实施过程中的具体情况适当调整，但是必须保证上一级计划的实现。

进度计划执行过程中同步记录计划完成的具体情况，作为进度计划执行报告的依据。

6）进度计划的更新和执行结果的检查

进度计划的更新和执行结果的检查根据不同的计划类别进行，包括工程管理计划的更新和检查、项目实施计划的更新和检查。

7)进度计划与进度报告规定

- 施工总承包上报的施工总进度计划、月计划和周计划必须包含用 P3E/C 制作的横道图，横道图中应包括：作业代码、作业名称、计划工期、开始时间、结束时间、工程量、资源和责任人等必要的进度数据或通过补充报表表示；
- 施工总承包上报的施工总进度计划、月进度计划必须清晰地标明关键线路；
- 进度计划中必要的说明在 P3E/C 中"记事本"中说明；
- 施工总承包单位上报的进度计划如包含 P3E/C 产生的图表和报表，必须注明获得方式，如：所附横道图为"动力中心施工总进度计划"项目/WBS 节点中通过视图"DL-1 按责任人组织"获得；
- 监理单位上报的进度报告所使用的进度信息以及相关数据必须以 P3E/C 中相关数据和信息为依据；
- 所有由 P3E/C 产生的图表和报表必须同时产生 PDF 文件，以方便备份。

(4) 进度计划文件、过滤器和视图设置

1) 进度计划文件管理规定

进度计划文件是指 P3E/C 中"项目/WBS 节点"，即相对独立的进度计划，如 2003 年 12 月工程管理工作计划等。规定如下：

- 进度计划文件的命名必须依据 P3E/C 应用规划的有关规定，由系统管理员设置；
- 进度计划文件必须分配"项目分类码"中的"状态"中的某个码值，如"在讨论"、"批准通过"等；
- 进度计划文件包括进度文件、编制依据、审查意见和进度计划编制说明等文档性文件。批准依据等必须在 P3E/C 中的"记事本"中表明。

2) 过滤器设置

过滤器根据需要自行设置，但同样功能的过滤器不得重复设置，且定义为"项目级"，全局过滤器由管理员设置。

3) 视图设置

项目实施计划中必须使用"基本视图"，其中基本视图分组条件必须含有 EPS/WBS 和计划的级别。

(5) 报表设置和管理

所有报表经讨论后，由系统管理员统一设置为"全局"报表，其他用户可以根据需要进行增加自定义的"项目级"报表，新增加的"项目级"报表一旦可以被多个项目通用，则由系统管理员设置为"全局报表"。为了保证报表库的简洁，所有报表必须为"全局"和"项目级"之一，不能重复设置。

(6) 用户权限的设置

1) 用户与权限设置

用户设置由系统管理员操作,操作内容按表8-7进行。

用户与权限设置表 表8-7

主工程/子工程		用户名	全称	权限	备注
所有主工程/工程组		Everyone	所有人	只读	—
		LFB		系统管理员	
工程管理计划	月工作要点	LYK		读写	
	月工作计划				
	综合管理组工作计划	LJJ		读写	
	电控组工作计划	XW		读写	
	动能组工作计划	CW		读写	
	工艺与总图组工作计划	LXW		读写	
	建筑组工作计划	LHH		读写	
	总控组工作计划	LYK		读写	
专项计划					
项目实施计划（基础）					
项目实施计划（上部）					
……	……	……	……	……	……

用户可以根据需要进行添加。

2) 权限设置

- 读写：对P3E/C文件的所有数据都具有增加/删除/修改任何信息的权限，一般分配给计划的编制人员或P3E/C操作人员。根据需要读写的权限可以是动态调整的。
- 限制：对P3E/C文件有限制地进行操作，该权限根据计划内容的需要，由计划的所有人具体规定。
- 只读：对P3E/C工程进度计划的所有数据只能读而不能进行任何编辑操作；该权限一般分配给需要浏览或者查询信息的人员。

小　结

项目管理软件的应用应结合企业或项目的具体应用环境，在应用前应编制应用规划、应用手册及应用制度，应在组织和管理上给予软件应用的保证。本案例中，软件应用具备良好的应用基础，在参建方的共同努力下，确定了软件的应用范围、应用深度和应用模式，为工程进度计划的编制、业主方内部的工作计划安排、进度计划的更新和进度信息的集中共享等提供了良好的辅助工具。

思考题

1. 项目管理软件 P3E/C 的核心功能是什么？
2. 如何从组织上保证 P3E/C 软件的应用？
3. P3E/C 应用规划包括哪些主要内容？
4. 应用规划、应用手册和应用制度有哪些区别和联系？

案例2 苏 通 大 桥

项目背景

苏通大桥(图 8-3)位于江苏省东部的南通市和苏州(常熟)市之间，是交通部规划的黑龙江嘉荫至福建南平国家重点干线公路跨越长江的重要通道，起于通启高速公路的小海互通立交，终于苏嘉杭高速公路董浜互通立交，路线全长 32.4km，主要由北岸接线工程、跨江大桥工程和南岸接线工程三部分组成。苏通大桥具有最大跨径(1088m)、最深基础(约 120m)、最高桥塔(300.4m)、最长拉索(577m)四大世界之最，是我国建桥史上工程规模最大、综合建设条件最复杂的特大型桥梁工程，它对完善国家和江苏省干线公路网、促进区域均衡发展以及沿江整体开发，改善长江安全航运条件、缓解过江交通压力、保证航运安全等具有十分重要的意义。

图 8-3 苏通大桥

苏通大桥建设项目是以"项目群"的形态出现，这类项目具有时间长、规模大、投资多、影响广的特点，对项目管理水平提出了更高的要求。在传统项目管理模式下管理项目群，项目管理人员为作出正确的决策，需要花费大量的时间，随着项目数量的增多，对项目群的追踪和控制感到力不从心。其中，信息获取不及时、信息处理量大、决策延误甚至错误而导致工期拖长、费用超预算的现象频繁发生。为实现"安全、优质、高效、创新"的建设目标，早在 2003 年大桥建设初期，苏通大桥建设指挥部即着手组织项目管理信息系统（STPMS）的开发工作，并逐步运用到建设管理过程中，通过提高统筹协调、计划协同、动态控制与预测、关键业务数据的存储、有序沟通和信息共享能力，STPMS 为大桥建设协助进行"四控、二管"（进度控制、质量控制、安全控制、成本控制，合同管理和信息管理）发挥了重要的作用。

（1）系统构成

STPMS 是一个集成系统，如图 8-4 所示，整体框架包括三个层次：一是信息化的基础编码体系，包括 EPS、OBS、物资编码、费用科目、资源角色和管理网络等，它实现了系统的集成；二是主要的业务模块，它协助进行工程建设的"四控、二管"和沟通协调；三是工作平台和信息门户，包括公共信息传播和共享，个人信息中心及汇总报表信息。

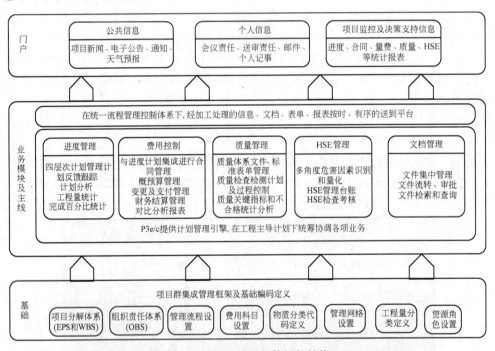

图 8-4 STPMS 的整体框架结构

STPMS 系统建设引入 P3E/C 软件作为业主、承包单位和监理单位协同计划管理的工具。在合同中，明确规定这些主要单位必须具有 P3E/C 软件的使用环境和能力。基于 P3E/C 软件来协调设计、采购和施工之间的界面关系，协调各单元工程之间的工作面和接口关系，协调业主计划、EPC 总包计划、施工计划之间的界面关系。P3E/C 的计划管理为其他业务模块提供时间参数信息，使得各项工作在动态调整，WBS 提供了集成的枢纽。合同完成情况基于计划填报、审核和汇总，并作为支付依据；质量管理的检查检测与工作计划同步协调和更新；HSE[1]需要基

---

[1] HSE 意为：健康（Health）、安全（Safety）和环境（Environment）管理体系。

于计划将施工工序的重点危险源点辨识出来,各种安全作业需与计划相挂钩;交工验收的分部分项工程就是 WBS 的部分。

STPMS 为所有参建单位提供了用户获取工作所需信息,并处理业务的信息门户和工作平台。信息平台和工作门户包括公共信息(天气预报/新闻/电子公告等)、个人信息(邮件/会议通知/流转审判责任事项等)、各种汇总分析报表、关键文档及其他信息。

(2) 主要功能

1) 项目群管理架构体系

项目管理信息化已从过去采用单一软件的形式走向采用集成的形式;同时集成的方式从信息管理为主走向以项目管理技术为主信息管理为辅的设计思路。STPMS 是立足于企业级项目管理(Enterprise Project Management,简称 EPM)理论基石之上,为苏通大桥工程管理提供基于互联网基础上的项目管理信息平台。整个平台在一套统一的基本体系下运作。这些体系包括统一的门户管理、项目体系、责任范围体系、流程管理体系、作业进度协调体系、信息发布与交流体系、文档资料与知识管理体系。

2) 计划管理

苏通大桥 STPMS 的最小管理单元是作业,由不同层次的作业与逻辑关系构成一个反映项目实施过程的立体网络计划模型(多阶网络计划)。不同层次间的关系如图 8-5 所示,通过责任目标的分解与任务的细分,构成下层网络计划,每个层次由一个或多个项目(分项目)的网络构成,项目之间建立逻辑关系构成立体的网络计划模型。

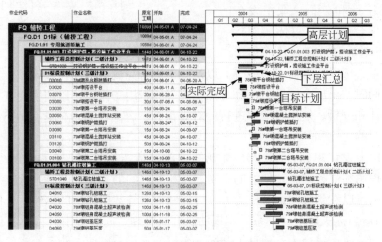

图 8-5 不同层次间关系示意图

由于目前没有直接处理立体网络计划的管理软件,在苏通大桥 STPMS 实施中,借用 P3E/C 软件变通实现立体网络计划管理功能。美国 Primavera 公司的 P3E/C 软件具有企业级的项目管理结构 EPS(Enterprise Project Structure),项目间逻辑关系处理功能,以及多项目组合分析功能能够满足立体网络计划的基本需求。

苏通大桥工程建设项目的计划分为四个层次进行控制与管理。下层计划是上层计划的目标与责任的进一步分解,是上层计划的支撑。三层以上的计划是苏通大桥工程建设项目不同管理层面的项目管理策划,第四层是具体实施计划。

里程碑计划(一级计划)——根据投资方的要求和设计咨询单位提供的进度安排确定的项目里程碑点的时间安排。

总控制计划(二级计划)——指挥部根据里程碑计划要求编制的项目实施指导性计划。标段/管理控制计划(三级计划)——标段/管理控制计划是在总控制计划基础上进一步深化的控制计划,标段控制计划也即承包商标段实施总进度计划。管理控制计划也即指挥部按业务归口根据总控制计划编制的三级计划。

实施计划(四级计划)——根据标段/管理控制计划编制的项目具体实施计划。

3) 动态费用控制

STPMS 遵循动态管理的方式,将投资、费用、成本管理与计划 WBS 关联起来,实现联动效应,管理者在动态中掌握主动。图 8-6 是投资、合同、计划集成控制示意图。

从图中可以看出,概预算及投融资作为"入项合同",与业主的高层计划的 WBS 对应和分摊,从而得出资金需求计划、投资安排计划和资金到位计划等。同时"入项合同"对应和分摊到统一的费用工作表,以便实现从费用控制视角的统计和分析。业主发包作为"出项合同",与总体实施计划的 WBS 对应和分摊,从而得出

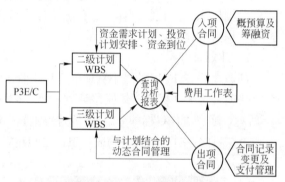

图 8-6 投资、合同、计划集成控制示意图

计划完成量、标段资金需求曲线等,以及便于进行完成情况反馈和审核,工程质量控制等。同时"出项合同"对应和分摊到统一的费用工作表,以便实现从费用控制视角的统计和分析。使用者能够进行针对概预算、合同及其他们之间在 WBS 和费用工作表上的对比和分析。

针对以上设计思路,STPMS 实现的功能包括招标投标、合同管理、合同执行、量费控制和财务结算,他们的子功能及相互之间的关系如图 8-7 所示。

从图中可以看到合同记录作为大部分控制性事务数据集结的枢纽,合同与工程计划的 WBS 建立关联对应关系,实现动态合同管理。同时费用科目体系作为所有资金流的归结库,集合了概预算、合同、变更、支付,以便于费用的整体分析。最终与财务系统进行数据交互。

4) 质量管理

STPMS 质量管理主要功能包括质量管理体系文件管理,根据工程施工计划编制质量检查、检测和评定计划,质量检查、检测和评定过程记录,不合格记录和整改管理,质量结果统计和报表管理。STPMS 质量管理体系如图 8-8 所示。

通常,质量检验评定体系对项目的划分与建安施工主导计划中使用 WBS(工作

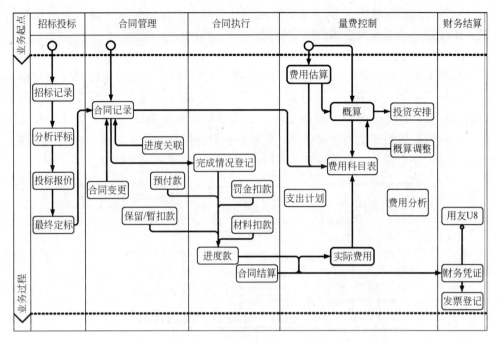

图 8-7　STPMS 子功能及相互间关系

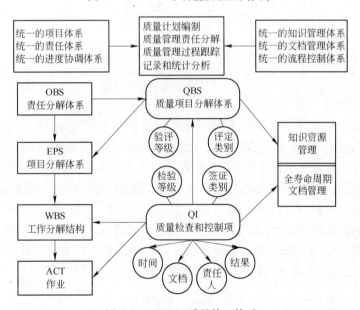

图 8-8　STPMS 质量管理体系

分解结构）不能一一对应，造成难以编制以施工计划为主导的质量管理计划。为符合国内习惯，在 PowerPIP 设置"质量分解结构"QBS（Quality Breakdown Structure，简称 QBS），在每一个 QBS 下定义一个或多个质量管理单元或质量检查控制项 QI（Quality Item）作为对质量管理体系分解结构的结构化编码，QI 作为最小的质量检验评定单元与工程施工计划作业项的关联，赋予 QI 时间属性，并通过 QBS 的汇总统计形成完整的协同质量管理计划。PowerPIP 具有与质量计划相配套的质量责任制,能够反映以工序为基本单元的过程检验,包括材料、设备等的检验情况,体现以分项工程为主体的评定情况。

5) 安全管理

如图8-9所示,在统一的项目管理体系下,STPMS为大桥建设安全管理相关人员提供了一个工作平台。通过多个角度(WBS、施工区域及资源)安全危害因素识别和评价,建立包含各主要施工单位、监理单位和业主的统一安全管理责任体系、过程管理体系和文档记录体系,能够进行数据统计和分析,动态地反映苏通大桥工程施工安全情况,使管理者能及时准确和全面地了解安全信息。

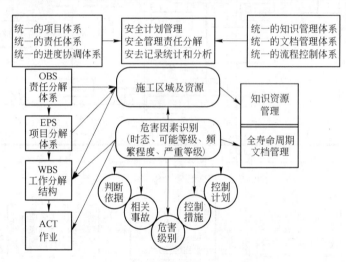

图8-9 STPMS安全管理体系

6) 文档管理

STPMS文档管理模块为项目管理者提供了必要的技术支持和历史数据,它包括公共资源(规范、规程、程序文件等)、项目计划方法论模板和电子档案三大部分。在STPMS系统中,基于项目计划实现文档的计划管理;在项目执行过程中,管理人员按照计划编制各类文档,并沿着标准化和规范化的流程进行流转、审批和分发,批准生效文件能够及时进行组卷和档案管理;在项目收尾时,能够快速进行竣工资料整理和移交。通过建立相应的知识积累和更新机制,将文档管理和知识管理形成闭合环路(如图8-4所示),保证知识资源保持持续不断的更新和流动再利用状态,将知识收集、知识共享和知识再利用有机融合,使得知识管理不再只是一个口号。

小 结

大型工程建设项目的管理本身就是一项系统工程,管理的改进是一项艰巨的任务。"管理出效益"、"用更多的定量数据辅助决策"已成为项目管理决策层的共识。苏通大桥STPMS实践以及现代项目管理知识体系与统筹管理理论表明,在大型工程项目管理中应以网络计划、时间协同为中心,充分体现统筹协调,建设的项目管理信息系统要达到以下目标:具有多项目多层次计划管理的能力,形成严谨的责任与目标管理机制,达到进度、费用、资源、质量等集成管理的目的,能够进行多项目的组合分析,以及具有流程管理与网络计划有机结合的能力。上述目标是大型工程项目管理信息系统研究与开发的热点和难点问题。STPMS研发在这些方面进行了一些有意义的探索。

思考题

1. 大型工程建设项目管理信息系统建设的目标是什么?
2. 企业级项目管理思想在大型工程建设项目管理信息建设中起到哪些指导作用?

8.2 基于网络平台的项目管理系统

案例1 烟台万华集团MDI(聚氨酯)工程

项目背景

烟台万华项目是一个大型化工建设项目,项目所在地为宁波,业主为烟台万华聚氨酯股份有限公司,承包方为西安华陆工程科技有限责任公司,监理方为成都信达监理公司、安徽三元工程监理公司、天津辰达工程监理公司,引进美国制造的生产设备。因而该项目参与单位地域十分分散,异地沟通和协调成为最大困难。因此需要先进的信息平台进行项目信息管理,而基于互联网的信息交流平台——项目信息门户(Project Information Portal,PIP)可很好的满足这一要求。PIP的核心功能是信息交流、文档管理和共同工作。本案例主要介绍本项目如何引进成熟的PIP产品进行项目信息管理和沟通协作。

项目信息门户的应用

(1) PIP简介

项目信息门户是在对项目全寿命过程(生命周期)中项目参与各方产生的信息和知识进行集中管理的基础上,为项目参与各方在互联网平台上提供一个获取个性化项目信息的单一入口,从而为项目参与各方提供一个高效率信息交流和共同工作的环境。

1) 项目信息门户的核心功能

国际上有许多不同的项目信息门户产品,其功能不尽一致,但其主要的核心功能是类似的,即:

- Project Communication,项目各参与方的信息交流;
- Document Management,项目文档管理;
- Project Collaboration,项目各参与方的共同工作。

2) 项目信息门户的主持者

对一个建设工程而言，业主方往往是总组织者和总集成者，一般而言，他自然是项目信息门户的主持者。业主方也可以委托代表其利益的工程顾问公司作为项目信息门户的主持者。

3) 项目信息门户的运行模式

项目信息门户有两种运行模式，即 PSWS(Project Specific Websites，项目专用门户网站)模式和 ASP(Application Service Provide，多项目服务的公用网站)模式。项目信息门户运行模式的发展趋势是采用 ASP 模式。

(2) PKM 简介

PKM(Projkt Kommulikation Management)是德国最大的项目管理公司之一 Dress&Sommer 下属的信息技术公司 Conclude 基于长期在建筑界和信息技术方面的经验开发的商业化 PIP 产品，自 1997 年开始应用该平台管理项目，曾在欧美包括斯图加特新展览中心、法兰克福 Dresder 银行等几十个大型建设项目中获得成功应用。PKM 的主要功能包括工程信息的发布平台、工程信息的收集、整理和存储平台和个人信息处理的工作平台。

该平台的特点是无需专门的信息发布员、界面友好、交互式工作、信息集中存储和 24 小时在线不间断工作、本项目引进 PKM 后进行了汉化，汉化过程也较简单，因此较易使用，符合目前国内信息化的现实需求。

(3) 万华项目应用 PIP 的关键要素

PIP 软件产品的使用本身对工程技术和管理人员的计算机专业知识和操作水平要求并不很高。但是，PIP 实施的关键要素是在实施前的组织和管理准备，包括项目实施各方在思想观念上的准备。在烟台万华项目上，以 PIP 为核心的工程管理信息平台实施的要素可以分为四大件，即硬件、软件、教育件和组织件，其中组织件和教育件是最关键的要素。

● 硬件

PIP 软件对硬件系统并没有非常特殊和过高的要求，但需要硬件具有安全性、稳定性和高速度。

● 软件

PKM 软件系统由一个模块化设计的多层结构构成，通过一个视图管理器将客户端和服务器端组建分离，使设计和显示与内容分开。当用户修改设计和改变界面语言的时候可以不必改变配置。管理员可以使用 WEB 界面修改系统设计。

● 教育件

PIP 需要有关的工程管理人员和技术人员在观念上能全面更新、在信息处理工作中能自觉行动，在软件运用上能熟练掌握。这些都需要进行充分的宣传和系统的培训，在领导层、工程管理层和技术层中形成共识，化为行动。

● 组织件

PIP 在运用过程中要进行组织结构设置和工程管理信息化工作，如组织结构及岗位责任的设置、有关人员的任务分工及权限设定、工程信息的分类和编码以及信息处理制度的制定等。

在烟台万华项目上，PIP 的正常运行经历了以下 3 个阶段，如表 8-8 所示。

PIP 应用各阶段的任务表　　　　　　　　　　表 8-8

项目阶段＼平台支撑	教育件	组织件	软件与硬件
构建平台阶段	对项目相关人员就平台的功能和架构进行培训	确定平台运行的组织方案	确定平台的方案
	进行项目相关人员的培训，明确平台建立的工作流程	建立信息管理制度	软件选用和购置相应的管理
	协助主要用户了解平台的使用	编制详细的工作计划	硬件选用、购置的管理
		组织平台的建立工作，作好各单位之间的协调工作	
平台试用阶段	进行项目相关人员的培训，明确平台建立的工作流程	确定平台比选的组织方式与评委	制定平台软件系统和硬件系统的比选标准
	协助主要用户了解平台开发的管理职能分工和任务分工	制定平台比选的工作流程与工作计划	整理平台比选过程中的资料，并形成技术报告
		协助实施小组进行平台比选	分析选定平台的软件系统和硬件系统构架
平台推广使用阶段	系统使用和操作培训	协助实施小组提供平台的维护与技术支持，确保平台正常运行	制定平台使用维护工作流程

(4) 万华项目应用 PIP 的组织

在烟台万华项目上，为了推动 PIP 的应用，成立了项目信息管理协调小组，取得了很大的成效，有力的保障了 PIP 在该项目的成功实施。

1) 信息管理协调小组的作用
- 在 PKM 试运行阶段组织项目参与各方尽快启动 PKM 的使用，协商建立项目信息管理制度。
- 在 PKM 正式运行过程中协调项目参与各方确保 PKM 的正常运行，监督项目信息管理制度的执行。

2) 信息管理协调小组组织结构建议
- 协调小组人员由业主方、总承包方和监理方的有关人员构成，项目管理单位协助协调小组的工作。
- 协调小组设组长和副组长各 1 名，考虑到总承包方将承担主要的信息管理工作，建议由总承包方的人员任组长，业主方人员任副组长。
- 协调小组中设项目系统管理员1名，由业主方人员担任，不同于烟台总部的系统管理员，该管理员负责PKM系统中与本项目有关的重要的设置工作及日常运行维护。

3) 信息管理协调小组人员组成建议
- 业主方：2人（协调小组副组长及项目系统管理员）。
- 总承包方：2人（协调小组组长及信息管理员）。
- 监理方：3人（每监理公司各1人任信息管理员）。

(5) 万华项目应用PIP的应用价值

PIP在大型项目建设中所带来的巨大经济效益在烟台万华项目中得以充分体现。在该项目中应用项目信息门户PIP的巨大价值主要体现在以下5个方面：
- 对工程的管理和控制提供强有力支持，提高项目建设的效益；
- 降低工程项目实施的成本；
- 缩短项目建设的时间；
- 提高工程建设的质量；
- 降低项目实施的风险。

小　结

基于互联网平台的项目管理是工程管理信息化的重要发展方向，但目前我国的建筑业与其他行业、与工业发达国家建筑业在该方面还有鸿沟，应用基础还比较薄弱，相关人员的素质尤其是主要管理人员的信息化素质还亟待提高。PIP的应用能带来巨大的价值，是项目增值的主要手段之一，只要采用正确的方法和合适的模式，并不会为用户增加很大的工作量，而相应的直接和潜在的价值却非常大。PIP的应用从本质上改变了传统的工作模式，改变了传统的信息沟通手段，因此也会对管理的理念和管理模式带来一定的冲击，需要从组织和管理上予以保证，否则PIP的应用很难成功。

思考题

1. 项目信息门户的核心功能是什么？它与项目管理信息系统（Project Management Information System，PMIS）有何主要区别？
2. 项目信息门户实施的关键要素是什么？如何通过这些要素的控制达到应用目标？

案例2　北京奥运工程建设管理信息平台

项目背景

2008年北京奥运会将建设大量的比赛场馆和配套设施，总投资额达5000亿元人民币。本届奥运会提出"科技、人文、绿色"奥运的理念，而"数字奥运"则是"科技奥运"的时代特征，是"人文奥运"的弘扬手段，是"绿色奥运"的重要支撑。

为保证本届奥运会的出色举办，建立以人为本、个性化、符合国际惯例和体现中国特色的综合信息服务体系，奥组委工程部决定整合系统资源，建立奥运工程建设项目管理信息平台，以保障对奥运项目的建设实施科学、高效和全面的管理。

那么如何进行奥运会这样大型群体项目信息系统的开发和应用呢？本案例系统地介绍了奥运工程建设管理信息平台的总体构思原则、信息平台的项目定义、建立平台的技术路线和平台开发的组织模式等，为同类项目信息系统的开发建设提供一定的参考。

基于网络平台的项目管理系统

(1) 奥运工程建设管理面临的压力

1) 由工程管理国际化的特征带来的法律法规、管理模式以及管理手段上的变化很大。

2) 项目分散不利于集中管理，用传统的管理方法要投入相当多的人力、物力和财力。

3) 投资额度大，建设时间跨度大，建设过程中风险巨大，投资、进度和质量目标的控制难度大。

4) 众多的参与方使得整个工程的组织协调工作量巨大，采用传统的工程管理方法和手段将难以有条不紊地组织好奥运工程的建设。

5) 多元化的投资主体必然带来多元化的管理，这将加大奥运会组委会工程部和有关政府主管部门宏观管理和监督的难度。

上述问题的解决，离不开先进的项目管理、有效的信息沟通和有力的工作协调。为了进一步体现科技奥运的先进理念，同时也在建设奥运工程的同时，进一步提升北京市工程建设的管理水平，奥组委工程部决定组织开发奥运工程建设管理信息平台，应用大型群体项目信息系统实现奥运工程建设的高效和快速管理。

(2) 奥运工程建设管理信息平台总体构思原则

1) 奥运工程建设管理信息平台应有明确的定义和范围

奥运工程建设管理信息平台的实施可以为北京奥组委、北京市政府各主管部门提供决策和项目控制所必须的信息，有利于加大对奥运工程的控制力度；可实现奥运工程范围内不同参与方的信息共享，提高信息的透明度；有利于奥运工程组织的扁平化，高效地实现信息的交流和协同工作。

奥运工程建设管理信息平台应在可能的条件下集成项目管理软件，实现对项目管理相关信息的处理，在此基础上，通过项目信息门户实现奥运工程项目相关的信息共享和交流。建立这样一个平台，应重视系统的适用性，避免由于系统过于复杂而导致开发与运行失败。宜严格将工程建设管理信息平台与办公自动化系统、电子政务系统等分离，以明确工程建设管理信息平台开发的范围。

2) 平台宜在一个成熟的信息平台基础上进行二次开发

奥运工程是具有广泛的社会影响和政治影响的超大型建设项目，建立奥运工程建设管理信息平台可以为奥运工程管理提供强有力的技术支持，有利于奥运工程的顺利实施。在开发时间相当紧迫的情况下，从"零"开始开发一个新的信息平台几乎是不可能的。所以，宜选择一个性能稳定、操作使用方便、利于维护并具有国际先进水平的信息平台（应有3年以上的运营经验，经过许多用户和大型项目的考验）作为基础，结合奥运工程建设管理的特点进行必要的二次开发，形成奥运工程建设管理信息平台，以满足奥运工程建设管理的需要。

3) 建立平台的组织模式

建立奥运工程建设管理信息平台可以有多种组织模式，结合北京奥运工程建设管理的实际情况，可以采用平台建立与运行全过程管理（Program Management，以下简称"总体管理"）、"总承包"和"总承包管理"三种可能的组织模式。

4) 需要总体管理单位的组织和协调

奥运工程建设管理信息平台的开发是一个大型和复杂的系统工程，为了保证该平台达到国际先进水平，满足奥组委、北京市政府有关部门以及奥运工程不同参与方工程管理的需求，需要一个总体管理单位协助平台开发实施小组对项目进行总体控制、总体管理、总体组织和总体协调，该单位应具备以下条件和能力：

- 在工程管理信息平台方面具有很强的理论知识；
- 在工程管理方面具有很强的理论知识，具有主持大型建设工程的工程管理的经验；
- 具有组织大型信息系统和软件产品开发的能力；
- 具有组织国内、国际上相关机构协同工作的能力。

5) 应十分重视与平台开发和运行相关的教育件和组织件

教育件宜从以下三方面入手：

- 政府和项目有关领导必要的IT知识和建设管理信息平台使用方面的研讨；
- IT人员的工程管理和建设管理信息平台的培训；
- 工程管理人员IT知识和建设管理信息平台使用方面的培训。

组织件的启动宜从以下四方面入手：

- 不同管理平面的组织结构；
- 不同管理平面的组织的任务分工和管理职能分工；
- 不同管理平面的组织的信息管理制度；
- 信息编码包括组织编码、项目编码、投资控制编码、进度编码、质量编码以及文档编码等。

6) 确保平台的安全运行

奥运工程建设管理信息平台的安全性是一个核心问题，要保证平台的系统安全、网络安全和数据安全，建议专业化的安全咨询公司或专家介入相关的工作。

(3) 项目定义

1) 奥运工程建设管理信息平台的涵义

工程建设管理信息平台包括硬件系统和软件系统，软件系统包括项目信息门户(PIP)、操作系统和应用软件(一般工具软件和项目管理软件)等。项目管理软件对工程相关数据进行处理，PIP则实现包括项目管理软件处理的信息在内的项目有关信息的交流和共享，它提供了工程建设管理信息平台的核心功能。

奥运工程建设管理信息平台，为奥运工程管理提供信息与决策支持服务，它可满足项目主持方和各参与方之间，以及各参与方之间在项目实施过程中信息交流和协同工作的要求，另外为不同的项目参与方提供个性化的项目信息服务。

2) 信息平台的特点

- 与传统工程项目团队信息的分散保存和管理不同，工程建设管理信息平台是以项目为中心对项目信息进行集中存储与管理，实现了信息共享，有利于提高信息交流的效率，降低信息交流的成本，提高信息交流的稳定性、准确性和及时性。
- 提高信息的可获取性。使用工程建设管理信息平台作为项目信息获取途径，可以在任何时间、任何地点不受任何限制地获得项目信息。
- 改变项目信息的获取和利用方式。工程建设管理信息平台对信息进行集中存放和有效管理，使信息获取者可以根据业务处理和决策工作的需要决定获取的信息，将有利于提高信息利用的效率和决策的效率。

3) 信息平台的功能(图8-10)

4) 信息平台的意义

利用信息技术建立奥运工程建设管理信息平台的意义主要体现在以下方面：

- 有利于对奥运工程实施全过程管理

建立奥运工程建设管理信息平台可以使奥组委、北京市有关主管部门以及奥运工程各子项目的委托方及时地获得项目实施过程中的各种信息，提高其对项目目标的控制能力。在项目结束后，委托方可以十分方便地得到有关项目实施过程中的全部信息，用于项目的运营与维护。

- 有利于节约奥运工程建设投资

采用奥运工程建设管理信息平台有利于提高信息交流的效率和有效性，从而大大减少不必要的工程变更，提高决策效率，节约建设投资。国际权威机构在有关资料中表明，应用工程建设管理信息平台所带来的投资节约大约占到项目总投资的5%～10%(国外的统计资料表明，其投资节约可达到10%以上)。

- 加快奥运工程建设速度

工程管理者有80%的时间是用在信息的收集和处理上。使用奥运工程建设管理信息平台进行项目信息管理和交流可以大幅度缩短搜寻信息的时间，提高工作和决策的效率，从而有利于加快项目实施的速度；应用奥运工程建设管理信息平台可以有效地避免由于信息延误、错误而造成的工期拖延。

- 提高奥运工程的工程质量

奥运工程建设管理信息平台可以为委托方、设计单位、施工单位以及供货单位提供有关设计、施工和材料设备供货的信息。在一定的授权范围内，这些信息对委

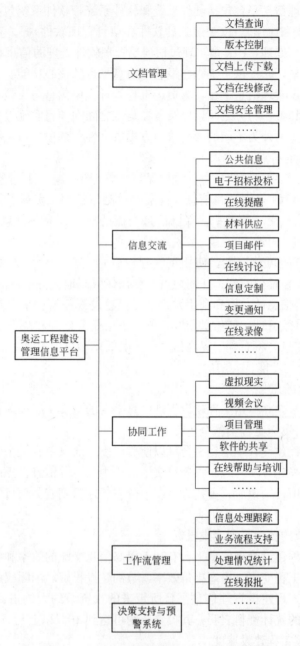

图 8-10 奥运工程建设管理信息平台主要功能

托方、设计单位、施工单位以及供货商是透明的,可以避免传统信息交流方式带来的弊端,有利于奥运工程设计、施工和材料设备采购的管理与控制,为形成高质量的奥运工程提供有力的保障。

- 降低奥运工程实施的风险

通畅的信息沟通,有利于提高决策人员以及工程管理人员对工程实施的预见性,并可以对项目实施过程中产生的干扰进行有效的控制,以减少错误决策所带来的风险。
● 有利于奥运工程建设的合同管理

奥运工程建设管理信息平台通过对有关项目合同信息进行集中存储和管理，可以改变传统合同管理分散、无序的状态，避免信息的不对称，有利于工程管理人员及时了解合同款支付情况，掌握合同变更情况，对合同履约情况作出及时的判断和反应。

(4) 建立平台的技术路线

1) 选用成熟平台的必要性

建立奥运工程建设管理信息平台可以采用两种技术线路：从"零"开始开发一个新的信息平台；在已成熟的信息平台的基础上二次开发。从开发的周期、经济性和开发的技术风险角度看，在成熟平台基础上进行二次开发相对于从"零"开始具有很多优势，主要体现在以下一些方面。

① 从开发周期角度看，一个新系统从开发到系统稳定使用所需时间周期较长，经验表明，任何一个大型系统开发周期都在一年以上，而且要经过用户试用期。鉴于奥运工程实施的紧迫性，显然不可能再从"零"开始开发一个全新的系统。

② 从经济角度看，开发新系统需要投入相当多的人力、物力和其他资源，开发周期长，费用成本比在成熟平台基础上进行二次开发要大的多。而在成熟平台基础上进行二次开发，其开发成本只包括平台使用和调整功能的费用，所需投入的时间、成本相对较少。

③ 从开发技术风险角度看，一个大型软件系统开发的成功与否往往要经过一个相当长的用户试用期。在成熟平台基础上进行二次开发是在现有平台的基础上进行必要的功能调整。一个成熟的平台拥有大量的用户，表明平台运行的稳定性、系统的安全性和可操作性方面有成功经验；而开发新系统一切从"零"开始，对于奥运工程这么重大的项目而言，承担的技术风险相当大，如果信息平台在稳定性、安全性等方面出现问题，将会对奥运工程建设产生不利的影响。

2) 建立平台的工作流程（图 8-11）

3) 信息平台比选的原则（表 8-9）

工程建设管理信息平台比选原则　　　　　表 8-9

功　　能	是否能满足奥运工程管理的需要
成熟性	在大型项目上是否有成功运行的经验
先进性与兼容性	是否符合标准化
稳定性	系统持续运行软硬件的可靠性、管理海量数据的可靠性
安全性	系统安全、数据安全
可维护性	是否易于维护
可操作性	用户界面是否友好；操作是否简便
二次开发的可实施性	二次开发的难易程度(费用、周期等)、语言汉化难易程度
经济性	平台使用费和二次开发费用与平台维护费

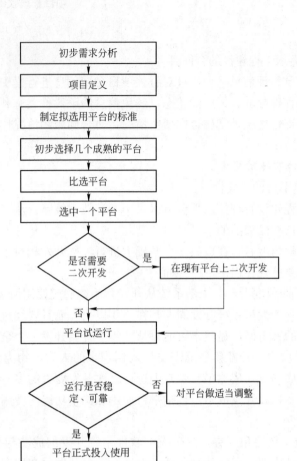

图 8-11 建立奥运工程建设管理信息平台的流程

4) 拟选定的信息平台

目前国内还没有运行稳定、操作使用方便、并利于维护的工程管理信息平台，拟选定霍尼韦尔的 Myconstruction、德国 Drees & Sommor 项目管理咨询公司的 PKM 以及美国的 Buzzsaw 等作为供比选的平台，它们都运营了较长的时间，拥有了一定的用户群。

(5) 平台开发的组织模式

1) 三种不同的开发组织模式

由于该项目总承包商的范围难以具体确定，可以先提出三种可能的组织模式，即"总体管理（Program Management）"模式、"总承包"模式与"总承包管理"模式。

① "总体管理（Program Management）"模式

总体管理（Program Management）模式的合同结构如图 8-12 所示。

总体管理（Program Management）模式有以下特点：

- 总体管理（Program Management）单位与委托方签订总体管理（Program Management）合同，合同中委托 Program Management 单位协助平台开发

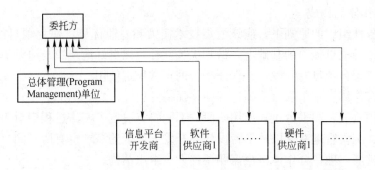

图 8-12　总体管理(Program Management)模式下的合同结构

实施小组负责平台开发的总体设计、总体控制、总体管理和总体协调。
- 委托方在合同中应明确，平台开发商、软件供应商以及硬件供应商在工作中接受总体管理(Program Management)单位的管理与协调。

②"总承包"模式

"总承包"模式的合同结构如图 8-13 所示。"总承包"单位与委托方签订"总承包"合同，"总承包"单位与软件供应商和硬件供应商签订分包合同。"总承包"单位承担建立信息平台的工作。

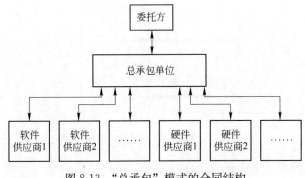

图 8-13　"总承包"模式的合同结构

③"总承包管理"模式

"总承包管理"模式的合同结构如图 8-14 所示。

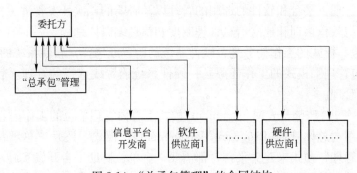

图 8-14　"总承包管理"的合同结构

2) 合作体的构成

在开放性组织的原则下，应该汇集技术实力和专业优势，建立项目的合作体，在充分发挥各成员强项的基础上，做到优势互补，以更好地组织与协调奥运工程建设管理信息平台项目的开发，并保证平台的正常稳定使用。

项目合作体在整个项目实施过程中将保持开放性。"决策阶段"、"建立平台阶段"、"试用阶段"和平台正式使用阶段的不同特点决定了实施过程中对于项目总体控制人员、工程管理专家以及平台设计与开发人员等的需求也有所不同。因此，随着项目的进展，项目合作体将视需要调整人员组织结构。

3) 建立、运行和维护平台的工作内容

总体管理（Program Management）、总承包和总承包管理，三者介入项目的时间阶段各不相同，如图 8-15 所示。

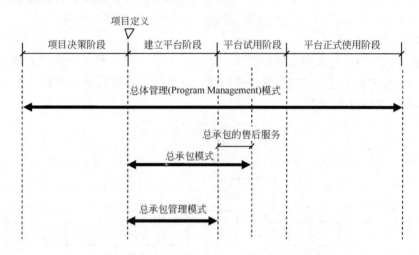

图 8-15　三种模式工作内容的时间分布

相应地，三种模式工作任务也存在差异。

总体管理（Program Management）模式的工作任务是：在项目全过程中协助实施小组进行总体管理、总体设计、总体控制和总体协调，主要包括：决策阶段的用户需求初步分析和编制项目定义；在建立平台阶段协助平台实施小组进行硬件的选用、购置的管理，平台和软件的选用的管理以及必要的二次开发管理工作；在平台运行阶段组织教育培训和建立信息管理制度和信息编码体系。

"总承包"模式的工作任务是：硬件系统的购置或选择，软件系统的提供。

"总承包管理"模式的工作任务是：硬件系统购置或选择的管理，软件系统采购或提供的管理。

4) 总体管理（Program Management）模式下总体管理单位的工作内容

无论采用"总体管理（Program Management）"模式，还是"总承包"模式或者"总承包管理"模式来建立平台，都需要一个单位协助平台开发实施小组对项目进行总体设计、总体控制、总体协调和总体组织。这些任务又体现在支撑工程建设管理信息平台的教育件、组织件、软件和硬件4个方面。表8-10所示为总体管理(Program Management)模式下的工作内容。

总体管理单位的主要工作内容 表8-10

项目阶段	平台支撑任务	教育件	组织件	软件*与硬件
项目决策阶段	初步需求分析	• 与奥组委工程部、北京市建委和其他平台主要用户的领导研讨工程管理信息平台的内涵和重要意义	• 初步确定平台开发单位的组织结构 • 了解奥组委工程部、北京市建委和其他平台主要用户现有的组织结构与职能分工	• 制定平台初步需求分析调查提纲 • 开展用户初步调查
	项目定义	• 进行工程管理人员的IT培训,以掌握工程管理信息平台的特征与系统架构 • 进行IT人员的工程管理培训,以掌握工程管理信息平台系统中包涵的工程管理思想	• 初步确定系统功能 • 编制平台开发的进度纲要 • 项目组织结构分析与设计	• 结合工程管理信息平台的基本功能、奥运会工程特点以及用户初步调查的结果,提出项目定义报告,包括平台的功能定义、系统安全的需求以及可供选择的平台技术架构等内容 • 分析用户现有的软件、硬件系统,并提交分析报告
建立平台阶段	平台比选	• 进行项目相关人员的培训,明确平台建立的工作流程 • 协助奥组委工程部、北京市建委和其他平台主要用户了解平台开发的管理职能分工和任务分工	• 确定平台比选的组织方式与评委 • 制定平台比选的工作流程与工作计划 • 协助实施小组进行平台比选	• 制定平台软件系统和硬件系统的比选标准 • 整理平台比选过程中的资料,并形成技术报告 • 分析选定平台的软件系统和硬件系统构架
	平台建立	• 对项目相关人员就平台的功能和架构进行培训	• 编制详细的工作计划 • 协助实施小组组织平台的建立工作,作好各单位之间的协调工作	• 硬件选用、购置的管理 • 软件选用和相应的管理
平台试用阶段		• 系统使用和操作培训 • 系统环境维护培训,协助平台用户理解平台运行与维护的特点	• 制定信息编码原则 • 建立项目信息管理制度	• 编制平台试用情况总结技术报告
平台推广使用阶段		• 系统使用和操作培训	• 协助实施小组提供平台的维护与技术支持,确保平台正常运行	• 制定平台使用维护工作流程

注:*指信息平台系统开发及相关工程管理软件的集成。

小 结

奥运工程建设项目为超大型群体项目,项目目标要求严格,信息的沟通和管理成为最大的挑战之一,需要借鉴先进的手段,并且需要利用全寿命周期信息管理的理念使建设期的信息为使用期服务,节约全寿命周期运营成本。在这一背景下,需要考虑各软件系统的数据(信息)集成问题,而 PIP 无疑提供了一种方式。奥运工程建设管理平台的开发也是一个难度极大的工程,需要采用具有创新性的开发模式。案例系统地介绍了该平台的定义和特点,主要功能及开发模式,可为同类平台的开发提供借鉴。

思考题

1. 如何建立大型群体项目的建设管理信息平台,它能解决哪些问题?
2. 如何进行信息平台开发的组织模式比选?除案例中的三种开发模式外,还有哪些开发模式?

8.3 综合案例 长江口深水航道治理工程

项目背景

长江干流通航里程 2713km,上起四川宜宾,下至长江口,整个水系的通航里程为世界之首,约 7 万 km,占全国总水运通航里程的 70% 以上。长江流域的钢铁、机械、有色金属、石油化工、电子、轻纺等工业在全国均占有重要地位。中共十四大提出了"以上海浦东开发开放为龙头,进一步开放沿岸城市,尽快把上海建成国际经济、金融和贸易中心,带动长江三角洲和整个长江流域地区经济新飞跃"的重大战略决策,长江三角洲地区迅速成为全国经济发展最具活力的区域之一,并大大地带动了我国整体经济的发展。据国家统计局数据显示,长三角地区 2003 年 15 个城市的生产总值为 22775 亿元,占全国的 20%,人均 GDP 已达到 3627 美元。然而,长江入海口的"拦门沙河段"却成为长江下游诸港和上海港海上运输的瓶颈,大大影响和制约了长三角地区的经济发展。

通过我国几代专家、学者对长江口河床演变规律的研究,于 1997 年最终确定了长江口深水航道总体设计思想和工程治理方案。作为我国建国以来最大的水运工程建设项目,长江口深水航道治理工程(以下简称"长江口工程")总投资约 150 亿元,于 1998 年 1 月正式开工建设,分 3 期共 10 年建成堤坝 140km,航道水深分阶段增深到理论最低潮面 8.5m、10m 及 12.5m,航道底宽 350m~400m,可满足第三、第四代集装箱船全天候通航和第五代集装箱及 10 万吨级散货船乘潮进出港的要求。交通部、上海市及江苏省三方出资,依据现代企业管理制度组建了长江口航道建设有限公司(以下简称"长江口公司"),现转制为交通部直属事业单位交通部长江口航道管理局,全面负责长江口深水航道治理工程的规划、科研、建设、管理、运营和维护等工作。

长江口工程具有技术难度大、工程规模大、施工区域广、施工条件恶劣、河势复杂、风险性强等特点，而长江口公司管理人员只有20多人，如此数量的人员如何成功应对和实施如此规模并具有相当大风险的工程，在国际范围内都是一个很难解决的问题。1998年初长江口公司组建伊始，公司领导高瞻远瞩，认为要顺利实施和完成长江口工程建设任务，就必须非常关注和重视工程信息化管理工作，并制定了"注重管理投资、规范管理过程、完善管理制度、以信息化促进管理创新"的原则，全面、细致地规划和制定了长江口工程信息化管理建设和实施方案。采用现代信息技术、网络技术和通信技术等高科技手段促进技术创新、管理创新以及制度创新，以期拓展和提高管理人员的管理宽度、管理能力和管理效率，加强项目各参与单位之间的信息沟通和协同工作能力，创建"项目利益高于一切"的项目文化，及时、准确、全面地掌握各种项目进展信息，从而达到快速科学决策、成功实施和完成长江口工程建设任务的目的，并使得长江口工程成为国内乃至国际上工程管理信息化建设的标杆性项目，推动工程管理信息化建设进程。

(1) 总体思路和原则

为了成功有效地实施长江口工程的信息化建设工作，长江口公司在工程建设初期就工程管理信息化建设工作提出了以下总体建设思路和原则：

1) 通过信息化建设提高工程管理水平

长江口公司是为完成长江口工程项目建设任务而组建的新公司，公司管理人员在工程管理理念、管理方法和工作习惯等方面不尽相同，需要一定的时间磨合、交流和沟通，再加之公司人员精简，如若不加强和提高公司人员的管理水平，将无法完成繁重的工程建设任务。通过信息化建设的契机，可以使管理人员的管理理念逐渐趋于一致，管理过程、管理方法逐步规范和完善；可以提高管理人员的管理宽度和工作效率，使得信息获取和分析能力大幅度增强；可以减少组织管理层次，使得"扁平化、网络化"的组织结构得以实现，从而提高对项目的应变、管理以及决策能力。

长江口工程建设需要由建设单位、设计单位、施工单位和材料设备供应商等项目参与方的共同努力才能完成，因此在加强建设单位信息化管理的基础上，还应提高其他项目参与单位的信息化管理水平，从而全面提升长江口工程信息化管理的整体水平，为顺利建设长江口工程提供保障。

2) 整体规划、分步实施

随着我国建设工程项目管理理论的发展和实践水平的提高，信息化管理在大型建设工程项目中的应用力度逐渐加大，然而必须认识到工程建设领域信息化管理"失败率高、水平低下、无谓投资大"的现状。为了保证信息化管理在长江口工程中实施的成功率，长江口公司认为，在信息化管理建设过程中，应充分吸取其他大型建设项目信息化管理的经验教训，统筹考虑信息化管理设计方案和实施方案，遵循"整体规划、分步实施"原则，本着"对国家负责、对项目负责"的态度，步步为营，稳扎稳打，逐步开花，最后达到总体目标的实现。

长江口工程建设的过程也是信息化管理方案动态调整的过程，也是信息化管理水平逐渐提升的过程，也是信息化管理逐步拓展的过程，也是管理人员的管理水平和管理能力的提升过程。信息化管理工作贯穿于长江口工程建设的全过程。

3) 既与国际接轨又符合国情

信息化管理体现着长江口工程的管理理念、思想以及方法，因此，在信息化管理建设过程中，既要吸收国际项目管理的先进经验和方法，与国际项目管理惯例接轨，又要充分考虑到我国基本建设法规、规定、建设程序以及管理习惯。只有既与国际接轨又符合我国国情的信息化管理才能既具有先进性又具有可操作性，才能从根本意义上提升长江口工程的管理效率和管理水平。

4) 先进性和实用性相结合

大型建设项目的信息化管理建设在我国尚处于初步应用阶段，必然要经历一个循序渐进的过程，在建设过程中不能一味地追求理论的先进性，应把握住先进和实用的关系。在思想、理论和方法等方面可以借鉴国外的一些先进做法，但绝不能死搬硬套，在保证一定先进性的基础上，首先关注的是其实用性，是否真正能达到预期效果。实用性才是信息化管理成功的基础和前提。

5) 注重信息共享和沟通管理

沟通是长江口工程能否取得成功的关键之一，在信息化管理建设过程中应充分采用现代信息技术、网络技术和通讯技术，采取多种沟通方式和渠道，在不同的层次和侧面，强化信息的沟通和共享，以减少信息传递的成本，缩短信息获取的时间，消除由于信息不对称而产生的一系列问题，提高项目参与各方的协同工作能力，也为创造良好的项目文化服务。

应以知识积累和知识管理的方法，考虑将项目执行过程中所有信息予以保存、归类和归档，使电子化的信息为工程本身的有序开展起到提供知识库的作用，并且也为运营维护阶段提供详尽的信息和技术资料，使整个管理行为在持续发展的轨道上前进。信息的积累，同时也为可能要发生的争议、索赔起到信息智囊的作用。

6) 加强信息的集成性

工程管理信息集成问题一直是困扰工程管理界的难题，如何集成工程建设过程中所产生的各类信息，将对工程集成、统筹管理具有非常重大的意义，这也是工程界信息化管理中的一个难点。在长江口工程信息化管理中，应遵循"在具有可操作性的基础上，集成一切可以集成的信息"的原则，在集成度上应根据实际情况作适当的松、紧处理。

7) 计划、控制、预测相结合

工程信息化管理应体现工程项目目标的计划、控制、预测三大步骤或者三大任务，通过编制详尽的计划，在执行过程中，将实际进展与计划相比较，寻找问题，解决问题，最终预测目标实现的可能性。通过信息化管理带动和指导管理人员的计划、控制和预测管理工作，以期为管理工作提供更大的便利。

8) 加强信息化管理的组织措施

大型建设项目的信息化管理尚处于实践摸索过程中，长江口公司将信息化管理确定为"一把手工程",要求各个职能管理部门的领导将此工作作为重点工作内容,并考核各个部门的信息化管理成效,从而为信息化管理提供了强有力的组织保证和组织措施,为信息化管理建设提供了良好的空间和环境。

9) 选择有工程背景的实施伙伴

在长江口工程这样的大型建设项目中实施信息化管理不单单是一个信息技术问题,更重要的是一个管理问题,由于大型建设项目的特殊性,在实施信息化管理过程中,应选择一个既具有大型工程项目管理实践经验,又有信息技术开发实力的公司作为实施伙伴,这样既避免了由于不熟悉工程项目管理而可能出现的沟通问题,又可以利用实施伙伴所具有的工程信息化管理经验,为长江口工程的信息化管理提出一些具有建设性的方案和建议。

10) 坚定工程信息化建设的信念

在大型工程项目中开展信息化管理是一个具有一定摸索和实践性的工作,在实施过程中必然会出现一些曲折和问题,长江口公司认为信息化管理是大型工程项目管理的必然趋势,只要方向正确,在实施过程中一切要按"向前看"的原则进行。正是由于长江口公司坚定了信息化管理建设的信念,信息化管理在长江口工程中取得丰硕的成果,对长江口工程给予了丰厚的回报。

(2) 信息化管理系统的组成

通常的工程项目管理信息系统主要由进度控制、投资控制和质量控制等三大部分组成,然而,在长江口工程信息化管理实践过程中,大大扩展了常规工程项目管理信息系统的内容。长江口公司认为包含了进度控制、质量控制和投资控制三大目标控制的项目管理信息系统还满足不了长江口工程的管理要求和内容,还应根据长江口工程的实际情况,拓展信息管理的外延。

长江口公司根据长江口工程的管理要求和特点,将信息化管理分为目标管理层、现场管理层、公司管理层和网络管理层等四个层面,如图8-16所示。

1) 目标管理层

长江口工程目标管理层除进度控制、投资控制和质量控制等三大目标控制功能外,还增加了形象进度管理、合同管理两大管理功能。

创造性地提出了投资控制和合同管理信息集成模型,从而使得投资控制和合同管理信息的集成化管理成为可能,并具有非常强的可操作性。在合同管理部分,提出了非合同财务支出的处理方法;通过引入"虚拟合同"的概念全面管理投资和合同信息。

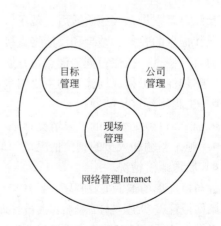

图8-16 长江口工程信息化管理系统组成

针对长江口工程施工区域大、纵向跨度大、施工结构类型多和交界面管理复杂等特点，加强了形象进度管理力度，开发了形象进度管理系统。形象进度管理系统以直观、简洁的图示方式反映施工现场各个标段、各种结构类型和各个工序的实际进展情况，以便公司领导和管理人员及时掌握施工进展情况，发现施工现场存在的问题，提前制定交界面的施工组织和管理方案。

目标管理层的信息化管理工作给长江口工程的三大目标控制提供了强有力的信息支持和决策保障，尤其是投资控制和合同管理集成系统、形象进度管理系统的应用极大地提高了工程管理能力和水平。

2）公司管理层

长江口工程信息化管理系统既需要对长江口工程的建设信息进行管理，也需要对公司内部的信息进行管理。公司内部信息化管理系统包括办公自动化管理系统、档案管理系统、文档管理系统、邮件管理系统、会议管理、工作计划管理、通知、规章制度和通讯录等。

长江口公司在成立之初便购置了办公自动化商品软件，通过一期工程的使用和运行，在一定程度上提高了办公自动化、电子化水平，但是办公自动化系统和档案管理系统信息不能集成的问题阻碍了信息化管理的发展空间。因此，在二期工程建设期间，在原有办公自动化和档案管理系统的基础上进行了二次开发，解决了公司收文、发文与档案管理系统的信息集成问题，从而极大地提高了信息共享能力和知识管理水平，方便了公司内部的信息管理工作。

二期工程开始，长江口公司在现有工程管理信息系统功能的基础上，重点扩展了信息沟通和协作功能，并加强了信息和功能的整合工作，开发了国内第一个集项目协同和控制功能为一身的信息平台（PCCI平台），该平台集成了目标控制功能和公司内部管理功能，使得公司任何人可以在任何时间、任何地点通过项目内联网或互联网快速地处理办公事务、全面了解和掌控项目情况，从而大大地提高了管理人员的信息管理意识，管理水平也得到了极大程度的提高。

3）现场管理层

长江口工程进入实施阶段后，现场管理成为了整个工程建设的核心和关键，现场情况和信息的收集、整理和反馈将直接关系到工程建设的成败。长江口公司针对项目的自身特点，抓住管理关键点，开展了信息化管理工作。

影响长江口工程现场施工的主要因素有：

- 工程测量定位问题；
- 长江口施工海域的气象情况；
- 施工船舶和人员的到位情况；
- 航道疏浚情况。

针对以上现场施工主要问题，长江口公司建立了GPS三维测控网，开发了长江口气象预报管理系统、施工船舶和人员管理系统以及疏浚工程计量管理系统等。施工现场工作人员通过远程登陆方式将每天的最新信息登入信息化管理系统，以便公司领导及管理人员能及时地掌握施工现场作业情况，并根据现场情况快速作出决策。

GPS三维测控网为工程测量定位、船机定位、水深测量及水下地形监测等提供了定位依据,通过相应的计算机应用软件,实时、准确、直观地反映现状;气象预报管理系统及时地向项目任何单位和任何人员提供了未来72小时内长江口施工区域最新的气象预报信息,并提供历史气象统计和分析数据;施工船舶和人员管理系统及时反映每天的船舶使用和工作状态、各船舶的地理位置、各作业船舶之间的协作情况、船舶作业情况以及施工单位项目部主要管理人员的在岗情况、工地生产人员、船员以及其他协作人员工作情况;疏浚工程计量管理系统通过AutoCAD建立数字地面模型(DEM)、采用网格法计算疏浚方量和水深统计,并对疏浚船舶、抛泥和水深等进行了全面分析和统计。

4) 网络管理层

信息技术、通信技术和网络技术是长江口工程信息化管理得以实现的基础保障,网络是长江口公司内部人员、长江口公司与其他项目参与单位、项目参与单位之间进行信息交流、信息互通和信息共享的前提条件,即长江口工程信息网。长江口工程信息网分为两大部分,一为公司内部局域网,二为公司外部网 Internet。公司内部局域网主要由公司内部管理人员使用,公司外部网 Internet 将设计单位、科研单位、监理单位、施工单位和材料设备供应商等所有项目参与单位联为一个整体。其他单位通过虚拟专用网(VPN)的方式登陆长江口工程信息网,使用与其工作有关的各类信息管理系统,提交各类文档、数据和信息等。长江口工程信息网的建设和使用将分散的各单位联成了整体,加强了信息交互的能力,提高了信息获取的能力、减少了信息沟通的成本,消除了时间和空间的约束,极大地增强了信息共享的能力,也有利于项目文化的建设。

长江口工程信息化管理系统的系统框架如图 8-17 所示。

图 8-17 长江口工程信息化管理系统框架图

(3) 投资控制与合同管理系统(C3A)功能简介

投资控制、合同管理均为工程项目管理的主要工作任务，对于全部由国家财政投资，并具有相当大资金规模和建设风险的长江口工程，其投资目标的控制是非常严肃的，而且是具有相当难度的。合同管理是投资控制、进度控制和质量控制三大目标控制的核心和手段，为了从更大程度上控制投资目标，必须完善合同管理制度，规范合同管理过程。在大型建设工程项目的实施过程中将产生大量的投资控制信息和合同管理信息，投资控制和合同管理的工作量也将成几何级数地增加，完全凭借传统的手工数据处理方法已经完全满足不了长江口工程投资控制和合同管理的管理要求。再者，投资控制和合同管理的侧重和统计分析口径也具有不同程度的差别，如果投资信息与合同信息不能全面集成，将给数据录入、统计、分析以及管理工作带来极大的不便，这些缺陷在长江口一期工程中由于投资控制系统和合同管理系统相对独立而突显得相当明显。为了全面集成管理投资控制和合同管理信息，在长江口二期工程中，长江口公司提出在一期工程投资控制系统和合同管理系统的基础上，重新分析投资控制和合同管理的信息关系，研究投资控制和合同管理信息集成模型，并开发新的投资控制与合同管理信息系统。

通过对长江口工程投资控制和合同管理过程的详尽分析和研究，创造性地提出了投资控制和合同管理信息集成模型，根据投资管理要求提出了解决非财务支付数据处理的方法，并制订了合同管理办法、规章制度和管理流程等，编制了统一的与投资控制和合同管理相关的管理表格。投资控制和合同管理系统的应用，大大地规范了合同管理过程，加强了投资和合同信息的集成度，提高了投资、合同信息收集、存储、处理、统计和分析的效率，为长江口公司和管理人员的投资控制分析和决策提供了及时、详细和准确的信息支持。

投资控制和合同管理系统(C3A)包括合同综合信息管理、投资比较分析、投资控制、资金管理、投资预测、投资计划管理、合同管理、合同支付计划、完成投资管理、实际支付管理、变更/索赔管理、项目设置、系统设置、报表系统和安全管理等功能，各部分功能简介如下。

1) 合同综合信息管理

合同综合信息管理是投资控制和合同管理的"信息中心"，也是决策层领导的"决策中心"。根据选定的统计月份统计不同层次的投资分项、各种合同类型在当月、当年、至上月、至当月、到目前为止等各种时段的合同价、合同变更/索赔、最新合同价、结算价、终结价、实际完成投资以及实际支付等数据；对合同支付作详细的分析和预测；查看各种数据类型的合同组成清单；提供灵活的报表打印功能。

2) 投资比较分析

根据选定的统计时段对计划投资、最新合同价、初始合同价、实际完成投资和实际支付等不同投资数据作详细的比较分析，提供形象的比较分析图形，并提供相应的合同信息。

3) 投资控制

登入和维护各种类型的计划投资数据；创建不同版本的计划投资数据；不同投

资分项的各种投资数据类型的数据比较分析；提供不同投资数据类型的比较分析图形。

4) 资金管理

登入和维护不同资金来源的年度、季度、月度的计划投入数据；登入和维护实际到位资金数据；创建不同的计划资金投入版本；计划资金投入和实际到位资金的比较分析。

5) 投资预测

从投资、合同以及市场条件变化等三个方面对项目的未完投资进行预测；根据需要进行不同日期、不同版本的投资预测工作。

6) 投资计划管理

登入和维护各个投资分项和合同的年度、季度以及月度投资计划数据；根据不同的年度、季度以及月度统计分析各个投资分项的投资计划数据。

7) 合同管理

登入、维护和查询已签和待签合同的基本信息和相关合同文件；分配合同价数据；提供合同执行过程中的动态统计信息；集中管理与合同有关的合同文本、补充协议等文件；查看和操作与合同相关的完成投资、合同款支付、变更/索赔和投资计划等信息。

8) 完成投资管理

针对投资分项或者合同登入和维护实际完成投资数据；分配合同实际完成投资数据；登入和维护与完成投资有关的文件资料。

9) 实际支付管理

针对投资分项或者合同登入和维护实际支付数据；合同支付可以按照进度款和非进度款两种方式支付；非进度款支付数据直接形成完成投资；分配合同实际支付数据；登入和维护与合同实际支付有关的文件资料。

10) 变更/索赔管理

针对投资分项或者合同登入和维护变更/索赔数据；分配合同变更/索赔时间和金额；登入和维护与合同变更/索赔有关的文件资料。

11) 项目设置

维护项目的基本信息；根据项目需要增添新的计划投资数据类型；根据合同管理要求设置合同编码的组成；维护项目甲供料组成类型等；对投资分解结构、合同分类结构、资金分解结构进行相应的维护工作。

12) 系统设置

创建新项目；维护项目基本信息、系统模块组成、项目模块组成、报表名称和报表参数等数据；维护变更/索赔类型；维护项目各单位、部门以及人员的组织结构。

13) 报表系统

提供投资数据基本报表、投资比较分析报表、合同基本信息报表、合同执行信息报表、合同汇总报表、资金管理报表、投资计划报表以及投资预测报表等。

14）安全管理

投资控制和合同管理所涉及的数据是项目的关键性数据，因而保密性和安全性的要求也很高，需要根据不同用户设置不同的数据安全权限。系统提供了七个方面、三个级别的数据安全管理策略；可以设置用户能否使用某个项目、增加项目合同的权限；设置系统模块、报表、项目模块、投资数据类型在读、写以及无权限等三个层次上的权限；可以设置用户对每个合同的基本信息、实际完成投资、实际支付和变更/索赔数据的读、更新、删除的权限。

小　　结

长江口深水航道治理工程的实施和建设谱写了世界大型河口治理的新篇章，被专家誉为"工程取得了令人震撼的社会经济效益，是一项没有负面效应的伟大工程"，获得了詹天佑土木工程大奖、国家质量金奖、航海学会科技特等奖等殊荣，这些成绩的取得是与长江口工程开工九年来从不间断的信息化建设工作息息相关的。至今，长江口工程的信息化管理水平已步入国内大型建设工程项目的前列，回顾九年的工程信息化建设实践，长江口公司认为以下几点可供同业人员参考：

（1）工程管理信息化是工程管理的发展方向，是大势所趋的事情，尤其对于大型建设工程项目而言，可以说是不可或缺的工作。工程管理信息化不是花架子，不是锦上添花，工程管理信息化的成功实施确实对管理人员信息化管理意识的提高、工程项目的规范化、流程化、集成化、统一化管理起到了极大的推动作用。

（2）工程管理信息化建设和推动需要一个过程，但更重要、更关键的是要有必胜的信念。长江口工程信息化建设过程也不是一帆风顺的，也经历过一些曲折，但最后的结果是成功的。在这个过程中，领导的坚定信念和朝前看的态度和观念是非常重要的，否则长江口工程不可能呈现出现有良好的信息化建设局面。

（3）工程管理具有较强的专业性，工程管理信息化工作不是通常的信息技术或软件公司便能承担得了的，因此，合作伙伴的选择是相当重要的，也可以认为其作用是决定性的。根据长江口工程信息化实践经验，应选择既具有大型建设项目管理经验和较高工程管理理论造诣，又具有大型建设工程项目信息化建设和信息技术开发实践经验的单位作为长期的合作伙伴。

（4）长江口工程投资控制与合同管理集成化系统(C3A)具有很强的推广应用价值。上文已述，该系统很好地解决了长期以来工程投资控制信息与合同管理信息无法集成管理的问题，经过多年的优化和调整，已具有相当强的可操作性，该系统在长江口工程的管理工作中起到了相当大的辅助管理作用。

（5）长江口工程主要是水下作业，进度进展情况主要通过直观的形象进度方式加以体现，在进度计划编制方面并不十分详细，这是国内大型建设项目普遍存在的问题，希冀同业人员在此方面作进一步的深入研究和实践。

思考题

1. 长江口工程信息化管理包括哪些层面？各层面的作用是什么？
2. 长江口工程信息化管理系统包括哪些部分组成？
3. 长江口工程在投资控制与合同管理信息化建设过程中有哪些突破性进展？
4. 工程项目管理信息化成功实施需要注意哪些方面？

参考文献 References

[1] 贝内特·P. 利恩兹, 凯瑟琳·P. 雷. 21世纪的项目管理. 第3版. 李先锋等译. 北京: 电子工业出版社, 2003.

[2] 崔政. 山大路科技商务区项目策划研究 [硕士论文]. 上海: 同济大学, 2005.

[3] 丁士昭, 马继伟, 陈建国. 建设工程信息化导论. 北京: 中国建筑工业出版社, 2005.

[4] 丁士昭. 工程项目管理. 北京: 中国建筑工业出版社, 2006.

[5] (美)哈罗德·克兹纳. 项目管理——计划、进度和控制的系统方法. 第9版. 杨爱华, 杨敏, 王丽珍译. 北京: 电子工业出版社, 2006.

[6] 何清华. 大型工程项目联合承包的组织. 施工技术, 1999, 11.

[7] 何清华. 发达国家建筑业管理法规体系特点分析及借鉴. 建筑经济, 2000, 3.

[8] 何清华. 建设项目全寿命周期集成化管理模式的研究 [博士论文]. 上海: 同济大学, 2000.

[9] 何清华. 大型工程项目集成化项目控制系统的研究. 同济大学学报(自然科学版), 2000.

[10] 何清华. 基于Internet的大型工程项目信息系统. 同济大学学报(自然科学版), 2002.

[11] 何清华. 项目总控(Project Controlling)模式在大型建设管理中的应用. 2001北京监理协会年会, 2002, 3.

[12] 何清华. 上海2010年世博会信息化集成与管理系统研究. 同济大学学报(自然科学版), 2007.

[13] 何清华. The Research of Management Information System Based on the Viewpoint of Life-Cycle Period. 2003 International Conference on Construction & Real Estate Management. Harbin, 2003.

[14] 何清华. Project Information Portal applied in the professional Management of Large-scale construction project. Harbin, 2003.

[15] 何清华. Life-cycle Integrated Management Information System(LMIS) of Construction Project. International Conference on Advances in Building Technology. the Hong Kong Polytechnic University, 2002.

[16] 黄昂, 丁士昭, 喻国斌等. 卷烟厂工程建设与管理——长沙卷烟厂联合工房一期工程简单管理之实践. 北京: 中国建筑工业出版社, 2007.

[17] 《会战洋山——上海洋山深水港建设纪实》编委会. 会战洋山——上海洋山深水港建设纪实. 2005.

[18] 贾广社. 项目总控(Project Controlling)——建设工程的新型管理模式. 上海: 同济大学出版社, 2003.

[19] 纪燕萍, 王亚慧, 李小鹏. 中外项目管理案例. 北京: 人民邮电出版社, 2002.

[20] 乐云. 国际新型建筑工程CM承发包模式. 上海: 同济大学出版社, 1998.

[21] 乐云. 浅议设计阶段的项目管理. 建设监理，1997，4.
[22] 乐云. 项目实施组织策划的理论与实践. 建设监理，2005，6.
[23] 乐云. 项目决策策划研究. 建设监理，2006，1.
[24] 乐云，何清华，宋志航. 设计过程的项目管理. 建筑经济，2007，8.
[25] 乐云，何清华. 受业主委托提供项目管理服务的思考和建议. 建筑经济，2007，6.
[26] 李永奎. P3E/C 在多项目环境下的应用研究 [硕士论文]. 上海：同济大学，2004.
[27] 李永奎. 项目管理软件应用模式研究. 项目管理技术，2003，6.
[28] 李永奎. 项目管理软件的应用现状与发展趋势. 建筑，2003，9.
[29] 李耀增. 青藏铁路的环境监理. 环境保护，2006.
[30] 刘再兴. 区域经济理论与方法. 北京：中国物价出版社，1996.
[31] 彭勇. 基于互联网的投资控制与合同管理信息系统的研究 [硕士论文]. 上海：同济大学，2001.
[32] Paul Roberts, Richard Bayfield. Construction of Honda's New European Car Plant——DTI Fast Track Project，2002，4.
[33] 盛天宝. 工程项目管理与案例. 北京：冶金工业出版社，2005.
[34] 孙占国，徐帆主编. 上海市建设工程咨询行业协会组织编写. 建设工程项目管理. 北京：中国建筑工业出版社，2007.
[35] 史清录. EPC 总承包管理模式在 WEPEC 项目中的应用. 石油化工建设，2006.
[36] 王利庆，张渲敏，周华燕. 总承包管理 EPC 模式下与外资施工企业专业合作的几点启示. 建筑施工，2007.
[37] 王元行，王敏华. 水利工程施工中设备材料的供应与管理. 地下水，2006，6.
[38] 谢坚勋. 中外合资营利性医院项目前期策划研究 [硕士论文]. 上海：同济大学学报，2004.
[39] 杨磊. 一个合资公司组织结构调整问题的探讨. 南京工业职业技术学院学报，2003，12.
[40] 姚先成. 国际工程管理项目案例——香港迪斯尼乐园工程综合技术. 北京：中国建筑工业出版社，2007.
[41] 叶国晖. PIP 在工程建设项目中应用的研究 [硕士论文]. 上海：同济大学，2000.
[42] 于滨. 三峡工程机电设备国际招标实践. 水力发电，2000，6.
[43] 张关林，石礼文. 金茂大厦：决策·设计·施工. 北京：中国建筑工业出版社，2000.
[44] 赵振宇，刘伊生. 基于伙伴关系(Partnering)的建设工程项目管理. 北京：中国建筑工业出版社，2006.
[45] 周双海. 建设项目价值管理(VM)若干问题研究 [硕士论文]. 上海：同济大学，2003.